www.ingramcontent.com/pod-product-compliance
Lightning Source LLC
LaVergne TN
LVHW010049110826
845155LV00028B/259

فصل اول:

کوردل ·······

نویسنده : امین ابراهیمی

عنوان: ناجی (فصل اول: کوردل)

طراح جلد: علی خیابانیان

ناشر: هنر برتر (سوپریم سنچوری)، آمریکا

شابک: ۹۷۸-۱۹۴۲۹۱۲۲۸۶

شماره کنترلی کتابخانه کنگره: ۲۰۱۸۹۴۹۵۳۱

تقدیم به:

پدرم

مادرم

خواهرم

و برادرم

که از صمیم قلب دوستشان دارم.

(کتاب اول)

بخش اول: جاده جنگلی

در حال رانندگی در یک مسیر زیبای جنگلی بودم و تصمیم داشتم تا با یک سفر، هر چند کوتاه هم که شده خودم را برای مدتی از چالش ها و تنش های روزمره رها کنم. بنابراین با تمام وجود سعی می کردم تا از زیبایی های آن جاده جنگلی نهایت لذت را ببرم، اما از ابتدای این مسیر بود که همواره حسی غریب را در پیرامون خودم احساس می کردم! علت وجود این حس در درونم در این زمان برای من واضح نبود... حسی شبیه به ترس! اما حس ترس چه بود؟ تا این لحظه، به نظرم با ترس بیگانه بودم و از این لحاظ خودم را فردی شجاع قلمداد می کردم بنابراین اگر این حس ترس بود این احساس غریب را برای اولین بار بود که تجربه می کردم! شاید به همین دلیل هم برایم غریبه بود...

در همین افکار خودم غرق بودم که ناگهان چهره ای عجیب در حالیکه به من خیره شده بود در آینه جلوی اتومبیل نمایان شد! ابتدا ترسیدم اما بعد از آن گمان کردم که خواب آلودگی باعث این تصورات وهم آلود شده است و تداعی این چهره در آینه جلوی اتومبیل هم حتما به همین دلیل بوده است! دوباره با دقت بیشتری به آینه جلوی اتومبیل نگاه کردم اما نه تنها آن چهره محو نشده بود، بلکه هر لحظه واضح و واضح تر می شد... واضح تر شدن آن چهره حس غریبی هم که از ابتدای مسیر همراه من بود را بشدت تقویت می کرد و این موضوع برای من آزار دهنده شده بود. سعی

می کردم این احساس را از بین ببرم. به همین دلیل چشم هایم را برای مدتی بستم تا شاید آنچه باورش برایم غیر ممکن بود از بین برود، اما در حال رانندگی بودم و بسته نگه داشتن چشم هایم بیشتر از این خطرناک بود. بنابراین چشم هایم را باز کردم. با گشودن چشم هایم اولین چیزی که نگاه کردم آینه اتومبیل بود با تعجب زیاد دیدم که هنوز هم آن چهره در آینه اتومبیل وجود دارد نه تنها از بین نرفته بود بلکه واضح تر از قبل هم شده بود! نمی خواستم که به حس ترس اجازه غلبه بر خودم را بدهم و یا حتی برای چند ثانیه آن را تجربه بکنم اما باید بگویم هر فرد دیگری هم جای من بود مطمئنا می ترسید... باید تمام تلاشم را می کردم تا از بیشتر شدن آن در خودم جلوگیری کنم. در آن لحظه یاد حرف نگهبان باغ وحش که چند روز پیش دیده بودم افتادم که می گفت: تا زمانیکه در چشم های یک گرگ خیره شوی جرات حمله کردن به تو را نخواهد داشت!

بنابراین بجای بستن چشم هایم تمام تلاشم را کردم تا مستقیما به چهره در آینه اتومبیل نگاه کنم... با کمال تعجب می دیدم که چهره درون آینه هم مستقیما به من نگاه می کرد! سعی کردم اعتماد بنفس خودم را حفظ کنم و به این کار ادامه بدهم. اما انگار نگاه مستقیم من باعث می شد تا آن چهره هم با اعتماد بنفس بیشتری به من نگاه کند! ترسناک تر از همه، آن لبخند ریزی بود

که می شد آن را در گوشه لبش حتی در آینه هم به وضوح حس کرد و این لبخند ریز، چیزی بود که در آن شرایط واقعا باعث ترس و نگرانی من می شد.

برای اینکه خودم را آرام تر کنم، زیر لب شروع به زمزمه هر چیزی که به ذهنم می رسید کردم و تمام تلاشم را می کردم تا بدون توجه به چهره درون آینه، به رانندگی ادامه دهم. زیرا که در آن شرایط توقف در حاشیه آن مسیر جنگلی بیشتر از رانندگی با چهره ای در آینه اتومبیل نگرانم می کرد، کم کم صدایی را شبیه به خش خش برگ درختان می شنیدم! تنها می شد حدس زد که این صدا بی ارتباط با چهره درون آینه نیست در آن لحظه می شد به راحتی فهمید که احساس غالب در من تنها حس ترس بود که هر لحظه هم تقویت می شد... و اینگونه شد که برای اولین مرتبه حس ترس را تجربه می کردم، و چه حس بدی بود این حس ترس... بگونه ای که وقتی خواستم تا زمزمه ای را که زیر لب داشتم عوض کنم، در حقیقت ترس جرات انجام اینکار را از من گرفته بود! نگاهم را به روبرو یعنی مسیر جنگلی که در آن در حال حرکت بودم دوخته بودم و زیر لب زمزمه ای نامفهوم داشتم!

همینطور با ترس به رانندگی ادامه می دادم و می شد گفت در آن شرایط تنها یک معجزه می توانست مرا نجات دهد، نمی دانم از لحظه ای که آن موجود را در آینه دیده بودم چقدر گذشته بود به

اطراف نگاه کردم، تقریبا شب شده بود دو مرتبه به روبرو نگاه کردم که متوجه نور چراغی کمی دورتر شدم. تمام توانم را جمع کردم و نگاهم را به نور چراغ دوختم! با کمی دقت بیشتر متوجه ایستگاه پلیس شدم... انگار جان تازه ای گرفته بودم. با امید بیشتری به راهم ادامه دادم و تمام امیدم این بود که با رسیدن به ایستگاه پلیس و دیدن آنها از شرایط پیش آمده رهایی پیدا کنم... کمی که به ایستگاه پلیس نزدیک تر شدم با خودم تصمیم گرفتم به محض رسیدن به ایستگاه پلیس از اتومبیل پیاده نشوم و اول منتظر واکنش مامورین پلیس بمانم! زیرا این فکر در ذهنم تکرار می شد که شاید چهره درون آینه با مشاهده واکنش غیر عادی از سوی من سعی در آسیب زدن به من کند! از طرفی این کار به نظرم مناسب تر از این بود که بخواهم سراسیمه و جیغ زنان اتومبیل را ترک بکنم شاید غرور مانع از این کار می شد. کمی به جلو خم شدم. با آستین پیراهنم عرقی را که صورتم را پوشانده بود خشک کردم... دیگر تقریبا به ایستگاه پلیس رسیده بودم، به محض رسیدن با لبخند گرم مامور پلیس روبرو شدم! سعی کردم آرامشم را حفظ کنم و به آرامی به او سلام دادم و در شیشه اتومبیل و به سمت جلو نگاه کردم... مامور پلیس جواب سلامم را داد و از من مدارک شناسایی ام را خواست.... خیلی تعجب کرده بودم که چرا واکنشی نشان نمی دهد! شاید که چیزی را ندیده بود! هر چند که در تاریکی شب نباید انتظار زیادی داشت!

مدارک را به او دادم نگاهی به آنها انداخت و پرسید: "شما حالتان خوب است؟"

گفتم بله و ادامه دادم اما ... که ناگهان دوباره چشمم به آن چهره افتاد که با خشم به من نگاه می کرد. اما این مرتبه او بر روی شیشه جلوی اتومبیل نقش بسته بود و به من نگاه می کرد! خواستم توجه مامور پلیس را به شیشه جلوی اتومبیل درست همان جائیکه آن چهره را می دیدم جلب کنم...گفتم: "ای بابا نمی دانم دسته برف پاک کن اتومبیل کی شکسته است!"

مامور پلیس با گوشه چشم به من نگاهی انداخت و با همان حالت نگاه سریعی به برف پاک کن اتومبیل کرد و گفت:

"نه فکر می کنم که سالم باشد، و یا اینکه اینگونه به نظر می رسد، به هر حال امیدوارم که به مشکلی بر نخورید!"

وقتی این جواب را از مامور شنیدم احساس کردم که دمای بدنم به صفر رسیده و با همان حالت با گوشه چشمم بدون اینکه سرم را حرکت دهم به شیشه جلو نگاه کردم... اثری از آن چهره نبود خیلی خوشحال شده بودم و فکر می کردم که آن چهره رفته است و دیگر خبری از آن نیست... با خوشحالی زیادی مدارکم را از مامور پلیس گرفتم و برای یک لحظه نگاهم به چهره متعجب آن مامور پلیس افتاد که آرام می گفت: "به سلامت."

دو مرتبه به راه افتادم و با ترس به شیشه جلوی اتومبیل نگاه کردم که در این زمان فقط و فقط بازتاب تصویر چهره خودم را در آن دیدم. به این فکر می کردم که گاهی چیزهای معمولی چقدر برای انسان می توانند لذت بخش باشند. مانند دیدن چهره خودم در شیشه اتومبیل به تنهایی... هنوز کمی نگران بودم... اما خوشحال و شاد به رانندگی ادامه می دادم. چند دقیقه ای گذشته بود و من هم کم کم گمان می کردم که شاید آنچه در آینه و شیشه اتومبیل دیده بودم آثار خستگی و یا شاید هم خواب آلودگی بوده باشد! اطمینان نسبی پیدا کرده بودم که او رفته است و به آرامی به صندلی اتومبیل تکیه دادم تا بتوانم از اثر هیجان وارد شده به خودم بکاهم و کمی راحت تر رانندگی کنم... انگار آن چهره هم انتظار همین را می کشید و دوباره در شیشه جلوی اتومبیل خودش را نمایان ساختً فریاد بلندی زدم... اما انگار فایده ای نداشت. از ترسی که به صورت ناگهانی به سراغم آمده بود به جلو خم شدم و در همین زمان متوجه شدم که چهره ای که در شیشه جلوی اتومبیل دیده بودم دیگر در آن نبود بلکه آن چیزی که در شیشه جلوی اتومبیل دیده می شد در واقع یک بازتاب از حقیقتی بود که من انتظار آن را نداشتم!

سعی کردم تا تمرکز خودم را با وجود اینکه در آن شرایط انجام این کار سخت به نظر می رسید افزایش دهم. به صندلی عقب

نگاهی انداختم و متوجه شدم که هیچ چیزی در آنجا نیست. هیچ چیزی هم در کل فضای اتومبیل نبود! دوباره به شیشه جلوی اتومبیلم نگاه کردم....

او همچنان به من نگاه می کرد! با تکان های اتومبیل متوجه موضوعی شدم! هنگامیکه به سمت جلوی صندلی می آمدم او غیب می شد! این یعنی اینکه آن موجود درست روی صندلی راننده نشسته بود! یعنی همان محلی که من نشسته بودم! اما مگر می شد؟

دانستن این موضوع باعث شد تا از شدت ترس وارده شده به من در آن لحظه کنترل اتومبیل را از دست بدهم و اتومبیل با همان سرعتی که داشت از مسیر اصلی به یک سراشیبی در کنار آن مسیر جنگلی، پر از پستی و بلندی خارج شد... با سرعتی که اتومبیل در آن حال داشت، بطور مداوم بالا و پائین پرت می شدم و در طول این مدت دقیقا می دیدم که آن موجود چطور از درون بدنم عبور می کند و یا شاید این من بودم که از بدن آن موجود عبور می کردم چرا که این من بودم که بطور مداوم بالا و پایین پرتاب می شدم و آن موجود انگار یک مسیر مستقیم را به سمت پایین طی می کرد... شاید هم آن موجود یک مسیری صاف و یکنواخت را بدون هیچ پستی و بلندی و فارغ از اتومبیل طی می کرد.

هنگامیکه بدنم در جلوی آن موجود قرار می گرفت، دیگر در شیشه جلوی اتومبیل تصویری از آن دیده نمی شد، اما هنگامی که بدنم در پشت سر آن موجود قرار می گرفت بر عکس این حالت اتفاق می افتاد! در ذهنم دائما این سوال تکرار می شد، آن موجود چیست؟

جسم آن از ماده ای رقیق تشکیل شده بود و در حالیکه به وضوح می شد تصویر آن را در شیشه جلوی اتومبیل مشاهده کرد، نگاهم به آینه اتومبیل افتاد! تصاویر آینه هم تمام وقایعی را که می دیدم و اینکه چه اتفاقی بر من می گذشت را تایید می کرد... تمام این وقایع با برخورد اتومبیل با یک مانع سخت برای مدتی تمام شد! لحظه ای بعد کیسه های هوای اتومبیل باز شده بود و من دقیقا نمی دانستم که به یک سنگ بزرگ برخورد کرده ام و یا باقی مانده یک درخت! اما این موضوعی نبود که در آن زمان اهمیتی داشته باشد... در آن زمان اهمیت سایر وقایع بسیار بیشتر از این بود که بخواهم بدان که به چه مانعی برخورد کرده ام... به عنوان مثال آیا هنوز هم آن موجود در درون من نشسته بود، یا خیر؟

چشمم را باز کردم تا شاید بتوانم دوباره نگاهی به آینه و یا شیشه جلوی اتومبیل بیندازم... البته اگر هنوز نشکسته باشند! متاسفانه هر دو آنها شکسته بودند. آرام آرام هر دو چشمم را بصورت کامل باز کردم. به آرامی، به سختی خودم را تکانی دادم. آسیب دیدگی

و کوفتگی شدیدی را در بدنم حس می کردم. با این حال با دقت زیادی به دنبال آن موجود اطرافم را جستجو می کردم و همینکه احساس کردم که دیگر خبری از آن موجود بر روی صندلی من نیست! با وجود آن همه کوفتگی باز هم احساس خوبی به من دست می داد...

اندکی احساس آرامش پیدا کرده بودم مدتی در همانجا نشستم و سپس آرام آرام اما به سختی از اتومبیل پیاده شدم و با احتیاط اطرافم را نگاه کردم... هنوز نمی توانستم بطور کامل روی پاهایم بایستم اما با همان وضعیت هم به سرعت بدنبال تلفن همراهم می گشتم. حسی درونی و تجربه ای که در ایستگاه پلیس داشتم به من می گفت که این آرامش پایدار نیست و تمام سعیم این بود تا تلفن همراهم را پیدا کنم تا شاید از این طریق بتوانم حداقل یک نفر را از وضعیت خود آگاه کنم!

به محض اینکه تلفن همراهم را لمس کردم صدای جیغ بلندی را از پشت سرم شنیدم...

آن جیغ تقریبا تمام وجودم را تحت تاثیر قرار داده بود و از نظر روانی خردم می کرد... تلفن همراهم را رها کردم و روی زمین بر روی زانوهایم که دیگر توانی نداشتند نشستم...

این چه صدایی بود که طنینی شبیه به جیغ داشت! این چه جیغی بود که از نظر فیزیکی چنین بسامدی داشت که تمام توان جسمی آدم را برای مقاومت و ایستادن از بین می برد! انگار چاره ای نداشتم به جز اینکه منتظر گذشت زمان باشم. در همین حال به آسمان نگاه کردم. نگاهم به ماه افتاد که چقدر امشب پر نورتر و زیباتر شده بود!

به ماه نگاه می کردم که تصویر آن موجود در قرص ماه ظاهر شد! دوباره به درون چشمهایش خیره شدم و او هم به چشمهای من خیره شده بود و آرام آرام از ارتفاعی که در آن قرار گرفته بود به پایین آمد و به افق نزدیک تر شد! همچنان به سمت پایین می آمد تا به نزدیکی سطح زمین رسید. در این لحظه می شد گفت که حس ترس را شناختم، و تنها این حس ترس واقعی بود که باعث می شد دیگه نتوانم به چهره اش نگاه کنم! بنابراین نگاهم را از نگاه خیره آن موجود کندم و سرم را پایین انداختم و به زمین خیره شدم.

از شدت ترس می گریستم و از خودم می پرسیدم که چرا باید تمام این اتفاقات برای من می افتاد؟ و چرا نباید تمام می شد؟ کم کم عرق سردی را که بروی پیشانی من جاری شده بود را می دیدم که همراه با قطرات اشک به زمین می چکید، اما جرات اینکه پاکشان بکنم را هم در خودم نمی دیدم. جرات نگاه کردن به جلو

و به آن موجود را هم نداشتم! بدنم را رها کردم و از حالت نیمه نشسته روی زانوهایم نشستم و دستهایم را هم روی زانوهایم گذاشتم.

لحظه ای خودم را تصور کردم... یک فرد تسلیم شده آنهم در دل آن جنگل و زیر نور ماه ... و از همه بدتر این تمام ماجرا نبود و نگاه سنگین آن موجود را بر تک تک اعضای بدنم احساس کردم. تصور شرایطی که داشتم و سنگینی نگاه آن موجود برای من آزار دهنده بود. اما سرنوشت مبهم من در آن شرایط آزار دهنده تر بود. به راستی اگر آن موجود قصد آسیب زدن به من را داشت چرا هنوز شروع نکرده بود؟ در همین زمان حرکت آن موجود را از کنارم احساس کردم که به پشت سرم رفت. صدای غرشش را هم در زمان عبورش از کنارم شنیدم، با تمام شدن صدای غرشش صدای درد کشیدن و ناله کردن یک فرد را به وضوح از پشت سرم می شنیدم سراسیمه به پشت سرم نگاه کردم و برای اینکار روی یکی از دستهایم چرخیدم.

دیدن آن صحنه برای من مشمئز کننده بود. ظاهرا فردی از دور شاهد خروج ماشینم از مسیر بوده است و او برای کمک به من آمده بود. اما در این لحظه آن موجود به بدن آن فرد وارد شده بود و داشت از درون او را سلاخی می کرد! کارش که تمام شد، از بدن آن فرد خارج شد و بسرعت شروع به عبور از بدن آن بیچاره کرد...

دیگر واقعا کنترل گریه و ناله خودم را از دست داده بودم. بلند بلند گریه می کردم و با وجود اینکه دیگر توانی برای من باقی نمانده بود به سرعت شروع به دویدن در جهتی که نمی دانستم به کجا می رود کردم...

آن موجود از کنارم عبور کرد و درست مقابلم ایستاد! ظاهرا این مرتبه به درستی منظورش را فهمیده بودم باید به عقب بر می گشتم از همان جاییکه از آن شروع به دویدن کرده بودم کمی عقب تر رفتم تا به جایی رسیدم که جسد آن فرد افتاده بود. وقتی که به آنجا رسیدم آن موجود به ناگاه از درون جسمم عبور کرد! اما این بار با زمانیکه روی صندلی ماشین نشسته بودم فرق می کرد... به نظر می آمد که جسمش این مرتبه غلیظ تر از قبل شده بود و به همین دلیل هم فکر می کنم در زمان عبورش از درون بدنم دردی که قابل توصیف نبود را احساس کردم، در لحظه عبور آن موجود از بدنم احساس می کردم که تک تک سلول های بدنم را بوسیله قلاب هایی مانند قلاب های ماهی گیری مثل طعمه ای که به قلاب می زنند سوراخ کرده اند! و پس از آن انگار که تمام این قلاب ها را به ماشینی بسته اند و به سرعت می کشند تا تمام سلول های بدنم پاره شوند. از شدت درد از هوش رفتم نمی دانم چه مدت زمانی را بیهوش بودم اما وقتی که بهوش آمدم اولین چیزی را که دیدم جسد آن فرد بیچاره بود و آن موجود که بالای آن ایستاده

بود و به من نگاه می کرد. دوباره حس ترس از سرنوشتی نامعلوم به سراغم آمد. شاید اگر قبل از این گمان می کردم که تنها یک حس ترس وجود دارد اکنون مطمئن بودم که انسان به اشتباه تنها از یک عنوان برای ترس استفاده می کند زیرا که منی که پیش از نسبت به حس ترس بیگانه بودم اکنون بدرستی می دانستم که حس ترس خودش انواع مختلفی دارد به عنوان مثال حس ترس از آینده ای نا معلوم و یا حس ترس از موجودی ناشناخته که هر کدام با دیگری متفاوت بود...

به آن فرد که بر روی زمین افتاده بود نگاه کردم و با خودم گفتم آن فرد حداقل سرنوشتش مشخص شده است. اما او چه سرنوشت وحشتناکی داشت... صورتش له شده بود و از آن تنها چشمهایش سالم مانده بود که آنها هم از پشت سرش بیرون زده بودند و سر تا سر سطح بدنش را شیارهای عمیقی پوشانده بود و از هر کدام از آن شکاف ها جریان خونی بصورت برابر و منظم به بیرون تراوش کرده بود! جریان خونی که از سر انگشتانش روی زمین جاری شده بود!

از ترس قالب تهی کرده بودم و دلم نمی خواست از روی زمین بلند شوم. آن موجود شروع به حرکت کرد! چشمهایم را بستم اما با صداییکه از پشت سرم شنیدم دقیقا متوجه شدم که آن موجود هم از بهوش آمدن من آگاه شده است. شاید معنی آن صدا هم

دقیقا این بود که از جایم بلند شوم، کاری نمی توانستم انجام دهم؟ و چاره ای نداشتم جز اینکه درخواست او را انجام بدهم!

و البته در آن شرایط چاره ای هم نداشتم، با ترس از جایم بلند شدم با دیدن آن فرد بیچاره و اتفاقی که برای او افتاده بود خدا را شکر کردم که جای آن فرد نبودم... به هر حال، سرنوشت مبهم بهتر از سرنوشت بدی بود که برای آن فرد اتفاق افتاده بود! حداقل می شد در آن سرنوشت نامعلوم به اتفاقی ناگهانی امید داشت. به سمت آن موجود و به صورتش نگاه کردم و از او خواستم تا من را به حال خودم رها بکند. از نحوه برخوردش می شد فهمید که حرف هایم را درک می کند و دارای درک و شعور است! اما با وجود اینکه افکار و احساسات من را درک می کرد می شد این را فهمید که از نگاه التماس گونه من هم احساس خوبی به آن موجود دست می دهد و دوباره همان لبخند تلخ در گوشه لبش نقش بست. حس بدی نسبت به آن نیشخند پیدا کرده بودم. در آن لحظه از آن نیشخند متنفر بودم... اصلا احساس تنفر عمیقی نسبت به آن موجود احساس می کردم. در این احساس تنفر غرق بودم که دوباره جیغ کشان به سمت من آمد. دلم می خواست فرار کنم اما با دیدن آن بیچاره ای که جلوی من افتاده بود جرات این کار را نداشتم. احساس یک آهوی زخمی به من دست داده بود که می دید یک شیر به سمت او می آید و چاره ای به جز نگاه کردن نداشت. اما

من فرق داشتم آری، زیرا هنوز هم بدنبال راهی برای نجاتم بودم برای همین هم یک سنگ را توی مشتم گرفتم نزدیک شد و بدور من چند دور چرخید جیغ می کشید و انگار می خواست چیزی بگوید بدورم حلقه می زد و به سمت بالا حرکت می کرد متوجه شدم که منظورش این است که از جای خودم بلند شوم! تا نیمه بلند شدم اما از روی قصد خودم را به زمین انداختم تا با فرصت بدست آمده بتوانم سنگ را درون جیبم بگذارم و خوشحال بودم از اینکه متوجه اینکارم نشده بود! ایستادم و تمام فکرم این بود که آیا واقعا برداشتن سنگ را ندیده است؟

بهترین کاری که از دست من بر می آمد این بود که باعث غلیظ تر شدن آن موجود بشوم تا در یک فرصت مناسب سنگ را بر سرش بکوبم. بنابراین عقب عقب رفتم، اما او شروع به جیغ زدن کرد... هر چه که عقب تر می رفتم بیشتر جیغ می زد و کم کم شروع به غلیظ شدن کرد یعنی دقیقا همان چیزی که من می خواستم جلوتر آمد و مقابل من ایستاد!

جلوی صورتم شروع به جیغ زدن کرد، جیغ هاش انگار داشت انرژی من را تحلیل می برد برای همین هم قبل از اینکه انرژی خودم را بیشتر از این از دست بدهم دستم را به داخل جیبم بردم و سنگ را توی مشتم گرفتم و با شدت تمام به صورتش کوبیدم و دقیقا دیدم که سنگ از صورتش وارد شد و به داخل سرش رفت

همزمان با این کار من، آن موجود جیغ نکشید و ساکت شده بود! شاید با این کار حسابش را کف دستش گذاشته باشم، و یا شاید او مرده بود؟ اما نه...

این خوشحالی من فقط برای همان چند لحظه بود با چشمم می دیدم که سنگ را درون سرش به قطعات کوچکتر تبدیل کرد! از همه بدتر این بود که می دانستم این کار را خودش انجام می داد اما نمی دانستم که علت این کارش چه می توانست باشد! دلیل کارش هرچه که بود مطمئن بودم که نتیجه اش برای من خوب نیست... چند لحظه بعد تمام آن قطعات سنگ با سرعت غیر قابل تصوری به سمت من پرتاب شد و هر جایی که قطعات سنگ برخورد می کردند باعث ایجاد یک زخم دردناک می شد، دقیقا همینجا بود که فهمیدم آن موجود قبلا متوجه برداشتن سنگ شده و منتظر مانده بود تا بفهمد علت این کار من چه می تواند باشد و در نهایت هم با پرتاب این خرده سنگ ها به من باعث بوجود آمدن جراحت های زیادی در من شده بود تا به این ترتیب آن کارم را تلافی کند! به این یقین رسیده بودم که تقریبا نمی توانم هیچ کاری در مقابل این موجود انجام بدهم. داد زدم: "چه می خواهی؟ هر چه که تو بگویی قبول! فقط تمامش کن"

دوباره همان لبخند در گوشه لبش نقش بست. همانطوریکه جلوتر می آمد لبخند گوشه لبش را هم تکرار می کرد. بصورت ناخودآگاه

یک قدم عقب رفتم دوباره شروع به جیغ کشیدن کرد و غلیظ تر شد دقیقا منظورش را فهمیده بودم باید به جلو می رفتم چاره ای نبود راه افتادم و چند قدم جلوتر رفتم تا مقابل آن موجود رسیدم در این زمان او از جلوی من کنار رفت... یقین پیدا کردم که باید به سمت جلو حرکت کنم. همانطور رفتم تا به یک سربالایی رسیدم همان سراشیبی بود که اتومبیل از آن به پایین افتاد. برگشتم و نگاهش کردم به سمت راست متمایل شده بود شاید منظورش این بود که باید به سمت راست بروم به هر حال باید امتحان می کردم و به سمت راست رفتم! هر چند که کاملا واضح بود که راه اصلی باید سمت چپ باشد... اما به هر حال باید به سمتی می رفتم که آن موجود می خواست...

همینطور که می رفتم در حالتی که غلیظ شده بود ضربه ای به من زد! روی زمین افتادم، در همان حال که بر روی زمین افتاده بودم یک سوییچ اتومبیل را دیدم که همانجا بر روی زمین افتاده است. می شد حدس زد که این سوییچ باید مربوط به همان فردی باشد که کمی قبل از این و داخل جنگل توسط این موجود کشته شده بود. جا کلیدی را برداشتم و بلند شدم و منتظر بودم تا به سمتی متمایل بشود و یا اینکه جیغ بکشد تا بتوانم مسیر حرکت بعدی خودم را بفهمم. دوباره به سمت چپ متمایل شد و متوجه شدم که باید به سمت چپ بروم! از همان راه رفتم تا به اتومبیلی

رسیدم که کنار خیابان پارک شده بود. احتمالا این اتومبیل هم مال همان فرد در جنگل باشد که شاید جانش را برای من از دست داده بود! برگشتم و به آن موجود نگاه کردم... هنوز هم همان لبخند گوشه لبش بود. سوار اتومبیل شدم. درست روی صندلی راننده نشسته بودم که آن موجود رقیق تر شد و روی صندلی راننده نشست یعنی درست درون بدن من نشسته بود. یعنی اتفاقی که قبل از این اصلا فکر نمی کردم که امکان پذیر باشد و خیلی دور از ذهن بود اما هم اکنون به یک واقعیت و یک بخش از زندگی من تبدیل شده بود. نشستن و اجازه دادن به موجودی ناشناخته ...

فکر می کنم در این شرایط شیوه کاری آن موجود هم عوض شده بود یعنی اگر می خواست که من کاری را انجام بدهم جسم خودش را در آن قسمت از بدنم غلیظ می کرد و من هم از روی دردی که در آن قسمت ایجاد می شد می فهمیدم که باید چکار بکنم و یا شاید حدس بزنم که چکاری باید انجام دهم! اما اگر حدس زدنم بیشتر از مدت مشخصی طول می کشید فرآیند درد بیشتر می شد. از روی درد دستی که سوییچ در آن بود فهمیدم که باید اتومبیل را روشن کنم و درد پایم هم نشان می داد که باید پدال گاز را فشار دهم و دقیقا هم مقدار فشردن پدال گاز را مشخص می کرد! شروع به حرکت کردیم... بعد مدتی فهمیدم که اگر شانه سمت راست من درد می گرفت باید به سمت راست می پیچیدم و اگر شانه سمت

چپ درد می گرفت هم باید به سمت چپ می پیچیدم و به همین ترتیب مسیر را با آن موجود طی می کردم.

سرانجام به محلی ناشناخته رسیدیم و کنار خیابان متوقف شدیم. زمانیکه از اتومبیل پیاده شدیم با یک حرکت از پشت از تمام وجودم عبور کرد! از شدت درد بی هوش روی زمین افتادم و دیگر چیزی نفهمیدم. تنها چیزی که بصورت مبهم می دیدم این بود که بصورت معلق در جنگل حرکت می کردم و به جائیکه نمی دانستم کجا بود منتقل می شدم! مطمئن بودم که اگر آن موجود موفق می شد تا من را به جایی که می خواست ببرد دیگر هیچ شخصی نمی توانست مرا پیدا کند.

بخش دوم: نجات

به هوش که آمدم، خودم را درون اتاقی یافتم. اتاقی بزرگ و سرد بدون هیچ روزنه ای به بیرون که امکان ورود نور به داخل اتاق را فراهم کند. به همین دلیل نمی شد فهمید که چه ساعتی از شبانه روز است و یا اینکه چه مدتی من در آن اتاق بوده ام! به دستم نگاه کردم تا ساعتم را ببینم، اما ساعت دستم نبود. لباس های تنم بصورت کامل عوض شده بود و زخم هایی که توسط آن موجود و تصادف ماشین بوجود آمده بود بصورت کامل و مرتب بسته شده بودند. در یک سمت از اتاق یک چراغ کوچک مثل چراغ خواب روشن بود، من بدنبال یافتن راهی بودم که بفهمم این مکان کجاست؟

چه اتفاقی برای آن موجود افتاده است؟

و باید چکار بکنم؟

چطور به این مکان آمده بودم؟

بستن زخمهایم کار چه شخصی بود؟

بصورت ناخودآگاه احساس خیلی خوبی نسبت به آن شخص که زخمهایم را بسته بود پیدا کرده بودم. در آن شرایط احساس نسبتا عجیبی بود اما این حس خیلی هم غریب نبود! همین حس به من می گفت که آن شخص غریبه نیست اما با توجه به شرایطی که داشتم و حوادثی که برای من اتفاق افتاده بود سعی کردم بر این

احساسات خودم غلبه کنم! و بیشتر حواسم را به محیطی که ظاهرا در آن گرفتار شده بودم جمع کنم، و هنوز نمی توانستم قبول کنم که آن موجود در آن حوالی نباشد...

سعی کردم تا با دقت همه جای اتاق را نگاه کنم تا از نبودن آن موجود در اتاق مطمئن شوم. از طرفی هم بسته شدن زخمهایم به من این نوید را می داد که شاید شخصی مرا از چنگ آن هیولا نجات داده است و به مداوای من پرداخته است. به هر حال از جایم بلند شدم، اما انگار خستگی اتفاقاتی که برای من رخ داده بود آنقدر زیاد بود که دوباره به جای اولم برگشتم و سرم را روی بالش گذاشتم! در همین لحظه بوی خوبی که از بالش و همینطور لباس هایم می آمد توجه من را به خودش جلب کرد... انگار که این عطر توسط شخص خاصی برای ایجاد آرامش در من استفاده شده بود. شاید آن فرد می دانست که شرایط بدی را از سر گذرانده ام. با گوشه چشم نگاه دوباره ای به اتاق انداختم! به نظرم هراسناک بود و برای رفع تنهایی که در آن گرفتار شده بودم پتو را محکم به دور خودم پیچیدم و دستهایم را به هم فشردم و کم کم بی آنکه متوجه شوم خوابم برد!

ناگهان بدون آنکه صدایی بشنوم احساس کردم که شخصی در اطرافم در حرکت است! در حالت خواب و بیداری بودم که با خودم گفتم خدای من دوباره آن موجود و دوباره آغاز ترس و درد برای

فرار از شرایطی که گمان می کردم در حال اتفاق افتادن است چشم هایم را بستم و خودم را به خواب زدم...

اما آن شخص که می توانست باشد؟ گوش هایم را تیز کرده بودم تا صداهای اطرافم را بهتر بشنوم، صدایی آمد که نشان می داد این حرکت هایی که در اطراف من در حال وقوع است مربوط به چیزی است که دارای جسم است و نه یک توهم ترسناک مانند آن موجود، کم کم از گوشه چشم به اتاق نگاهی انداختم و تصویر مبهمی از یک انسان را دیدم...

کمی بیشتر دقت کردم. آری او یک مرد بود... در نگاه اول او را نشناختم اما بعد با کمی دقت متوجه شدم که آن مرد سهراب است.

اما او به چه دلیلی در این مکان بود؟

چه ارتباطی بین او و این مکان بود؟

به چه دلیلی من را به این مکان آورده بود؟

این سوالات و سوالات زیاد دیگری که در ذهنم تکرار می شد حسابی ذهنم را به خودش مشغول کرد بود....

خیلی دلم می خواست که از جایم بلند شوم اما اول باید واکنش او را می فهمیدم که آیا رفتار دوستانه ای دارد و یا اینکه رفتارش مثل آن موجود است...!؟ هر چند که، به نظرم با توجه به بسته شدن

زخم هایم و شرایطی که در آن بودم نمی توانست رفتار غیر دوستانه ای داشته باشد. با گوشه چشم رفتار و حرکات او را زیر نظر گرفتم، اما ظاهرا در این کار موفق نبودم. بلافاصله متوجه بیدار شدن من شد و گفت:

"هنوز هم مثل بچگی هایتان سر به هوا هستید!"

وقتی این جمله را می گفت متوجه شدم که حدسم درست بوده است، او خودش است...

اما اینجا چکار می کرد؟

احساس می کردم گلویم خشک شده است، ابتدا گلویم را صاف کردم و سپس گفتم: "سلام"

سعی کردم که اینکار را بطور رسمی انجام دهم...

سهراب گفت: "فکر می کنم که هنوز من را نشناخته اید!"

زیر لب لبخندی زد. دیدن لبخندش کمی آرامم کرد... سعی کردم تا از روی تخت بلند بشوم، اما هنوز هم مقداری درد در بدنم باقی مانده بود. متوجه این موضوع شده بود.

و سهراب به من گفت: "سعی نکنید فوری از جایتان بلند شوید، فکر می کنم بهتر اینست که کمی بیشتر استراحت کنید، فکر می

کنم که هنوز هم بدنتان با توجه به اتفاقی که برایتان افتاده است آزرده باشد!"

در جوابش گفتم: "ممنونم اما فکر می کنم شاید بهتر باشد که کمی از جایم بلند بشوم"

سهراب گفت: "فکر می کنم که استراحت بکنید بهتر باشد"

او درست می گفت و من هم قبول کردم و او به بیرون از اتاق رفت! با بیرون رفتن او از اتاق کمی نگران شدم... اما از طرفی هم نیاز شدیدی در درونم برای استراحت احساس می کردم. خیلی زود خوابم برد و فردا زمانیکه سهراب داشت زخمهایم را دوباره می بست از خواب بیدار شدم! به ساعت نگاه کردم صبح بود. در آن اتاق این ساعت تنها چیزی بود که می شد از طریق آن به روز و یا شب بودن پی برد. سهراب گفت: "بیدارتان کردم؟"

در جوابش گفتم: "نه"

فکر می کنم که باید بیدار می شدم... کمی نشستم و سهراب از من خواست تا تمام ماجرایی را که برای من اتفاق افتاده است را برایش تعریف کنم اما قبل از اینکه قبول کنم که چیزی بگویم و یا اینکه نگویم، سهراب گفت: "نمی خواهید چیزی در مورد زخمهایتان بگویید؟"

از اینکه جلوی صحبت من را گرفته بود مقداری دلخور شدم، کمی خودم را گرفتم و ادامه دادم: "مثلا چه چیزی را می خواهید بگویم؟"

سهراب در جوابم گفت: "فکر می کردم که حداقل بتوانید برای من بگویید که چرا در جنگل زخمی افتاده بودید!"

با توجه به اتفاقاتی که برای من افتاده بود خیلی تمایلی به این نداشتم که در مورد آن ها چیزی بگویم اما از اینکه می دیدم آنچه که برای من افتاده برای سهراب مهم است خوشحال بودم و دلم می خواست تا یکبار دیگر از من بخواهد تا برای او اتفاقاتی را که رخ داده است را تعریف کنم. یعنی اگر دوباره از من می خواست حتما تمام داستان را برایش از اول تا آخر تعریف می کردم. خوشبختانه، او هم دوباره از من خواست تا ماجرا را برایش بگویم من هم پذیرفتم! برایش شرط گذاشتم که اول باید داستان را از اول تا آخر کاملا گوش دهد و دوم هم اینکه این داستان را برای هیچ شخص دیگری تعریف نکند! خودم هم نمی دانستم که دلیل اینکه این شروط را می گذاشتم چیست! شاید برای این بود که داستان را قدری مهمتر جلوه دهم اما بهر حال او از من خواست تا ماجرا را برای او تعریف کنم و من هم همین کار را کردم! تا به حال برای هیچ فردی ماجرایی را اینگونه تعریف نکرده بودم...

با هیجان، با علاقه و اشتیاق اما جدی! تمام مدت در حال شرح دادن وقایعی بودم که برای من اتفاق افتاده بود... بند به بند و لحظه به لحظه... با وجود اینکه تمام سعی خودم را برای تعریف کردن با هیجان اتفاقات بوجود آمده کرده بودم! اما نمی توانستم هیچ هیجان یا اشتیاقی در چشمانش ببینم! شاید که می خواست مثل من خودش را جدی نشان دهد! آیا بهمین دلیل هیجانات خودش را پنهان می کند! بی توجه به این موضوع تمام وقایع را شرح می دادم و در آخر هم بعنوان اصلی ترین بخش در این اتفاقات و برای دادن تصویر واضح تری از آن موجود، شرح بیشتری در مورد آن موجود دادم!

سهراب پرسید: "دقیقا چه شکلی بود؟"

گفتم: "قصد ترساندن شما را نداشتم اما واقعا زشت و ترسناک بود"

و این جملات را با نهایت ترس و تنفری که می توانستم بگویم گفتم، سهراب با حالتی که شیطنت های یک پسر بچه در آن موج می زد گفت: "شبیه آن بود؟"

حتی جرات نگاه کردن به سمتی را که او اشاره می کرد را نداشتم و بدون اینکه به پشت سرم نگاه بکنم گفتم: "کدام؟"

و سهراب ادامه داد: "اگر که شما برگردید خودتان می بینید، آن را می گویم که پشت سر شماست"

با خودم گفتم مطمئنا داستان من را باور نکرده است و در حال حاضر هم دارد من را به بازی می گیرد در واقع آرزو می کردم که چنین چیزی تنها یک شوخی پسرانه باشد برای همین هم بدون اینکه به پشت سرم نگاه بکنم گفتم: "می دانستم که شما داستان من را باور نمی کنید!"

در جوابم گفت: "نه... مطمئن باشید که هر چیزی را که شما گفتید باور کرده ام اما می خواستم مطمئن شوم که آن موجود همین شکلی بوده باشد!"

این را که گفت به سرعت به عقب برگشتم و با کمال تعجب همان موجود را دیدم، خودش بود همان موجود، با همان ظاهر وحشتناک... واقعا ترسیده بودم... اما نسبت به سهراب و کمک هایش احساس دین می کردم به همین دلیل هم جلوی سهراب ایستادم و سعی کردم او را در پشت سرم مخفی بکنم آهسته به سهراب گفتم : "تو فرار بکن من سعی می کنم جلوی این هیولا را بگیرم، من قبلا هم با آن برخورد داشته ام ...!"

اما هنوز جمله ام تمام نشده بود که از شدت ترس از حال رفتم وقتی به هوش آمدم همان موجود را دیدم که همانجا ایستاده است

اما نه جیغ می زد و نه حرکت تهاجمی انجام می داد به سهراب گفتم: "هنوز که اینجایی، مگه نگفته بودم که از اینجا برو؟"

به محض گفتن این جملات بلند شدم و میز را بلند کردم تا مانع دید آن هیولا بشوم!

به سهراب گفتم: "برو"

سهراب گفت: "بی دلیل اتاق را بهم نریزید، این موجود به نوعی یکی از موجودات خانگی من محسوب می شود"

برای لحظه ای نمی توانستم مرز بین واقعیت و دروغ را تشخیص دهم! نمی دانستم که باید از چه کسی می گریختم از آن موجود و یا از سهراب! به چشمان سهراب نگاه کردم و با فریاد گفتم: "می شود چیزی را که الان گفتی دوباره تکرار کنی...!؟"

و سهراب هم خیلی آرام و شمرده گفت: "این چیزی که شما به آن هیولا می گویید یکی از موجودات خانگی من محسوب می شود، می دانم که الان، هم عصبانی و هم هیجان زده شده ای! اما خودت را کنترل کن و سعی کن واقعیت را بپذیری"

برای اولین بار در زندگیم بود که این قدر گیج شده بودم... بصورت دیوانه وار سرش فریاد کشیدم و گفتم: "واقعیت؟ تنها واقعیتی که

در اینجا هست این است که من می خواهم یک نفر مثل تو را تا حدی که دستهایم قدرت داشته باشند کتک بزنم"

و ادامه دادم: "منظورت از اینکه می گویید آرام باشم چیست؟ خودت اگر جای من بودی می توانستی این اتفاق را راحت قبول کنی؟ این موجود اصلا شبیه به واقعیتی که من و تو می شناسیم هست که می خواهید به عنوان واقعیت قبولش کنم؟"

و بعد از گفتن اینها با ناراحتی روی تخت نشستم و واقعا نمی دانستم که چه تصمیمی باید بگیرم! در عین حال این را هم می دانستم که چاره ای به جز صبر کردن نخواهم داشت... با حالتی که انگار به وقایع پیش آمده فکر می کنم به زمین خیره شده بودم، اما در واقع علت اصلی این کارم این بود که جرات نگاه کردن به آن موجود زشت را نداشتم. باید از آن اتاق و یا شاید هم آن مکان به هر شکل ممکن، فرار کنم! ناگهان سهراب گفت: "فکر خارج شدن از این جا را از سرتان بیرون بکنید، من فکر می کنم تا زمانیکه من نخواهم این کار برای شما غیر ممکن است!"

با خودم گفتم: "از چاله به چاه افتادم!"

احساس بدی من را احاطه کرده بود و برای اولین مرتبه در زندگیم بود که احساس می کردم چاره ای به جز انتظار کشیدن ندارم! بطور مرموزی دلم می خواست برای این چند اتفاق آخر، خودم را

به سهراب برسانم و حداقل یک مشت به صورتش بزنم که یادم آمد که چند سال قبل هم یک دفعه ای غیبش زده بود! این موضوع هم برای زدن مشت قبلی انگیزه بیشتری به من می داد...

چند ساعتی به همین منوال گذشت و در تمام این مدت سعی می کردم تا خودم را مشغول نشان دهم! سهراب برای مدتی به بیرون رفت و سپس برگشت! درون چشمهایش یک برق خاصی بود، به طوری که می شد فهمید، فکر همه جا را از قبل کرده است. در تمام این مدت آن موجود همچنان ایستاده بود و به من نگاه می کرد.

سهراب گفت: "به خودت مسلط شدی؟ و توانستی با آن واقعیتی که آنجا ایستاده کنار بیایی؟"

در حالیکه داشتم به این سوال ها فکر می کردم زیر چشمی به آن موجود نگاه کردم و دیدم که تا زمانیکه به آدم آسیبی نمی رساند می شود، بالاخره به نحوی آن را تحمل کرد، اما باز هم در جواب سهراب بلند گفتم: "نه"

در حقیقت این نه را به جبران چند وقت پیش گفتم که سهراب بصورت ناگهانی غیبش زده بود! بخاطر اینکه هنوز هم بابت آن جریان از دستش ناراحت بودم. سهراب بلافاصله گفت: "اگر بخواهی شاید بتوانیم با هم یک فنجان چای بخوریم؟ اینطوری شما هم آرام

تر می شوید و من هم فرصت این را خواهم داشت که یک بخش از زندگی خودم را که مربوط است، به بعد از تنها گذاشتن تو را تعریف کنم. شاید اینطوری بتوانی واقعیت هایی را که در این مدت دیده ای بپذیری"

فکر می کنم واقعا به دانستن این بخش از زندگیش که مربوط به علت رفتن ناگهانیش می شد نیاز داشتم. خودم را برای شنیدن آن حرف ها آماده می کردم. اما از سهراب خواستم که قبل از شروع به تعریف کردن، اگر امکان دارد آن موجود را از اتاق بیرون ببرد. با درخواست من سهراب هم پذیرفت و در همان لحظه آن موجود غیب شد انگار اصلا از اول نبود اما جالب تر از همه این بود که بدون اینکه سهراب چیزی به او بگوید از اتاق رفت از سهراب پرسیدم: "چطور متوجه شد که باید از این اتاق برود؟"

سهراب گفت: "برای دانستن، در این مکان، هیچ وقت عجله نکن! هر آگاهی در زمان مناسب آن خود به خود به سراغت خواهد آمد."

اما انگار متوجه تعجب من شده بود گفت: "من به او اشاره کردم تا به بیرون برود، شاید شما متوجه این موضوع نشده باشید."

و مدتی به فکر فرو رفت، انگار حرفی برای گفتن داشت، ولی دلیلی محکم تر برای نگفتن آن در دلش بود برای همین هم به بیرون رفت. زمانیکه بازگشت همراه با خوش یک سینی چای هم آورده

بود. آرام تر از قبل حرکت می کرد و از من هم خواست تا میزی را که مدتی قبل به پندار خودم برای دفاع از او بهم ریخته بودم دوباره مرتب کنم! من هم بلافاصله میز را مرتب کردم و او هم سینی چای را روی آن قرار داد، از من هم درخواست کرد تا در مدت چای خوردن به جمله ای که خواهد گفت فکر کنم و من هم قبول کردم.

بعد از اینکه با این خواسته او موافقت کردم، به من گفت که اگر می خواهم به واقعیت آن موجود پی ببرم باید این را بدانم که بعد از دانستن علت وقایع تنها یک راه خواهم داشت و آن هم پذیرفتن شرط دوم است. به او گفتم : "پذیرفتن یک شرط بدون دانستن آن کار عاقلانه ای نیست"

بلافاصله سهراب در جوابم گفت: "تا به حال چیزی که عاقلانه باشد را در اینجا دیده ای؟"

گفتم: "آره، یه چیزهایی هست، مثلا همین فنجان چای"

در جوابم خندید و گفت: "شاید اما اینها حقیقت وجود هست ولی منظور من حقیقت وقایع هست"

در جوابش گفتم: "به جز اینها نه... فکر نمی کنم... چیز عاقلانه ای وجود داشته باشد اما مطمئن هستم که علم زیادی وجود دارد!

خندید و گفت: "بله"

و ادامه داد: "خوشحالم که هنوز شیطنت زمان های قبل را حفظ کرده ای!"

این جمله او من را به گذشته ها برد... درست همان زمانیکه تازه به محله جدیدمان آمده بودیم، و از صبح تا آن موقع مشغول اسباب کشی بودیم! تقریبا به آخر اسباب کشی رسیده بودیم و داشتم از پشت پنجره زیر نور چراغ، خیابان را نگاه می کردم که سهراب را در حالی که داشت اطرافش را نگاه می کرد دیدم! سر در گم به زیر نور چراغ آمد انگار داشت... دنبال چیزی می گشت. قبلا هم او را دیده بودم، روزیکه برای دیدن خانه جدیدمان آمده بودیم! برای من جالب بود که بدانم دنبال چه چیزی می گردد. به حیاط رفتم تا جریان را از نزدیک تر دنبال کنم. به حیاط رسیدم. به محض اینکه من را دید بدون هیچ مقدمه ای به من گفت: "می توانیم با اتومبیل شما به جایی در همین نزدیکی برویم؟ سوییچ اتومبیل خودمان را گم کرده ام!"

گفتم: "کجا؟"

گفت: "دقیقا نمی دانم اما یک جای عجیب و غریب در همین نزدیکی"

دقیقا علت اینکه پذیرفتم را نمی دانم اما مدتی طول نکشید که من و سهراب با اتومبیل پدرم بدون اینکه دقیقا بدانم به کجا، در

حال رفتن بودیم. حرکت ما به همراه سکوتی که بین ما حاکم شده بود ادامه داشت تا اینکه از من خواست تا در یک گوشه خیابان ماشین را متوقف بکنم. ماشین را پارک کردم و از او پرسیدم: "اینجا کجاست؟"

بدون اینکه جواب سوالم را بدهد گفت: "چشمهایت را ببند"

این مرتبه از او پرسیدم "چرا؟"

در جوابم گفت: "اینجا محل بدی نیست، و نمی خواهم هیچ فردی از محل مخفی من خبر داشته باشد"

من هم قبول کردم و او هم چشم های من را با یک تکه پارچه که از اتومبیل پدرم آورده بود بست، تقریبا یک ساعت بدون اینکه جلوی پایم را ببینم با چشم های بسته در جنگل راه رفتیم تا به محل مورد نظر رسیدیم سهراب گفت: "بعد از اینکه چشم هایت را باز کردم بلافاصله آنها را باز نکن و اندکی به آنها فرصت بده"

اما من بعلت عجله ای که داشتم به سرعت آنها را باز کردم و اولش تصاویر مبهم بود و با جاری شدن اشک از چشم هایم مبهم تر هم شد سهراب گفت: "نگران نباش خیلی زود خوب خواهد شد، شاید بخاطر گاز یا چیزی شبیه به آن هست که اشک از چشم هایت جاری شده است اما به آن عادت می کنی"

کمی طول کشید تا دیگر از چشمهایم اشکی نیامد و توانستم تا کاملا اطرافم را ببینم. نور ماه و یک قبرستان قدیمی ترسناک بود اما نه خیلی زیاد... قبلا هم این گونه مکان ها رفته بودم اما نه این موقع شب! برگشتم و به سهراب نگاه کردم با چشمهایش به من خیره شده بود بگونه ای که انگار منتظر بود تا از ترس واکنش جدیدی نشان بدهم! حدس می زنم از اینکه عکس العملی خاص را از من ندیده بود تعجب زده شده بود و من هم که تعجب او را دیدم از او پرسیدم "این مکان همان جایی است که می گفتی؟ خیلی هم بد به نظر نمی رسد"

اما انگار چیزی بیشتر از این انتظار ما را می کشید و سهراب گفت: "نه هنوز باید جلوتر برویم"

توی دلم می گفتم "از قبرستان ترسناک تر دیگر کجا می تواند باشد؟"

اما خیلی آرام به او گفتم: "کجا؟"

در جواب من با انگشت دستش یک حفره را بین درختان گوشه قبرستان نشانم داد با دیدن آن زیر لب آرام گفتم: “"تا با این دیوانه بازیهای خودش بلایی سرمان نیاورد این بازی را تمام نخواهد کرد!"

اما فکر می کنم دیدن یک حفره بین درختان جنگل حس کنجکاوی من را هم بر انگیخته بود!

همراه با سهراب به سمت گوشه قبرستان رفتیم. به سوراخ رسیده بودیم و سهراب قبل از من وارد آن شد من هم بعد از او وارد شدم تنها یک چراغ قوه داشتیم و داخل آن خیلی تاریک بود و بوی زننده ای هم به مشام می رسید! دلیل این بو را نمی فهمیدیم... فکر می کنم احساس دلهره به هر دوی ما سرایت کرده بود ولی با این وجود آرام و با احتیاط جلو می رفتیم کم کم بوی بد هم انگار برایمان عادی شده بود! گاهی نور چراغ قوه که بر روی دیواره های غار می افتاد ترکیب آن با سایه، چهره هایی را بروی دیواره تشکیل می داد... چهره هایی که گاه ترسناک بودند. کم کم دلهره جای خودش را به ترس داده بود! با دقت به ترکیب نور و سایه ها بروی دیواره نگاه می کردم که ناگهان سهراب به من برخورد کرد! نور چراغ قوه را بر روی صورت سهراب انداختم و گفتم: " مراقب باش و بگو هدفت از آمدن به این مکان دقیقا چه بوده است؟ و الان می خواهی چکار کنی؟"

سهراب گفت: "به راهت ادامه بده باید تا آخر اینجا برویم"

در جوابش گفتم: "باشه اما فکر نمیکنم چیز خاصی دستگیرمان بشودا"

در جوابم گفت: "همیشه دلم می خواست داخل آن سوراخ را ببینم!"

نگاهی به سهراب انداختم و گفتم: "فقط سریع تر انجامش دهیم فکر می کنم تا صبح چیزی نمانده باشد!

از لحظه ای که وارد آن غار شده بودیم، هیچ موجود زنده ای حتی یک حشره کوچک را داخل آن غار ندیده بودم! فکر می کنم این تنها مورد عجیبی بود که در آن غار وجود داشت، چرا که درون همه غارهای مشابه حداقل یک عنکبوت زندگی می کرد اما اینجا خبری از هیچ حشره ای نبود... به هر حال به مسیرمان ادامه دادیم که ناگهان بخشی از سقف غار روی ما دو نفر فروریخت! فکر می کنم در اثر ریزش آوار بیهوش شده بودم! و از آن حادثه چیز بیشتری را بیاد نمی آورم! وقتی چشمهایم را باز کردم، اولین چیزی را که دیدم چهره نگران پدر و مادرم بود که کنار تخت در اتاق بیمارستان ایستاده بودند و با دیدن اینکه چشم هایم را باز کردم خدا را شکر می کردند! مدتی با سکوت بین ما گذشت و من هم که مطمئن بودم که آنها از کار آن شب من خیلی ناراحت هستند ترجیح می دادم که چیزی نگویم و منتظر واکنش آنها بمانم و آنها هم ظاهرا با دیدن آسیب دیدگی من تصمیم گرفته بودند فعلا در مورد این اتفاق صحبتی نکنند و یا شاید فکر می کردند آسیبی که دیده بودم برای تنبیه من کافی باشد.

سرانجام سکوت بین ما با این جمله مادرم از بین رفت: "حال پسری هم که همراه با تو بود خوب است و فقط پایش را گچ گرفته بودند، زمانیکه از جلوی اتاقش عبور می کردم دیدم"

در حال مرور این خاطرات بودم که سهراب گفت: "تصمیم خودت را گرفتی؟ شرط را می پذیری؟"

در جوابش گفتم: "بخاطر می آوری اولین مرتبه ای که بدون دانستن شرطت را پذیرفتم نزدیک بود داخل آن غار بمیرم"

لبخندی همراه با احساس پشیمانی زد و گفت: "آن ماجرا یک اتفاق بود، و من بابت آن متاسف هستم!"

گفتم: "اما نزدیک بود هر دوتای ما کشته بشویم!"

در جوابم گفت: "باز هم می گویم متاسفم"

و این مرتبه در چشمانش احساس پشیمانی عمیقی وجود داشت، و بعد از آن هم گفت: "تصمیم خودت را گرفتی؟"

گفتم: "اگر جوابم منفی باشد آنوقت چه می شود؟ “

بلافاصله گفت: " هیچی “

و گفتم: " اگر مثبت باشد چطور؟”

نگاهی به من انداخت و گفت: " خوب این نشان می دهد که شرط من را پذیرفته ای، و آنوقت من حرف های زیادی برای گفتن خواهم داشت "

اما بلافاصله ادامه داد " لطفا قبول کن، به بودنت در کنار خودم نیاز دارم"

با شنیدن این جمله به فکر فرو رفتم... شاید گاهی اوقات مقداری ریسک زندگی آدم را متحول بکند اما باید به این هم فکر می کردم، آیا این ریسک ارزش آن را خواهد داشت؟ شاید آری و شاید خیر! به هر حال قبول کردم دو راهی سختی بود و من امیدوار بودم که از این انتخاب خودم پشیمان نشوم. در واقع چیزی را پذیرفته بودم که شاید خطر آن کمتر از فرو ریختن سقف آن غار نبود اما به هر حال پذیرفتم.

بخش سوم: معرفی به مجموعه

با پذیرفتن شرط سهراب واقعا نمی دانستم که چه ماجرایی انتظار من را می کشد، و از همه مبهم تر شرط آخری بود که هنوز حتی نمی دانستم که چه شرطی می تواند باشد.

سهراب لبخندی زد و گفت: " همان چیزی که از شما انتظار داشتم "

احساس بهتری نسبت به قبل داشتم و با دیدن لبخند سهراب آرامتر هم شده بودم. به او گفتم: " مراقب باش تا دوباره اتفاقی که در آن غار افتاد برای ما تکرار نشود!"

بلند شد... آمد کنارم نشست و گفت: " آماده ای؟ برویم؟ "

و در پاسخش گفتم: " کجا؟ "

و گفت: " مگر نمی خواهی بدانی؟ "

و به او گفتم: " مسلمه که می خواهم بدانم اما نباید قبلش یک توضیح مختصر به عنوان مقدمه به من بدهی؟"

ولی باز هم به من گفت: " به زودی خودت خواهی فهمید "

با هم همراه شدیم و از اتاق خارج شدیم درب اتاق به راهرویی باز می شد که هیچ نور طبیعی به آن وارد نمی شد و خبری هم از لامپ ها و منبع نور مستقیم نبود اما با استفاده از منبع نور غیر مستقیم نورانی شده بود! دومین چیزی که نظرم را به خودش

جلب می کرد رد پایی بود که از من بر روی کف راهرو باقی می ماند و فکر می کنم علت آن هم وجود ماده ای بود که کف راهرو از آن ساخته شده بود! هر قدمی که می رفتم رد پای من به صورت کامل روی کف باقی می ماند و بالای آن نوشته می شد " نا شناخته + همراه با یک عضو شناخته شده + ایمن "

با مشاهده این رویداد از سهراب پرسیدم: " منظور از این سه جمله چیست؟ "

در جوابم گفت: " عجله نکن، دیگه رسیدیم، جواب سوال اولتان در این اتاق هست "

گفتم: "چه چیزی در اتاق هست؟ "

هنوز سوال و جواب بین ما ادامه داشت که چهره ای بر روی درب ظاهر شد و گفت: " سلام "

سهراب در جوابش گفت: " سلام، برای من و دوستم وقت داری؟ "

چهره مبهم در جوابش گفت: " حتما "

و دوباره محو شد. خیلی هیجان زده شده بودم و گفتم: " این چهره چی بود؟ "

و بلافاصله گفت: " ستاره قطبی "

با تعجب پرسیدم: "خب حالا یعنی چی؟ این ستاره قطبی چی هست حالا؟ "

قبل از اینکه جوابم را بدهد، درب اتاق باز شد و ما وارد شدیم... روی یک سطح متحرک بودیم این مرتبه با لحنی مودبانه تر گفتم: " جوابم را ندادی؟ "

گفت: " دلیل نامگذاری آن به عنوان ستاره قطبی این است، که آن ستاره، مسئولیت این بخش را بر عهده دارد و همانطور که خواهی دید این بخش برای شناسایی و راهنمایی افراد طراحی و ساخته شده است. در این بخش تمام داده های مربوط به شما وارد سیستم داده ای این مجموعه خواهد شد که مدتی بعد با این فرآیند آشنا خواهید شد"

گفتم: " یعنی از این بخش برای معرفی یک فرد به مجموعه استفاده می کنی؟"

در جوابم گفت: " آره خب... تا حدودی، اما دلیل اصلی این نامگذاری این بود که این مجموعه خیلی بزرگ است، اما تمام راهرو های ارتباطی بین بخش های مختلف بصورت کاملا یک شکل ساخته شده است. بنابراین امکان ندارد که شخصی به جز خودم بتواند بدون راهنما و کمک داخل راهروها جا به جا بشود و مسیر خودش را گم نکند برای همین در تمام طول مسیر این ستاره

قطبی در این مجموعه است که شخص را برای جا به جایی بین محل های مختلف این مجموعه کمک می کند و در واقع نقش یک راهنما را بر عهده دارد! درست مانند ستاره قطبی که افراد برای مسیریابی خودشان از آن استفاده می کردند، فکر می کنم فرآیند مربوط به شما در حال شروع شدن باشد"

و خودش از این سطح متحرک پایین رفت و سطح متحرک همینطور به طی کردن مسیر خودش ادامه می داد. مرحله اول: در مرحله ابتدایی تصویر ستاره قطبی بر روی دیوار اتاق ظاهر شد و از سهراب پرسید: " ایشان همان فردی است که قبلا مشخصات شان از قبیل نام پدر، نام مادر و ... را به من گفته اید"

و سهراب پاسخ داد: " بله "

ستاره قطبی ادامه داد: " آیا سایر مشخصات را هم خودتان وارد می کنید و یا اینکه از خودشان بپرسم؟"

و سهراب پاسخ داد: " فکر می کنم، ۲۶ سالشان است و بقیه مشخصات را هم بهتر این است که خودشان برای آشنایی بیشتر با نحوه ورود داده ها وارد سیستم کنند "

ستاره قطبی رو به من گفت: " در فرمی که آن را در ذهنت احساس می کنی تمام مشخصات را وارد کن "

با تعجب گفتم: " فرمی که احساس می کنم؟ و هنوز جمله ام تمام نشده بود که احساس کردم دریچه ای در ذهنم باز شده است و باید یکسری اطلاعات مربوط به مشخصاتم مانند سال تولد، روز و ماه آن و غیره ... را در آن بیاد بیاورم"

این اولین مرتبه بود که چیزی مثل این را تجربه می کردم و با تعجب از پسر پرسیدم: " این چه بود؟ می توانی برای من توضیح بدهی؟ "

سهراب گفت: "این یک فرم از نوع دیجیتالی و ذهنی بود! در این فرم ها مثل فرم های قدیمی دیگر نیازی به پر کردن دستی فرم ها ندارید و یا اینکه لازم باشد که حتی یک کلمه از داده های مورد نیاز را به زبان بیاورید. تنها کاری که شما انجام می دهید این است که به مجموعه سوالاتی که در ذهن شما پرسیده خواهد شد پاسخ بدهید، و این فرم ها تنها فرم هایی در جهان هستند که بصورت مستقیم از طریق ضمیر ناخودآگاه شما پر خواهد شد! بنابراین قادر نخواهید بود که حتی یک کلمه غیر از واقعیت را در آن بگویید و کلمه ای غیر از حقیقت را در آن ثبت بکنید و نکته دیگر هم البته وجود دارد که باید در مورد این نوع از فرم ها بدانی و آن این است که امضایی که پایین آن زده می شود امضایی است که به آن امضای الکترومغناطیس ذهنی می گوییم! برای توضیح آن باید بگویم که فعالیت سلول های عصبی از طریق جریان های الکتریکی می باشد

و با توجه به تعداد زیاد این سلول ها در مغز انسان می شود الگو و نمودار مغناطیسی خاصی را از سر و مغز هر فردی دریافت کرد که با توجه به اینکه تعداد و فعالیت سلول های مغزی هر فردی منحصر به خودش می باشد، در این حالت چیزی خواهیم داشت که شامل یک الگوی مغناطیسی منحصر به فرد برای هر فرد می باشد، درست مانند اثر انگشت هر فرد که مخصوص به خود اوست. با این تفاوت که امکان تقلب در اثر انگشت بدلیل در دسترس بودن وجود دارد اما احتمال تقلب در الگوی مغزی به صفر خواهد رسید چرا که شما قادر نیستید که مثل اثر انگشت حالتی مادی را از روی آن بسازید و یا اینکه مانند انگشت یک انسان بتوانید آن را قطع بکنید و بجای صاحب انگشت از آن استفاده بکنید. شما نمی توانید یک الگوی مغزی بسازید که مشابه الگوی مغزی فرد دیگری باشد و از آن استفاده کنید! چرا که این الگو به محض ارتباط با الگوهای گذشته مطابقت داده می شود اما سوالی که امکان دارد بپرسید این است که تغییر سلول های مغز انسان به چه صورتی در این فرآیند اعمال می شود؟

باید بگویم که تغییرات سلولهای مغزی انسان در هر فردی از الگوهای خاصی پیروی خواهد کرد و این تغییرات هم با توجه به زمان پیش خواهد رفت البته بعضی از عوامل هم مانند بیماریها روی آن ممکن است تاثیر بگذارند اما در اینجا سیستم پیشرفته ای

وجود دارد که این تغییرات را با توجه به زمان بروی الگوی ذهنی اعمال می کند و همینطور سابقه بیماری که ممکن است برای فرد بوجود بیاید! هر بیماری یک الگوی تغییری خاص را بر روی سلول های مغز انسان بوجود می آورد. هر تغییری بر روی سلولهای مغزی توسط این سیستم بر روی الگوی مغزی اعمال می شود. و اما فکر می کنم که باید پر کردن فرم ها را ادامه دهید. "

بلافاصله بعد از این، بطور ناخودآگاه تمام پرسش هایی را که در ذهنم پرسیده می شد را پاسخ می دادم تا اینکه بالاخره تمام شد! با تمام شدن این پرسش ها دوباره ستاره قطبی بر روی دیوار ظاهر شد و گفت: " مرحله بعد ".

به ستاره قطبی گفتم: " تو فقط بر روی دیوار ظاهر می شوی؟ "

ناگهان از دیوار خارج شد و مقابل من ایستاد و گفت: " نه در واقع من هر مکانی که سهراب بخواهد، می توانم بروم و یا فعالیت داشته باشم، تو هم مثل من تحت فرمان سهراب هستی؟ "

سوالش برای من نامفهوم بود می خواستم از ستاره قطبی بخواهم که منظورش از این سوال را شرح بدهد که در این زمان سهراب گفت: " فکر می کنم بهتر است که به مرحله بعدی برویم؟ "

صفحه متحرک زیر پایم شروع به حرکت کرد و وارد مرحله بعدی شدم. با توجه به تکنولوژی مرحله قبلی انتظار داشتم که در این

مرحله هم از یکسری پرتوی نور لیزر استفاده بشود اما تنها چیزی که احساس می کردم این بود که هوای اطرافم در حال متراکم شدن است! تراکم تا جایی پیش رفت که هوای اطراف بدنم بصورت یک قالب سراسری از بدنم درآمد و حتی می توانستم ببینم که این قالب موهای بدنم را هم در بر گرفته است و دانه دانه موهای بدنم هم در آن شکل گرفته است، سرانجام این قالب از بدنم جدا شد و درون محفظه ای قرار گرفت اما هنوز فرآیندهای آن ادامه داشت، و فکر می کنم در آن محفظه آن قالب به مقیاسی به مراتب کوچکتر درآمد، به این ترتیب یک قالب از بدنم در مقیاسی به مراتب کوچکتر شکل گرفت و سپس به محل دیگری منتقل شد. پرسیدم: " آن قالب کجا رفت؟ "

و سهراب پاسخ داد: " به آرشیو داده ای منتقل شد "

و دوباره پرسیدم: " فرآیندی که در اینجا اتفاق افتاد را شرح می دهید؟ "

سهراب آرام دستش را مقابل بینی اش قرار داد درست به حالتی که بخواهد بگوید هنوز فرآیند این مرحله به پایان نرسیده است و باید کمی ساکت باشیم، به نظر می رسید دیگر این فرآیند به پایان رسیده است. برای همین گفت: " از هوای اطراف بدنت برای قالب گیری از آن استفاده کردیم، هوا تقریبا ارزان ترین و فراوان ترین ماده ای است که در هر محلی که انسان زندگی می کند یافت می

شود و در عین حال بعلت خواص و چگالی که دارد شکل پذیر می باشد و قابلیت تراکم بالایی دارد و فقط کافی است که آنرا اطراف بدنت متراکم بکنیم تا بهترین قالب از بدنت را با جزییات بالایی که حتی می تواند متشکل از موهای بدنتان باشد داشته باشیم و سرانجام می شود آنرا در ابعادی متراکم کرد تا نگهداری از آن قالب به فضای زیادی نیاز نداشته باشد و در عین حال هر زمانی که به آن قالب نیاز داشته باشیم می توانیم با کاهش فشار وارده به آن آنرا به ابعاد قبلی آن باز گردانیم. اما باید بگویم که مولکول های هوا در مقابل جاذبه و دافعه سلول های بدن و یا هر مولکول دیگری واکنش نشان می دهند همان گرانش، بر همین اساس الگویی از نحوه قرار گرفتن آنها نسبت به یکدیگر در زمانیکه مجاور بدنت قرار گرفته اند تهیه می کنیم و بر تراکم آن می افزاییم پس از تعیین الگوی قرار گیری مولکولهای هوا نیرویی را که قبلا از طریق سلولهای بدنت به آنها وارد می شد را با نیرویی مشابه به آن جایگزین می کنیم در واقع همان الگوی قرار گیری را از جنس نیرو تهیه می کنیم، که باعث می شود تا مولکول ها در جای خود قرار بگیرند. در واقع به جز قالبی که کوچک شد یک الگوی داده ای نیرویی هم تهیه می شود که در صورتیکه قالب تهیه شده از هوای متراکم از بین برود می شود با داده های مربوط به نیروهای وارد شده به مولکول های هوا می توانیم دوباره قالب را بسازیم"

حرفش را قطع کردم و گفتم: پس می توانی با استفاده از الگوی داده ای نیرویی کپی هم از روی قالب بدنم تهیه بکنی؟ "

سهراب در پاسخ داد: " آری، هر تعداد که بخواهیم و در هر مکانی از این جهان هستی که بخواهیم "

پرسیدم: " خوب ... "

سهراب دوباره انگشتش را مقابل بینی خودش گرفت و دانستم که در حال حاضر نباید سوال بپرسم شاید فرآیندی در حال انجام بود.

پس از مدتی ستاره قطبی آمد اما این مرتبه جلو آمد و گفت: " مرحله بعدی "

اما این مرتبه کلمات را کشیده تر و محکم تر می گفت و فکر می کنم که از رفتار مدتی قبل من مقداری رنجیده بود، برای اینکه ارتباط بیشتری با ستاره قطبی بر قرار بکنم و همینطور اگر رنجیده باشد از دلش در بیاورم گفتم: " ممنونم ستاره قطبی، شما خیلی منظم هستید "

احساس رضایت از این جمله را می شد از چهره اش دریافت و بادی به گلویش انداخت و اندکی سرش را بالاتر گرفت. به مرحله بعدی رفتیم. نمی دانستم که چه ماجرایی در مرحله بعدی انتظار من را می کشید، در همین زمان سهراب گفت: " نگران نباش این

مرحله یک مرحله ساده می باشد. در واقع سیستم در حال ترسیم نقشه DNA شما می باشد، اما اجازه بدهید تا قبل از اینکه شما سوال بپرسید خودم یک توضیح مختصری درباره فرآیندهای این مرحله بدهم: "همانطور که می دانید نقشه ژنتیکی انسان هم اکنون برای مدتهاست که کشف شده است و الگوهای مختلفی هم از آن تهیه شده است، و هر ساله هم بر علم مربوط به ژنتیک " کروموزوم ها و ژنها " افزوده می گردد. بگونه ای که امروزه دقیقا مشخص است که هر یک از ژن ها و کروموزوم ها کنترل کننده چه بخش هایی می باشد، ما در اینجا با در دست داشتن داده هایی که مربوط به زحمات دانشمندان قبلی می باشد و الگوهای رفتاری شما بدون نیاز به نمونه گیری مستقیم به ترسیم نقشه DNA شما می پردازیم، اجازه بدهید این مورد را با یک مثال توضیح دهم! با توجه به داده هایی که در اختیار داریم می دانیم که کدام بخش از نقشه ژنتیکی مربوط به شکل، اندازه ناخن و حالت آن می باشد وقتی که داده های مربوط قالب بدنت را از مرحله قبلی به اینجا منتقل بکنیم شکل، اندازه ناخن و حالت آن مشخص می شود با ترکیب این دو داده ترکیب ژن هایی که می توانند این شکل، ابعاد و اندازه را بوجود بیاورند را مشخص می کند اما نوع رنگ آن هم در این مرحله به داده های مورد نیاز اضافه می گردد بنابراین ژن های مشخص کننده خصوصیات ظاهری هم در این مرحله مشخص می گردد. و

ترکیب این ژنها در کنار یکدیگر و روی یک کروموزوم مشخص می گردد، اجازه بدهید که اینطوری ادامه بدهم که دانستن این تکنولوژی می تواند با استفاده از ظاهر و چند پارامتر نقشه کاملی از ژنتیک انسان را بسازد اما برای اینکه توضیحم کامل تر بشود باید بگویم بسیاری از رفتارهای انسانی مانند واکنش در مقابل خشم و ترس و غیره علاوه بر تاثیر عوامل مربوط به محیط زندگی آدمی ریشه در علم ژنتیک انسان دارد و ما در مورد شما رفتارهایی مانند واکنش نسبت به شادی و یا غم و خیلی دیگر را در اختیار داشتیم اما واکنش هایی مانند واکنش نسبت به ترس شدید، احساس خشم شدید و واکنش نسبت به درد و احساس مرگ را نداشتیم که آن هم از طریق آن موجود بدست آمد"

سهراب بلافاصله بعد از گفتن این موضوع بابت این اتفاقات عذر خواهی کرد و به سرعت اتاق را ترک کرد! فکر می کنم که نمی خواست شاهد واکنش من نسبت به دانستن این موضوع باشد که تمام اتفاقات آن شب در جنگل برای چه موضوعی بوده است آن همه اتفاقات تلخ و بد. به هر حال ترک کردن اتاق بهترین کاری بود که او انجام داد چرا که با شنیدن این جملات آخر هم می شد داده های مربوط به خشم شدید من را بدست آورد واقعا ناراحت و خشمگین بودم، در این زمان ستاره قطبی وارد شد و گفت: " مدتی بعد با هم به مرحله بعدی خواهیم رفت که شاید سخت ترین مرحله

هم باشد"، و سهراب هم قبلا گفته بود: " بابت سختی آن پیشاپیش عذر خواهی می کند "

ستاره قطبی غیب شد. من در اتاقی ماندم پر از ابزار و لوازمی که کاربرد آنها را نمی دانستم برای همین هم فکرهای مختلفی در ذهنم علاوه بر خشم موج می زد و سعی کردم دوباره به ابزار و لوازمی که درون اتاق بود و ظاهر آنها به هیچ وجه تعیین کننده نوع کاری که انجام می دادند نبود نگاه بکنم، دقیقا مشخص نبود که چه زمانی گذشت شاید یکساعت و یا بیشتر بود که ستاره قطبی ظاهر شد و دوباره بخشی از خاطرات مربوط به آن شب را با برخی از دلایل آن در حالیکه سطح متحرک در حال حرکت بود را برایم تعریف کرد و این موضوع باعث خشم بیشترم شد و سپس گفت: "به مرحله بعدی رسیدیم"

وارد آن مرحله که شدیم سهراب را دیدم که روی صندلی کمی دورتر از سطح متحرک نشسته است. از سطح متحرک پایین آمدم به سرعت به سمتش رفتم تا که خشم خودم را نسبت به وقایعی که در آن شب اتفاق افتاده بود نسبت به سهراب خالی کنم. با دیدن من از جایش بلند شد و در حالیکه صورتش به سمت من بود عقب عقب می رفت و گفت: " متاسفم متاسفم و ..."

اما من به هیچ عنوان حاضر نبودم که به حرف های او گوش بدهم و به سرعت به سمتش می رفتم و سهراب دوباره گفت: " لطفا صبر کن و به حرفم گوش کن "

اما برای من حرف هایش تا زمانیکه خشمم نسبت به او فرو کش نمی کرد مهم نبود و سهراب دوباره گفت: " خبری بد برای شما دارم "

با شنیدن این جمله کمی تعجب کردم و برای شنیدن آن با وجود خشمی که داشتم کمی مشتاق شده بودم دیگر چیزی به او نمانده بود که گفت: " بهترین دوست شما بود که به ما کمک کرد تا بتوانیم آن اتفاقات را برای شما پیش بیاوریم"

با شنیدن این جمله در جای خودم ایستادم و به این فکر می کردم که بعد از خالی کردن خشمم نسبت به سهراب باید برای گرفتن انتقام به سراغ بهترین دوستم هم بروم که سهراب ادامه داد: " اما به فکر انتقام از او نباشید چرا که او در یک حادثه رانندگی فوت کرده است"

با شنیدن این جمله دیگر طاقت نداشتم روی زمین نشستم و گریه می کردم برای اینکه هرچند ممکن بود بهترین دوستم در این بازی نقش داشته باشد اما باز هم او بهترین دوست من بود و دوستش

داشتم در حالیکه داشتم به گریه کردن ادامه می دادم سهراب گفت:
" این یک شوخی بود "

سرش فریاد زدم و گفتم: " خیلی بد بود " و همانجا نشستم و فقط به پسر نگاه می کردم، از دور او هم به من نگاه می کرد و گفت: " من را ببخشید اما گمان می کنم که قبلا ستاره قطبی به شما گفته بود که مرحله سختی پیش روی شما می باشد و ادامه داد که این مرحله در واقع نیاز به داده هایی را برطرف می کرد که شامل واکنش های رفتاری ترکیبی شما می شد"

در همان حالت از او پرسیدم: " این دیگر چه آزمایشی بود؟"

سهراب در پاسخ گفت: " برای رفتارهای انسانی نمی توان برای همیشه حالتی را در نظر گرفت که او همواره تحت یک رفتار خاص باشد، در بسیاری از موارد او در حال بروز رفتارهای مختلف در یک زمان و یا بصورت پی در پی می باشد و در این مرحله ما رفتار های مختلف را که منجر به بروز احساسات مختلف از انسان می شود را با یکدیگر ترکیب می کنیم و نتایج را مورد بررسی می کنیم"

از او خواستم: " بیشتر توضیح بدهد "

و او هم گفت: " ببینید زمانیکه من در جملاتم به جای استفاده از کلمه "تو" از کلمه "شما"" استفاده می کردم در واقع حس احترام را در شما بر انگیخته می کردم اما با دیدن آن موجود ترکیبی از

حس ترس و نگرانی را با احترام مورد بررسی قرار گرفت، و در مرحله بعدی دیده می شد که با بر انگیختن احساس احترام در درون شما با توجه به سابقه رفتاری شما بصورت متقابل از کلمه "شما" به جای "تو" برای من استفاده می کردید در حالیکه با دیدن آن موجود دوباره در جملات خودتان از کلمه "تو" استفاده می کردید و این از نتایج ترکیب حس های مختلف بود که در رفتار شما نمود پیدا کرده بود. در رفتارهای روزانه انسانها شاهد تعداد زیادی از ترکیب احساس های مختلف هستیم و هریک از آنها نتایج خاص خودشان را بدنبال دارد، در این مرحله هم تاثیر ترکیب حس های مختلفی مثل خشم ، تنفر و ناراحتی را روی شما بررسی کردیم"

در جوابش گفتم: " امیدوارم که در همین جا به اتمام رسیده باشد و دوباره قصد انجام آنرا نداشته باشید، این نتایج چه اهمیتی دارد؟"

جواب این سوال را نداد و ادامه داد: " برای انتخاب یک سرباز در میدان جنگ، ترکیب این نتایج اهمیت زیادتری پیدا می کند. برای اینکه باید انتظار رفتار هایی از وی را در یک میدان جنگ داشته باشیم که تحت تاثیر حس های خشم و تنفر و یا .... بروز می کند"

و ادامه داد: " شما باید ادامه این مرحله را بگذرانید و من هم باید به چند کار مختلف رسیدگی کنم "

از اتاق خارج شد و من هم ادامه مرحله را انجام دادم. بقیه مراحل آن مثل بخش قبلی نبود! گذراندن آنها خسته کننده شده بود، به رفتار سهراب فکر می کردم که هنوز هم مثل گذشته مودب و معقول رفتار می کرد، با توجه به عذر خواهی قبل شروع این مرحله می توانستم او را بابت فشاری که به من در ابتدای این مرحله وارد کرده بود ببخشم. نسبت به گذشته منظم تر شده بود و فکر می کنم برای هر لحظه از زمانش برنامه ای خاص داشت که دنبال می کرد. سهراب وارد اتاق شد، احساس رضایت و شرمندگی را با هم داشت، فکر می کنم بابت رنجاندن من در مرحله قبلی شرمنده بود و شاید بابت نتایجی که تا بحال بدست آورده بود احساس رضایت می کرد. جلوتر آمد و گفت: " خوب شد که من را بخشیده ای"

اما او از کجا این را می دانست؟ با توجه به این مرحله سخت و خسته کننده ترجیح دادم که از او در این مورد سوالی نپرسم. در همین زمان ستاره قطبی ظاهر شد و گفت: "این خانم به سیستم معرفی شدند و می توانید بروید"

و بعد از گفتن این جمله غیبش زد.

بخش چهارم: ساحل

سهراب گفت: "فکر می کنم می توانیم از این اتاق خارج شویم"

هنگامیکه از اتاق خارج شدیم با گذاشتن اولین قدم در راهرو متوجه تغییر نوشته های کنار قدم هایم شدم که نوشته شده بود " شناخته شده، ایمن، مبدا اتاق معرفی و مقصد نامشخص "

بعد از آن دیگر جای پایم بر روی کف راهرو باقی نمی ماند. از سهراب پرسیدم: " چرا نوشته های کنار رد پایم تغییر کرد و دیگر جای قدم هایم در کف راهرو باقی نمی ماند؟ "

در جوابم گفت: " این تغییرات بدلیل این است که الان تو دیگر یک عضو تعریف شده برای این مجموعه بشمار می آیی "

گفتم: " در مورد رد پایم چطور؟ "

سهراب گفت: " زمانیکه فرد شناخته نشده ای که برای سیستم تعریف نشده باشد وارد مجموعه بشود رد پایش در هر جاییکه برود باقی خواهد ماند به این ترتیب تمام مکان هایی که رفته باشد مشخص خواهد بود "

از چند راهرو عبور کردیم و همراه با سهراب به یک اتاق بزرگ رفتیم که شبیه به انباری بود اما از نورپردازی زیبایی برای آن استفاده شده بود. خیلی تمیز و مرتب به چشم می آمد. همراه با حرکت ما در آن به نحو جالبی نور در داخل آن تغییر می کرد و

محل تمرکز نور تغییر می کرد و فضایی که در آن حرکت می کردیم به نحو مناسبی نسبت به سایر بخش ها سطح نور آن بالاتر می رفت.

این حرکت نور دیدن اشیاء در آن بخش را ساده تر می کرد. سایر بخش ها هم روشنایی ملایمی اما کمتر از این فضا که در آن حرکت می کردیم داشت. قبل از اینکه سوالی بپرسم سهراب گفت: " برای صرفه جویی در مصرف انرژی این تنظیم نور اجرا می شود"

از اینکه می دیدم پاسخ سوالاتم را قبل از پرسیدن آنها می دهد جا خورده بودم با خودم فکر می کردم که چگونه می تواند قبل از اینکه سوالم را بپرسم به آن پاسخ بدهد؟ در همین زمان سهراب لبخندی زد و گفت: " عجله نکن"

این پاسخ او کمی نگرانم می کرد، چرا که احساس می کردم امکان دارد ذهنم را بتواند بخواند. مقابل یکی از دهها کمدی که آنجا بود ایستادیم و او از کمد خواست تا دربش باز شود، با کمال تعجب دیدم که درب کمد باز شد و سهراب جعبه ای را از درون آن برداشت و به من گفت: " برویم"

کمی آنطرف تر که بودیم درب کمد بصورت خودکار بسته شد و ما از آن اتاق خارج شدیم، در راهرو به من گفت: "خسته به نظر

می رسید، دلت می خواهد که یک فنجان قهوه و یا چای بخوریم؟ “

پیشنهاد خوبی به نظر می رسید، قبول کردم و گفتم: “ البته اگر یک کیک هم کنار آن باشد که خیلی بهتر می شود”

سهراب با لبخندی گفت: “ حتما همینطور خواهد بود “

بعد از آن در راهرو که می رفتیم به آرامی گفت: “خانم واتسن اتاق ساحلی _ قهوه و چای با کیک لطفا “

صدایی را شنیدم که پرسید: “ برای دو نفر؟ “

و سهراب گفت: “ بله، لطفا “

از سهراب پرسیدم: “ خانم واتسن کیست؟ “

سهراب پاسخ داد: “ خانم واتسن یکی از موجوداتیه که در اینجا زیاد با آن سر و کار خواهی داشت، کاری که انجام می دهد شبیه به خانه داری هست و درباره اسم او هم باید بگویم که اسم های زیادی در این مجموعه الهام گرفته شده از شخصیت های شناخته شده ای است که در داستان های مشهور وجود دارند”

به سهراب گفتم: “ آشنا شدن با تمام موضوعات این مجموعه مطمئنا زمان زیادی لازم خواهد داشت “

به اتاقی رسیدیم... جلوی در ایستاد و از من پرسید: " فکر می کنید هم اکنون چه زمانی از شبانه روز است؟ "

گفتم: " حتما عصر شده اما صبح را بیشتر دوست دارم"

سهراب گفت: " هر طور که دوست داری؟ "

و بعد از آن وارد اتاق شدیم اما این سوالاتی توی ذهنم ایجاد شده بود که چرا زمان را از من پرسید، و چرا برای او زمان معنای خاصی نداشت و تفاوتی نمی کرد، و چرا گفت هر زمان خودت می خواهی؟ و شاید همه اینها بصورت اتفاقی انجام گرفته بود. همین که ما وارد شدیم با منظره ای فوق العاده و شگفت آور مواجه شدم عجیب بود، خیلی بیشتر از آن چیزی که فکرش را می کردم. یک ساحل با شن های طلایی که از دو طرف با دو کوه پوشیده از درخت محدود شده بود و درختانی سبز آسمانی آبی و جالب بود که خورشیدی که می شد حرارت پرتوهای آن را روی پوست بدن به راحتی احساس کرد! آبی زلال و شفاف که تا افق ادامه داشت...

به سهراب گفتم: " نمی شود اینجا را یک اتاق دانست، مطمئنا اینجا خارج از مجموعه می باشد و در حقیقت ما از آن در وارد اتاق نشدیم بلکه از آن مجموعه ای که بودیم خارج شدیم "

سهراب به آرامی خندید و گفت: " مطمئن باش که اینجا یک اتاق است "

این دفعه من خندیدم و به سهراب گفتم: " نه مطمئن هستم که اینجا هرچه که باشد یک اتاق نیست "

سهراب گفت: " اگر می خواهی زیبایی هر چیزی را کاملا ببینی سعی بکن آن را با احساس خوت لمسش بکنی اگر با عقل به آن نگاه کردی درک آن زیبایی آن را از تو خواهد گرفت "

و سهراب ادامه داد "بیا بنشین اگر که دوست داشته باشی می توانیم درون این جعبه را با هم ببینیم"

واقعیت این بود که از همان زمان که جعبه را از درون آن کمد برداشت دائما دلم می خواست درون آن را ببینم.

سهراب گفت: می دانی انسان ها برای نشان دادن عشق و علاقه خودشان به یکدیگر در طول سالهای مختلف راههای زیادی را امتحان کرده اند مثلا در زمان های گذشته یک فرد برای نشان دادن علاقه و عشق خودش بنایی به نام تاج محل را برای فردی که دوستش داشت بنا کرد. اما ببین من فکر می کنم که تاج محل شاید نماد عشق باشد اما در درون آن از روح عشق خالی بود، برای همین هم مدتی است که شروع به طراحی بنایی کردم که تک تک عناصر آن حاوی روح عشق و علاقه باشد. اتاق قبلی که با هم رفتیم یک انبار از تمام قطعات و بخشهایی است که برای این عمارت طراحی کردم. در آن لحظه به فکر فرو رفته بودم و خیلی دلم می

خواست بدانم که آیا تمام این قطعات مربوط به آن بنا را که خودش طراحی کرده بود فقط از روی کنجکاوی بود و یا برای شخص خاصی طراحی کرده بود، برای همین هم از او پرسیدم: " چرا این عمارت را طراحی کرده ای؟ "

در جوابم سهراب نگاهی به من انداخت و بدون اینکه پاسخی بدهد موضوع گفتگو را تغییر داد و گفت: " این دو قطعه سنگ که خودم برای گوشه های ستون ها و لبه های دیوارها طراحی کردم بشکل خاصی باید ساخته بشود در ابتدا برای این کار نیاز داریم که سنگ مورد نیاز را با دقت برش زده و آماده بکنیم " طول = A و عرض = B و ضخامت = C " پس از آن در پشت سنگ یک برش سرتاسری به عمق ۲/۳ ضخامت سنگ می زنیم " مسیر D " شکل یک.

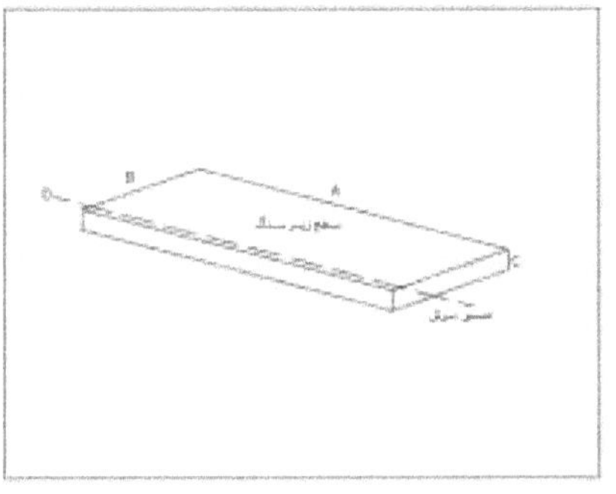

شکل یک

با اینکار تقریبا نیمی از مراحل ساخت محل اتصال لبه ستون را انجام داده ایم سپس نوبت به برش اضافی سنگ در لبه آن می رسد " مسیر E "، شکل دو.

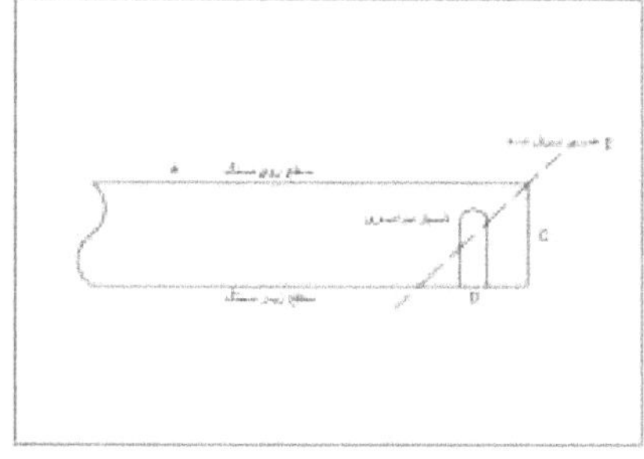

شکل دو

و در آخر هم با قرار دادن سنگ ها در کنار یکدیگر طرح پنهان ما نمایان خواهد شد، شکل سه.

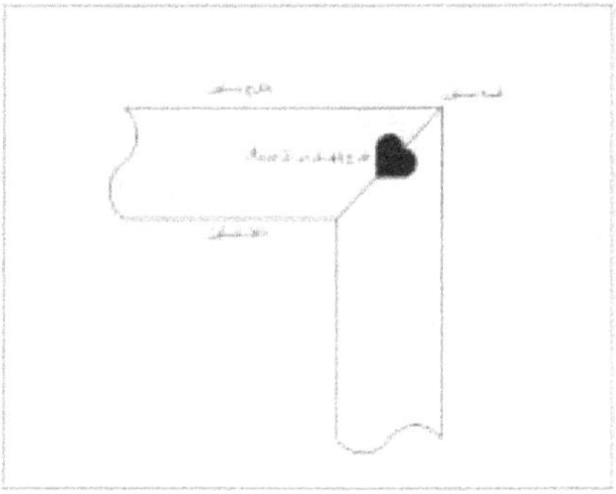

شکل سه

اما باید توجه بکنیم که جنس سنگ بکار رفته برای ساخت آن ها از مرمر سفید تشکیل شده و زمانیکه درون شکل بوجود آمده در دل این سنگ ها نور بتابانیم! درست مثل یک جسم خواهد شد که به آن یک قلب و احساس بخشیده باشیم و به این ترتیب به عناصر سازنده بنا هم روح و احساس عشق را بخشیدم. تمام این مسیر های بوجود آمده درون سنگ ها به یکدیگر وصل می شوند و مجموعه ای را تشکیل می دهند که مشابه رگ های بدن انسان عمل خواهد کرد".

تمام حرف هایی که می زد را با دقت گوش نمی کردم و دلم می خواست واقعا بدانم که آن فرد کیست؟ برای همین هم دوباره از سهراب پرسیدم: " نگفتی این عمارت را برای چه کسی طراحی کرده ای؟ "

اما این مرتبه هم جوابی نداد، مقداری دلخور شدم برای همین هم فنجان قهوه را یک مرتبه سر کشیدم و به سهراب گفتم: " برویم"

سهراب پرسید: " چرا کیک نخوردی؟" در جوابش گفتم: " می شود برویم باقی جاها را هم ببینیم؟ "

سهراب گفت: " خانم واتسن لطفا بقیه کارها را انجام بدهید "

و بعد از این همراه با هم به اتاق جدیدی که سهراب به آن "اتاق آگاهی" می گفت رفتیم. سهراب گفت: " این اتاق نقطه شروعی برای دانستن خیلی چیزها می تواند باشد، اما در هر بخشی از آن که فکر کردید تمایلی به ادامه ندارید می توانیم از اینجا خارج بشویم "

آن اتاق بیشتر شبیه به یک آزمایشگاه علوم زیستی بزرگ بود که به چندین بخش مختلف تقسیم شده بود، اما تجهیزات و لوازمی که در آنجا بود،خیلی متفاوت از سایر لوازم آزمایشگاهی بود، به سهراب گفتم: " اما ما هنوز وارد هیچ بخش از این اتاق نشدیم، چرا فکر می کنی برای من خسته کننده خواهد بود؟ "

فکر می کنم برای اینکه آن اتاق را به من نشان دهد تردید داشت، و دست آخر تصمیم گرفت و گفت: " فکر می کنم برای امروز نباید بیشتر از این خسته ات کنم، و شاید بهتر باشد که دیدن این اتاق

را برای وقت دیگری بگذاریم به ویژه که باید قبل از دیدن این اتاق مقداری در مورد آن با هم صحبت بکنیم "

بعد از گفتن این حرف ها همراه با یکدیگر از آن اتاق خارج شدیم...

در راهرو به این فکر می کردم که چرا دیدن آن اتاق را به عقب انداخت؟

و مکان بعدی کجا می تواند باشد؟

تا اینکه به اتاق دیگری رسیدیم. این مسئله بسیار جالب بود که از هر راهرویی که وارد راهروی دیگر می شدیم مثل این بود که دوباره وارد همان راهروی اول شده ایم و دوباره باید آن را تا به آخر طی می کردیم و شباهت طراحی و ساختاری آن بی نظیر بود، برای رسیدن به هر اتاق به نظر می رسید که یک راهرو را چند بار طی می کردیم مثلا برای اتاق اول دو راهرو رفتیم و برای اتاق دوم پنج راهرو رفتیم و این پدیده پنهان در این مجموعه بود! اما یک تفاوت وجود داشت انگار طول راهروها با یکدیگر متفاوت بود و زمانهای متفاوتی را باید برای رسیدن به انتهای آن طی می کردیم، اما به نظر می رسید که زمان هم برای سهراب چندان تفاوتی نمی کرد، کمی گیج کننده بود که چرا سهراب برای ورود به اتاق ساحلی از من زمان دلخواهم را برای ورود به اتاق پرسید!

در این فکر ها بودم که سهراب گفت: " حواست هست؟ "

به خودم آمدم و دیدم که جلوی در اتاقی ایستادیم در جوابش گفتم: " آره، اما اینجا کجاست؟ "

سهراب پرسید: " از کدام شخصیت داستانی بیشتر از بقیه خوشت می آید؟ "

گفتم: " اجازه بده کمی فکر بکنم، لرد دراکولا این شخصیت داستانیه که خیلی از آن خوشم می آید "

سهراب گفت: " چهره ای که این مرتبه بر در ظاهر می شود موجودی می باشد که در آینده برای امور مختلف به تو کمک خواهد کرد و بسیاری از کارهایی که نیاز داری را انجام خواهد داد، پس فکر می کنم بهتر است که خودت اسمی برای آن موجود انتخاب بکنی"

به در نگاه کردم و دیدم که چهره ای بر روی درب ظاهر شده است، نسبت به چهره های قبلی بسیار جدی تر بود، به او اشاره کردم و گفتم: "لرد دراکولا"

لرد دراکولا گفت: " بله خانم، و در باز شد"

اما سهراب همراه من به داخل نیامد و گفت: " برای باقی کارها می توانی از کمک لرد دراکولا کمک بگیری"

به او گفتم: " برمی گردی؟"

در جوابم گفت: " فعلا شما به استراحت نیاز دارید "

و رفت.

بخش پنجم: اتاق حیات

به آن اتاق وارد شدم و به این فکر می کردم که در حال حاضر من با لرد دراکولا تنها بودم، موجودی که حتی نمی دانستم که ماهیت آن چیست؟ آیا موجود زنده می باشد و یا اینکه یک مجموعه از انرژی که بدست سهراب کنترل می شود! به هر حال باید صبر می کردم... تنها گذشت زمان بود که خیلی از چیزها را آشکار می کرد مثل امروز که از اول تا همین الان تعداد زیادی از سوالاتم پاسخ داده شده است.

لرد دراکولا گفت: " خانم اگر امکان آن وجود دارد از جلوی در به داخل تشریف بیاورید تا بتوانم درب را ببندم "

زمانیکه وارد آن شدم دیدم که این اتاق جدید به جز راهروی ورودی آن تاریک بود. راهروی ورودی آن فضایی مسقف با گنبدی در مرکز آن بود، گنبدی از تعداد زیادی آینه های کوچک که بسیار منظم در کنار یکدیگر قرار داده شده بود و بازی نور در آنها چشم نواز بود. از جایی که ایستاده بودم باید چند پله را پایین می رفتم پله ها را یکی پس از دیگری طی کردم. بدون اینکه حتی لحظه ای چشم از سقف آنجا بردارم... زیبایی بی نظیری که تا آن لحظه مشابه آن را ندیده بودم! انگار هر آینه حرفی برای گفتن داشت، محو در تماشای آن گنبد بودم و قدم به قدم در تماشای آن که ناگهان احساس کردم که پایم درون آب فرو رفته است اما به نظرم آن آب چندان عمیق نبود برای همین هم با دست لباسم را بالاتر گرفتم تا از

خیس شدن آن جلوگیری کنم! اما آن همه نور در آن گنبد از کجا می آمد؟ به مقابلم نگاه کردم و دیدم که یک آبنما با چند طبقه روی هم، وجود دارد با یک فواره آب در بالای آن. فورا به پاهایم نگاه کردم! پا های من در آب نبود، بلکه مایعی درخشانی بود که پایم درون آن فرو رفته بود اما آن مایع چه بود، از لرد دراکولا پرسیدم، و او هم گفت: " نور مایع خانم"

در جوابش گفتم: " نور مایع، مگر امکان دارد که نور را به حالت مایع تبدیل کرد؟ "

لرد دراکولا پاسخ داد: " فکر می کنید اگر امکان نمی داشت آیا شما می توانستید درون آن بایستید"

به آن آبنما نگاه کردم دو راهرو در اطراف آن برای عبور وجود داشت و من به جای اینکه از آنها عبور بکنم به داخل حوض با نور مایع و فواره چند طبقه آن آمده بودم! حوضی از نور که به گنبد می تابید! دلم می خواست نام آن حوض را حوض نور بگذارم برای همین هم از لرد دراکولا پرسیدم: " اسم این حوض چیست؟ "

در پاسخ به من گفت: " تا قبل از اینکه شما بیایید من هم اسمی نداشتم، انتظار دارید این حوض نامی داشته باشد! "

با شنیدن جواب لرد دراکولا گفتم: " پس من اسم آن را حوض نور می گذارم "

لرد دراکولا گفت: " هر طوریکه شما مایل باشید خانم، اما نمی خواهید که فضای بقیه قسمت ها را روشن کنید؟ "

گفتم: " کلید آن کجاست؟ "

لرد دراکولا گفت: " برای اتاق شما از این لوازم قدیمی بکار نرفته است لطفا از جام استفاده کنید "

گفتم: " جام؟ منظورت چیست؟ "

لرد دراکولا اشاره ای به یکی از راهروهای دو طرف حوض نور کرد... در دیوار آن یک جام بزرگ پر از نور مایع قرار داشت و یک جام کوچک در کنار آن، لرد دراکولا گفت: " از جام کوچکی که آنجاست برای ریختن نور از ظرف بزرگ روبروی خودتان بر روی دستان مجسمه فرشته استفاده کنید "

جام کوچک را برداشتم و از ظرف بزرگ آن را پر از نور کردم، و بر روی دستان مجسمه فرشته ریختم و جام کوچک را به جای اولش برگرداندم جام بزرگی بالای مجسمه فرشته از نور لبریز شد و نور از آن بصورت مداوم بر دستان فرشته می ریخت و از دست های فرشته به هفت قسمت تقسیم می شد و هر قسمت بر هفت گل می ریخت و به داخل گل ها فرو می رفت اندکی بعد از هفت خروجی در بالای آبنما نور مایع به پایین سرازیر شد و هریک به درون بخش پایین تر از خود ریخت و از هر کدام از بخش ها نوری

به حرکت در آمد به دیوارها سرایت می کرد و دیوارها نورانی و روشن می شد، به سقف ها و کف ها و راه پله ها و لوازم داخل آنجا می رفت همه چیز روشن شده بود و درخشان اما چقدر این نور دلنواز بود و باعث ناراحتی چشم ها نمی شد. به لرد دراکولا گفتم: برای روشن شدن اینجا هر بار باید همین کار را بکنم"

لرد دراکولا پاسخ داد: " خیر خانم، برای مرتبه اول نیاز بود خود شما این کار را انجام بدهید در مراحل بعدی سیستم خودش این امور را کنترل می کند"

لحظه ای به یاد حرف های سهراب افتادم که می گفت: " برای دیدن زیبایی هر چیزی آنرا با احساست ببین زمانیکه با عقلت ببینی دیگر آنگونه نخواهد ماند"

برای من در اینجا دقیقا، همین اتفاق افتاد. اول سقف را با احساسم دیدم... محو در زیبایی آن شدم اما همین که پای عقل به میان آمد دیگر آنگونه نبود. نگاهی به درون اتاق انداختم بنایی قصر گونه بود که در آن مجموعه نام اتاق گرفته بود. تالار هال گونه و بزرگی که یک راه پله بزرگ مرکزی در مرکز آن قرار داشت و چند راه پله کوچک جانبی که در حال حاضر نمی دانستم که هر کدام به کجا خاتمه می یافت. درون هال آن مبلمان و میزهایی به سبک کلاسیک و قدیمی وجود داشت اما مثل تمام اتاق های این مجموعه هیچ پنجره ای به بیرون نداشت، زیبا و چشم نواز تزیین شده بود

و در دیوارهای آن فضاهایی ایجاد شده بود و مجسمه هایی از فرشته ها از جنس سنگ مرمر سفید درون هر کدام از آنها بود و لوستری بزرگ در مرکز آن تالار بزرگ که به جای لامپ در انتهای هریک از شاخه های آن نور مایع می درخشید. از لرد دراکولا پرسیدم: " آن پله ها به کجا می رود؟ "

پاسخ داد: " می توانید برای دیدن آنها خودتان تشریف ببرید، فکر می کنم اینگونه بهتر باشد. "

وارد تالار اصلی شدم قدم به قدم زیبایی های بکار رفته در آنجا به چشم می آمد. مجسمه های زیبا که در جای جای تالار اصلی قرار گرفته بود و یا گلدان های پر از گل های رز زیبا، بطور کلی تفاوت زیادی بین این اتاق و اتاق های قبلی بود. در واقع می شد گفت که این اتاق و اتاق ساحلی دارای روح و زندگی بود اما باقی اتاق ها انگار سرد و بی روح ساخته شده بود، به اولین پله جانبی از پله ها رسیدم و شروع به بالا رفتن از آن کردم، به بالای آن که رسیدم باید وارد یک تالار کوچکتر می شدم تا فضاهای دیگر را می توانستم ببینم. داخل این تالار کوچک چندین درب وجود داشت به سمت درب اول رفتم که لرد دراکولا از پشت سر گفت: " می توانم برای شما نهار را بیاورم؟ و یا کمی بعدتر میل می کنید"

از این ورود ناگهانی لرد دراکولا که از پشت سرم بود کمی ترسیدم و جیغ کوچکی هم زدم و گفتم: " الان "

وارد اتاق شدم، ترکیب و چیدمان اتاق به صورت کلاسیک و زیبا بود. داخل اتاق یک تخت خواب بزرگ، مبلمان و چراغ خواب و سایر وسایل مورد نیاز قرار داشت. ورودی کوچکی که فضای اصلی اتاق را از محل قرار گرفتن کمدها و حمام جدا می کرد. کنجکاو شدم تا داخل کمد لباس ها را ببینم و با باز کردن آن با کمدی مواجه شدم که لباس و لوازمی که ممکن بود نیاز داشته باشم به دقت درون آن چیده شده بود. از اتاق خواب خارج شدم و در تالار کوچک به سمت درب دوم رفتم.

این در مربوط به سرویس های بهداشتی بود، یک نگاه سریع انداختم و به اتاق قبلی برگشتم، نهار روی میز چیده شده بود، بعد از خوردن نهار روی تخت دراز کشیدم تا اینکه خوابم برد.

بخش ششم: غار

حدود ساعت هفت صبح روز بعد بود که از خواب بیدار شدم. البته این را ساعت کنار تخت نشان می داد! کمی که خواب آلودگیم بر طرف شد بلند شدم و برای گرفتن یک دوش به حمام رفتم، یکی از لباس های داخل کمد لباسی که از بقیه به نظرم راحت تر بود را پوشیدم، روی صندلی کنار تخت نشستم و صدا زدم: " دراکولا"

بلافاصله ظاهر شد و گفت: " بله خانم"

گفتم: " اگر که امکان دارد صبحانه من را بیاور"

لرد دراکولا گفت: " اما خانم فکر می کنم که سهراب برای صرف صبحانه منتظر شما باشند"

پرسیدم: "کجا باید بروم؟"

دراکولا پاسخ داد: " داخل تالار کوچک درب سوم، اتاق غذا خوری"

به همان جاییکه گفته بود رفتم و وارد غذا خوری شدم، سهراب روبروی در ایستاده بود و خیلی آرام و متین سلام گفت و من هم جوابش را دادم و لرد دراکولا یک صندلی را برای نشستن من به عقب کشید و من روی آن نشستم. سهراب روی صندلی روبروی من نشست و مشغول خوردن صبحانه شدیم در طول خوردن صبحانه تقریبا هیچ حرف خاصی میان ما رد و بدل نشد، بعد از

صبحانه سهراب پرسید: " برای شروع امروز آمادگی لازم را دارید؟ "

پاسخ دادم: " آری، اما می شود بگویید کجا می رویم؟ "

سهراب پاسخ داد: " امروز قرار نیست که از اینجا خارج شویم و شاید تمام آنرا در اتاق کناری بگذرانیم"

فکر می کردم که بودن در یک اتاق آن هم برای کل یک روز باید خسته کننده باشد، گفتم: " پس باید خودمان را پس از پشت سر گذاشتن این همه ماجراهای عجیب و غریب برای یک روز خسته کننده آماده کنیم!"

سهراب مثل همیشه نگاهی به من انداخت و لبخند به لبانش نشست و گفت: " مثل همیشه عجول هستی؟ شاید که بودن در یک اتاق برای تمام مدت شبانه روز خسته کننده باشد اما شاید این مرتبه متفاوت تر باشد"

گفتم: " با توجه به این، پس باید یک روز متفاوت را شروع بکنیم"

و بلند گفتم: " لرد دراکولا ، میز با شما " که در همین لحظه لرد دراکولا گفت: " باید خدمت شما عرض بکنم که اینکار از جمله وظایف خانم واتسن هست "

و ادامه دادم: " پس این را به خانم واتسن بگویید"

در حالیکه به من نگاه می کرد گفت: " البته خانم "

و همراه با سهراب به اتاق کناری رفتیم که کتابخانه بود، و به سهراب گفتم: " فکر می کنم امروز را باید همراه با یکدیگر به کتاب خواندن مشغول باشیم"

سهراب خندید و گفت: " باز هم عجله کردید، این مجموعه ای که می بینید کتاب نیستند بلکه مجموعه هایی از آلبوم های عکس، دفترچه های خاطرات، و یادداشت هایی هستند که ما در اینجا جمع آوری کرده ایم."

از سهراب پرسیدم: " این مجموعه از خاطرات مربوط به شخص خاصی هست؟ "

سهراب پاسخ داد: " مال من، مال شما و بقیه افراد، اما امروز می خواهم از خودم شروع بکنم"

و ادامه داد: " شاید از اول اما فکر می کنم از آن بیمارستان که بعد از غار به آنجا منتقل شده بودیم شروع کنیم بهتر باشد "

به سهراب گفتم: " من هم فکر می کنم این طوری بهتر باشد، شاید خیلی از جواب های من هم پاسخ داده شود"

و پسر ادامه داد: " ماندن من در بیمارستان اندکی بیشتر از تو طول کشید و علت آن هم شاید تاکید دکتر برای اطمینان از این بود که من سلامت خود را کامل بدست بیاورم و سپس مرخص بشوم ".

در زمانی که در بیمارستان بستری بودم متوجه شدم که پدر و مادرتان از پدر و مادرم علت این حادثه را می پرسیدند که این نشان می داد که در مورد آن شب چیزی به آنها نگفته بودی و باید در این باره از تو تشکر کنم! و البته پدر و مادرم به کارهای غیر عادی من عادت داشتند، بعد از حادثه ای که برای ما در آن غار افتاد تا مدتی در خانه می ماندم و از پنجره به بیرون نگاه می کردم و گاهی اوقات متوجه اتفاق های عجیبی در اطراف خودم می شدم، گاهی به خانه شما نگاه می کردم و می دیدم که از خانه بیرون نمی آیی کنجکاو شده بودم تا علت این را بدانم.

ساینا گفت: " این که تا مدتی از خانه بیرون نروم در واقع تنبیهی بود که خانواده ام برای من در نظر گرفته بودن "

برای همین هم چند مرتبه تا نزدیک خانه شما آمدم اما باز هم چیزی از علت این موضوع دست گیرم نشد برای همین هم یک شب تصمیم گرفتم تا دوباره به خانه شما بیایم و هر طور که شده علت اینکه از خانه بیرون نمی آیی را بفهم، برای همین مدتی منتظر شدم ولی باز هم خبری نشد!

دیدم که خانواده ات برای کاری از خانه بیرون رفتند، و من هنوز در آن طرف خیابان منتظر بودم تا شاید از خانه بیرون بیایی، ناگهان متوجه حضور فردی شدم که از داخل حیاط خانه شما بیرون آمد و چند روز پیش بصورت اتفاقی او را اطراف خانه خودمان دیده بودم برای اینکه بدانم که آن فرد عجیب کیست و چه هدفی دارد شروع به تعقیب او کردم و می دانستم که او هم متوجه این موضوع شده است اما سعی می کند که بی تفاوت به این موضوع به نظر برسد. من نمی خواستم این فرصت را از دست بدهم و همچنان به دنبال او می رفتم. کم کم به خودم این جرات را دادم که به او نزدیک تر بشوم. همینطور که تعقیبش می کردم مشاهده کردم که ایستاد و مدتی هم به همان حالت باقی ماند احساس کردم که مدت زمان بی حرکت ماندنش زیاد شده است برای همین به سمت او رفتم اما هنوز چند قدمی مانده بود تا به او برسم که با خوردن ضربه ای به سرم از هوش رفتم، فکر می کنم که مدتی بیهوش بودم اما زمانیکه به هوش آمدم خودم را در غاری دیدم نزدیک به همان غاری بود که آن شب بر روی ما ریخته بود دست و پایم بسته نبود اما نمی توانستم آنها را حرکت بدهم. برای همین هم شروع به نگاه کردن به اطراف کردم تا شاید بتوانم علت آنکه نمی توانستم از جای خودم حرکت بکنم را بفهمم و یا اینکه از علت آورده شدنم به آن غار آگاه بشوم که ناگهان دیدم که همان فرد عجیب که تعقیبش می کردم درب غار نشسته است، چیزی از صورتش مانند باقی زمانها مشخص

نبود و آن را پوشانده بود و به بیرون نگاه می کرد شاید چیزی را در افق دنبال می کرد اما مسیر نگاهش به سمت غاری بود که در آن شب ریخته بود، صدایش زدم و پرسیدم: " چرا من را به اینجا آورده ای؟"

او هم خیلی آرام پاسخ داد: " چرا غار من را خراب کردی؟ "

پرسیدم: " غار! مگر کسی هم داخل آن غار زندگی می کرد؟ "

و ادامه دادم: " دیوار و سقف غار خود به خود ریخت، تازه نزدیک بود که خودم هم در داخل آن غار کشته بشوم"

و بدون اینکه برگردد گفت: " چرا به آنجا رفته بودید؟ "

پاسخ دادم: " کنجکاوی همین، علت دیگری نداشت"

و آن فرد عجیب گفت: " دوباره هم حاضری به آنجا بروی؟ "

این سوالش کمی برای من عجیب بود با این حال گفتم: " نه، مطمئنا نخواهم رفت"

آن فرد عجیب پرسید: " چرا حاضر نیستی؟ "

پاسخ دادم: " هیچ چیز جالبی در آنجا نیست که بخواهم دوباره به آنجا باز گردم"

و آن فرد عجیب گفت: " این را فراموش نکن که هر وقت چیزی را ندیدی دلیل بر عدم وجود آن نیست، شاید در آن غار هم چیزی بوده باشد و تو ندیده باشی "

به او پاسخ دادم: " ولی حتی یک حشره هم در آنجا نبود"

در هوا معلق شدم و او به بیرون غار رفت و من هم در همان حالت معلق به دنبال او می رفتم و این موضوع تا زمانیکه به وسط آن قبرستان رسیدیم ادامه داشت، در آنجا من به همان حالت معلق باقی ماندم و پرسید: " می دانی که اینجا کجاست؟ "

گفتم: " نه تنها من بلکه هر شخص دیگری هم می داند که اینجا قبرستان است"

و ادامه داد: " چطور می دانی که اینجا یک قبرستان است تو که از داخل قبرها خبر نداری؟ "

در این لحظه نمی دانستم که چه جوابی باید به او بدهم. او به یکی از آن قبرها اشاره کرد و دیدم که خاک ها به خودی خود کنار می رفتند تا اینکه درون قبر دیده می شد! داخل آن خالی بود، به قبر دیگری اشاره کرد و خاک ها از روی آن هم کنار رفتند تا جاییکه درون آن دیده شد اما اینبار درون آن چیزی دیده نمی شد اما نجواهایی مانند صحبت کردن میان چند نفر به گوش می رسید و باید بگویم شنیدن آن نجواها در آن شرایط برایم هولناک بود...

بویژه که هر چند ثانیه صدای جیغ زنی نیز از میان آنها به گوش می رسید. سپس به قبر دیگری اشاره کرد و خاک ها که کنار رفت نوزادی زنده اما رنگ پریده درون آن بود با چشمانی بسته، انگار که خوابیده بود.

سپس به او نگاه کردم و گفتم: " آن جسد یک نوزاد است"

آن فرد عجیب جوابی نداد و دوباره که به درون قبر نگاه کردم آنجا نبود و اندکی این طرف تر داشت در حالیکه لبخند می زد به سمت من می آمد و درست در جاییکه در هوا معلق بودم دست هایش را به سمت من دراز می کرد انگار می خواست بغلش بکنم و دائم روی دو پایش بلند می شد و دوباره به زمین می افتاد، نگاهش که می کردم رفتارش به نظرم ترسناک تر شده بود تا اینکه دیدم از من دور شد اما در بین بوته ها مشغول به خوردن حشرات به دام افتاده در بین تار های یک عنکبوت شد، این عمل او عجیب بود عجیب تر از آنکه فکرش را بکنم، در حالیکه دیگر نسبت به آنچه می دیدم شک داشتم از آن موجود پرسیدم: " این واقعا یک نوزاد است؟"

خیلی بی تفاوت پاسخ داد: " نه نیست"

همچنان از دور به او نگاه می کردم که با اشاره آن موجود نوزاد به درون قبر بازگشت. خاک ها به جای اول خودشان بازگشتند.

من را به زمین گذاشت و گفت: " فقط دو روز زمان داری تا برای جبران کردن کارت در آن غار برای یک ماه به اینجا بازگردی در غیر این صورت من خواهم آمد و یا ..." دیگر ادامه نداد و رفت.

هنوز هم برای من چیزهایی که در چند ساعت قبل دیده بودم چندان باور کردنی نبود برای همین هم مدتی همان جا نشستم تا از شوک وارده به من کمی کمتر بشود و پس از آن بلند شدم و به سمت خانه راه افتادم. زمان رسیدن من به خانه با روشن شدن هوا مصادف شده بود. خوشبختانه همه خواب بودند مستقیم به اتاقم رفتم و خونی را که ناشی از ضربه آن موجود به سرم بود را شستم، لباسهای خاکی خودم را عوض کردم و از شدت خستگی روی تخت دراز کشیدم و خوابم برد.

بخش هفتم: کوردل

حدود ساعت ۲ بعد از ظهر بود که از خواب بیدار شدم، فکرم به این مشغول بود که آیا برای رفتن به آن غار مجبور بودم و یا نه؟ همینطور که فکر می کردم به یاد اتفاقاتی که در آن قبرستان دیده بودم افتادم. تقریبا مطمئن بودم که او می خواست با نشان دادن آنها به من بگوید که در صورتیکه به غار نروم چه اتفاقی خواهد افتاد. تصمیمم را گرفتم... تعمیر و مرتب کردن یک غار نباید کار چندان سختی هم باشد در عین حال که می توانم علت بعضی از چیزها را هم که در آن قبرستان اتفاق افتاده بود را بفهمم. آری، تصمیم گرفتم که به آن غار بروم پس از این تصمیم به طبقه پایین رفتم و مشاهده کردم که خانواده ام در حال جمع کردن اسباب و اثاثیه خودشان بودند و تدارک نقل مکان ما را به خانه جدیدمان می دیدند. در راه پله ها مادرم را دیدم که نتیجه پذیرش مرا در یکی از دانشگاه هایی که درخواست داده بودم را به من داد و همراه آن هم یک سوییچ ماشینی که هدیه قبولی در دانشگاه بود و در طبقه پایین هم پدرم مثل همیشه با افزایش دادن مبلغ موجود در حساب بانکی من خوشحالی خودش را نسبت به پذیرفته شدن من در دانشگاه نشان داد! جالب بود که دانشگاه محل تحصیل من با شهری که خط تولید جدید کارخانه پدرم در آنجا بود یکی بود و این باعث خوشحالی پدر و مادرم شده بود، پدرم از مدتی قبل یک خط تولید جدید را در شهر دیگری راه اندازی کرده بود برای همین هم باید برای تکمیل آن بصورت خانوادگی به همان شهر می رفتیم،

این شرایط باعث شده بود که اگر درخواستم را برای یک مسافرت یک ماهه هم مطرح می کردم با مخالفت آنها روبرو نمی شدم وقتی که به آنها گفتم که برای یک ماه به اطراف شهر می روم آنها پذیرفتند، در این یک روز باقی مانده لوازم و وسائلی را که باید با خودشان به خانه جدید می بردند را جمع و جور کردم و یک ساک وسایل هم برای سفر یک ماهه خودم به آن غار آماده کردم و روز بعد با هدیه مادرم به سمت جنگل های اطراف شهر می رفتم، یعنی سراغ همان غاری که فکر می کردم باید تمیز و مرتبش می کردم در حالیکه واقعیتی که انتظارم را می کشید چیز دیگری بود. من نزد فردی عجیب می رفتم که بعدها فهمیدم اسم او کوردل هست، پس از مدتی رانندگی به محلی رسیدم که باید بعد از آن پیاده مسیرم را طی می کردم. ماشین را بین بوته و درختان جنگل پنهان کردم و همراه با ساک لوازمم به سمت آن غار رفتم. زمانیکه به آنجا رسیدم کسی آنجا نبود برای همین هم درون غار و کنار دهانه آن نشستم و منتظر ماندم تا کوردل بیاید. این انتظار خسته کننده شده بود و هرچه که بیشتر زمان می گذشت انگار خبری از آمدنش نبود با خودم فکر کردم که شاید اینکه خواسته بود برای تعمیر یک غار به اینجا بیایم خودش یک نوع سر کار گذاشتن من بوده است و فکر هایی از این نوع که چه کسی وقت خودش را برای بازسازی یک غار می گذارد که او از من بخواهد آن را جبران کنم... دیگر شب شده بود! با وجود اینکه دلم نمی خواست شب را در آنجا به

تنهایی بگذرانم دیگر برای برگشتن هم به نظرم دیر وقت بود بخصوص که باید از آن قبرستان قدیمی در شب می گذشتم و دلم نمی خواست با آن نوزاد رو به رو شوم، بنابراین با وجود اینکه گمان می کردم دیگر نخواهد آمد به خواب رفتم، صبح زود از خواب بیدار شدم از کیفم مقداری خوراکی برداشتم و مشغول خوردن آنها شدم در عین حال در غار شروع به راه رفتن کردم. در آن غار یک چشمه آب بود که قبلا متوجه آن نشده بودم، آب زلال و شفافی داشت مقداری از آن خوردم و دوباره به دهانه ورودی غار بازگشتم و تصمیم گرفتم تا بعد از ظهر منتظر آمدن وی باقی بمانم و در صورتیکه کوردل نیاید به شهر باز گردم. از دهانه غار به محیط اطراف غار نگاه می کردم... برای اینکه حوصله ام سر نرود گاهی خرده سنگ ها را به این طرف و یا آن طرف پرتاب می کردم و گاهی به یک موزیک گوش می دادم، تا اینکه بعد از ظهر شد و تصمیم گرفتم به شهر برگردم که از ته غار صدایی آمد، کوردل بود و گفت: " می خواهی کجا بروی؟ "

در جوابش گفتم: " هنوز نرفتم اما اگه الان هم نمی آمدی مطمئنا به شهر باز می گشتم "

کوردل گفت: " من نیامدم! البته که در تمام این مدت من اینجا بودم اما در تمام مدت متوجه حضور من نشدی؟ "

با اطمینان به کوردل گفتم: " از اینکه در زمان آمدنم هیچ کسی در اینجا نبود مطمئن هستم "

کوردل گفت: " چطور مطمئن هستی؟ تو که داخل غار را جستجو نکردی و فقط تا آن چشمه رفتی و کمی از آب آن نوشیدی، بیشتر وقتت را هم در دهانه غار گذراندی "

با گفتن اینها مطمئن شدم که همه کارهایم را دیده است، و پرسیدم: " واقعا همین جا بودی؟ "

کوردل پاسخ داد: " قبلا هم گفتم، من همین جا بوده ام"

با گفتن این جمله کوردل از سایه انتهای غار که در آن بود بیرون آمد،

و گفت: " اسم من در اینجا کوردل است و من را هم به همین نام صدا بزن" و من از او معنی اسمش را پرسیدم و در پاسخ به این سوال گفت: " حتما این را می دانی که انسان ها در تمام مدت زندگی خودشان از احساسات خودشان بهره های مختلفی می برند چه در زمانی که کودک هستند و چه در زمانی که بزرگ سال باشند آن کودک در آن قبرستان را به خاطر داری؟ "

پاسخ دادم: "به خاطر دارم و فکر هم نمی کنم که بتوانم به این راحتی ها هم آن را فراموش کنم"

کوردل ادامه داد: "او نه انسان بود و نه یک جسد بلکه احساسات دوران کودکی من بود که بصورتی که دیدی آنها را از خودم خارج کرده بودم، می دانی سهراب یک انسان در زمان کودکی از کدام احساسات خودش بیشتر بهره می برد؟ مطمئنا یکی از آنها میل به خوردن است و در واقع یک کودک از خوردن لذت می برد و دیدی که چگونه میل به خوردن در آن بر سایر فعالیت هایش غلبه کرده بود؟

این را فراموش نکن که هر احساسی را بیشتر اهمیت بدهی مانند همان نوزاد که دیدی بقیه احساساتت را خواهد بلعید و بر وجودت حکمرانی خواهد کرد "

و پس از اندکی سکوت دوباره ادامه داد: " با گذشت زمان این احساسات دستخوش تغییر خواهند شد و جای خودشان را به احساسات و خواسته های کامل تر و پویاتری می دهند و من در هر مرحله با تبدیل و ایجاد احساسات جدید احساسات قدیمی خودم را دفن کرده ام. همانطور که دیدی... و در نهایت به بالاترین احساس رسیدم که عشق بود"

پس از گفتن اینها کوردل تا مدتی ساکت بود و چیزی نمی گفت، من هم چیزی نگفتم تا اینکه احساس کردم حالش به حالت اولیه بازگشت و ادامه داد: " اما آنرا از دست دادم بعلت کوتاهی خودم و

از آنجاییکه قلب را جایگاه عشق می دانند به من کوردل می گویند یعنی همان کسی که قلبی برای دیدن قدرت عشق ندارد.”

تا آن لحظه هیچ وقت صورت او را ندیده بودم و همواره صورت او به همراه سرش با یک شال پوشانده شده بود. بعد از گفتن این ها سرش را بالا گرفت و از شدت ناراحتی فریاد بلندی زد و شال از روی سرش به روی شانه هایش افتاد و توانستم چهر ه اش را ببینم. اما دیدن آن چهره وحشتناک تر از آن چیزی بود که گمان می کردم. چهره اش سرد مانند یخ بود انگار گرمای زندگی را در جایی فراموش کرده بود! انگار سالها بود که نور از چهره اش رخت بر بسته بود. هر جسمی همواره مقداری از نور را از خودش منعکس می کند اما در چهره او انگار نوری بازتاب نمی کرد، فکر می کنم نور از چهره اش رفته بود و به جای آن سرما بازتاب می کرد، سرمایی که از چهره اش خارج می شد و بر تمام بدنت اثر می گذاشت و سپس از سمت دیگر بدن خارج می شد، و تمام انرژی بدن انسان را جذب می کرد و با خود می برد و این کمبود انرژی باعث می شد که تنها نظاره گر این چهره زشت باشم و هیچ حرکتی از خود نشان ندهم.

کوردل گفت: “ از دیدن چهره ام کمتر از آنچه انتظار داشتم متعجب شدی”

پاسخ دادم: " نتوانستم تمام تعجبم را نشان بدهم، انگار سرمای چهره ات انرژی تعجب کردن را هم از من گرفته بود"

کوردل گفت: " طبیعی است "

اصلا به حرف هایی که پس از این گفت توجهی نداشتم و فقط به تک تک اجزای صورتش دقت می کردم، هر کدام از آنها دنیایی از ناگفته ها را برایم ساخته بود.

اول از همه به موهای سرش توجهم جلب شد که همواره مایعی در حال حرکت بر روی آنها بود!

این مایع چه چیزی می توانست باشد؟

چرا در ابتدا روان بود و با حرکت بر روی موهای فرفری غلیظ تر می شد و سرانجام در انتهای رشته موی کوردل دوباره جذب بدنش می شد؟

مجموعه موها و این مایع که بر روی آنها بود آدم را به یاد آبشش های ماهی می انداخت که وظیفه جذب اکسیژن را بر عهده داشته باشند!

روی پیشانی چروک های زیادی داشت و ابروهایی به کلفتی میخ های نازک نجاری اما نوک تیز تر از آنها!

هر چه در اندام صورتش دقت می کردم اثری از چشم را در صورتش نمی یافتم! نه... هیچ اثری از چشم نبود و فقط و فقط فرو رفتگی هایی وجود داشت که انگار وظیفه آنها افزودن بر ترسناکی چهره کوردل بود...!؟

تنها بینی او بود که از حالتی عادی برخوردار بود و نشان می داد که کوردل در زمان های گذشته انسان بوده است، و گذر زمان تغییرات زیادی به او داده است...

لبهایش سیاه و تیره و رنگی قیر مانند داشت و دندانهایی سفید مانند اره و تیز و برنده...

مطمئن بودم که به راحتی می توانست هر جسمی را ببرد. آنچه که می دیدم ترسناک بود و گمان نمی کنم که به راحتی بتوانم با این موضوع کنار بیایم حنجره اش به جای قرار گرفتن در گلویش در زیر چانه اش قرار داشت و به راحتی می شد حرکت های آن را در هنگام صحبت کردن او مشاهده کرد اما اطراف حنجره اش پوستی مثل چرم طباخی شده کیف و کفش وجود داشت که تا گردنش ادامه پیدا می کرد.

در رگ های سرش هم انگار فسفر مایع جریان داشت و می شد درخشش آن را از زیر پوست هم مشاهده کرد که این هم بر

درخشش سرد و بی روح چهره اش می افزود، از او پرسیدم: " آیا واقعا تو یک انسان هستی؟ "

و کوردل در جوابم گفت: " بودم و اکنون برای از بین نرفتن خاطرات آن زمان با خودم می جنگم "

به کوردل گفتم: " چرا به این شکل درآمدی؟ "

در پاسخ با عصبانیت گفت: " گفتم که قبلا به این شکل نبوده ام، آنچه برای زندگی کردن انتخاب کردم مرا به این شکل در آورده است "

چند قدم حرکت کرد و هنگامیکه آرام تر شد گفت: " می خواهی عکسی از دوران جوانی ام را به تو نشان بدهم "

گفتم: " البته "

از یقه پاره لباسش یک عکس قدیمی را بیرون آورد و آن را به طرفم پرتاب کرد آن عکس را برداشتم و نگاه کردم از تعجب نمی توانستم جلوی خودم را بگیرم این همان پسری بود که عکس او را در مدرسه دیده بودم و همه می گفتند که سال ها پیش بصورت مرموزی ناپدید شده است!

برای پرسیدن این سوال مردد بودم اما همین که تصمیم گرفتم تا از او در مورد اینکه آیا او همان پسر است سوال بپرسم عکس در

دستم شروع به لرزیدن کرد و سپس به سمت بالا حرکت کرد ناگهان مشتعل شد و پس از سوختن به شکل دود در آمد و این دود غلیظ و غلیظ تر شد و سرانجام به شکل قطره ای قیر در آمد همان رنگی که در لب های کوردل دیده می شد. این قطره جهنمی به دور من می گردید و من هم آن را نگاه می کردم تا اینکه بر روی یک سنگ سیاه در جلوی من ریخت همان قسمت سنگ شروع به ذوب شدن کرد و می جوشید تا زمانیکه به اندازه یک کاسه در وسط آن مایعی ذوب شده و غلیظ و تیره ایجاد شد کوردل گفت: " از آن ماده بخور "

در این زمان بود که فهمیدم هدف از آوردن من به اینجا تعمیر و منظم کردن آن غار نبوده است و به کوردل گفتم: " چرا؟ "

با عصبانیت گفت: " فقط بخور "

گفتم: " این ماده ای که باید بخورم چیست؟ "

با عصبانیتی بیشتر گفت: " این حاصل تمام سالهایی است که من مشغول به انجام این کارها بودم و می خواهم آن را به تو نشان بدهم "

چاره ای نداشتم همین که سرم را پایین آوردم تا مایع را بخورم آن مایع مانند موجودی که جان داشته باشد شروع به حرکت کرد و وارد دهانم شد و از آنجا به تمام بدنم راه پیدا کرد. با وجود تمام

زشتی ظاهرش طعم زندگی می داد. پرسیدم : " کوردل این واقعا چه بود؟ "

گفت: " معجون زمان "

گفتم: " منظورت چیست؟"

گفت: " چشم هایت را ببند"

با بستن چشمهایم بصورت ناخود آگاه تمام زندگی کوردل از روزی که عکس را انداخته بود تا زمانیکه مثل من به دنبال یک موجود به سمت قبرستان آمده بود را دیدم.

کوردل گفت: " حالا می توانی عکس من را پس بدهی "

پرسیدم: " کجاست؟ "

کوردل پاسخ داد: "در دستت"

به دستانم نگاهی انداختم و آن عکس رادیدم، با حالتی از دستپاچگی آن عکس را به سمت کوردل دراز کردم. کوردل گفت: " نترس بیا جلوتر و اجازه بده دستت را بگیرم و پس از مدتها جسم یک انسان را لمس بکنم"

جرات جلوتر رفتن را نداشتم کوردل خودش جلو آمد و عکس را گرفت و به راه افتاد و به من هم گفت: " دنبالم بیا "

همراه با هم به غار قدیمی رفتیم همان غاری که چند مدت قبل روی سرمان خراب شده بود، اما تمام غار به شکل اول آن در آمده بود، پرسیدم: " تمیز و مرتبش کردی؟ "

پاسخ داد: " آری به جای شما دو نفر، من اینکار را انجام دادم "

خروج صدا از یک حنجره زیر چانه و دیدن این حالت برای هر شنونده ای احساس ترس را القا می کرد و من هم از این موضوع مستثنی نبودم. در همین زمان به خاطرم رسید که در یک زمان مناسب از اینجا فرار بکنم که کوردل گفت: " در ضمن از این غار بر خلاف غار قبلی دیگر نمی توانی تا زمانی که وقت آن برسد خارج بشوی " و با اوراد و هر چیزی که بتوان به آن جملات نامفهوم گفت دهانه غار را محو کرد.

پرسیدم: " این کار تو بود؟ چطور این کار را کردی؟ "

پاسخ داد: " خیر این ویژگی طبیعی غار است که برای همراه کوردل خوش آمد گویی کند "

به او گفتم: " این که خوش آمد گویی نیست"

کوردل پاسخی نداد، و جلوتر حرکت کرد، تعابیر کوردل هم مانند رفتارش عجیب بود، من هم به دنبال او به راه افتادم کوردل من را درست در وسط غار نشاند، و اطراف من یک دایره به قطر تقریبا ۵

متر کشید و به من گفت: با آن چوب که کنار توست این دایره را عمیق کن به اندازه یک انگشت و نه کمتر و نه بیشتر"

از کوردل پرسیدم: " انگشت من یا تو؟ " با سر اشاره به دست من کرد و در سایه ای ناپدید شد. شروع به کندن با همان چوبی که او گفته بود کردم و دقیقا بعد از کندن هر قسمتی عمق آن را با استفاده از انگشتم کنترل می کردم و در همان مسیر دایره ای که گفته بود پیش می رفتم، اما در بخشی از آن زمین بسیار سخت می شد! کندن آن قسمت ها دشوارتر بود حوصله ام سر رفته بود برای همین زمانیکه به یک قطعه سنگ رسیدم که به سختی در زمین فرو رفته بود از در آوردن آن اجتناب کردم. البته، در آن بخش عمق گودال در حدود نصف انگشت خودم می شد. بالاخره کندن گودال را به اتمام رساندم و منتظر شدم تا کوردل دوباره باز گردد. از لحظه ای که تمام مسیر را حفر کردم تا زمانیکه کوردل آمد در حدود نیم ساعتی طول کشید!

کوردل از سایه ای رفته بود و از سایه ای دیگر هم وارد شد... دلم خیلی می خواست تا بدانم که چگونه این کار را انجام میدهد، کوردل پرسید: " تمام مسیر را به یک اندازه حفر کردی؟ "

به او پاسخ دادم: " نه در یک قسمت یک سنگ مانع از انجام این کار شد "

سنگ را که به شدت در خاک محکم شده بود از جای آن در آورد و سپس گفت: " این سنگ می توانست باعث مرگ تو شود "

و سپس با خاک هایی که اطراف آن ریخته شده بود آنرا پر کرد و دقیقا عمق آن را برابر با سایر قسمت ها نمود. مطمئن بودم که سنگی که کوردل از خاک در آورد بشدت در زمین محکم شده بود برای همین هم می شد حدس زد که قدرت کوردل باید بسیار زیاد باشد. اما در آن زمان موضوع دیگری توجه من را به خودش جلب کرده بود و آن هم این بود که پوست دستان کوردل به شدت ضخیم و کلفت بود درست مانند این بود که لایه ای از پوست درخت را بر روی آن کشیده باشند، و انگشتانش هم مانند این بود که بر اثر اصطکاک تا حدود یک سوم آن خورده شده باشد.

اما چه چیزی می توانست انگشتانش را به این شکل در بیاورد؟

در حالیکه به این موضوع فکر می کردم، کوردل به سرعت تمام مسیر را کنترل می کرد و عمق آن را می سنجید و بعضی قسمت ها را عمیق تر و بعضی از قسمت ها را هم پر تر می کرد و پس از کنترل تمام مسیر ناگهان یک بند انگشتش را برید و خون زیادی از انگشتش می ریخت و در تمام طول مسیر جاری شده بود، پس از اینکه تمام مسیر از خونش پر شده بود به یکباره بدون اینکه ناله ای بکند برای بند آمدن خون دستش را به شدت بر روی سنگ

های دیواره غار می کشید. به کوردل گفتم: " مگر درد را احساس نمی کنی؟ "

پاسخ داد: " آن نوزاد در آن شب بیادت هست؟ "

پاسخ دادم: " آری، چرا؟ "

و کوردل گفت: " درد را هم در همانجا دفن کرده ام"

به او گفتم: " عقل که داری، این کار عقلانی به نظر نمی رسد"

در پاسخ به سمت من برگشت درست مانند حالتی که من را نگاه بکند و گفت: " نه ندارم اما شاید فردا داشته باشم، برای همین هم از من انتظار کار عقلانی نداشته باش"

سپس کوردل به جایی که نشسته بودم اشاره ای کرد و گفت: " در همانجایی که نشسته ای گودالی حفر بکن "

شروع به حفر آنجا کردم، نسبت به سایر قسمتهایی که کنده بودم خاک نرم تری داشت و ساده تر حفر می شد، کوردل از من خواست تا با چشمانم که بسته بود آن گودال را حفر کنم و خاک آن را نیز در اطراف خودم بریزم و تنها زمانی به کندن گودال خاتمه دهم که احساسی از درون، من را به این کار وادار کند. در حالی به حفر کردن ادامه می دادم که منظور او را دقیقا متوجه نشده بودم، با دستانم مشت مشت خاک های گودال در حال حفر را به دور آن

می ریختم و به ندای درونم گوش می کردم، تا اینکه ناگهان احساس می کردم که ندایی از درون من می خواهد تا با دقت بیشتر و آرام تر خاک را کنار بزنم درست مانند حالتی که بخواهیم وسیله ای بسیار آسیب پذیر را از خاک خارج کنم! در همین حال با دستم جسمی نرم و مرطوب را احساس کردم آرام آنرا از خاک بیرون آوردم و بر روی پایم گذاشتم. نمی دانستم که در صورت باز کردن چشمانم با چه چیزی مواجه خواهم بود اما هر چه بود انگار همان ندای قبلی از من می خواست که دیگر به حفر کردن ادامه ندهم...

کوردل گفت: " چشمانت را باز کن "

اما قبل از اینکه چشمانم را باز بکنم، ناگهان کوردل گفت: " مراقب باش آن را به زمین نیندازی و به آن بخوبی نگاه بکن مطمئنا اکنون می دانی که آن چیست! همان چیزی که به آن تفکر می گویند و در صورت بهره بردن از آن در طول زندگی تو را از بلایای زیادی حفظ خواهد کرد"

با گشودن چشمانم با صحنه ای عجیب رو برو شدم! مغز کامل یک انسان در دستانم بود درست مقابل صورتم، مرطوب بود و مثل روز اول که آن را از درون جمجمه در آورده باشند تازه بود، و سطح آن آغشته به خون بود، و هر لحظه هم از آن خون بیشتری به بیرون تراوش می کرد. برای آنکه آن را بر روی زمین نیندازم خیلی مقاومت کردم تا بر خودم مسلط شدم.

کوردل گفت: " تفکرم را به شکل مغزی که در دست توست از دست دادم تا به چیزی برسم که نیاز به گذشتن از تفکر انسانی داشت"

به کوردل گفتم: " این مغز توست؟ "

و کوردل پاسخ داد: " آری، مدتهاست که آنجاست"

به کوردل گفتم: " حال با تفکرت چه کنم "

کوردل گفت: " برای تفکری که در طول عمرت از آن استفاده نکرده باشی چاره ای بهتر از خاک کردن نمی توان یافت"

تصمیم گرفتم تا مغز "تفکر" کوردل را در زیر پایم در همان گودالی که کنده بودم دفن کنم، با این امید که با قرار دادن بی بهره گی از تفکر انسانی در زیر پایم هوشیارانه تر از تفکر خودم استفاده کنم. در واقع همراه با دفن کردن مغز کوردل به خودم قول دادم تا همواره از تفکرم در زندگی استفاده کنم. دستهایم پر از خون شده بود و هنگامیکه خاک را بر روی مغز کوردل می ریختم سعی می کردم تا خون هم بوسیله آن خاک از روی دستهایم پاک شود. تمام سعیم را برای اینکه به مغز کوردل آسیبی نرسد انجام می دادم به نظرم تفکر آدمی هر چند هم مورد استفاده قرار نگیرد باز هم قابل احترام بود! برای همین هم برای جلوگیری از آسیب دیدگی آن سنگ های درشت را با دستانم از خاکی که بر آن می ریختم جدا می کردم تا کمترین آسیبی به آن نرسد. پس از اینکه مغز را دفن

کردم احساس می کردم دستانم بوی تفکرات کوردل را می داد با خودم می گفتم شاید بتوان تفکر یک انسان را چه خوب و یا چه بد دفن کرد اما نتیجه آن تا مدتها باقی می ماند.

کوردل فریاد زد: " دقت کن تا در بیرون از دایره اثری از خون باقی نگذاشته باشی"

به دستانم دقت کردم هنوز هم در بخشی از قسمتهای دستانم آثار خون پیدا بود بوی آن هر چند لحظه یکبار که آن را تنفس می کردم مرا به خاطراتی از کوردل می برد که در همان اول ورود به وسیله آن قطعه عکس دیده بودم از حالتی که در آن بودم فشار زیادی به من وارد می شد می خواستم تا آن آثار باقی مانده را با قطعه ای سنگ از بین ببرم و پاک بکنم اما پاک شدنی نبود برای همین هم اشک از چشمانم جاری شده بود و بر زمین می ریخت! در آن لحظه دیدم که اشک هایی که بر دستانم می ریزد آثار خون را از آنها پاک می کرد.

در این لحظه کوردل فریاد زد و گفت: " می بینی برای از بین بردن یک تفکر انسانی اشتباه باید اشک های زیادی ریخته شود"

او ادامه داد: " فراموش نکن که در این دایره تنها خودت به خودت کمک خواهی کرد و هیچ فرد دیگری توانایی کمک کردن به تو را

نخواهد داشت. نباید به هیچ عنوان بیشتر از نیم متر به دایره اطرافت نزدیک بشوی و همواره شرط احتیاط را رعایت کن”

انگار اینها آخرین نصیحت های کوردل بود و سپس در حالیکه به سمت یکی از سایه های داخل غار می رفت ساک و کوله پشتی من را هم برداشت و همراه خودش برد و در آخرین لحظه ای که در حال ناپدید شدن در سایه بود با شعله ای که از دستش به درون حفره دایره ای شکل انداخت تمام آن را شعله ور کرد و رفت.

در این لحظه از تعریف کردن ادامه این ماجرا صرف نظر کردم. و به چهره ساینا دقت کردم! می شد ترس را به وضوح در آن دید، برای کاستن از ترس او گفتم فکر می کنم برای امروز دیگر کافی باشد، و آیا می خواهی که برای قدم زدن به اتاق ساحلی برویم؟

در جوابم گفت: “ زمانیکه شرط تو را قبول کردم گمان می کردم تنها چیزی که خواهم شنید مطالب علمی و مسائل مربوط به آن است در حالیکه در حال حاضر می بینم که باید بسیاری از موضوعات عجیب و غریب دیگر را هم بشنوم، اما اکنون تنها چیزی که می خواهم اینست که باقی مانده امروز را در اتاق خودم تنها باشم”

به ساینا گفتم: “ کاملا شما را درک می کنم و فکر می کنم این حق شماست که بخواهید مدتی را با خودتان تنها باشید ” و بعد از گفتن اینها از اتاق خارج شدم.

بخش هشتم: مقلدها

شعله ها به هوا برخاست و شدت گرفت! روشن بود اما نور آن باعث آزار چشم نمی شد، گرم بود اما گرمای آن باعث سوختن نمی گشت! تا به حال این چنین شعله ای را ندیده بودم هرچه می گذشت قد می کشید و بالا می رفت تا به سقف غار رسید و پس از آن مانند دیواری مستحکم و قوی بین سقف و کف غار به سوختن ادامه می داد و دیوارهایی از آتش را تشکیل داد. در وسط دایره آتشین نشسته بودم و به شعله ها نگاه می کردم، نمی توانستم آن طرف شعله ها را بطور واضح ببینم اما گاه گاهی صداهایی از آن طرف شعله ها بگوش می رسید، صداها گاه گاه جای خودشان را به صدای چند موجود می دادند و پس از مدتی به راحتی صدای چند موجود را در آن طرف دیوار می شنیدم، صدا زدم: " کسی آنجاست؟ "

اما به جای آنکه کسی پاسخ دهد، صداها بطور کلی قطع شد، با قطع این صداها حدس زدم شاید حیوانی به داخل غار آمده باشد و با شنیدن صدای من از آن غار پا به فرار گذاشته است، دوباره در داخل آتش تنها شده بودم! به اطراف نگاه می کردم... چشمم به قطعات سنگی افتاد که به خون کوردل آغشته شده بود همان خونی که از مغزش تراوش کرده بود، اگر این خون هم مانند آن باشد که در دایره اطرافم می سوخت پس می توانست شعله ور گردد برای همین هم شروع به جمع کردن آنها در یک جا کردم تا از شعله ور

شدن آنها بصورت ناخواسته جلوگیری بکنم، نمی خواستم در دایره ای که بودم شعله دیگری داشته باشم، خاک های آغشته به خون را هم تا جاییکه می شد بر روی هم جمع کردم. خواستم این خاک و سنگ هایی را که جمع کرده بودم در کنار مغز دفن شده دفن کنم. بنابراین به آرامی خاک روی مغز را کنار زدم... با صحنه عجیبی روبرو شدم! شاید هزاران رگ خونی از مغز کوردل رشد کرده بود و به اطراف منتشر شده بود و خونی که از مغز کوردل ترشح می شد در داخل رگ ها جریان داشت اما به کجا می رفت، و برای چه چیزی مصرف می شد؟

رگ ها به سمت دایره اطرافم پخش شده بود، آیا آن شعله ها از خون ترشح شده از مغز کوردل تغذیه می شد؟ به آرامی روی آن را پوشاندم، و در حفره وسط دایره نشستم و اطراف نگاه می کردم اگر آن شعله ها از خون مغز کوردل تغذیه می کرد پس باید نام آن شعله را شعله خرد می گذاشتم و به آن دایره شعله ور هم دایره خرد می گفتم، صداها دوباره شروع شده بودند و هر لحظه هم بیشتر می شد از جایم بلند شدم و به دیواره آتشین آرام و بی صدا نزدیک شدم! نمی خواستم که این مرتبه هم آن موجود پا به فرار بگذارد. به نزدیک دیواره آتش رسیدم و در نیم متری آتش ایستادم و سعی می کردم که آن طرف شعله ها را ببینم که ناگهان موجودی خود را به شدت به دیواره آتشین کوبید بطوریکه شعله های آتش

به شکل چهره و بدنش در آمد. و شعله ها را تا نزدیکی صورتم کشید و سپس به جای اولش بازگشت. و از آن لحظه به بعد جیغ های پی در پی و پشت سر هم کشیده می شد و آن موجودات بسرعت خودشان را به دیواره آتشین می کوبیدند دیواره خرد در هر لحظه ای صدها ضربه را تحمل می کرد که هر کدام شکلی متفاوت داشت و شاید این موضوع به دلیل این بود که اندازه آن موجودات با یکدیگر متفاوت بود آن چهره ها بر دیواره خرد نقش می بست و آن را به داخل می کشید انگار هر کدام سعی داشت از دیگری زودتر به داخل دایره خرد بیاید، به داخل گودال بازگشتم و گوشهایم را گرفتم تا صدای جیغ های آنها را نشنوم و همینطور چشم هایم را بستم تا چهره های وهم انگیزی که بر روی دیواره خرد نقش می بست را نبینم فقط گاه گاهی زیر چشمی به اطراف نگاه می کردم تا ببینم که آیا موجودی به داخل دایره خرد آمده است و یا خیر؟ پرده ای از آتش جلوی چشمانم بود که چهره هایی وهمناک از هر گوشه ای از آن سر می کشید. گاهی اوقات آن موجودات آنچنان ضربه های محکمی به آن دیواره خرد می زدند که بخش هایی از آن شکافهایی پیدا می کرد! در آن مواقع آن موجودات از داخل آن شکاف ها به داخل دایره نگاه می کردند و بر شدت جیغ های آنها افزوده می شد و با شدت بیشتری به آن شکاف ضربه می زدند و برای ورود به داخل دایره تلاش می کردند! با دیدن این اتفاق کاملا متوجه شدم که هدف آنها رسیدن به من بود و

برای همین هم با دیدن من تلاش بیشتری می کردند... این موضوع باعث هجوم افکار مختلفی به سرم شده بود! شاید برای آنها من در حکم یک غذای لذیذ بودم که اینچنین برای ورود در تلاش بودند، اما هرچه بود ترسناک بود گاهی که شکافی کمی بزرگ تر ایجاد می شد من هم می توانستم آن موجودات را تا حدودی ببینم هرچند که چیز زیادی قابل دیدن نبود اما آنچه دیده می شد بخشی از صورت آنها بود چشم های درشت و بدون مردمک آنها اولین چیزی بود که در صورت آنها جلب توجه می کرد و صورت و جسم سفید رنگ آنها هم بعد از آن جلب توجه می کرد، جسم سفید رنگ و چشم درشت بدون مردمک ترسناک بود اما آنچه که وهمناک تر بود رفتار همراه با وحشیگری آنها بود، برای دور کردن آنها حتی برای چند لحظه بدنبال راه حلی بودم چشمم به خاک های آغشته به خون افتاد شاید شعله ور می شد. یک مشت خاک به سمت آنها ریختم... دانه های سنگ که سنگین تر از بقیه بودند، از شعله عبور کرد اما دانه های کوچک سنگ و خاک شعله ور شدند و به داخل دایره ریخت و باعث کوچکتر شدن محیط امن دایره شد، پس از این چرخش تعدادی از آنها شروع شد به نوبت در پایین دایره خرد می چرخیدند و این را می شد به وضوح از روی شکلی که در دیواره آتش شکل می گرفت و دیده می شد فهمید! گویی قصد داشتند دیواره خرد را از پایین آن قطع کنند این گروه از آن موجودات که بدور آتش در چرخش بودند فکری به ذهنم رساندند

اگر دانه های خاک می توانستند محیط داخل دایره را با شعله های خود کوچکتر بکنند پس می توانستم با مشتی از سنگ که جمع کرده بودم و از آتش هم عبور می کرد کمی آنها را از دایره خرد دورتر بکنم برای همین هم مشت سنگ را در دستم گرفتم و آماده شدم تا در چرخش این دفعه آن موجود به جای مناسب خودش برسد و آنگاه آن مشت سنگ را بر روی آن ریختم، بدون آنکه هدفم این باشد خرده سنگ ها بگونه ای در اطراف آن موجود ریخت که مانند نرده های یک قفس در آمده بود. از پشت شعله های آتش چندان واضح نبود اما می شد فهمید که در داخل آن گرفتار شده است. خوشحالی من در مورد به دام افتادن یکی از آن موجودات چندان طول نکشید هنوز چند لحظه ای از آن نگذشته بود که حملات آن موجودات به دیواره خرد چندین برابر شد. تقریبا تمام دیواره خرد به سمت داخل کشیده شده بود و فضای داخل دایره بشدت کم شده بود به داخل گودال برگشتم و با ترس به اطراف نگاه می کردم. دیواره خرد هم به نظر می رسید که مثل قبل نیست و از قدرت آن کاسته شده است. مدتی بعد آن موجودات در گوشه ای جمع شده بودند و رو به سوی شعله ها ایستاده بودند... دلهره ای تمام وجودم را فرا گرفت! نکند که آنها هم از کم شدن قدرت آتش خبردار شده باشند، چیزی هم به صبح نمانده بود و شاید در این شرایط این تنها موردی بود که می شد به آن امید داشت، کمتر شدن قدرت شعله ها باعث شده بود که آن موجودات با وضوح

بیشتری دیده شوند، یکی از آنها که از بقیه آنها کوچکتر بود چهار دست و پا به سمت دیواره ناتوان خرد آمد و پس از آنکه نزدیک آن موجود به دام افتاده رسید نگاهی به آن انداخت و پس از آن دوباره به سمت من آمد و با صدایی گرفته و نامفهوم گفت: " دوست ما را آزاد کن"

می توانستم لرزشی را در صدایش احساس بکنم بدلیل آنکه در آن لحظه نمی دانستم چه پاسخی باید بدهم پاسخی به او ندادم و همچنان به او نگاه می کردم چشمهایی ریز داشت که به جای صورتش در فرق سرش جای گرفته بود که البته این موضوع باعث می شد در زمان حرکت چهار دست و پای خودش بهتر بتواند اطراف را ببیند. بینی آن موجود بر روی صورتش همانند یک خط بود که انگار سوراخ های بینی بیشتر از حد معمول رشد کرده بود. و در هنگام حرکت به شدت همه چیز را بو می کرد و این نشان می داد که حس بویایی به مراتب قوی تر از قدرت بینایی او است، در دهانش نمی توانستم چیزی مانند دندان و یا زبان را ببینم و لی عجیب تر از همه این بود که در ظاهر حرکت می کرد اما هیچ اتصالی بین او و زمین نبود. در واقع معلق بود اما چرا باید تقلیدی از حرکت کردن را از خود در آورد. فریاد زدم: " از اینجا برو"

به سوی من برگشت و در حالی صدای من را تقلید می کرد گفت: " دوست ما را آزاد بکن"

از این رفتار او متعجب شده بودم، چطور می توانست صدایم را به این راحتی تقلید کند...!؟

از جایم بلند شدم با خودم گفتم اگر آنها نتوانستند که آن یکی را که در قفس افتاد است آزاد کنند و در عین حال می خواهند که آزادش کنم شاید، آن موجود برای آنها از اهمیت ویژه ای دارد. ایستاده بودم و به آنها نگاه می کردم... صورت آنها به سمت من بود... سعی کردم گلویم را که از شدت دلهره تقریبا خشک شده بود را صاف کنم! صدای ایجاد شده سبب شد تا بدون هیچ سر و صدایی به سمت من حرکت کمی داشته باشند و پس از آن یکی به یکی به شکل من درآمدند و این عجیب بود شاید تا این لحظه آنها حتی من را ندیده بودند و تلاش آنها برای ورود به دایره خرد دلیل دیگری داشت و من با ایستادنم و صدای صاف کردن گلویم باعث دیده شدنم شده بودم و یا آتش خرد با کم توان شدنش امکان دیده شدن من را برای آنها فراهم کرده بود، اما علت آن هرچه که بود باعث شده بود تا آنها مرا ببینند. اکنون آنها نه تنها مرا دیده بودند بلکه همه آنها به شکل من درآمده بودند. تنها واکنشم این بود که نگاهم را از آنها بر ندارم تا ببینم که چه اتفاقی خواهد افتاد و در مقابل آنها هم نگاهشان را از من بر نمی داشتند، عجیب تر از آن این بود که در جلوی من در آن لحظه تعداد زیادی موجود کپی شده از خودم وجود داشت که کاملا یک شکل بودند و تنها جثه های آنها

متفاوت بود یعنی یکی کوچک تر و دیگری ممکن بود بزرگ تر باشد! اما با مقداری دقت متوجه این موضوع شدم که چشمهایشان تغییر نکرده بود و همان حالت قبل را داشت و در هر یک از آنها اندازه خاص خودش را داشت... حالا من بودم و چندین موجود شبیه خودم با جثه های کوچک و بزرگ و چشمهایی که متفاوت بود در واقع اگر تفاوت اندازه جثه های آنها را در نظر نمی گرفتیم اندازه چشم های آنها تنها تفاوت آنها بود و این تفاوت اندازه چشم ها هم شاید ناشی از اختلاف سنی آنها بود! احتمالا هرچه که سن آنها بالاتر می رفت چشم هایشان بزرگ تر می شد. کم کم گویی دیدن آنها برایم عادی شده بود... گمانی به ذهنم رسید که شاید بی خطر باشند... تا اینکه متوجه شدم یکی از آنها بی رمق بر روی زمین افتاد انگار در اثر فعالیت زیاد اینطور شده بود ناگهان همه آنها به شکل اولیه خودشان درآمدند و شروع به خوردن آن کردند اما این موجودی که آنها در آن زمان می خوردند یکی از خودشان بود و این نشان دهنده این بود که خوی وحشیگری آنها تمامی ندارد! پس از آنکه حتی آثار آن را هم از کف غار خوردند. در واقع آنها قربانی خود را نمی خوردند بلکه آن را می آشامیدند دوباره به شکل من درآمدند اما با دهانی که آثار خون در اطراف آن مشاهده می شد. با دیدن این صحنه متوجه شدم اگر از آن دایره خرد حتی پایم را بیرون بگذارم نباید انتظار سرنوشتی بهتر از آن را داشته باشم. اما انگار من هم فرصت زیادی نداشتم چرا که آتش خرد دیگر

رمق چندانی برایش باقی نمانده بود. آن موجودات با صدای من شروع به گفتن این جمله کردند: " دوست ما را آزاد کن "

شنیدن آن همه صدا و تحمل چهره های آنها برایم سخت شده بود. از طرفی هم دیگر رمقی در شعله های آتش نمی دیدم. و هر لحظه احتمال باز شدن کامل بخشی از آن وجود داشت بنابراین باید ریسک می کردم و گفتم: " اگر آزادش نکنم؟"

انگار هم همه ای در بین آنها راه افتاده بود و همان که از بقیه کوچکتر بود گفت: " تو را خواهیم کشت "

در پاسخ به او گفتم : " اگر می توانستید قبلا این کار را می کردید "

بشدت عصبانی بودند و به نظر می رسید که رفتار آنها دارد از کنترل خارج می شود به آتش نگاهی کردم و با توجه به خوی وحشی آنها گفتم: "آزادش می کنم "

این در آن شرایط تنها راه باقیمانده برای من بود، با گفتن این جمله کوچکترین آنها جلو آمد و گفت: " در مقابل این کار از ما چه چیزی می خواهی؟ "

با خودم گفتم اگر از آنها هر چیزی که بخواهم مطمئنا نتیجه ای نخواهم گرفت و آنها هم با خواسته من متوجه نیازهای من خواهند

شد و این موضوع باعث خواهد شد که آسیب پذیرتر بشوم برای همین هم با اعتماد بنفس گفتم: " هیچی، من از شما هیچ چیزی نمی خواهم "

دوباره همهمه در بین آنها شکل گرفت و پس مدتی کوچکترین آنها جلو آمد و گفت: " چرا چیزی نخواستی؟ "

گفتم: " چرا فکر می کنید که حتما باید از شما چیزی بخواهم؟ "

پاسخ داد: " بخاطر اینکه همه افراد از ما در مقابل کاری که انجام می دهند چیزی خواسته بودند"

به او گفتم: " اما من مانند بقیه نیستم "

سکوتی در بین آنها حاکم شده بود و به من خیره شده بودند. در آتش دیگر رمقی باقی نمانده بود برای همین هم این جرات را به خودم دادم تا از دایره بیرون بیایم اما برای آزادی آن موجود داخل قفس به همه آنها گفتم: " همه باید برگردید"

همه آنها به سمت دیوار برگشته بودند حتی آن یکی که در داخل قفس آتشی بود، می دانستم که آنها به سرعت تقلید می کنند اگر روش از بین بردن آتش خرد را می دانستند دیگر امنیتی برای هیچ کس باقی نمی ماند برای همین هم بسیار با احتیاط چند سنگ را جابجا کردم تا راهی برای خروج آن یکی که در داخل قفس به دام

افتاده بود ایجاد بکنم، پس از انجام این کار گفتم: " می توانید بروید "

آن موجود محصور شده به سرعت خارج شد و به میان بقیه آنها رفت، در این زمان به سرعت آن چند قطعه سنگ را بجای اولش باز گرداندم آنها به سراغ قفس رفتند تا بدانند که چه اتفاقی برای آن افتاده است. آیا خاموش شده است و یا خیر؟ هرچه گشتند از آنجائیکه آتشی خاموش نشده بود علت آن را نتوانستند بفهمند، حدسم درست بود اگر راه عبور از آتش را می فهمیدند دیگر امنیتی برای هیچ کس در آن غار باقی نمی ماند. تنها کاری که می توانستم بکنم این بود که بر روی تخته سنگی در گوشه ای بنشینم و از دور آنها را نظاره کنم! می دیدم که آن موجود چقدر برای آنها اهمیت دارد! تا اینکه کوچکترین آنها به سمت من آمد و گفت: " ما تعداد زیادی از افراد را در همین غار و پشت همان شعله ها تا به حال خورده ایم، اما تو همانطور که خودت گفتی متفاوت بودی با آن قفسی که ساختی راهی متفاوت را امتحان کردی"

از او پرسیدم: " اگر تا قبل از صبح باز نگردید چه اتفاقی می افتد؟ "

و او گفت: " خورشید قدرت بینایی ما را خواهد گرفت "

دوباره به آنها نگاه کردم و دیدم که همه آنها به جز آن یکی که در قفس آتشی بود به شکل من در آمده بودند و حتی با صدای من هم صحبت می کردند. از او پرسیدم: " چرا آن یکی تغییر شکل نمی دهد؟ "

در پاسخ گفت: " او یک خانم است و نباید به شکل یک مرد در بیاید "

فکری به ذهنم رسید: " می توانستم بخش هایی از یک قطعه فیلم که در داخل گوشی همراه من بود به او نشان بدهم شاید تاثیر می داشت"

برای همین با وجود احتیاط و ترسی که از آنها داشتم به او نزدیک شدم و آن فیلم را به او نشان دادم با دیدن آن بصورت مداوم به شکل هر کدام که می دید در می آمد و سر انجام از بین آنها به شکل دلخواه خودش در آمد و دیگر تغییر نکرد. می توانستم شادی را در بین آنها احساس بکنم، شروع به شادی کردن کردند... حرکات ترسناک آنها انگار در زمان شادی آنها نیز ادامه داشت، آنها در طول شادی خودشان مدام خون بالا می آوردند برای همین هم سعی کردم تا در طول شادی کردنشان از آنها دور بمانم، در طول این رفتار آنها بر اثر ضرباتی که به یکدیگر می زدند یکی از آن موجودات کشته شد و مثل قبلی توسط آنها خورده شد.

دیگر چیزی به صبح باقی نمانده بود. گمان می کردم که کم کم بروند... حدسم درست بود اما قبل از آن بزرگ ترین آنها که همان یکی در قفس بود و در حال حاضر به شکل یک خانم در آمده بود جلو آمد و تشکر کرد، در لحظه رفتنشان هر یک از آنها به شکل یک مرد در می آمدند انگار هرکدام از آنها به شکل مردی که دوست داشت در می آمد و در هنگام رفتن همان که در قفس بود گفت: " برای مدتها هر گز نمی توانستم تغییر شکل بدهم چرا که خانم ها بصورت مستقیم نمی توانستند تقلید بکنند اما انگار دیدن تصویر در آن چیزی که داشتی موثر بود، برای همین هر زمان به کمک ما نیاز داشتی به همین جا بیا"

پس از آن هر کدام از آنها در سایه ای ناپدید شد و رفت. به آتش نگاه کردم و دیدم از آن آتش یکنواخت تنها چند جایی شعله هایی بی رمق دارد. با خودم فکر کردم آن هم مثل من رمقی برایش باقی نمانده است.

ناگهان کوردل گفت: " چطور گذشت؟ دیشب چطور بود؟ "

پاسخ دادم: " چرا آتش تا صبح دوام نیاورد؟ "

گفت: " فکر می کنی چرا باید در کندن و حفر کردن آن دایره اینقدر دقت می کردی برای اینکه در اندازه ای باشد که خون آن مغز بتواند تا صبح آن را روشن نگه دارد برای همین هم آنقدر روی

آن حساس بودم و دقت می کردم اما تو آتش اضافه هم روشن کرده بودی، برای همین هم زودتر خاموش شد "

کوردل گفت: " چطور زنده ماندی؟ "

پاسخ دادم: " انتظار داشتی بمیرم؟ "

کوردل گفت: " نه اما برایم تعریف کن که چه کردی و چه اتفاقی افتاد...!؟"

از او پرسیدم: " کوردل این خون مغز تو بود که آتش را روشن نگه داشته بود؟" پاسخ داد: " نه در واقع این تفکر انسانی آن بود که به آتش خرد روشنایی می بخشید و از تو محافظت می کرد"

و ادامه داد: " چگونه نجات پیدا کردی؟ "

پاسخ دادم: " از قدرت تفکرم استفاده کردم"

راستش اندکی احتیاط کردم و داستان آن شب را برای کوردل تعریف نکردم. پس از آن کوردل کوله پشتی و کیفم را پس داد و گفت: " چیزی بخور و استراحت کن برای فردا داستان متفاوتی خواهی داشت" در این زمان دهانه غار خود به خود پدیدار گشت.

برای اینکه خوابم ببرد مدتی را از این پهلو به آن پهلو کردم فکر می کنم که شدت اتفاقات دیشب باعث آن شده بود که بی خوابی به سرم بزند، اندکی خوابم برد اما خیلی زود با سر و صدای کوردل

از خواب بیدار شدم، کوردل گفت: " نمی خواهی در مورد دیشب دوباره با یکدیگر صحبت کنیم...؟"

پاسخ دادم: " چرا، اما ترجیح می دهم خودت در این مورد شروع کننده باشی"

کوردل شروع کرد و ماجراهای دیشب را شرح داد، آن موجوداتی که دیشب دیده بودم موجوداتی به نام مقلد بودند! مقلد ها گونه هایی از موجودات ماورالطبیعه هستند که به راحتی تغییر شکل می دهند و در شب ها به فعالیت می پردازند، در طول روزها به استراحت می پرداختند و از دل جنگل ها، کوهها و صحرا خارج نمی شوند و هیچگاه به درون جمعیت های انسانی نمی آیند فوق العاده درنده خو هستند و از هیچ کاری مانند کشتن انسان ها لذت نخواهند برد.

در این زمان به صورت ساینا خیره شدم و دیدم که بهت زده من را نگاه می کند برای همین هم به او گفتم: " برای امروز کافی است "

دقیقا متوجه حرفی که به او گفتم نشده بود دوباره گفتم: " برای امروز کافی است، مگر نه؟ "

کمی گیج به نظر می رسید و پاسخ داد: " نه بهتر است ادامه بدهیم "

تقریبا مطمئن بودم که دلش نمی خواهد که برای امروز ادامه بدهد. لرد دراکولا مقداری آب برای ساینا آورد، آب را نوشید و به من نگاه کرد و گفت: " در صورتیکه امکان دارد می خواهم کمی تنها باشم".

پذیرفتم و از اتاق خارج شدم در راه به این موضوع فکر می کردم که آیا تعریف کردن این اتفاقات برای او مناسب است و یا خیر؟ در این مورد دچار تردید شده بودم زیرا که احساس می کردم بیان این وقایع باعث آزار او می شود.

بخش نهم: دل

امروز صبح از خواب بیدار شدم و اولین موضوعی که به آن فکر می کردم این بود که با ساینا در این مورد صحبت کنم. در صورتیکه بخواهد این جریان را ادامه می دهیم، در غیر اینصورت او هیچ اجباری برای ادامه این کار نخواهد داشت. برای دیدن او مانند روز قبل به اتاقش رفتم! چهره لرد دراکولا بر روی در اتاق نقش بسته بود با دیدنش سلام کردم و گفت: " امروز ساینا از روزهای دیگر زودتر از خواب بیدار شده است و منتظر شماست "

با شنیدن این موضوع تعجب کردم و از او پرسیدم: " واقعا؟ "

لرد دراکولا پاسخ داد: " آری "

وارد اتاق شدم... در تالار بزرگ او را دیدم که منتظرم نشسته است بیشتر متعجب شدم و برای همین هم به او گفتم: " گمان می کردم که با شنیدن اتفاقات دیشب امروز تمایلی برای ادامه نداشته باشی "

پاسخ داد: " خب اولش خیلی راحت نبودم اما بالاخره با خودم کنار آمدم "

با دیدن این اتفاق و شنیدن این جمله از تصمیم خودم منصرف شدم و از او در مورد اینکه آیا برای ادامه تمایل دارد و یا نه چیزی نپرسیدم اما در مقابل با خودم قرار گذاشتم تا زمانیکه ساینا روحیه

خود را کاملا بدست نیاورده باشد اتفاقات را بصورت خلاصه تر بیان کنم.

شرح موضوع را شروع کردم... کوردل کنارم نشسته بود و در طول این مدت این اولین مرتبه ای بود که می توانستم با این دقت و از این نزدیکی به او نگاه کنم و آن را بررسی کنم! دیدن ضربان در رگ های گردنش برای من جالب بود و به او گفتم : " مغزت را در دل خاک دیدم اما انگار هنوز هم قلبت در بدنت هست که می شود ضربان قلبت را در رگ های گردنت مشاهده کرد "

با تلخی پاسخ داد: " نه در بدن من هیچ قلبی وجود ندارد "

گفتم: " چگونه برای تو، داشتن و یا نداشتن قلب هیچ فرقی نمی کند "

پاسخ داد : " دیدی که چگونه مغزم دفن شده بود؟ "

پاسخ دادم: " آری "

کوردل گفت: " مغزم را راحت از دست دادم، اما برای اینکه قلبم را از دست ندهم سختیهای زیادی کشیدم، تنها چیزی بود که ارزش نگه داشتن داشت، اما نتوانستم "

کوردل گفت: " اما نتوانستم، اما تو مراقب باش که این اتفاق برای تو نیفتد"

گفتم: " منظورت چیست؟ "

شروع به تعریف اتفاقاتی کرد که برای او افتاده بود:

"موضوع مربوط به مدتها قبل از این است، یعنی زمانی که جوان بودم! زندگی را آنطوری که خودم انتخاب کرده بودم طی می کردم و هر روز در کارم پیشرفت می کردم تا اینکه ... "

به اینجا که رسید کنترل خودش را از دست داد و خشمگین شد و گفت: " این مربوط به من است خود خود من و شاید در زمان دیگری آنرا برایت تعریف کنم"

و سپس ادامه داد: " چیزی تا شب نمانده است بهتر است تا به درون غار برویم و مقدمات شب را آماده کنیم"

سپس به درون غار رفتیم، و کوردل گفت: " مرحله مواجه شدن با مقلد ها تا زمان نهایی آن که بتوانی با آنها صحبت کنی شامل ده گام بود اما با کمال تعجب تو هر ده مرحله را به راحتی طی کردی و یا شاید گام هایی نیز فراتر از این ده گام را طی کرده باشی، امیدوارم که امشب را نیز با موفقیت پشت سر بگذاری...!"

به من نگاهی کرد و گفت: " امشب هدف مغز تو خواهد بود، فراموش نکن همان قدرت تفکری که داری، پس فقط زمانی از آن استفاده

بکن که مجبور به استفاده از آن باشی به علاوه به خودت، به عملت و به احساسی که داری یقین داشته باش"

در گوشه ای نشسته بودم و کوردل را نگاه می کردم! از این زاویه ای که من او را می دیدم بسیار زشت تر از آن بود که قبلا در یک نگاه دیده بودم... ناگهان جلو آمد و مقابل صورتم ایستاد.... نگاهم را به زمین انداختم، دستانش را با آن انگشتان زشت و کوتاه و با آن پوست خشن و زبری که داشت به دور گردنم حلقه کرد... به سختی انگشتانش به دور گردنم می رسید اما احساسم به من می گفت که استخوان های انگشتانش در حال رشد کردن هستند و دارند به یکدیگر می رسند تمام تلاش هایم برای فرار کردن بی نتیجه بود و در همین حال می دیدم که دهانش را با آن لبهای سیاه و زشت باز کرد! در این زمان هوای اطراف سرم به شدت گرم شد و احساس ضعف شدیدی در من بوجود آمد هرچه تقلا می کردم انگار بی فایده بود و ضعف بوجود آمده تمام بدنم را فرا گرفته بود. از حال رفتم اما از حال رفتن نبود بلکه خوابیدن در یک مکان و بیدار شدن در مکان دیگری بود، آری به گمانم در جای دیگری بیدار شده بودم.

سرزمینی دیگر و یا شاید جهانی دیگر بود و این موضوع به راحتی و در اولین نگاه قابل درک بود. سرزمینی با سنگ های سیاه و سفید بود قطعات سنگی سیاه رنگ که در دشتی از سنگ های سفید قرار

داشت، سرزمینی بی رنگ بود و گویی حس تنهایی تنها حسی بود که در آن سرزمین می شد احساس کرد! متعجب از چیزی که با سرعت یک چشم بر هم زدن اتفاق افتاد بر روی یکی از آن سنگ ها نشستم و به دوردست ها که تا چشم کار می کرد پر بود از این سنگ های سیاه و سفید چشم دوخته بودم، نگاهم را به سمت دیگر دوختم و دوباره به همان سمت نگاه کردم. به نظرم مکان سنگ های سیاه تغییر کرده بود، جهت دیگر را نگاه کردم در این سمت هم سنگ های سیاه جابجا شده بود، به سرعت به جهت های مختلف نگاه می کردم و در هر مرتبه که مسیر نگاهم را عوض می کردم جابجایی سنگ ها بیشتر به چشم می آمد و در هر مرتبه نسبت به مرتبه قبلی بیشتر می شد! تا جائیکه چشم کار می کرد هیچ موجود زنده ای دیده نمی شد پس اگر سنگ های سیاه جابجا می شدند باید این کار هم بوسیله خودشان انجام شده باشد اما در هر بار که جابجایی آنها را نگاه می کردم اندازه سنگ ها نیز تغییر می کرد، کمی نگران کننده بود... برای درک بهتر این موضوع یک سنگ سیاه را در نظر گرفتم و مسیر نگاهم را برای مدتی عوض کردم و سپس به همان سنگ نگاه کردم، این سنگ نبود که جابجا شده بود بلکه رنگ آن بود که از سیاه به سفید تغییر رنگ داده بود و سفید شده بود. تغییر رنگ سنگ ها آن هم با آن سرعت، امری نبود که به این راحتی قابل قبول باشد. به آسمان آنجا نگاه کردم. این آسمان خورشیدی نداشت! پس چگونه روشن بود، منبع این

نور از کجا بود؟ چرا این نور گرما نداشت و سرد بود؟ و همینطور بر تعداد سوالاتم افزوده می شد. روی همان سنگ سفید نشسته بودم و به سنگ های سیاه خیره می شدم تا شاید بتوانم به علت تغییر رنگ آنها پی ببرم اما انگار همینکه رویم را به سمت دیگری می گرداندم تغییر رنگ می دادند. هر چه می گذشت بر تعداد سنگ های سیاه اطرافم افزوده می شد...

چگونه امکان داشت؟ سنگ کناری من که تا آن زمان سفید رنگ بود تغییر رنگ داده بود و به سیاه تبدیل شده بود توجهم را به خودش جلب کرد! با دقت زیادی به آن نگاه کردم وای خدای من آنچه می دیدم امکان نداشت حقیقت داشته باشد، امکان نداشت از روی آن سنگ یک جفت چشم در حال نگاه کردن به من بود، دوباره نگاه کردم اثری از چشمها نبود گمان کردم آنچه که دیده ام حاصل خیال بوده است و نه چیز دیگری. گویی عقلم را از دست داده بودم و شاید منظور کوردل هم دقیقا همین بود. با دستم سنگ را لمس کردم که ای کاش این کار را نمی کردم سنگ در جایش ساکن بود اما رنگ آن جیغ می کشید خیلی بلند اما آن رنگ سنگ نبود... سایه بود... سایه بود که جیغ می کشید، اما این امکان نداشت که یک سایه بتواند جیغ بزند... باید قبول می کردم که آنچه می دیدم واقعیت دارد!

سایه ای بر روی سنگ بود که جیغ می کشید و از روی سنگ جدا شد! کم کم داشتم می فهمیدم که آن جابجایی سنگ های سیاه رنگ و آن تغییر رنگ ها به چه علتی بوده است! از همه اینها که بگذریم سایه در جایی تشکیل می شود که منبع نوری موجود باشد و نه در اینجا که هیچ منبع نوری نبود و فقط نوری سرد با منبع نا مشخص وجود داشت، فکر می کنم با جیغ کشیدن آن سایه بقیه سایه ها هم خبر دار شده بودند! دست هایم را بر روی گوشهایم گذاشته بودم و متعجب از آنچه که می دیدم به اطراف نگاه می کردم، می شد به راحتی این را دید که سایه ها از سنگی به سنگ دیگر منتقل می شدند و به سمت من می آمدند در بین راه بعضی از آنها به یکدیگر می پیوستند و بزرگ و بزرگ تر می شدند...

صدای جیغ قطع شد اما واقعه ای وحشتناک تر در حال شکل گیری بود... که تمام سایه ها از سطح سنگ ها جدا شده بودند و به نظر می آمد که ایستاده اند و به سمت جلو حرکت می کردند. چند متری بیشتر نمانده بود که به من برسند! ضربان قلبم بیشتر شده بود و نفس نفس می زدم. شروع به دویدن به جهت مخالف آنها کردم... می دویدم و گاهی به پشت سرم هم نگاه می کردم دویدن از روی سنگ ها سخت بود و گاه به گاه به زمین می خوردم، با دویدن من آنها هم به سرعت خودشان افزودند اما بسیار سریع تر از من حرکت می کردند، مطمئن بودم که به من خواهند رسید

و در آخر به سمت من حمله ور گردیدند سایه ها می توانستند از جسم من عبور بکنند و با عبور از جسمم سلولهای تنم را به سمت خودشان می کشیدند دردی احساس نمی کردم اما آنها بر تعداد حملات خودشان افزودند و افزودند و این باعث می شد تا قدرت حرکت کردن نداشته باشم تا اینکه متوجه شدم که منظور آنها از بازی سایه و روشن بروی سنگ ها به یغما بردن عقلم بوده است و پس از آن به دنبال بیرون آوردن قلبم بودند و هر یک قلبم را به سمت خودش می کشید! این عمل آنها باعث دردناک تر شدن این کار شده بود انگار قلبم به قصد پاره کردن بدنم در قفسه سینه ام جابجا می شد! درد آن زیاد بود تنم عرق کرده بود و به شدت به خودم می پیچیدم... کم کم خروج سایه ها از بدنم باعث ایجاد ترک هایی بر روی بدنم می شد این ترک ها دارای طولی به اندازه ۲ الی ۳ سانتیمتر بود و این آغاز احساس درد در من بود و بدنم دیگر از شدت درد بی حس شده بود! جز دیدن ترک های ایجاد شده دیگر احساسی نداشتم... درد را در قلبم احساس می کردم. این درد همراه با یک دلتنگی عمیق بود گویی وابستگی شدیدی میان من و قلبم وجود داشت که سست شدن آن برایم درد آور بود از شدت ناراحتی حاصل از این دلتنگی فریاد زدم با تمام وجود فریاد زدم اما تاثیری نداشت در حال بیهوش شدن بودم که دیدم کوردل از دور دست در حال آمدن به سمت من است و با عصایی که در دست داشت ضربات پی در پی بر سایه ها می زد و آنها پس از برخورد عصا به

آنها هر یک به سمتی فرار می کردند. می دیدم که سایه ها از کوردل هم عبور می کردند و می گذشتند اما بر او تاثیری نداشتند و انگار عبور از هیچ بود این آخرین تصویری بود که در ذهنم از آنجا باقی مانده بود و پس از آن بی هوش شدم.

به هوش که آمدم خودم را در غار دیدم! همان غاری که در آن بودم و از آن غار به آن سرزمین نفرین شده رفته بودم. کوردل بر دهانه غار نشسته بود و گفت: "به هوش آمدی؟ "

گفتم: " آری، آنجا کجا بود؟ آنها چه بودند؟ "

کوردل گفت: " صبر کن تا برایت تعریف کنم، اما قبل از آن باید زخمی که بر دستت بود را درمان کنیم، از بقیه زخمهای تنت وخیم تر است!"

پس از گفتن این موضوع مرهمی را بر دستم گذاشت و سپس گفت: " برویم بر دهانه غار بنشینیم "

پذیرفتم و همراه با او به در غار رفتیم و کوردل گفت: " آنجا سرزمین کوردلان بود! یعنی سرزمینی که در آن همه به دنبال گمشده ای می گردند و آن عشق است"

با تعجب گفتم: " عشق... اما تو که گفته بودی تفکر!؟ "

و ادامه دادم: " کوردل این همان اتفاقی نیست که برای تو افتاده است؟ "

کوردل گفت: " آری ، این همان اتفاق است"

به او گفتم: " آنها چرا به من حمله می کردند؟ "

کوردل گفت: " قلبی داری که پر از شجاعت است و پاکی! از این دلیل بهتری می خواهی..."

کوردل ادامه داد: " آنها برای بدست آوردن شجاعت و پاکی که در قلبت بود به تو حمله کردند، برای عاشق شدن اول باید قلبی پاک داشته باشی و شجاع تا بتوانی آنرا ابراز بکنی"

گفتم: " پس دلیل اینکه حرکت های زیادی را در قلبم احساس می کردم همین موضوع بود"

و کوردل ادامه داد:

"آری آنها موجوداتی هستند که در مرحله ای از نمو خود یا شجاعت ابراز عشق را نداشته اند و یا اینکه پاکی خود را از دست داده اند و بدبخت ترین آنها هم همان گروهی هستند که هیچکدام را ندارند، اما همه آنها بعلت همین فقدان دریافته اند که عشق گوهر ارزشمندی در وجود همه هست، و شجاعت و پاکی و به زندگی

رنگ می بخشد و شاید انسان ها ارزش آنچه را که دارند ندانند اما آنها به خوبی به آن واقف هستند"

کوردل از من پرسید: " آن سرزمین را دیدی که چگونه بی رنگ بود و همینطور دیدی که نور در آنجا گرما بخش نبود؟ "

گفتم: " دیدم اما چرا؟ "

کوردل گفت: " هر سرزمینی را که از عشق حقیقی، پاکی و شجاعت تهی شود، به همین شکل در خواهد آمد"

به کوردل گفتم: " آیا رنگ و گرمی زندگی در زمین به همین علت است؟ "

کوردل پاسخ داد: " آری... اما اگر می خواهی زندگیت را در زمین به این شکل تبدیل کنی، از عشق حقیقی خودت بگذر... در این صورت تا پایان عمر در برزخی مانند آنچه دیدی زندگی خواهی کرد، و علاوه بر این اگر عاشق شوی و آن را مبتلا به یکنواختی کنی هم باید منتظر زندگی مثل آنچه دیدی باشی..."

به کوردل گفتم: " کوردل تو هم از همان سرزمین آمده ای؟ چرا آنها روی تو تاثیری نداشتند؟ "

کوردل پاسخ داد: " من قلبی در سینه نداشتم تا برای آنها اهمیت داشته باشد"

به کوردل گفتم: "پس قلبت کجاست؟ چه اتفاقی برای آن افتاده است؟ "

کوردل گفت: " زمانیکه شروط هیهات را پذیرفتم عقلم را او در جایی که دیدی دفن کرد و من هیچگاه این موضوع را فراموش نکردم"

کوردل نگاهی به محل دفن مغزش کرد و گفت: " هیهات همیشه می گفت: در انسانها بعد از اینکه عقلشان را از دست می دهند عشق هویدا می شود و گرمای آن را می شود از دور هم دید... در آن زمان عشق در من آشکار شد... بعد از مدتها مخالفت من قلبم را از جایش درآورد و سپس مرا برای مدتها در آن سرزمینی که دیدی حبس کرد تا آثار عشق از جسمم توسط همان سایه ها پاکسازی شود پس از بازگشت از آن سرزمین دیگر هیچ اثری از عشق در من نبود"

از کوردل پرسیدم: " هیهات کیست؟ "

کوردل گفت: " هیهات شخصی مثل کوردل بود که شخصی مثل تو را با این زندگی آشنا کرد"

کوردل پس از گفتن این جمله رفت، نشستم و غرق در افکار خودم شده بودم دنیای بی عشق سرد، بی رنگ و بی روح است و اشخاصی هم که از عشق بهره ای نبرده باشند سیاه هستند! اما برای من

جالب بود که چرا آنهمه تلاش تا پای مرگ می کردند تا عشق را بدست آورند، شاید آنها در آن سرزمین بعلت فقدان وجود عشق به ارزش واقعی آن پی برده بودند...!"

درست بعد از رفتن کوردل دلم آرام نداشت و قلبم همچنان در سینه می تپید، شاید این بی تابی قلبم حاصل تلاش سایه ها برای تصاحب آن بود، بشدت احساس گرسنگی می کردم، آن طرف غار رفتم تا از درون ساکم چیزی برای خوردن بردارم هرچه به سمت ساکم می رفتم بر التهاب قلبم افزوده می شد بعد از خوردن مقداری خوراکی به دهانه غار که رفتم احساس می کردم آرام تر شده است و پس از مدتی به غار باز گشتم و برای آرام تر شدن قلبم شروع به راه رفتن در غار کردم... هرچه به دیوار گوشه غار نزدیک تر می شدم بر شدت این التهاب افزوده می شد و هر چه که از آن دورتر می شدم آرام تر می شد چه دلیلی برای این آرامش و التهاب قلبم وجود داشت، به دیوار نزدیک شدم اول خوب به آن نگاه کردم! با نگاه کردن نمی شد علت آنرا فهمید برای همین هم به ابتدای دیوار رفتم و دستم را بر روی دیوار ابتدای آن گذاشتم و سپس شروع کردم به سمت دیگر دیوار رفتن در حالیکه دستم را بر روی آن می کشیدم، دقیقا متوجه شدم که در بخشی از دیوار التهاب قلبم به بیشترین مقدار خود می رسد، با دقت به آن قسمت نگاه کردم. اول گمان می کردم که این التهاب مربوط به جنس سنگ های آن

بخش باشد اما با دقت بیشتر متوجه شدم که جنس سنگ های آنجا با بخش های دیگر از یک نوع می باشد! دلیلی برای این موضوع که چرا التهاب در آن نقطه بیشتر می شود نیافتم برای مطمئن شدن از این موضوع که التهاب قلبم در آن بخش بیشتر از سایر قسمت هاست دوباره در سرتاسر غار شروع به راه رفتن کردم ولی باز هم در همان قسمت از دیوار همان حالت بوجود آمد دیگر مطمئن بودم که هر چه هست مربوط به آن قسمت از دیوار است!

هر چه به آن نقطه نزدیک تر می شدم التهاب قلبم بیشتر می شد و هر چه که دورتر می شدم از آن کاسته می شد. باز هم باید آن نقطه را بررسی می کردم تا دلیلی هر چند جزئی برای آن می یافتم! چراغ قوه ای را روشن کردم و مشغول بررسی دقیق آن قسمت شدم... شکافی در دل سنگ وجود داشت. شکافی بسیار باریک که به راحتی قابل مشاهده نبود و روی آن هم با ماده ای از جنس سنگ پوشانده شده بود، خواستم آن ماده را از روی شکاف جدا بکنم که ناگهان کوردل از پشت سر به من حمله کرد و من را به گوشه ای پرتاب کرد، از این کارش اندکی متعجب شده بودم اما از لحظه ای که به اینجا آمده بودم از اینگونه رفتارها زیاد دیده بودم، و به او گفتم: " چه اتفاقی افتاده است؟"

اما کوردل انگار نمی شنید، ماده روی شکاف را از روی آن برداشت و سپس سنگی که ظاهرا شبیه یک درب مخفی بود را از آنجا

برداشت و آنگاه در آن باز شد، رایحه خوبی از درون آن به بیرون می آمد برای دیدن درون آن از روی زمین بلند شدم اما نمی توانستم درون آن را ببینم بدن کوردل تمام دهانه آن را پوشانده بود! ناگهان کوردل فریاد زد اینجاست، بسیار مشتاق بودم که ببینم که آن چیست که یافتنش برای کوردل اینقدر خوشحال کننده بود، کوردل برگشت به سمت من در دستانش یاقوتی بزرگ و زیبا قرار داشت که تا آن لحظه یاقوتی مانند آن را ندیده بودم برای همین هم در دلم گفتم شاید برای یافتن سنگی گران قیمت مثل آن کوردل شادی می کند اما نه اینطور نبود زیرا کوردل توجهی به آن یاقوت بزرگ و قیمتی نداشت و در واقع به دنبال یافتن راهی برای گشودن آن بود، گشودن آن؟

مگر چه چیزی داخل آن بود؟

اگر بود چه بود که از آن یاقوت با ارزش تر بود؟

کوردل آنرا بالا و پایین می کرد و گاهی در نور نگاهش می کرد تا سرانجام موفق شد در آنرا باز کند! به کوردل با احتیاط نزدیک شدم زیرا در این مواقع او قابل پیش بینی نبود! برای همین هم احتیاط لازم بود... زمانی که در داخل آن یاقوت که محفظه ای برای نگه داری بود را نگاه کردم درونش یک قلب انسان بود که هنوز می تپید، کوردل در آن را بست و سپس آنرا با دقت زیاد در جای اولش قرار داد و سنگها را هم در دیوار قرار داد و رفت، دوباره تنها شده

بودم و التهابی هم که در قلبم احساس می کردم بهتر شده بود و باز هم باید در گوشه ای می نشستم و انتظار می کشیدم تا ببینم که اتفاق بعدی که انتظار من را می کشد چیست.

بعد از گفتن این جمله به صورت ساینا نگاه کردم. به راحتی می شد فهمید که از روزهای دیگر بهتر است، شاید به شنیدن اینگونه وقایع عادت کرده بود اما باز هم اگر کمی استراحت می کرد برای او بهتر بود، به همین دلیل به او گفتم: " فکر می کنم برای امروز کافی باشد"

و ساینا پاسخ داد: " اما من مشتاق هستم که باقی ماجرا را بشنوم"

به ساینا گفتم: " اگر شما هم قبول کنید برویم و بخشی از این مجموعه را به شما نشان بدهم"

در جوابم گفت: " باشد، اما چرا از شما استفاده می کنید اینگونه احساس غریبه بودن به من دست می دهد"

به ساینا گفتم: " شاید از روی حواس پرتی بوده است "

همراه با یکدیگر از آن اتاق خارج شدیم و در راهرو ساینا از من پرسید: " کجا می رویم؟ "

حواسم پرت بود، شاید بخاطر حواس پرتی پاسخش را ندادم کمی دلخور شده بود اما دیگر به اتاق مورد نظر رسیده بودیم، چهره ای بر روی در اتاق ظاهر شد و گفت: " خوش آمدید "

در باز شد، اما ساینا هنوز هم دلخور به نظر می رسید، و حتی به اسم چهره ای که بر در ظاهر شده بود هم توجهی نداشت! و اسم آن را هم نپرسید. این رفتار او باعث شد تا به جای دیدن آن اتاق به اتاق دیگری برویم این تغییر نظرم برای دیدن اتاق باز هم توجه ساینا را جلب نکرد و در راهرو هم کاملا ساکت بود، تا به اتاق دیگری رسیدیم، از ساینا پرسیدم: " که گمان می کنی نام این اتاق چیست؟ "

در جوابم شانه هایش را بالا انداخت که نشان می داد که در حال حاضر برایش این موضوع اهمیتی ندارد، نمی خواستم که دلخور باقی بماند. این همان اتاق ساحل بود مدتی را در آن ماندیم و سپس ساینا به اتاقش برگشت.

بخش دهم: شکارچی ها

امروز با این سوال ساینا شروع شد: "امروز خودم را باید برای شنیدن چه نوع اتفاقاتی آماده بکنم؟ "

در حال حاضر قصد نداشتم که تمام ماجراها را برای ساینا تعریف کنم، زیرا گمان می کردم ممکن است باعث ترس و یا دلزدگی او از شنیدن ادامه آنها شود. سعی می کردم در هنگام تعریف اتفاقاتی که افتاده است فقط به قسمت هایی بپردازم که مهم تر است. به او پاسخ دادم " امروز اتفاقات کوتاهی درباره فریاد را باید با یکدیگر دنبال کنیم "

و در حالیکه در تالار بزرگ نشسته بودیم ادامه دادم، بعد از اینکه قلب کوردل را دیده بودم از خودم می پرسیدم که چرا این اتفاقات برای او رخ داده است و نگران بودم که نکند برای من هم تکرار بشود، اما از طرفی به این مدت که فکر می کردم می دیدم تا اینجای کار به خوبی گذشته بود، به کوردل نگاه می کردم که همانند مادری که پس از مدتها کودکش را در آغوش گرفته است آن محفظه یاقوتی محتوی قلبش را در آغوش گرفته بود. این رفتار از هیولایی مانند او آن هم بدون توجه به حضور من امری عجیب به نظر می رسید. فکر می کنم متوجه سنگینی نگاهم بر روی خودش شده بود. با شتاب و بدون اینکه به روی خودش بیاورد بلند شد و محفظه محتوی قلبش را در جای آن قرار داد و سنگ را دوباره در جایش گذاشت. سپس به محل دفن مغزش رفت و محل

آنرا بررسی کرد که آیا دست خورده است یا خیر! به سمت من آمد و گفت: " امشب کمی زودتر می روم اما این را بدان که عده ای حتما به غار خواهند آمد! به هیچ عنوان با آنها صحبت نکن، و اگر بتوانی کاری بکنی که گمان بکنند کر و لال هستی بسیار کارت راحت خواهد بود. و شاید بهترین راهی که بتوانی انجام بدهی این باشد که خودت را از دید آنها پنهان کنی. از کوردل پرسیدم: " افرادی که می گویی چه کسانی هستند؟ "

خندید و گفت: " همان اشخاصی هستند که هیهات را کشتند "

به کوردل گفتم: " هیهات را کشتند! یعنی استادت را و آنوقت تو داری می خندی؟ و من را هم به راحتی با آنها تنها می گذاری؟ "

اندکی از خوشحالی خودش کم کرد و گفت: " آری استادم را، استادم برای دفاع از من کشته شد"

با تعجب پرسیدم: " چطور این اتفاق افتاد؟ "

کوردل گفت: " این موضوع مربوط به مدتها قبل است، یعنی درست زمانیکه داشت کاری را انجام می داد که امروز من برای تو در حال انجام آن هستم"

و پس مدتی سکوت ادامه داد: " در شبی مانند امشب بود که .... "

توجهش را چیزی به خود جلب کرده بود که فقط خودش می توانست آن را حس بکند برای همین به من گفت: " اگر تا فردا زنده ماندی حتما برایت تعریف خواهم کرد" و پیش از آنکه چیزی بگویم در یکی از سایه های غار ناپدید شد. دوباره تنها شده بودم اما انگار وقتی برای فکر کردن به رفتار کوردل نداشتم باید بدنبال جایی برای پنهان شدن در آن می گشتم، با عجله تمام غار را وجب به وجب دقیق و کامل نگاه می کردم، از حرف های کوردل مشخص بود که به راحتی نمی توان از این موجوداتی که قرار بود به غار بیایند پنهان شوم... بنابراین باید در پیدا کردن محلی برای پنهان شدن دقت زیادی می کردم! پنهان شدن در کف غار کار عاقلانه ای به نظر نمی رسید زیرا اولین جایی که خواهند گشت همان کف غار است. در دیواره های غار هم جایی برای پنهان شدن نبود، با سرعت شروع به گود کردن یکی از گودال های کف غار کردم تا شاید بتوانم روی آن را با چیزی بپوشانم و درون آن بصورت نشسته پنهان شوم. حدود یک متر گودی آن می شد و همینطور قطر کمی داشت بگونه ای که فقط یک نفر بتواند در آن بنشیند اما به نظر بد نمی آمد، اکنون نوبت به یافتن چیزی برای پوشاندن در آن بود، اما در آن غار که چیزی به جز سنگ پیدا نمی شد. یک تخته سنگ را که گمان می کردم مناسب باشد با زحمت فراوان نزدیک گودال آوردم تا بر روی آن قرار دهم. سنگ بطور کامل دهانه گودال را می پوشاند به نظر مناسب می آمد اما نگاهم به مسیری افتاد که سنگ

را بر روی زمین کشیده بودم هر فردی با دیدن آن به راحتی می توانست محل پنهان شدن مرا بفهمد... از همان ابتدا مسیر کشیده شدن سنگ بر روی خاک کف غار تا محل گودال را از بین بردم، اما هنوز هم چیزی در درونم می گفت که این گودال امن نخواهد بود! دوباره شروع به گشتن در غار کردم، تمام کف آنرا دوباره گشتم و دیواره های غار را هم بررسی کردم، وقتی جایی برای پنهان شدن به چشمم نخورد سراغ گودالی که حفر کرده بودم رفتم که ناگهان در گوشه تاریک محل تلاقی دیوار و سقف غار به نظرم شکافی وجود داشت در ابتدا قصد اینکه برای دیدنش بروم را نداشتم اما به عنوان آخرین جاییکه باید می دیدم به آنجا رفتم به نظر کوچک می آمد اما می شد در آن پنهان شد، راهی که باید بر روی دیواره غار تا آنجا می رفتم چندان هموار نبود اما باید سعیم را می کردم. چند مرتبه تا نیمه های راه رفتم اما از آنجائیکه راهی برای ادامه نداشت به پایین آمدم و مسیر دیگری را برای بالا رفتن آزمودم تا بالاخره توانستم خودم را به شکاف برسانم، کمی دشوار بود تا از دهانه باریک شکاف به درون آن بروم اما به هر شکلی که بود وارد آن شدم، درون آن تاریک بود و این موضوع باعث می شد تا به راحتی از درون آن بتوان به بیرون نگاه کرد، در اولین نگاهم متوجه شدم که آتش را خاموش نکرده ام اما هر لحظه گمان می کردم که ممکن است آن موجودات وارد غار شوند، حتی اگر زمان کافی هم می داشتم فکر نمی کنم دو مرتبه می توانستم آن دیواره را پایین

و بالا بیایم، آرام از درون شکاف به غار نگاه می کردم و سعی می کردم زاویه دیدم را به غار بگونه ای تنظیم کنم که بیشترین فضای غار را بدون اینکه دیده شوم مشاهده کنم. حدود نیم ساعت گذشته بود و خبری از آن موجوداتی که کوردل گفته بود، نبود بدون آنکه متوجه بشوم خوابم بود که با صدای صحبت کردن چند نفر از خواب بیدار شدم تعداد آنها سه نفر بود جثه هایی بزرگ و لباس سفید بلندی بر تن داشتند، دو نفر هم که ظاهرشان تقریبا شبیه به کوردل بود اما بر خلاف او دارای چشم بودند نیز همراه آنها بودند، آن سه نفر چهره هایی مات و مبهم داشتند بطوریکه فقط می شد تجسمی از چهره را در آنها درک کرد! در نور آتش چشم های آنها درخشش خاصی داشت، اما با این وجود نسبت به آن ۳ سفید پوش هیچ احساس بدی به انسان دست نمی داد، اما آن دو که دارای ظاهری شبیه به کوردل بودند ترس را در چشمانشان می توانستم ببینم اما چطور ممکن بود... از گفته های کوردل می شد فهمید که آن ۳ نفر باید برای من خطرناک باشند اما احساس بدی نسبت به آنها نداشتم. به آنها نگاه می کردم که یکی از آن سه نفر دستش را روی سر یکی از آن دو موجود شبیه کوردل گذاشت از آن بالا نمی شد دید که بین دست موجود سفید پوش و سر آن یکی دیگر که شبیه به کوردل بود چه اتفاقی می افتاد که اینگونه فریاد می زد و صدای جیغ و فریاد آن در فضای غار پیچید، و یکی دیگر از سفید پوش ها از او می پرسید: " کوردل کجاست؟ "

و آن موجود شبیه به کوردل در میان جیغ ها و فریادهایش می گفت: " اگر اینجا نیست من دیگر نمی دانم که کجا می تواند باشد این مکان آخرین مکانی است که احتمال می دادم کوردل آنجا باشد. "

پس از گفتن این حرف ها آخرین نفر از سه سفید پوش دستش را از روی سر آن موجود بر روی شانه آن موجود شبیه به کوردل گذاشت و فشار زیادی را وارد می کرد مطمئن بودم با آن فریاد هایی که می زند درد زیادی را تحمل می کند حتی دیدن آن صحنه ها نیز درد آور بود چه برسد به آن موجود که باید آن را تحمل می کرد، اما چرا از شدت این درد بیهوش نمی شد و یا اینکه چرا خونی از آن زخم به بیرون تراوش نمی کرد؟ تنها مایعی شبیه مایع میان بافتی از آن خارج می شد. آنقدر به فشردن بدن آن موجود شبیه به کوردل ادامه دادند که دیگر رمقی در وجودش باقی نمانده بود و پس از آن به او آب می خوراندند و آنقدر آب به زور به خوردش دادند که ورم کرده بود گمان می کنم آن سه موجود نیز می دانستند که اینگونه در هر بار فشار دادن بدنش، آن بیچاره باید درد بیشتری را تحمل بکند، یکی از آن سه سفید پوش با انگشت به سنگی اشاره کرد که بر روی گودالی که آن را حفر کرده بودم گذاشته بودم، بوئی که حاصل محتویات معده آن بود همراه با ناله هایش فضای غار را فرا گرفته بود. اما آن سه نفر او را

در کف غار رها کردند یکی از آنها دستش را از زیر لباس سفید رنگش بیرون آورد دستهایش بسیار سفید بود و در کف دستش تیغه هایی شبیه به تیغه های دست های مانتیس داشت، اما با تعداد بیشتر و بلندتر. به سمت سنگ رفت و با پایش سنگ را از روی گودال کنار زد و گفت: " کوردل ایجا بوده است اما در حال حاضر اینجا را ترک کرده است "

به سمت آن موجود شبیه به کوردل که روی زمین افتاده بود رفت و موهای های او را به دور گردنش پیچید، داشت خفه می شد که مو هایش را با استفاده از چنگال هایش پاره کرد با کنده شدن موهایش از فشار آنها بر گردن آن موجود کاسته شد و او توانست کمی نفس بکشد، فکر نمی کنم درد کشیدن برای آن موجود به این زودیها تمام شدنی باشد، چرا که آنطور که من فهمیده بودم کوردل ها از طریق موهایشان نفس می کشیدند و آن دیگری هم در گوشه ای از شدت ترس به خود می پیچید و می گفت: " من هیچ چیزی در مورد کوردل نمی دانم "

هر سه سفید پوش به دور آن موجود که بر اثر بریده شدن موهایش در حال خفه شدن بود حلقه زدند و منتظر ماندند تا جان داد. اوضاع برای یکی دیگر از آن دو هم چندان بهتر از اولی نبود او را دو نفری گرفته بودند و یکی دیگر در حال در آوردن چشمانش بود، چشمانش را که در آوردند شروع به خواندن وردهایی کردند خاک

در قسمتی از کف غار بالا آمد و کنار رفت درون آن گودال چشم های زیادی بود اما یکی از آنها انگار به من خیره شده بود، گویی مرا می شناخت، چشمهای این دو را نیز در کنار بقیه چشمها گذاشت و با وردی روی آنها پوشیده از خاک شد، هنوز در حال نگاه کردن به محل چشم ها بودم که صدای فریادهای آن موجود باعث شده بود که به آن سمت نگاه کنم داشتند او را زنده زنده می خوردند، دیدن این صحنه برای من واقعا غیر قابل تحمل بود... پس از آنکه این موجود جان داد. آثار حضورشان در آن جا را از بین بردند. آنها حتی سنگ روی گودال را هم دوباره سر جای اولش بازگرداندند! دوباره همه چیز در آن غار مانند اول شده بود...

پس از آن دست های خودشان را گرفتند و حلقه ای زدند اورادی را خواندند تغییراتی در بدن آنها ایجاد می شد و پس از مدتی می شد کاملا مشاهده کرد که آنها به سه عدد مانتیس غول آسا تبدیل شده بودند، با دقت به آنها نگاه می کردم که پس از تبدیل شدن به مانتیس در حال کوچک شدن بودند، چشمم به دست یکی از مانتیس ها افتاد که به عقب برگشته بود یا در واقع شکسته بود دیدن دستش مرا به یاد اتفاقی انداخت که چند وقت قبل روی داده بود چند روز قبل از اینکه به غار بیایم در حال قدم زدن در پیاده روی نزدیک به خانه بودم متوجه شدم که پسر کوچک همسایه که از بچه های بازیگوش محله بود در حال بازی کردن با چیزی در

باغچه است از کنارش که عبور می کردم نگاهی هم به او کردم دیدم که به گردن یک مانتیس نخی بسته است و دارد با آن بازی می کند خواستم که آن حشره بیچاره را نجات بدهم اما تا خودم را به پسر رساندم دست مانتیس را بر خلاف جهت پیچاند و دست آن بیچاره شکست و اگر نرسیده بودم احتمالا حشره بیچاره بدست آن پسر کشته می شد مانتیس را از او گرفتم و نخ را از گردنش باز کردم و آن را روی درختی در همان نزدیکی رها کردم. پسرک هم ناراحت از اینکه سرگرمیش را از او گرفته بودم به خانه شان رفت، من هم به خانه خودمان رفتم فردای آن روز زمانیکه دوباره از آنجا عبور می کردم چشمم به همان درخت افتاد مانتیس همانجا بود به مانتیس گفتم: " از اینجا برو می خواهی دوباره همان بلای دیروز سرت بیاید"

اما مانتیس حرکتی از خود نشان نمی داد دقت کردم و دیدم که چشم از خانه آن پسر بر نمی دارد، این موضوع برای روزهای بعد هم تکرار می شد بگونه ای که دیگر آن مانتیس با دیدن من فرار نمی کرد انگار به دیدن من عادت کرده بود! پس از چند روز دستش هم بر عکس جوش خورده بود. مدتی از آن محل عبور نکردم تا اینکه با خبر شدم که آن پسر چند روزی است که به خانه شان باز نگشته است و متاسفانه چند روز بعد از این خبر گروههایی که برای یافتن و نجاتش رفته بودند جسد او را در جنگل پیدا کرده بودند

در حالیکه یکی از دستانش برعکس شکسته بود. و دیگر آن مانتیس را روی آن درخت ندیدم، شاید که آن حشره اصلا مانتیس نبود و شاید همین موجود بود که به آن شکل در می آمد با توجه به آنچه که این چند روز دیده بودم برایم پذیرفتن این موضوع به هیچ عنوان کار سختی نبود.

صبح که شد این سه موجود بطور کامل به سه مانتیس تبدیل شده بودند و به سمت جنگل پرواز کردند. و اما من با یک سوال در غار باقی مانده بودم: " اگر این سه موجود ترسناک توانستند به شکل سه مانتیس در بیایند آیا حشرات دیگر هم می توانند موجودات دیگری باشند که به آن شکل ها در آمده اند؟ "

می خواستم از آن شکاف بیرون بیایم که کوردل بازگشت، به سمت گودال و سنگی که روی آن بود رفت و سنگ را از روی گودال کنار زد و با دیدن گودال خالی فریاد زد: " این یکی را هم با خودشان بردند "

سپس با ناراحتی زیاد اطراف گودال و کف غار را نگاهی کرد و سپس به بیرون از غار رفت، از شکاف بیرون آمدم و به دهانه غار رفتم ناگهان کوردل از پشت سر پرسید: " چطور زنده ماندی؟ "

پاسخ دادم: " آنها به من کاری نداشتند "

کوردل فریاد زد: " امکان ندارد آنها هر چه را که به من مربوط شود را می کشند"

نمی خواستم به هیولایی مانند او، هرچه را اتفاق افتاده بود بگویم، و کوردل گفت: " مطمئن هستم که داخل گودال هم نبودی زیرا که اولین جاییکه آنها متوجه آن می شوند همین گودالی است که حفر کرده ای، اما اینکه کجا بودی اهمیت ندارد آنچه که مهم است این است که چه دیدی؟ زودتر برایم تعریف کن تا دیر نشده است"

برخلاف مرتبه های قبلی او اینبار عجله داشت، این موضوع باعث شد که به او بگویم: " اتفاقاتی که اینجا افتاد باعث ناراحتی و خستگی من شده است برای همین هم فردا برایت تعریف خواهم کرد"

کوردل فریاد زنان به سمتم حمله ور شد و من را به گوشه ای پرتاب کرد! رفتارش غیر قابل کنترل شده بود برای جلوگیری از آسیب دیدنم گفتم: " اگر منظورت آن چشم هاست، آنها را در گودالی در آن جا انداخته اند "

زمانیکه این را گفتم به محل گودال اشاره کردم، و ادامه دادم: " آنها نیز مانند تو برای رفتن عجله داشتند "

چند قدم به سمت من آمد اما از آمدن بیشتر پشیمان شد فکر می کنم عجله ای که داشت مانع از آن می شد که وقت بیشتری را برای سر و کله زدن با من بگذراند.

به محل گودال رفت و شروع به خواندن همان اوراد کرد خاک ها به کنار رفت و چشم ها دیده شدند! کوردل چشم ها را بررسی کرد و آنها را به بیرون از گودال انداخت بعضی در برخورد با لبه های تیز سنگ ها می ترکیدند و مایع درون آنها به بیرون می ریخت اما چطور سالم و بدون خراب شدن در زیر خاک باقی می ماندند، سرانجام دو چشم را از میان آنها برداشت و و گفت: " اینها چشم های من است همانهایی که جای خالی آنها را روی صورتم می بینی "

کوردل به چشمانش دستی کشید و و آنها را به اطراف می چرخاند، و به من گفت: " پس در آن شکاف پنهان شده بودی "

به چشم ها در دستش نگاه کردم و فهمیدم که آن چشمی که در میان چشم ها به من می نگریست همان چشم کوردل بود و هم اکنون هم کوردل با استفاده از آن محل پنهان شدن من را دانسته بود، انگار آنچه را که چشمش می دید را می توانست درک کند، چشم ها را هم در همان محفظه دیوار و در کنار قلبش گذاشت و گفت: " می دانی آنها شکارچی بودند، موجوداتی که در روزها شبیه به مانتیس هستند و در شب می توانند به شکل واقعی خود در

بیایند و به شکار کوردل ها و بسیاری دیگر از موجودات می پردازند "

از او پرسیدم: " چرا کوردل ها؟ "

و او گفت: " علاوه بر اینکه به من کوردل می گویند گونه ای از جانداران نیز وجود دارند که به آنها هم کوردل می گویند این موجودات از تبدیل انسان بوجود می آیند "

گفتم: " هیهات کیست؟ بیشتر برایم از این موجودات و هیهات بگو "

اما کوردل گفت: " فعلا نمی توانم باید بروم، اما دفعه بعدی برایت توضیح خواهم داد "

به اطرافم نگاه کردم فضای غار پر شده بود از چشم هایی که کوردل به اطراف پرتاب کرده بود، احساس می کردم که در حال نگاه کردن به من هستند برای راحت شدن از سنگینی نگاه آنها با استفاده از همان چوبی که قبلا با آن دایره خرد را حفر کرده بودم آنها را به درون گودال می انداختم و پس از اینکه مطمئن شدم که دیگر چیزی از آنها در کف غار باقی نمانده است روی آنها را بااستفاده از خاک پوشاندم. کاری به جز اینکه منتظر باشم تا اتفاق امشب آغاز شود نداشتم.

به صورت ساینا نگاه کردم می شد فهمید که ماجرای امشب برایش چندان خوشایند نبوده است، به ساینا گفتم: " اگر بخواهی می توانیم یک مکان تازه را هم درون این مجموعه ببینیم "

ساینا گفت: باشد اما باید مدتی منتظر بمانی و به سرویس بهداشتی رفت، ظاهرا برای بهتر شدن حالش می خواست آبی به صورتش بزند، البته حق را به او می دادم این اتفاقات چندان خوشایند نبود اما من تمام سعیم را کرده بودم تا تمام ماجرا را برای او تعریف نکنم. مدتی که گذشت در حالی که آرامتر شده بود بازگشت.

بخش یازدهم: بازگشت به خانه

همراه با هم به اتاقی رفتیم که به آن اتاق جنگل گفته می شد و این موضوع را در راهرویی که به آن اتاق می رفت به ساینا گفتم. وقتی که به جلوی درب اتاق جنگل رسیدیم چهره ای بر در آن ظاهر شد و گفت: " خوش آمدید "

ساینا پرسید: " اگر این چهره نام ندارد نام آنرا میمون می گذارم "

برای بهتر شدن حال ساینا با این موضوع موافقت کردم در عین حال که واقعا هم آن چهره نامی نداشت و با این اتفاق او هم دارای نام می شد و این نام بی ارتباط با آن اتاق نبود. وارد اتاق شدیم. می شد اشتیاق و شادی را در چهره ساینا دید. به محض ورود با صدای بلندی گفت: " اینجا را نگاه کن یک جنگل پر از درخت، چطوری می توانی بگویی که اینجا یک اتاق است، مطمئن هستم که اینجا هر چه که است یک اتاق نیست "

و هنوز چیزی نگفته بودم که ادامه داد: " چیزی نگو فقط چیزی نگو و توضیحی در مورد آن نده دلایلی عقلی آن را نمی خواهم فقط می خواهم از زیبایی آن لذت ببریم. "

و زیر لب آرام گفت: " چند روز گذشته پر بود از داستان های پر از دلهره و ترس "

به او گفتم: " دوست داری کمی قدم بزنیم؟ "

پاسخ داد: " آره این خوب است "

شروع به قدم زدن در مسیرهای جنگلی کردیم تا به خانه درختی رسیدیم.

ساینا گفت: " برویم بالای درخت داخل آن خانه درختی که آنجا هست"

گفتم: " آره داخل آن خانه درختی محیط دلچسبی دارد "

و ساینا گفت: " فکر می کنم بشود از شاخه های این قسمت به بالا برسیم "

در جوابش گفتم: " آره شاید بشود که از این مسیری که می گویی به آنجا رسید اما بنظرم کمی مسیر سختی باشد، چرا از مسیری که من می دانم به آنجا نرویم. "

او را همراه خودم به پشت آن درخت قطور بردم داخل تنه درخت خالی بود و پله هایی که به دور درخت پیچ خورده بودند و یک آسانسور هم در آنجا بود. از پله ها به درخواست ساینا بالا رفتیم تا به خانه درختی رسیدیم. این خانه درختی که بر روی یک درخت قطور ساخته شده بود شامل یک سالن کوچک، آشپزخانه ای در یک گوشه آن بود که از طریق پنجره ای این دو به فضای یک تراس کوچک مرتبط بودند، اطراف این تراس توسط نرده های چوبی

محصور شده بود، به تراس رفتیم، ساینا از لبه تراس به اطراف نگاه می کرد و انگار از دیدن منظره های اطراف خود لذت می برد، در طول مدتی که مشغول تماشای اطراف بود مقداری قهوه درست کردم و همراه چند برش کیک به تراس بردم. در مدت زمانی که مشغول خوردن آنها بودیم به او گفتم: " میدانی این ماجراهایی که برایت تعریف می کنم همچون حقایق تلخ هستند، و می دانم که ممکن است باعث آزارت شوند"

در پاسخم گفت: " می دانم بعضی از آنها مانند کابوس هستند اما باز هم برای شنیدن آنها مشتاق هستم "

پس از آن ساینا به اتاقش رفت در راهرو تصمیم گرفتم که برای فردا به جای تعریف کردن ماجراهایی که اتفاق افتاده بود برای دیدن یکی از اتاق ها برویم اما از طرفی او گفته بود که برای شنیدن آن ماجراها مشتاق است بنابراین بهترین تصمیم را می شد همان فردا گرفت یعنی زمانی که می شد با توجه به روحیه ساینا برای فعالیتی که قصد انجام آن را داریم تصمیم بگیریم. فردا زمانیکه به اتاقش رفتم دیدم که مانند هر روز در تالار بزرگ آماده شنیدن ماجراهای امروز است، با روحیه ای خوب، برایم جالب بود اما این مرتبه به خودم گفتم: " بهتر است به دنبال دلیل نگردی و تنها در لحظه زندگی کن گذشت زمان خودش همه چیز را روشن خواهد کرد "

از او پرسیدم: " آیا برای شنیدن ماجراهای جدید آماده ای؟ "

پاسخ داد: " آری "

و شروع به تعریف ماجرای امروز کردم:

کوردل آمد و پرسید: " برای درس امروزت آماده ای؟ "

به او پاسخ دادم: " مطمئنی این درس دادن است؟ تا بحال که من فقط تمام اتفاقات را تجربه کرده ام، و ظاهرا خیلی هم خوش شانس بوده ام که تا به حال اتفاقی برایم نیفتاده است"

شادی کوردل در آن روز از روزهای دیگر بیشتر بود و گفت: " امروز باید برای رفتن به سرزمینی دیگر آماده بشوی، سرزمینی مانند آنچه که در سرزمین کوردل ها دیده بودی"

بیشتر توضیحی نداد و مشغول آماده کردن یکسری از اسباب و لوازم شد. در بین آن ها چشمم به تکه ای گوشت تیره رنگ افتاد از او پرسیدم: " کوردل این چه نوع گوشتی است؟ "

به من پاسخ داد: " گوشت پیرترین خفاش جنگل های این اطراف است که ابتدا گندیده بوده و سپس با عصاره ای جادویی گند زدایی شده است تا به این شکل در آمده است "

هنگامی که می خواستم آنرا لمس بکنم کوردل مانع اینکار شد و گفت: " لمسش نکن ممکن است با اینکار به خودت آسیب بزنی "

زیر لب آهسته می گفت: " گمان می کنی می گذارم به خودت آسیبی بزنی، قبل از تو هیچ شخصی نتوانسته بود تا این مرحله پیش برود "

از او پرسیدم: " منظورت چیست؟ برای بقیه افراد چه اتفاقی افتاد است؟ "

کوردل که اندکی نگران به نظر می رسید خیلی کوتاه پاسخ داد: " هیچی "

به ابزار و لوازمی که آورده بود نگاهی انداختم گوشت خفاش پیر، ظرفی از جنس چوب که بوی خوبی هم داشت، ظرفی چرمی و کهنه که به نظر می رسید مایعی در آن باشد و یک قطعه سنگ با نقش و نگارهای متنوع و خاصی که روی آن کشیده شده بود و کوردل آن را از بین موهایش بیرون آورده بود و در کنار آن قطعه گوشت گذاشته بود. چاقویی تیز را از زیر لباسش بیرون آورد و گوشت خفاش را با دقت از وسط به دو نیم تقسیم کرد، سنگ منقوش را بین آن گذاشت و با دقت دو تکه گوشت را بر روی هم قرار داد بطوریکه دقیقا بر روی هم قرار بگیرد و آن را در درون ظرف چوبی قرار داد و شروع به خواندن وردهایی جادویی کرد، با خواندن آنها گوشت خفاش تازه شد به تازگی روز اول آن و خون از میان بافت های آن شروع به جریان یافتن کرد، بگونه ای که گمان می کردی تکه گوشت بی جان دوباره جان گرفته است، با دیدن

این اتفاق به کوردل گفتم: " کوردل تو هم دیدی که چه اتفاقی افتاد؟ "

از این پرسش عصبانی شده بود به سمت من برگشت و با اشاره نشان داد که باید سکوت کنم، پس از انجام کارهایی عجیب باقی اوراد را خواند و سپس از جایش بلند شد و به سمت من آمد و من را به بیرون از غار برد، کنجکاو بودم و می خواستم تمام ماجرا را ببینم برای همین هم از او پرسیدم: " ابزار و لوازمت و آن تکه گوشت نباید برای انجام باقی کارها داخل غار پیش آنها بمانیم؟ "

کوردل گفت: " صبر کن قبل از بازگشتن به داخل غار و انجام باقی مراحل باید این را بدانی که امروز با افرادی مواجه خواهی شد که از سرزمینی آمده اند که ساکنان آن فاقد قدرت شنوایی هستند و در این مرحله چه با آنها حرف بزنی و چه حرف نزنی تاثیری نخواهد داشت، اما در مقابل صداهایی بلند از خودشان تولید خواهند کرد و علت این کار هم این است که آنها فاقد قدرت شنوایی هستند و صدای خودشان را هم نخواهند شنید، بنابراین با توجه به این موضوع بودن با آنها در اینجا برای تو آسان نخواهد بود یا باید به نشنیدن عادت بکنی که این موضوع برای تو رنج زیادی خواهد داشت و یا اینکه شنوایی خود را مانند آنها از دست بدهی "

از کوردل پرسیدم: " منظورت چیست؟ خودت در این مرحله چکار کردی؟"

کوردل گفت، قبلا شنوایی خود را از دست داده است، و این کار نیز توسط هیهات انجام گرفته است.

گفتم: " به هیچ وجه حاضر نیستم که به شنوایی ام در این مرحله آسیبی برسد "

کوردل گفت: " پس این راهی است که آگاهانه در آن قدم خواهی گذاشت "

به او گفتم: " آری نه تنها حاضر نیستم که به شنوایی خودم آسیبی برسانم بلکه راضی به آسیب زدن به شنوایی دیگران هم نیستم "

کوردل زیر لب گفت: " کوردلان هم بعلت همین شجاعت توست که با آن شدت بدنبال قلبت بودند، یک قلب شجاع خیلی با ارزش است "

به داخل غار بازگشتیم، جنب و جوشی به گوشت خفاش افتاده بود و تکان می خورد کوردل همان ظرف چرمی و قدیمی را برداشت و گفت: " هم اکنون احضار آغاز خواهد شد "

و سپس مایعی تیره را روی گوشت خفاش پیر ریخت بگونه ای که تمام آنرا پوشاند برای لحظه ای تمام قلیان گوشت خوابید، انگار به حالت اولیه خودش بازگشته بود و عاری از هرگونه حیات شده بود، و در آن مایع تیره فرو رفت بلافاصله سنگ تراش خورده و منقوش

از درون آن مایع تیره خارج شد و بر روی آن شناور گشت. از طرفی چوبی که دارای بوی خوبی بود به یکباره از آن بوی خیلی بدی خارج شد. غرق در تماشای این وقایع بودم که متوجه شدم کوردل غیبش زده است، اما این مرتبه کوردل بدون هیچ واکنشی غیبش زده بود، در آن زمان چیزی که بیشتر از همه جلب توجه می کرد، بویی بود که از آن چوب خارج می شد هر لحظه بر مقدار آن افزوده می گشت بگونه ای که تقریبا تمام فضای غار را فراگرفته بود، دهانه غار پنهان شده بود و دیگر هیچ هوای تازه ای وارد غار نمی شد از این لحظه به بعد بر غلظت آن بوی بد هم افزوده می شد به نوعی که دیگر می شد این غلظت را حس کرد مانند این بود که بخواهی در آب حرکت بکنی با این تفاوت که شفاف بود و هر چیزی را می شد در درون آن به وضوح دید، این غلظت عجیبی که پیرامون مرا در بر گرفته بود باید مربوط به آن ظرف چوبی می بود، دوباره که به ظرف نگاه کردم دیدم که بخشی از آن حل شده است، و هر لحظه کوچکتر می شد و این فرآیند حل شدن ادامه داشت تا اینکه مایع سیاه بر روی زمین ریخت و پس از آن با حل شدن کامل ظرف گوشت خفاش پیر هم بر روی زمین قرار گرفت، با رسیدن آن تکه گوشت به زمین دوباره تکان خوردن آن آغاز گشت، سنگ منقوش بر روی گوشت خفاش قرار گرفته بود و صداهایی از آن شنیده می شد، صداها مربوط به وردهایی بود که کوردل خوانده بود و سنگ داشت همان ها را دوباره تکرار می کرد. شاید دلیل عصبانیت

کوردل از پرسش من در زمانیکه زیر لب زمزمه می کرد هم همین بود، و برای همین هم باید سکوت را رعایت می کردم. تکان های گوشت خفاش مایع تیره را بصورت قطراتی در آورده بود که در فضای غار معلق شده بودند، هر یک از قطرات آن مایع تیره در فضای غار شروع به رشد کرد و برای این کار غلظت ایجاد شده در درون غار را جذب می کرد، هر قطره آن با استفاده از غلظت موجود در آن غار شروع به رشد کردند و بزرگ و بزرگ تر گردیدند تا جایی که هر یک از آنها اشکالی شبیه به اشباح را بوجود آوردند، خودم را به گوشه ای از غار رساندم و به دیواره آن تکیه کردم، آن ها که به نظر می رسید دیگر کامل شده بودند به سمت من برگشتند رنگشان تیره بود اما به خوبی در نور آتش وسط غار قابل تشخیص بودند و یکی از آنها به سمت سنگ تراشیده شده رفت دقیق نگاه کردم سنگ هم در حال رشد کردن بود اما عجیب تر این بود که در طول این وقایع آن سنگ شکل مجموعه ای از گوش های انسان را به خود گرفته بود، یکی از آن موجودات شبح مانند آن را بر روی سرش گرفت و گفت: " جدا شوید "

سنگ بزرگ تر شد و ناگهان اشکال گوش مانند از یکدیگر جدا شدند و بر کف غار ریخت یکی از آنها به دیگری گفت: " گوش های کوردل را پیدا بکنید، " دو نفر از اشباح بوجود آمده شروع به گشتن در میان آن گوش ها کردند و در همین حال من هم به آنها نگاه

می کردم اما خبری از فریادهایی که کوردل می گفت و آن صداهای بلند نبود...

یکی از آنها از من پرسید: " کوردل کجاست؟ "

پاسخ دادم: " تا همین چند لحظه قبل اینجا بود "

و آن شبح ادامه داد: " می دانی کوردل گوش های تو را با گوش های خودش معاوضه کرده است"

به آن شبح گفتم: " اما کوردل اجازه این کار را نداشته است"

و شبح پاسخ داد: " اما او اینکار را انجام داده است و قبلا هم این کار را انجام داده بود، او گوش های هیهات را معاوضه کرده بود که هیهات هم به خاطر اینکه در مقابل بریدن گوش هایش مقاومت کرده بود کشته شد"

از شدت عصبانیت به سمت دیگر غار نگاه کردم اما صداهای اشباح دیگر نمی آمد و قطع شده بود، دوباره به سمت آنها نگاه کردم و دوباره توانستم که صدای آنها را بشنوم عجیب بود شنیدن صداهای آن اشباح فقط تا زمانی ادامه داشت که به آنها نگاه می کردم، در صورتیکه به آنها نگاه نمی کردم دیگر صدایی هم از آنها شنیده نمی شد. چند مرتبه این کار را انجام دادم این موضوع برایم جالب بود.

یکی از آن اشباح که از این کارم عصبانی شده بود گفت: " دیگر این کار را انجام نده "

دیگر چیزی برایم مهم نبود و گفتم: " هر کاری که دلم می خواهد انجام خواهم داد "

و ادامه دادم : " چرا نباید این کار را انجام بدهم؟ "

آن شبح پاسخی نداد و به شبح دیگر گفت: " گوشهایش را بیاور "

و آن شبح پاسخ داد: " نمی توانم "

شبح اولی دوباره با عصبانیت گفت : " گوشهایش را بیاورید "

این مرتبه تمام اشباح با هم گفتند: " نمی توانیم "

شبح اول به شدت عصبانی شده بود و با فریاد به آنها گفت: " گوشهایش را بیاورید "

این مرتبه یکی از اشباح فریاد زد و با دست به من اشاره کرد: " ناجی، او یک ناجی است "

شبح اول به سمت من برگشت و گفت: " بالاخره پیدایت کردیم "

تمام اشباح در مقابل من ایستاده بودند و حرکاتی را انجام می دادند که انگار نشانه احترام بود و سپس رفتند! با رفتن آنها جلوتر رفتم و دیدم که گوش های کوردل را روی زمین باقی گذاشته اند در

حالیکه گوش ها مشخص نبودند چقدر قبل بریده شده بودند اما از آنها خون جاری بود و انگار تازه قطع شده بودند. آنها را برداشتم و روی سنگی گذاشتم و تصمیم گرفتم که در مورد اتفاقاتی که افتاده بود مانند دفعه های قبلی چیزی به کوردل نگویم.

و منتظر شدم تا صبح شود اما آن روز کوردل نیامد و تا هفت روز کوردل نیامد! روز هفتم کوردل آمد و در گوشه ای خودم را به خواب زدم متوجه شدم که از همان ابتدای ورودش به گوشهای من نگاه می کند و آنها را زیر نظر گرفته است، و از اینکه گوشهایم در جای خودش بود متعجب شده بود این تعجب را حتی بدون دیدن صورتش هم می شد احساس کرد، گوشهایش را روی تخته سنگی و در جایی که بتواند آن را ببیند گذاشته بودم کوردل به سمت گوشهایش رفت و آنها را برداشت. و بدون توجه به من گوشه ای از غار را تمیز کرد و خرده سنگ ها را با دقت برداشت و زمین را صاف کرد و رفت از بیرون غار ظرفی آب آورد و زمین را شست انگار داشت خانه اش را برای ورود میهمانی آماده می کرد سپس مدتی گذشت... زمین تشنه آنجا به سرعت خشک شد پارچه ای گرد شبیه به رومیزیهای گرد و بزرگ را بر روی محلی که آماده کرده بود پهن کرد، بزرگی آن پارچه تقریبا به اندازه قد دو انسان بلند قد بود! بر روی آن اشکال و وردهای بسیاری نقش بسته بود و در وسط آن هم نقشی از بدن یک انسان با دست های باز کشیده شده بود

و در اطراف آن و نزدیک به پیرامون دایره اشکالی از مغز، قلب و سایر اندام انسان کشیده شده بود که هر کدام از آنها با خطی به جسم انسان که نقش آن در وسط آن بود وصل می شد.

کوردل آن پارچه را در جایی که آماده کرده بود پهن کرد و به سرعت هر کدام از اعضایی که در چند روز گذشته پیدا کرده بودیم را از محل پنهان شدن آنها در می آورد و در جای خودش بر روی آن پارچه قرار می داد و وردهایی را خواند و گاه گاهی هم زیر چشمی به من نگاه می کرد! نگاهش دوستانه نبود و انگار افکار شومی در ذهنش داشت، کوردل کنارم نشست و گفت: " اگر به دهانه غار دقت بکنی خواهی دید که پنهان شده است "

اینکه دهانه غار پنهان بشود چیز تازه ای نبود اما نمی دانم که چرا کوردل اینگونه باید کنارم می نشست و آن را می گفت. و ادامه داد: " شاید اکنون زمانی باشد که برای تو از افرادی که قبل از تو به اینجا آمده بودند بگویم"

به کوردل گفتم: " اتفاقا با اتفاقاتی که چند شب پیش افتاد خودم هم واقعا تمایل دارم تا درباره سرنوشت آنها بیشتر بدانم"

کوردل تعریف کرد:

و گفت: " آنروز که تو همراه با آن دختر به این غار آمده بودی هر دوی شما را از دور زیر نظر داشتم! به نظرم می آمد که هر دوی

شما مناسب برای انجام کاری بودید که من می خواستم. در روزهای بعدی شما را زیر نظر گرفته بودم تا در فرصتی مناسب برای انجام اهدافی که داشتم به اینجا بیاورم، اما تو خودت با توجه به کنجکاوی زیادی که داشتی تقریبا با پای خودت به اینجا آمدی اما واقعا هم این کارت خوب بود و توانستی تمامی مراحل را تنهایی به پایان برسانی! قبل از تو چندین نفر به اینجا آمدند و هر کدام به طریقی در این مراحل کشته شدند، و حاصل فعالیت همه آنها همین بینی ام است که از همان روز اول بر روی صورتم دیده بودی!"

به کوردل گفتم: " منظورت چیست؟"

ادامه داد: " سالها قبل زمانی که همراه با هیهات وارد این مسیر شدم، جوانی مانند تو بودم و همراه با هیهات به مکانی مشابه به این غار رفتیم، هر یک از ما کوردل ها باید غاری مشابه با غار اینجا در پایان دوره اش انتخاب و ایجاد می کرد... هیهات قبل از شروع دوره ای که تو هم مثل آن را گذراندی به من گفته بود که در این دوره یا باید ذاتی تمام خوب و یا تمام بد داشته باشی تا بتوانی زنده از این دوره بیرون بروی"

سپس ادامه داد:

" سهراب تو دارای ذاتی تمام خوب بودی چرا که تمام مراحل را طی کردی! اما کوردل ذاتی تمام بد داشت و دلی عاشق، بنابراین

پس از طی این دوره با مخالفت سایر گروهها مواجه شد و نتوانست در مرحله آخر موفق بشود اما تو سهراب نه تنها برگ تائید را گرفته ای بلکه موضوعی کاملا متفاوت در مورد تو برای همه گروههای ماورالطبیعه آشکار شده است...!

به کوردل گفتم: " چه مسئله ای است که آشکار شده است؟ "

کوردل ادامه داد: " در این باره فقط می توانم بگویم که تو یک ناجی هستی و بیشتر نمی توانم توضیح دهم"

به کوردل گفتم: " ناجی؟ منظورت چیست؟ "

کوردل گفت: " زمان کافی برای اینکه توضیح بیشتری بدهم ندارم، اما این را بدان که شاید آخرین مرتبه ای باشد که اینگونه با یکدیگر صحبت می کنیم! "

کوردل این را گفت و سپس هر چه که بر تن داشت در آورد و شروع به گذاشتن هر یک از اعضای بدنش که با استفاده از من یافته بود بر نقش خودش بر آن پارچه نمود و بر روی نقشی از انسان که در وسط آن پارچه بود خوابید! در ادامه شروع به زمزمه هایی زیر لبش کرد از هریک از آن اعضای بدنی که روی قسمت خودش روی پارچه قرار گرفته بود در ابتدا خونی جاری شد و به سمت بدن کوردل رفت و به آن رسید. اعضای روی پارچه با خون پوشیده شد و پس از آن شروع به حل شدن در خون کردند و هرچه

که از آن عضو که حل می شد همراه با جریان خون وارد بدن و رگ های کوردل می شد هرچه از آن اعضا کم می شد بر بدن کوردل اضافه می شد و پس از چند دقیقه انگار کوردل از نو متولد شده بود و تبدیل به جوانی حدودا ۲۰ ساله شد و سپس بلند شد و به سمت من آمد و گفت: " اکنون برای اتمام این مرحله باید تو را بکشم و از خون تو استفاده بکنم تا مراحل تثبیت اعضای بدنم کامل شود در جواب کوردل گفتم: " نه تو نمی توانی این کار را بکنی؟ "

در جوابم گفت: " چرا؟ "

گفتم: " زیرا که همه اعضایی که در آن دایره بود مربوط به تو نبود، مثلا قلبت "

کوردل فریاد می زد: " این امکان ندارد "

و به سمت من حمله کرد هنوز چند قدمی بیشتر به سمت من نیامده بود که گروهی از مقلدها از دیواره غار عبور کردند و یکی از آنها با ضربه ای کوردل را به گوشه ای از غار پرتاب کرد... همه مقلدها با لبخند به سمت من نگاه کردند. سایه های غار تبدیل به کوردل هایی دیگر شدند و بی صدا به کوردل نگاه می کردند. در غار هم آشکار شد و سه شکارچی با همان لباس های بلند و سفید وارد شدند و هر گروهی از آنها در بخشی از غار جمع شده بودند

مقلدها، کوردل ها، شکارچی ها همه و همه ... در آن لحظه تمام افرادی که در غار در طول آن مدت به نحوی آنها را دیده بودم در آنجا جمع شده بودند، در این لحظه کوردل از جای خود بلند شد و گفت: " دیگر شما قادر به آسیب زدن به من نخواهید بود، من با یافتن اعضای بدنم که شما آنها را توسط ماورا از دسترس من دور کرده بودید تولد دوباره یافتم "

به کوردل گفتم: " همه آنها اعضای بدن تو نیست کوردل بعد از اینکه از افکار شوم تو را در مورد خودم آگاه شدم بعضی آنها را با اعضای دیگری می توانستم پیدا بکنم عوض کردم مثلا آن چشم را با چشمهایی دیگر که از آن گودال کف غار برداشتم عوض کردم در این هفت روز که نبودی فرصت مناسبی برای این کار بود "

کوردل می خواست که از غار بگریزد اما نمی توانست از چنگال کوردل های دیگری بگریزد که برای تصاحب آن قلب که در سینه اش بود می رفتند، و پس از خارج کردن آن قلب هر یک بخشی از آن را برای خودش برداشته بود و به گردن آویخته بود، از چشمان کوردل اشک می ریخت و این عجیب بود چرا که آن چشم ها به کوردل تعلق نداشت که بر حال او بگرید، کوردل مدتی در این حال بر زمین نشسته بود و وردهایی را خواند چشمهایش از درون زمین بیرون آمد و به سمت او حرکت می کرد اما شکارچی ها آنها را گرفتند کوردل به سمت آنها حمله کرد مقلدها کوردل را در میانه

زمین و هوا معلق نگه داشتند و شکارچی بزرگتر به سمت کوردل رفت و به او گفت: " کوردل تو باید برای اعمالی که انجام داده ای مجازات شوی"

کوردل گفت: " کدام اعمال را می گویی؟ "

در این زمان چشمهایی که به جای چشمهای کوردل قرار داده بودم از روی صورت کوردل به صدا در آمدند و گفتند: " اولین آنها کشتن صاحب ماست که شاگرد تو بود"

گوش های دیگری را که به جای گوش های کوردل از آنها گرفته بودم نیز می گفتند: " همینطور در مورد صاحب ما که گوشهایش را معاوضه کرده بودی"

فکر می کنم آنجا شبیه به دادگاهی بود که هریک از آنها داشت شکوائیه خود را ارائه می داد دیوارهای غار نیز بصدا در آمده بودند و هریک از اعضایی که مربوط به کوردل نبود از تنش جدا می شد و در زیر خاک دفن می شد. پس از این هریک از شکارچیان و مقلد ها دایره ای به دور کوردل زدند و به این نتیجه رسیدند که برای جلوگیری از بازگشت کوردل باید اعضای بدنش جدا شده و خورده شود برای همین هم مشغول به خوردن او شدند، در حالیکه زنده بود تا تمام آن خورده شد. و این تنها راهی بود که می شد اعضای بدنش را جدای از هم نگه داشت.

آن مقلد ماده را دیدم نزد من آمد و گفت: " از کجا می دانستی که بهترین کار برای از بین بردن کوردل تعویض اعضای بدنش است؟ "

گفتم: " نمی دانستم ولی حدس زدم چرا که از ابتدای زمان دیدارمان فقط به بدست آوردن و یافتن آنها فکر می کرد، پس باید آنها برای او ارزش زیادی می داشت "

مقلد ماده ادامه داد: " به هر حال اگر اینکار را نمی کردی برای از بین بردن او تعداد زیادی از ما کشته می شدند "

سپس به من نگاهی کرد و گفت: " تا الان مدتهاست که کوردل هر چند مدت جوانی را به این مکان می آورد و از او برای یافتن اعضای بدن خودش استفاده می کند "

از او پرسیدم: "چرا کوردل باید این چنین عملی را انجام بدهد؟ "

مقلد ماده پاسخ داد: " کوردل در حقیقت یک موجود با نیات پلید بود که سعی داشت با استفاده از آنچه یادگرفته بود بر سایر گروه ها تسلط پیدا کند که مدتها قبل در همین غار توسط چندین نفر از ما به دام افتاد و توسط همان ها اعضای بدنش جدا شد تا قدرت او کاسته شود و قدرت جستجو از او گرفته شد! علاوه بر این به هریک از اعضای او قفلی از ماوراء زده شد و او مجبور بود تا برای بدست آوردن هریک از آنها از فرد دیگری استفاده بکند و این کار

برای بدست آوردن دوباره قدرتش ضروری بود، برای متقاعد کردن انسان ها اول آنها را فریب می داد! اگر که آنها بد ذات بودند به شکل خودش در می آمدند و باید توسط شکارچیان کشته می شدند و اگر خوش ذات بودند توسط سایر نیروهای ماوراء الطبیعه کشته می شدند! همانطوریکه دیدی... اما کوردل هم توانایی هایی برای مقابله با ما پیدا کرده بود. مثلا آن آتشی که در دایره خرد ایجاد کرده بود. از طریق همین روش ها توانسته بود بینی خودش را بیابد و از طریق آن می توانست بشنود و ببیند و تقریبا در آن حواس دیگر را متمرکز کرده بود. اما تو توانستی باقی اعضای بدن او را بدست بیاوری.

به او گفتم: " اما چرا کوردل بعد از یافتن اعضای بدنش قصد کشتن مرا داشت؟"

به من پاسخ داد: " برای اینکه بتواند از خون تو برای خودش استفاده کند، و خون کهنه را با نو جایگزین سازد تا دیگر قادر به شناختن او نباشیم"

دیگر کم کم داشت صبح می شد و آنها هم می رفتند و تا زمانیکه آخرین نفر آنها رفت و در همان جا نشسته بودم و پس از آن کوله پشتی ام را از گوشه غار برداشتم. بعد از آن همه ماجرای کوچک و بزرگ که داشتم به طرف ماشینم به راه افتادم... سوار بر اتومبیل شدم و به سمت شهر حرکت کردم در مسیر بازگشت به خانواده ام

و سرنوشت تو فکر می کردم تا اینکه به خانه رسیدم! در خانه یکی از کارکنان پدرم ایستاده بود و آخرین بخش از اثاثیه را که بسته بندی شده بود را سوار بر اتومبیل حمل بار می کرد تا به محل زندگی جدیدمان بفرستد با دیدن من خوشحال شد و گفت: " لطفا از اتومبیل پیاده شوید "

و با پیاده شدن من به سرعت اتومبیل را همراه با یک نفر به ایستگاه قطار فرستاد تا به شهر جدیدمان فرستاده شود و بعد هم یک بلیت هواپیما به من داد و گفت: " تا یک ساعت دیگر باید در فرودگاه باشید، از او در مورد تو پرسیدم و گفت: " همراه با خانواده ات برای تعطیلات به مسافرت رفته اید و مدتی نیستید! آرام به فرودگاه رفتم و سوار هواپیما شدم و در آسمان به آنچه بر من گذشته بود فکر می کردم و تنها عکس کوردل را نگاه می کردم به چهره ای که در عکس بود و لبخندی که می زد فکر می کردم که چطور سرنوشت او با انتخابش تحت الشعاع قرار گرفته بود از روی افسوس مدتی به سقف هواپیما نگاه کردم و بعد از آن دوباره به عکس او نگاه کردم چهره داخل عکس تغییر کرده بود و از چشمانش اشک جاری شده بود با رسیدن به مقصد عکس را بین دو صندلی هواپیما گذاشتم. و از آن پیاده شدم.

یک ماه بعد تقریبا بصورت کامل در شهر جدید ساکن شده بودیم و زندگی روال عادی خود را پیدا کرده بود، با دوستانم در شهر قبلی

تماس گرفتم و از شما پرس و جو کردم و متوجه شدم که از آن شهر نقل مکان کرده اید، اما حتی همسایه های شما هم از شهری که به آن رفته بودید خبر نداشتند. ساینا گفت: " تمام این اتفاقاتی که برای من تعریف کردی عجیب و باور نکردنی بود "

به او گفتم: "آری، اما این تنها چند روز از مدت زمانی است که از یکدیگر جدا شده ایم تا به امروز، شاید یک بخش از آن را می دانی و می دانم که به چه فکر می کنی!"

روح

(کتاب دوم)

بخش اول: بازگشت به خانه

پس از گذشت یک ماه به خانه بازگشته بودم. بازگشت اصطلاح جالبی بود، زیرا این کلمه برای حالتی استفاده می شود که هر چیز مادی و یا معنوی به مکان اولیه خود بازگردد، اما من از آن خانه جدیدمان نرفته بودم که اکنون به آن خانه بازگشته باشم؛ بنابراین بهتر است که بگویم: "پس از یک ماه به خانه آمدم".

این موضوع برای من جالب به نظر می رسید، چرا که در میان مردم و افراد جامعه رایج است که اگر فردی از خانه خود بیرون برود و سپس بازگردد، مردم می گویند "بازگشته است"، در حالیکه اگر در این مدت خانه او عوض می شد درست مانند شرایطی که برای من پیش آمده بود که خانواده ام به خانه جدیدی نقل مکان کرده بودند، نسبت به خانه جدید خود جایی نرفته است که اکنون به آن بازگشته باشد، پس در آن لحظه من بازنگشته بودم چرا که هیچ وقت نرفته بودم، پس می توانیم بگوئیم که رفت و برگشت انسان به طور کلی عملی نسبی تلقی می گردد. من نسبت به خانه جدیدمان در واقع هرگز نرفته بودم اما بازگشته بودم در حالیکه نسبت به خانه قدیممان رفته بودم اما هرگز بازنگشته بودم؛ در حالی که نسبت به اعضای خانواده ام هم رفته بودم و هم بازگشته بودم! درست مانند زمان، چرا که اگر از آینده به گذشته بروید در هنگام بازگشت شما به آینده بازگشته اید در حالی که بازگشت به شرایطی اتلاق می گردد که زمان بودن شما در جایی، مشمول گذر

زمان گردد در حالیکه از نظر مردم شخص نمی تواند در آینده بوده باشد تا به آن بازگردد! اصلا این فکرها در آن زمان چرا باید به ذهن من می رسید! شاید علت آن زیاده روی در جزئیات امور باشد، جزئیاتی که گاهی برای مدت ها وقتم را می گرفت. من به مطالعه خیلی علاقه داشتم اما در بسیاری از کتاب ها تناقض ها و اراداتی وجود داشت که مدت ها فکر مرا به خود مشغول می کرد و خط به خط کتاب را بالا و پائین می کردم تا به نتیجه ای قابل قبول برسم. این موضوع باعث می شد که خواندن یک کتاب برای من طولانی تر از حد معمول شود اما همچنان لذت بخش بود.

لحظه ای که به خودم آمدم متوجه شدم که مدت زمان زیادی است که به در ورودی خانه تکیه داده ام و غرق در افکارم بوده ام و هنوز وارد خانه نشده ام. هنوز کلید خانه جدید را نداشتم پس به ناچار زنگ خانه را زدم، صدایی غریبه جواب داد! خودم را معرفی کردم و در خانه باز شد... وارد خانه شدم.

وارد خانه که شدم به وضوح می دیدم که از خانه قبلی ما بسیار بزرگ تر است. باغ خانه بلافاصله بعد از در ورودی آغاز می شد و یک مسیر سنگفرش شده از بین درختان به عمارت اصلی خانه می رفت، در این مسیر پیاده به راه افتادم، کمی جلوتر که رفتم یک حوض و یک آبنمای سنگی بود که آب زلالی از بالای آن به پائین می ریخت. به مجسمه بالای آبنما نگاه کردم. ظاهرا مجسمه وسط

حوض مردی با دو برابر اندازه یک انسان معمولی بود که شمشیری را به سمت آسمان گرفته بود و آب از نوک آن شمشیر به پائین جاری می شد و از دسته بر روی شیری که کنار مرد نشسته بود می ریخت. این مجسمه نسبت به بقیه مجسمه هایی که تا به حال برای آبنما دیده بودم متفاوت بود. مجسمه های وسط حوض و آبنماها معمولا ملاحت بیشتری دارند که با لطافت آب اطراف آن هماهنگ تر است. از کنار آبنما عبور کردم و به راهم ادامه دادم تا به باغچه های پر گلی رسیدم که گل های زیادی به زیبایی در آنها کاشته شده بود. مطمئنا این باغچه ها سلیقه مادرم بود، سلیقه مادرم را خوب می شناختم. مطمئن بودم که مادرم برای خرید تک تک آنها چندین مرتبه تمام گلهای بازار را بالا و پایین کرده تا سرانجام آنها را انتخاب کرده و خریده است. ضمن اینکه موقع کاشتن گل ها، محل دقیق هر گل را برای باغبان بروشنی مشخص کرده است... شایدم بعد از اینکه کار کاشتن گل ها تمام شده، از دور چندین مرتبه به گلها و نحوه ترکیب آنها نگاه کرده است و اگر ذره ای ناهماهنگی در آن وجود داشته است، حتما جای آنها را تغییر داده، تا بالاخره هماهنگی مورد علاقه اش را در میان رنگ های گلها پدید آورده و برای هریک از گلها دستور آبیاری و برنامه کود دهی مناسب آن را به باغبان داده است تا مطابق آن به باغچه های گل رسیدگی شود. مدت زمانی که باید تا عمارت اصلی طی می کردم با تماشای این باغچه ها آنقدر تند و سریع گذشت که

متوجه پیمودن مسیر نشده بودم. زیبایی این باغچه ها به حدی بود که توجهم را کاملا به خودش جلب کرده بود. به همین دلیل، طبیعتا هیچ توجهی به سایر قسمت ها نکرده بودم. به میدان جلوی خانه رسیدم در وسط آن یک حوض سنگی بزرگ بود و در وسط این حوض هم مجسمه ای از یک فرشته قرار گرفته بود و اطراف این حوض هم مجموعه ای از گلها کاشته شده بود که مطمئن بودم این هم سلیقه و کار مادرم است. یک پیاده رو دایره ای شکل مجموعه حوض و گلها را احاطه کرده بود. پشت بند این پیاده رو، تزئینی از گلها دوباره شروع می شد و تا انتهای میدان ادامه پیدا می کرد. زیبایی این میدان بشکلی بود که مطمئنا هر بیننده ای را برای مدتی محو تماشای خودش می کرد. نهری سنگی و پر از آب اطراف این پیاده رو را احاطه کرده بود که در تمام دور میدان و کنار پیاده روی آنجا هم کشیده شده بود و در نهایت مجموعه گل ها را احاطه می کرد. اگر به اندازه کافی دقت می کردید متوجه می شدید که این فضای داخلی میدان تنها یک ورودی دارد که همان ورودی روبروی در عمارت است. البته در جای جای این میدان هم فضاهایی خالی و سنگفرش شده وجود داشت. در حال تماشای این میدان بودم که آبنماهای میدان شروع بکار کرد و فواره های زیادی در امتداد کل نهر سنگی شروع به پاشیدن آب کردند... شدت و فشار آب بگونه ای بود که محل فرود آب همه آنها در حوض مرکزی میدان بود. این آب نماها کل میدان و تزئین گلهای آن را پوشانده

بود و در هنگام پاشیده شدن آب از فواره ها فضای داخلی میدان دیده نمی شد و تنها چیزی که از آن میدان قابل دیدن بود، حجمی نیمکره از آب و مجسمه فرشته ای که در خارج از آن قرار می گرفت! انگار که فرشته ای بر روی آب در حال حرکت است، با دیدن اینهمه زیبایی در آن میدان به وجد آمدم و خستگی را برای مدتی از یاد بردم و کنجکاو بودم تا نگاهی هم به داخل میدان بیندازم، از ورودی میدان که روبروی درب عمارت قرار گرفته بود وارد آن شدم. آنچه که می دیدم منظره ای تحسین بر انگیز بود... جریان آب بالای سرم هوایی خنک و لطیف را بوجود آورده بود، گلهای اطرافم در نوری که بعد عبور از جریان آب بالای سرم گویی دوباره پالایش شده بود مانند جواهراتی زیبا بر روی چمن می درخشیدند و از آنها نور ساطع می شد و یک هارمونی از رنگ ها را بوجود آورده بودند. رزهای سفید بگونه ای حوض میانی را فرا گرفته بودند که نمی شد ارتباط میان حوض و زمین را به درستی تشخیص داد! ناخودآگاه گمان می کردی که ریسمان هایی از آب آن حوض را بر روی گلها معلق نگه داشته است. فضاهایی که تا قبل از روشن شدن آبنما ها فاقد گل بودند حالا صندلی هایی بر روی آن چیده شده بودند که به گمانم در کف میدان جاسازی شده بودند و با فعالیت آبنماها از دل آن بیرون آمده بودند و میزهایی که آنها را به هم ارتباط می داد و شاید هم به همین دلیل در کف میدان پنهان شده بودند که در مواقع خاموش بودن آبنماها باعث ایجاد ناهماهنگی در بین

اجزای تشکیل دهنده میدان نشوند. صندلی ها و میز از جنس شیشه بودند تا بهترین هماهنگی را با جریان آب بالای آن داشته باشند. بر روی یکی از آنها نشستم، واقعا احساس خوبی را به انسان منتقل می کردند، در این میان رزهای قرمز اطراف میزها و صندلی ها تنازی می کردند و این چشم نوازی کامل تر شد که دو پروانه وارد این فضای میدان شده بودند در میان گل ها بازی می کردند. مشغول تماشای پروانه ها بودم که به سمت گل های آن طرف تر پرواز می کردند. از جایم بلند شدم تا آن دو پروانه را ببینم که ناگهان چشمم به نهرهای آبی از جنس سنگ افتاد همانهایی که قبلا هم آنها را اطراف میدان دیده بودم که درون آنها با فاصله هایی منظم دریچه هایی وجود داشت که ماهی ها از آنها وارد نهرهای آب می شدند و مشغول آب بازی بودند.

با وجود زیبایی آنجا باید به خانه می رفتم. بنابراین از آنجا خارج شدم و روبری عمارت خانه ایستادم و به آن نگاه کردم. ایوان ها، پله ها و برج های چهار گوشه آن آدم را به دنیایی در زمانی دیگر می برد، انگار همه چیز در آنجا برای مسحور کردن انسان آماده شده بود. در اولین نگاه تعداد زیادی پنجره بلند و کشیده جلب توجه می کردند که اطراف هر کدام از آنها سنگ های تراش خورده زیادی استفاده شده بودند. در پای دیوارها، در امتداد مسیر پنجره های بالایی، یک ردیف پنجره هایی کوتاه قرار داشت و احتمالا برای

تامین نور بخش های زیرین خانه و یا زیر زمین تعبیه شده بود. با کمی فاصله از دیوار خانه پرچینی از شمشاد کشیده شده بود تا از تابش مستقیم نور به پنجره های کوچک جلوگیری شود. جلوی این پرچین نیز با گلهای زیبایی گل آرائی شده بود که مطمئن بودم در طراحی آنها مادرم نقش داشته است.

چهار برج در چهار گوشه این عمارت وجود داشت که زیبایی عمارت را دو چندان می کرد. نمای این بنا از سنگ مرمر سفید و حجاری شده بود و حقیقتا هم اوج خلاقیت را می شد در آن ترکیب زیبای سنگ های حجاری دید. از پله های ورودی که از جنس همان سنگ های نما بود بالا رفتم، این پله ها به یک ایوان بزرگ حدودا دویست متر مربعی ختم می شد که قسمت جلویی آن با استفاده از ستونهای سنگی و نرده هایی از همان جنس از فضای جلوی ساختمان جدا می شد و سه ضلع دیگر آن هم به دیوارهای بنای عمارت ختم می شد و کف آن با استفاده از سنگ های سفید فرش شده بود. برای دیدن آبنما از بالا به لبه ایوان رفتم و به پایین نگاه کردم. چنین به نظر می رسید که از این بالا چهره مادرم را در صورت آن مجسمه فرشته می دیدم که به بالا نگاه می کرد.

در یکی از برج های چهارگوشه بنا یک درب، مخفی شده بود که برای دیدن آن باید خیلی با دقت به آن برج نگاه می کردی؛ هر چند که از پایین امکان دیدن آن وجود نداشت و بزرگی آن به

قدری بود که می شد به راحتی یک اتومبیل از آن به داخل برود و یا بیرون بیاید. در آن لحظه دیدنیها آنقدر بود که برای دیدن آنها احساس کمبود وقت داشتم، اما حتما در یک فرصت مناسب برای از نزدیک دیدن آن در باز می گشتم. ایوان خانه فضای زیبایی را قبل از ورودی خانه بوجود آورده بود، بخصوص هماهنگی زیادی که خط افق آن با ترکیب فضای باغ داشت. به سمت در ورودی بنا رفتم. در قسمت بالای در ورودی عمارت و همینطور پنجره ها، نورگیرهای بزرگی وجود داشت که نور را از فضای بالایی ساختمان بر روی در و یا پنجره ها منعکس می کردند. به این ترتیب نور پردازی زیبایی در طول روز برای فضای داخل ایوان ایجاد می شد. دقتم را بیشتر کردم هریک از درها و پنجره های موجود در ایوان دارای فضای نورگیر مشابهی بودند که نور را بر آن منعکس می کرد. به آنجا آشنا نبودم و نمی دانستم که از کدام درب باید وارد شود و جالب بود که وقتی جلوتر رفتم تنها نورگیر بالای در ورودی اصلی عمارت باز ماند و نور روی در ورودی منعکس شد که خود سبب می شد تا اگر شخصی مانند من ورودی اصلی عمارت را نشناسد، با استفاده از این نور پردازی طبیعی به طور غیر مستقیم به سمت در اصلی عمارت راهنمایی شود و این نکته ای پنهان در طراحی آن بود، و همین موضوع باعث جلب توجه من شد و مرا وسوسه کرد تا یکبار دیگر به داخل آن نورگیرها از پایین نگاهی بیندازم. از جلوی در ورودی به بالا و داخل آن نورگیر نگاه کردم

ولی در کنار این نور پردازی متوجه موضوع خاص دیگری شدم. نسیم ملایمی که به سمت ایوان عمارت می وزید از طریق همین نورگیرها از فضای ایوان خانه تخلیه می شد به این ترتیب هوای ایوان خانه حالتی ساکن نداشت و دائما با هوایی که پس از تماس با آبنماهای جلوی عمارت خنک شده و به ایوان وارد می شود جایگزین می گردید. به این ترتیب نوعی از کولر طبیعی را بوجود آورده بود که سبب دلپذیر شدن هوای داخلی ایوان می شد. اما نورگیرها همچنان برایم سوال برانگیز بودند! چرا که در آنها تعداد زیادی کانال های مختلف دیده می شد...

مشغول بررسی فضای داخل کانال ها بودم که ناگهان دهانه ورودی تعدادی از آنها باز شد! که دارای فیلتر هایی در دهانه خودشان بودند. به راحتی می توانستم حدس بزنم که هوای خنکی که وارد ایوان عمارت شده است از طریق این کانال ها برای خنک کردن بخش هایی از خانه استفاده می شود و با توجه به اختلاف سطح بین فضای جلویی ایوان که هوا از آن وارد می شد و با توجه به مساحت کانال ها می توانستم حساب کنم که سرعت هوای خنکی که در این کانال ها جریان می یابد برای این منظور کاملا مناسب است. مطمئنا این روش تاثیر بسزایی در کاهش انرژی مصرفی برای خنک کردن فضای داخلی ساختمان داشت اما هنوز هم تعدادی کانال در نورگیرها بسته بودند. شاید تعداد آنها برای ورود میزان

کافی از هوای خنک بیشتر از حد نیاز بودند. به محض اینکه خواستم وارد ساختمان بشوم، صدای موسیقی بسیار زیبا و گوش نواز، ترکیبی از صدای سازهای بادی به گوشم رسید که انسان را برای شنیدن آن ترغیب می کرد. به دنبال منبع صدا رفتم و متوجه شدم که این موسیقی حاصل جریان یافتن نسیم وزیده شده به ایوان در همان کانال هایی بود که قبل از این بسته بودند و حالا با باز شدن آنها و جریان یافتن هوا، موسیقی زیبایی نواخته می شد گویی این عمارت زنده است و مجموعه ای از سازهای بادی را می نواخت. در وسط آن ایوان ایستاده بودم و به اطراف نگاه می کردم...

بوی گل هایی که نسیم با خود می آورد. نسیم خنکی که از روی آب می وزید. آن نور پردازیهای طبیعی، منظره چشم نواز باغ و این موسیقی دل انگیز انگار که سحر شده بودم و گویی من هم دیگر بر روی زمین نبودم و در رویا پرواز می کردم...

دلم نمی خواست از آن همه زیبایی دل بکنم، اما کنجکاویم پس از مدتی بودن در آن فضای دلچسب مرا به داخل کشاند. بلافاصله پس از درب ورودی، یک راهروی بزرگ قرار داشت که فضای درونی ساختمان را در ابتدای ورود تفکیک می کرد. در سمت راست آن یک راه پله قرار داشت که احتمالا دسترسی سریع به بعضی از بخش های ساختمان را فراهم می کرد. در سمت چپ در یک اتاق بود، در را باز کردم و از ظاهر آن می شد فهمید که این اتاق برای

تعویض لباس میهمانان در مراسم هایی که مادرم در این خانه خواهد گرفت پیش بینی شده است. و در کنار آن اتاق مخصوصی برای افرادی بود که به صورت عمومی برای دیدن پدرم می آمدند و پدرم تمایلی برای ملاقات با آنها در فضای داخلی و یا اتاق کارش نداشت. این اتاق نیز مانند همه اتاق های ساختمان دارای چند صندلی اداری، یک میز جلسه و یک میز کار بود؛ اما در بخش مقابل در ورودی یک در چوبی بزرگ با پنجره هایی بزرگ و شیشه ای بود و کنار آن هم اتاقی بود که برای استفاده افرادی که در خانه کار می کردند ساخته شده بود.

از در چوبی وارد فضای داخلی ساختمان شدم. دقیقا روبروی این در، چشمم به راه پله ای بزرگ افتاد که تالار اصلی را به تالار کوچکتری در طبقه بالا مرتبط می کرد. به وضوح دیده می شد که مساحت زیادی از طبقه همکف ساختمان مربوط به این تالار باشد و در تمام اطراف تالار اصلی با پرده هایی زیبا آراسته شده بود که پنجره های کشیده ای را که در نمای ساختمان از بیرون دیده بودم را می پوشاندند. با نگاه به سقف می شد فهمید که برای نورپردازی تالار کوچک در بالا و نورپردازی تالار بزرگ در پایین از ترکیب لوسترهای بزرگ و کوچک استفاده شده است که بیشتر با سلیقه پدرم هماهنگ بود. مرکز تالار بزرگ هم در سقف، یک گنبد بزرگ با لوستری در مرکز آن بود. از پله ها بالا رفتم و از لبه تالار کوچک

به اطراف نگاه کردم. ترکیب و هارمونی زیبایی بود. دوباره از پله ها پایین آمدم و به تالار اصلی رسیدم، اما راه پله به زیر این طبقه نیز ادامه داشت. پس آنرا ادامه دادم و به طبقه پایین رفتم، آنجا یک سالن غذاخوری بزرگ بود با میز نهارخوری که بصورت سفارشی برای آن ساخته شده بود، و در جایی در معرض دید قرار داشت. نوری که از پنجره های کوچکی که در نما دیده بودم به داخل می آمد. این نور مستقیم نمی تابید و نه تنها سالن را روشن می کردد، بلکه بعلت تاثیر شمشادها حالتی ملایم داشت. فضای سالن غذاخوری از تالار اصلی کوچکتر بود. به تالار اصلی بازگشتم یک راهرو در گوشه آن وجود داشت، وارد آن شدم بر دیواره این راهرو تابلوهای زیبایی آویزان شده بود و چندین در هم داشت. من بدون توجه به آنها از راهرو گذشتم. وارد فضایی در پشت تالار اصلی شدم. سقفی گنبدی و شیشه ای داشت که نور را به خوبی بداخل هدایت می کرد. در وسط آن مجموعه ای از گل ها و درختان مختلف گرد آوری، ترکیب و کاشته شده بودند. بعضی از درختان آن قست پوشیده از گلهای مختلفی بودند. همچنین مقداری از هوای ورودی به کانال های ایوان بصورت مستقیم به این قسمت وارد می شد و به هوای آنجا طراوتی خاص می بخشید. در بین درختان آنجا حوضچه ای کوچک با شکلی نامتقارن طراحی شده بود و از روی آن پلی عبور می کرد و می شد به راحتی ماهی های داخل آن را دید. راهرویی با نرده های چوبی تمام این فضای زیبا را احاطه کرده

بود و در آن راهرو هم تعدادی در وجود داشت. به سراغ اولین در رفتم و کوله پشتی و لوازمم را کنار درب و در راهروی گرد اطراف درختان گذاشتم. چند ضربه به در زدم. چون صدایی نیامد به داخل آن سرک کشیدم و متوجه شدم که در واقع تنها یک اتاق نیست و یک سوئیت کامل و مجهز است. سپس به اتاق بعدی رفتم آن هم سوئیت دیگری بود به طور کلی آن قسمت مجموعه ای بود که از سوئیت های مختلف تشکیل شده بود. از راه پله ای که در انتهای راهرو بود به پایین رفتم. در آنجا نیز استخر، سالن بولینگ و ... بود و در طبقه بالای این سوییت ها هم چند سوئیت دیگر بود و البته یک ایوان رو به فضای باغ وجود داشت. به تالار اصلی بازگشتم و به راهروی دیگری که در ضلع کناری این راهرو بود رفتم. متعجب شده بودم که چرا در خانه هیچ کسی را نمی توانم ببینم! وارد راهرو شدم... دوباره مثل راهروی قبلی بر روی دیوارها تابلوهای زیبایی نصب شده بود و در این راهرو هم چندین در وجود داشت، از این راهرو می شد وارد سالن کوچکتری شد که راه پله ای چرخان در آن قرار داشت، ظاهرا این بخش حالتی خصوصی تر از سایر قسمت ها داشت و بیشتر برای استفاده خودمان ساخته شده بود. به یکی از اتاق خواب ها که در طبقه بالا رفتم. از روی وسایلی که آنجا بود می شد فهمید که آن اتاق، اتاق خواب خودم است برخی از لوازمم را آنجا می توانستم ببینم. پنجره این اتاق به ایوان اختصاصی آن باز می شد. وارد ایوان آن شدم و به اطراف نگاه کردم اتاق های این

بخش هر یک دارای ایوان مخصوص به خود بود به پایین که نگاه می کردی استخری با چند صندلی در اطراف آن را می دیدی که توسط پرچین هایی از شمشاد احاطه شده بود. دوباره به داخل اتاق بازگشتم و به داخل کمد لباس نگاه انداختم. لباسهایم با همان چیدمان خانه قبلی در آنجا بود، به ظاهر خودم نگاه کردم... لباسهایم بعد از آنهمه ماجرایی که داشتم تقریبا کهنه و در بعضی از قسمت ها پاره شده بود. اما کنجکاوی مرا به خارج از اتاق برگرداند. در آن قسمت چندین در دیگر هم بود. اتفاقی یکی از آن درها را باز کردم. خدای من یک سینمای خانگی کوچک بود... این بخش هم سلیقه پدر و مادرم با یکدیگر بود از این موضوع مطمئن بودم زیرا که از علاقه هر دوی آنها از تماشای فیلم به همراه یکدیگر با خبر بودم.

وقتی وارد آن اتاق شدم مادرم را در حال تماشای فیلم دیدم. از دیدن من با آن ظاهر خسته و لباس های گرد و خاکی حسابی جا خورده بود، بعد از احوال پرسی حسابی سوال پیچم کرد.. کجا بودی؟ این چه ظاهریه که برای خودت درست کردی؟ و همینطور به سوالاتش ادامه می داد...

همراه با او از سینمای خانگی خارج شدیم. هنگامی که وارد سالن آنجا شدیم، از من پرسید: "اتاقت را دیده ای؟"

پاسخ دادم: "آری"

مادرم پرسید: "خوشت آمد؟"

پاسخ دادم: "بله"

مادرم ادامه داد: "با شناختی که از تو و کنجکاوی تو دارم مطمئن هستم تا آنجا که ممکن بوده است، بخش های مختلف ساختمان را تا به اینجا دیده ای، اما اکنون بهتر است بروی و یک دوش بگیری و به ظاهر خودت برسی و بازگردی"

از مادرم پرسیدم: "پدر کجاست؟"

و او پاسخ داد: "این روزها پدرت برای راه اندازی خط تولید جدید مجبور است مدت زمان بیشتری را در کارخانه بماند"

فکر خوبی بود، به اتاقم رفتم و نگاهی به آینه انداختم. زیر چشم هایم اندکی کبود شده بود و لاغرتر شده بودم اما با این حال، با توجه به آن همه اتفاقاتی که افتاده بود خدا را شکر می کردم که زنده هستم. داخل وان حمام دراز کشیده بودم بدون اینکه متوجه بشوم خوابم برد اما با کابوسی از کوردل از خواب پریدم...

لباس پوشیدم و از اتاقم بیرون آمدم. تقریبا شب شده بود مادرم در سالن خصوصی بود: با دیدن من لبخندی زد و گفت: "خوب نگفتی خانه جدیدمان چطور است؟"

پاسخ دادم: "هنوز تمام آن را ندیده ام اما تا اینجا بسیار زیبا بود"

مادرم گفت: "با من بیا"

همراه او به طبقه بالاتر رفتیم. در اتاقی را باز کرد... باکتابخانه ای بزرگ مواجه شدم، آنگاه مادرم گفت: "این بخش را هم مطابق با سلیقه تو ساخته ایم"

سپس برای خوردن شام به ایوانی رفتیم که به تالار خصوصی راه داشت. بعد از شام از او پرسیدم: "حتما یافتن چنین خانه ای برای خریدن زمان زیادی برده است؟"

مادرم خندید و گفت: "این خانه هم داستانی منحصر به خودش را دارد، و تقریبا به حدود بیست سال پیش بازمی گردد"

از مادرم پرسیدم: "مگر این خانه را نخریده اید؟"

پاسخ داد: "وقتی برای خرید خانه به این شهر آمده بودیم پدرت با این خانه مرا غافلگیر کرد"

به مادرم گفتم: "دقیقا متوجه منظورتان نمی شوم"

مادرم گفت: "پدرت مرا همراه با مشاور مالی خودش به این شهر فرستاده بود تا خانه ای را که فکر می کنم برای زندگی ما مناسب است از بین خانه هایی که در اینجا برای فروش گذاشته بودند بخریم، اما از قبل با مشاور مالی خودش هماهنگی های لازم را انجام داده بود و مشاور مالی او من را به این خانه آورد! در حالیکه

پدرت از قبل داخل خانه بود وقتی در خانه با پدرت مواجه شدم حسابی جا خوردم!

پرسیدم: "پدر، چرا اینجا بود؟"

مادرم گفت: " ۲۰ سال پیش در سال اول ازدواجمان هر شب با پدرت ساعت ها در مورد کارهایی که در طول روز انجام می دادیم صحبت می کردیم در میان این صحبت ها هر شب پدرت از من یک سوال درباره خانه ای می پرسید که در رویاهایم می خواستم در آن زندگی بکنم در آن روز پدرت جلوی این خانه دو چیز به من داد اول کتابچه ای که در آن تمام حرف های آن روز من را نوشته بود و دوم کلید خانه ای را که بر اساس آن ساخته بود، ساخت خانه ای که من در آن زمان برای پدرت ترسیم کرده بودم برای او نزدیک به بیست سال بطول انجامیده بود، اما بالاخره آن را ساخته بود"

از مادرم پرسیدم: "چرا اینقدر ساخت آن زمان برده است؟"

مادرم پاسخ داد: "پدرت را که می شناسی... برای اینکه آن خانه را بدرستی بسازد چند سال اول را به تحقیق و طراحی آن و چند سال بعد را هم به دقت زیاد به ساخت آن مشغول بوده است"

مادرم ادامه داد: "اما زمانیکه وارد خانه شدیم خانه ما همه چیز داشت به جز گل در باغچه هایش"

پرسیدم: "چرا؟"

مادرم پاسخ داد: "همواره در طول زندگی مشترکمان این پدرت بود که گل می خرید، و در خرید گل پیش قدم می شد برای هر مناسبتی، برای هر جایی و از هر سفری که می رفت و بر می گشت گل می خرید. برای همین هم در پایان ساخت این خانه متوجه شده بوده است که هیچگاه از من در مورد گل مورد علاقه من چیزی نپرسیده است! در واقع بعلت گلهای فراوانی که می خرید هیچگاه نیازی به خرید گل احساس نکرده بودم تا آن را بخرم مگر در مواقعی که برای پدرت گلی خریده بودم برای همین هم به خودش قول داده بود تا از من بخواهد که گل های این خانه را خودم انتخاب بکنم تا همیشه بیاد داشته باشد سوالی را که هیچگاه از من نپرسیده است چه بوده است"

به مادرم گفتم: "سلیقه شما در انتخاب گل ها بی نظیر است، این را همه می دانند"

مادرم لبخندی زد و گفت: "گل های مختلفی که در طول مسیر بود، دیدی؟"

پاسخ دادم: "البته بسیار زیبا هستند حدس می زدم که سلیقه شما باشد"

مادرم گفت: "در تمام این سالها هر گلی را که پدرت برایم خریده بود از آن یک عکس تهیه کرده بودم و در پشت آن تاریخ و علت خریدنش را نوشته بودم. برای باغچه های طول مسیری که آمدی تنها گل هایی را که پدرت برای من در طول این سالها خریده بود را به همان ترتیبی که خریده بود از روی همان عکس ها کاشتم، در واقع آن مسیری که تا از در ورودی تا این عمارت آمدی تصویری از زندگی من و پدرت بود"

به مادرم گفتم: "واقعا زیبا بود، اما چطور امکان دارد؟"

مادرم گفت: "پسرم گل هایی که پدرت می خرید نمادهایی بودند از عشق او به من که صمیمانه و از عمق قلبش خریده بود، پس تعجبی ندارد اگر آنها را در کنار یکدیگر قرار بدهی ترکیبی به این زیبایی را بوجود بیاورد!"

به مادرم گفتم: "آن آبنما و حوض اطراف آن، زیبا بود آن را هم پدر از روی علاقه به شما ساخته است؟"

مادرم گفت: "آن میدان که دیدی، تنها چیزی است که پدرت با سلیقه خودش برای من ساخته است، برای اینکه علاقه خودش را به من نشان دهد!"

می خواستم ماجرای شباهتی که بین او و مجسمه فرشته بود را به مادرم بگویم که خودش گفت: "حتما متوجه شباهت بین چهره

من و آن مجسمه فرشته شده ای، این هم از آن کارهایی است که پدرت برای شگفت زده کردن من در این خانه انجام داده است. تازه چیزهای زیادی هم هست که فقط خودش می داند، من هم برای جبران محبتش خواستم در آن میدان فقط گل هایی را بکارم که خودم برای او خریده بودم حتما آن را دیده ای، فقط رزهای قرمز و سفید و چند گل دیگر"

به رسیدن صحبت های ما به این موضوع مادرم برای انجام کارهایی که داشت رفت...

از بالای ایوان به اطراف نگاه می کردم و مطمئن بودم که اگر طراحی اینجا کار پدرم بوده باشد، اینجا مجموعه ای اسرار آمیز خواهد بود که در طول سالهای بعد هر روز باید شاهد آشکار شدن یکی از آنها باشیم.

فردا روز اول دانشگاه بود، ترجیح می دادم که باقی شب را به استراحت بگذرانم، و تا صبح به راحتی خوابیدم و از اینکه در خانه خودمان بودم احساس آرامش می کردم. صبح زود از خواب بیدار شدم و قبل از هر کاری به ایوان اتاقم رفتم هوای خوبی داشت برای همین هم مدتی در آنجا نشستم و سپس برای رفتن به دانشگاه آماده شدم.

در دانشگاه همه چیز برای من تازگی داشت، وارد کلاس شدم. و روز اول به همین سادگی گذشت. در روز دوم سر کلاس نشسته بودم و از پنجره به بیرون نگاه می کردم و اصلا حواسم به کلاس نبود درسی را که استاد در این روز می داد را قبل از ورود به دانشگاه مطالعه کرده بودم برای همین خیالم از این مورد راحت بود که با صدای استاد به خودم آمدم آری استاد بود و می گفت: "ظاهرا حواس شما به کلاس نیست"

جوابی برای گفتن نداشتم و همینطور به استاد نگاه می کردم، با این عکس العمل من استاد گفت: "بهتر است برای اینکه ببینیم حواستان به درس بوده است و یا خیر به پای تخته بیایید و با هم سوالات را مرور بکنیم!"

من از اینکه درس را قبلا خوانده بودم خیالم راحت بود اما اینکه چه سوالی می خواست بپرسد، کمی فکرم مشغول شده بود.

از من خواست تا سوالی را که در تخته سیاه دیگر حل کرده بود را دوباره در این قسمت از تخته حل بکنم. برای همین صورت سوال را نوشتم و شروع به حل آن کردم مدتی طول کشید و زمانی که به جواب سوال رسیدم متوجه شدم که جواب بدست آمده با جواب استاد یکی نیست، برای همین جا خورده بودم و منتظر واکنش استاد بودم! تعدادی از دانشجویان در حال پچ پچ کردن با یکدیگر بودند که خود باعث می شد تا واکنش استاد برای من اهمیت

بیشتری پیدا کند... استاد درس ریاضی از اساتید ارشد دانشگاه بود و بالطبع دارای سن زیادی بود. از جای خودش بلند شد و به من و سایر دانشجویان کلاس نگاهی از بالای عینکش کرد و سپس گفت: "برو و پاسخ من را بررسی بکن من هم پاسخ تو را تصحیح می کنم"

هر دو مشغول شدیم تا اینکه متوجه شدم که استاد در یک بخش از جواب خودش به جای علامت مثبت از منفی استفاده کرده است برای همین جواب نهایی او اشتباه بدست آمده است چیزی نگفتم و منتظر شدم تا تصحیح استاد به اتمام برسد، پس از آنکه جوابم را تصحیح کرد به من نگاهی کرد و گفت: "آن دانشجویی که در حال پچ پچ کردن است جواب بدهد: کدام پاسخ صحیح است؟"

و آن دانشجو بدون اینکه به پاسخ ها نگاهی بیندازد گفت: "جواب استاد صحیح است".

استاد در جوابش گفت: "خطا کردی جواب او صحیح و جواب من بعلت آن علامت اشتباه که گذاشته ام اشتباه است. و به من گفت: "پس از پایان کلاس به اتاق من بیا".

شیوه تدریس او بسیار جالب بود و کمتر استادی با اخلاق او می شد دید، بعد از کلاس به اتاقش رفتم، گفت: "بنشین"

"حال پدر بزرگت چطور است؟"

گفتم: "ممنون ایشان خوب هستند، شما پدر بزرگ مرا می شناسید؟"

استاد پاسخ داد: "آری، مگر می شود همکلاسی قدیمی خودم را نشناسم؟!"

سپس شماره تلفن پدر بزرگم را خواست و من هم شماره او را به استاد دادم و او کمی درباره پدر بزرگم پرسید و پس از آن دفتر او را ترک کردم.

کلاس بعد در حال تشکیل شدن بود، خودم را به سرعت به کلاس رساندم. روی اولین صندلی که خالی بود نشستم. هنوز استاد نیامده بود، به همکلاسی هایم نگاهی کردم و دیدم که تعدادی از آنها همدیگر را از گذشته می شناسند به دور هم جمع شده بودند و مشغول حرف زدن بودند و تعدادی از آنها هم در کلاس های قبلی با یکدیگر آشنا شده بودند و تعدادی هم مانند من هنوز با هیچکدام از همکلاسی های جدید آشنا نشده بودند. تا آمدن استاد فرصتی بود تا کمی به اتفاق ساعت قبل فکر بکنم و تصمیم گرفتم تا در این کلاس حواسم را به درس و کلاس جمع بکنم و اتفاق کلاس قبلی تکرار نشود...

استاد آمد و پس مختصری که خودش را معرفی کرد، مشغول به تدریس درس مربوط به این جلسه شد. از استاد ساعت قبلی جوان

تر بود و من هم با دقت مشغول به گوش دادن به درس آن روز او شدم، هر چند که قبلا هم آن درس را خوانده بودم با این حال فرض کردم که در حال گوش دادن به آن درس هستم. همینطور که استاد درس آن روز را توضیح می داد، نوبت به حل یک مثال رسید که قرار بود با حل آن کلاس تمام شود و دانشجویان به بیرون از کلاس بروند. استاد شروع به حل مثال کرد. روابط را پشت سر هم نوشت و عدد گذاری کرد اما پس از عدد گذاری در آخرین رابطه که رابطه طولانی هم بود برای اینکه زودتر کلاس تمام شود رابطه را بصورت ذهنی حساب کردم و جواب را که عدد ۱+ بود گفتم، اما بجای اینکه کلاس تعطیل شود استاد دوباره از من خواست تا به کنار تخته بروم و پرسید: "آیا از جزوه ترم گذشته استفاده می کنم؟"

پاسخ دادم: "خیر"

استاد پرسید: "پس پاسخ سوال را از کجا می دانستی؟"

پاسخ دادم: "بصورت ذهنی حساب کردم"

این موضوع باعث آن شد تا چند نمونه رابطه مشابه را بنویسد و سپس از من خواست تا آنها را بصورت ذهنی حساب کنم در حالیکه خودش با استفاده از ماشین حساب آنها را حل می کرد در همه موارد سریع تر از مدت زمانی که او رابطه را وارد ماشین حساب می

کرد و جواب را بدست می آورد پاسخ را بدست می آوردم، و استاد گفت: "همیشه اینکار را می کنی؟!"

گفتم: "بله"

کلاس بعد از ربع ساعت تاخیر تعطیل شد و با خودم فکر می کردم اگر به کلاس بی توجه باشم به پای تخته می روم و اگر توجه بکنم باز هم به پای تخته سیاه خواهم رفت!

در کلاس یکی از دانشجویان خودش را به من رساند و گفت: "خوب از پس استاد بر آمدی"

به او توضیح دادم که از انجام اینکار منظوری نداشتم و همراه با یکدیگر تا در دانشگاه رفتیم و مستقیما به خانه بازگشتم.

به چهره ساینا نگاه می کردم، برای اولین بار با دقت در حال گوش دادن به اتفاقاتی بود که برای او تعریف می کردم. و می شد اشتیاق را در او دید.

ساینا امروز از شنیدن اتفاقاتی که تعریف کردم خسته به نظر نمی آیی؟

ساینا گفت: "نه خسته نیستم"

و ادامه داد: "واقعا پدرتان آن خانه را مطابق با علاقه مادرتان ساخته بود؟"

پاسخ دادم: "خوب آره، اما فکر می کنم کار خیلی سختی هم بوده چرا که تقریبا بیست سال زمان برده!"

سائینا پرسید: "روزهای اولی که وارد این مجموعه شده بودم یادت می آید... از کمد داخل اتاق یک جعبه برداشتی و به من قطعاتی از یک خانه را نشان دادی که سعی داشتی روح عشق را در آن جاری بکنی، آن خانه را برای شخص خاصی طراحی می کردی؟؟"

سعی کردم که سوالش را خیلی کلی پاسخ بدهم و گفتم: "آری یادم هست...قطعات طراحی شده را می گویی، طراحی آنها هم نیاز به دقت خاصی دارد"

سائینا از اینکه در پاسخ به او کلی گویی کرده بودم کمی دلخور شده بود، اما فکر می کنم فهمیده بود که دلم نمی خواهد در این مورد زیاد صحبت بکنم و دیگر سوالی نپرسید. باز هم بصورت ناخواسته باعث دلخوری او شده بودم و باید برای جبران آن کاری می کردم.

بخش دوم: خانه اسکیمو

با همدیگر از اتاق خارج شدیم. در راه به او گفتم که خیلی دلم می خواهد که وقایع دانشگاه را برای او جز به جز تعریف کنم اما برای انجام اینکار باید وقت زیادی صرف کنیم. بنابراین شاید بهتر باشد که برای آنها وقت دیگری را در نظر بگیریم. ساینا گفت: "فقط بگو که بعد از آنروز چگونه درسهایت را خواندی"

پاسخ دادم: "بعضی از ترم ها تمام درسهای یک ترم را در یکی دو هفته اول می خواندم و باقی ترم به کارهای خودم می رسیدم و درس های بعضی از ترم ها را هم در شب امتحان می خواندم"

ساینا پرسید: " اگر درسهایت را اینگونه می خواندی، در طول ترم چکار می کردی؟"

پاسخ دادم: "در این زمان ها وقتم بیشتر به مطالعات خارج از دانشگاه، تحقیق درباره موضوعات خاصی که توجهم را جلب می کرد، اختراعات گوناگون و تهیه لوازم مورد نیازم اختصاص می دادم، بسیاری از این اتفاقات را برایت تعریف خواهم کرد"

از ساینا پرسیدم: "فکر می کنی اکنون به چه مکانی می رویم؟"

ساینا پاسخ داد: "یک مکان ترسناک"

گفتم: "نه"

ساینا گفت: "می شود قبل از اینکه برسیم بگویی؟"

به ساینا پاسخ دادم: "نه... چون تقریبا رسیدیم!"

چهره ای بر در اتاق ظاهر شد، ساینا گفت: "سلام"

چهره ای که بر در بود هم با تعجب از رفتار ساینا گفت: "سلام"

این رفتار دختر برای چهره ظاهر شده بر در آنقدر جذاب بود که بدون هیچ حرفی در را گشود، و ما وارد آن اتاق شدیم.

ساینا گفت: "اینجا چرا اینقدر سرد است؟"

گفتم" این اتاق یک اتاق قطبی است و ادامه دادم که در اینجا در وسط یخ و برف قطب یک خانه شبیه خانه اسکیموها وجود دارد."

از دوران بچگی، همواره برای من جالب بود که بدانم چگونه یک اسکیمو در خانه خودش آتش روشن می کند و چگونه آن آتش او را گرم می کند! در واقع این یکی از سوالاتی بود که پس از یافتن پاسخ آن خیلی دوست داشتم از نزدیک هم آنرا تجربه کنم. بنابراین در این اتاق یک خانه اسکیمویی واقعی ساختم که قرار است با هم به آنجا برویم، و فکر می کنم لباس های ما برای این سفر کوچک به اندازه کافی گرم نیست، پس به کمدی اشاره کردم و از او خواستم تا از لباس های مناسبی که در آن بود بپوشد. پس از پوشیدن آنها وارد محیط قطبی شدیم، ساینا پرسید: "دمای هوای آنجا چقدر است؟"

به او پاسخ دادم: "در حدود ۱۹- درجه سانتیگراد"

از لحظه ای که وارد اتاق قطبی شدیم اختلاف دما به وضوح قابل حس بود. نفسم را حبس می کردم و آن را بصورت توده ای از بخار به بیرون می دادم همیشه از انجام اینکار خوشم می آمد، اما الان مدتها بود که اینکار را انجام نداده بودم! برای چند لحظه در افکار خودم غرق شده بودم، با گوشه چشم به سمت ساینا نگاه کردم می خواستم ببینم که آیا "بخاری" را که از دهانم به بیرون داده بودم دیده است یا خیر؟ که ناگهان گوله برفی را به صورتم زد، تا توانستم مقداری برف را از روی زمین بردارم و گلوله بکنم چند گلوله دیگر هم به من زد! زمانیکه گلوله های برفی او تمام شدند بر روی برف ها شروع به دویدن کرد و من هم بدنبال او می دویم و سعی می کردم که او را حداقل با یک گلوله برف هدف قرار بدم... ساینا در پشت تپه برفی کوچکی پنهان شد، آرام آرام به سمت تپه رفتم و سعی کردم تا تپه را دور بزنم و بتوانم او را با برف بزنم اما از پشت سر صدایم کرد و آماده بود که به محض اینکه صورتم را برگردانم با گوله برفی من را بزند بدون اینکه به سمتش برگردم گوله برفی را به سمتش پرتاب کردم و گوله برفی به او نخورد ! شروع به خندیدن کردم و او هم می خندید... نمی دانم دقیقا برای چه مدت بود که نخندیده بودم... حداقل اینطور از ته دل نخندیده بودم. شاید گاهی برای شاد کردن سایر افراد خندیده بودم اما هیچگاه از ته دل

نبود. دوباره به سمت خانه اسکیمویی بر روی برف ها به راه افتادیم. و آنقدر پیش رفتیم تا به آن رسیدیم. در حقیقت آن خانه اسکیمویی در ابعاد بزرگ تری ساخته شده بود تا امکان این را داشته باشد تا درون آن دو سوئیت و یک قسمت بعنوان سالن مرکزی را ایجاد کنیم و به این ترتیب بتوانیم اسباب و لوازم کافی را در داخل آن قرار دهیم. در عین حال فضای کافی هم در اختیار ما باشد. به هر حال، ورودی آن با همان قانون اسکیموها و با همان ابعاد ساخته شده بود. بنابراین ما مجبور بودیم تا چهار زانو به داخل آن برویم. اسباب و لوازم سالن آن از یخ تراشیده شده بود و برای اینکه در هنگام نشستن افراد باعث احساس سرما در آنها نشود روی آنها تشک هایی قرار گرفته بود که مانع از انتقال حرارت به بدن فرد می شد. هر چند که در سوئیت ها شرایط فرق می کرد و دمای هوا بالاتر بود و برای گرم نگه داشتن آنها و برای روشنایی کل خانه اسکیمویی از مواد هادی نور استفاده می کردیم. فقط در سالن آن سعی می کردیم تا دما بگونه ای باشد تا به ساختارهای یخی خانه آسیبی وارد نشود، بنابراین طبیعی بود که هوای آنجا سرد باشد، بگونه ای که برای نگهداری مواد غذایی در آنجا تنها چند قفسه در دل دیوار ایجاد شده بود و سرمای آنجا از خراب شدن غذا جلوگیری می کرد.

ساینا گفت: "از ایده جالبی برای ساختن یخچال استفاده کرده ای"

به نظرم نور داخل سالن کم بود برای همین هم مواد هادی نور را بگونه ای تنظیم کردم که نور سالن بیشتر شود. مواد هادی نور موادی بودند که می توانستند نور را از خودشان عبور بدهند و همینطور با استفاده از نوری که در آنها در حال حرکت بود دمای اتاق را نیز تنظیم کنند.

ساینا پرسید: "آن چراغ هاییکه به عنوان دکور در قسمت های مختلف سالن گذاشته ای کار می کند؟"

پاسخ دادم: "آری کار می کند. یکسری چراغ قدیمی است که انرژی آنها از طریق سوزاندن روغن تامین می شود"

ساینا گفت: "پس ماده هادی نور را خاموش بکن تا بتوانیم امشب را در زیر نور همین چراغ های پی سوز بگذرانیم"

ماده هادی را روی حالت بی نور قرار دادم، و هر دوی ما در نور همان چراغ های پی سوز نشستیم. ساینا تمام چراغ های پی سوز را روشن کرد و آنها را در سرتاسر سالن خانه اسکیمویی قرار داد به این ترتیب محیطی متفاوت را ایجاد کرد، و سپس آتشی را در آتش دان وسط کلبه روشن کرد و این عملش باعث شد تا کلبه اسکیمویی کامل تر شود.

دور آتش نشستیم و چای نوشیدیم و پس از آن چند ماهی منجمد را هم از روی قفسه های یخی برداشتیم و بر روی همان آتش کباب کردیم، به این ترتیب تجربه ما از یک خانه اسکیمویی کامل شد. این لحظات آنقدر برای ما لذت بخش شده بودند که از گذر زمان غافل شده بودیم. از آنجایی که دیر هنگام شده بود شب را در خانه اسکیمویی ماندیم تا فردا صبح دوباره از اتاق قطبی به داخل مجموعه باز گردیم.

ساینا گفت: "قبلا در مورد مواد هادی نور چیزهایی گفته بودی، می شود برای من بیشتر در مورد آن ها بگویی؟"

در جوابش گفتم: " در راهروهایی که اتاق ها را به یکدیگر متصل می کند حتما به خاطر داری که برای اولین مرتبه چه چیزی توجه تو را به خودش جلب کرد؟"

پاسخ داد: "البته، اولین آنها همان نوری بود که در تمام راهروها میدیدم که برخلاف آنچه معمول است دارای منبع نوری نبود بلکه بگونه ای خاص از خود دیوارها تابیده می شد"

ادامه دادم، درست است این همان موضوع مهمی است که باید برای توضیح مواد هادی نور بررسی شود.

مدتها قبل، زمانیکه با انگیزه شناخت بهتر خواص مواد روی آنها آزمایش انجام می دادم به این نکته رسیدم: همانطور که نور از

داخل خلاء فضا و هوا و اجسام شفاف با سرعت های مختلفی عبور می کند، می تواند از تمام اجسام با سرعت های مختلف عبور کند. بنابراین بدنبال یافتن رابطه ای برای این موضوع بودم که به این نتیجه رسیدم: به جای سیستم کنونی روشنایی که ما از آن استفاده می کنیم می توانیم از سیستمی استفاده کنیم که به جای نیروگاه تولید الکتریسیته از یک منبع تولید نور استفاده می شود، به جای انتقال الکتریسیته از انتقال نور در موادی به نام مواد هادی نور استفاده کنم. در این حالت سرعت انتقال آن بسیار بالا می رود و اتلاف انرژی هم به شدت کاهش می یابد، و به این ترتیب نور را در داخل مجموعه به شکلی که می بینی در جاهای مختلف ترکیب کردم، اما نکته جالبی که در مورد مواد هادی نور وجود دارد این است که این مواد می توانند انرژی را نیز جذب و منتقل کنند. بر اساس این خاصیت این مواد، نوعی سیستم بهینه سازی انرژی هم در این مجموعه ایجاد کردیم که در این مجموعه از مصرف انرژی زیادی جلوگیری می کند. برای درک بهتر این موضوع باید با استفاده از یک مثال توضیح دهم: فرض کن که در یک خانه دو اتاق مجاور هم داریم و می خواهیم دمای آنها را در مقدار معینی حفظ کنیم. در این حالت اگر دمای ۲۴ درجه را برای دمای اتاق در نظر بگیریم، خواهیم دید که بدون در نظر گرفتن دمای بیرون از خانه اگر دمای اتاق از دمای انتخابی تو بیشتر باشد آنقدر انرژی را بصورت گرما از اتاق گرفته و به محیط اطراف منتقل می کند تا

دمای اتاق به ۲۴ درجه سانتیگراد برسد و همینطور بر عکس آن هم صادق است؛ یعنی اگر دمای اتاق از دمای انتخابی تو کمتر باشد این مواد هادی نور آنقدر انرژی به شکل گرما از محیط اطراف جذب می کند و به داخل اتاق منتقل می کند که دمای اتاق به ۲۴ درجه سانتیگراد برسد، اما در حالت دیگر هم اگر برای یک اتاق دمای ۲۴ درجه و برای اتاق مجاور آن دمای ۲۰ درجه انتخاب بکنید و دمای اتاق اول ۲۸ درجه باشد و دمای اتاق دوم ۱۴ درجه سانتیگراد، آنقدر انرژی از اتاق اول جذب می کند و به اتاق دوم منتقل می کند که دمای اتاق اول به ۲۴ درجه برسد و سپس باقی انرژی لازم برای رساندن دمای اتاق دوم به ۲۰ درجه را در صورت لزوم از محیط اطراف و یا سایر اتاق های مجاور جذب و یا منتقل می کند. درست همین فرآیندی که در این خانه اسکیمویی مشاهده می کنید.

بخش سوم: آزمایشگاه

بخشی از اتفاقات و ماجراهایی که تا به امروز برای من اتفاق افتاده است را برای ساینا تعریف کرده بودم و در واقع پیش زمینه ای بود، تا به این ترتیب او برای مواجهه با حوادثی که بعد از این با آن روبرو می شود آمادگی لازم را داشته باشد. با گذشت این چند روز گمان می کنم که آمادگی لازم را پیدا کرده باشد و باید مراحلی را که او می گذراند را به مرحله بالاتری می بردم. بنابراین امروز برای او در واقع ورود به مرحله جدیدی بود. مانند هر روز صبح به اتاقش رفتم، در تالار بزرگ نشسته بود و در حال صحبت کردن با لرد دراکولا بود... این چند روز می دیدم که موجودات داخل آن مجموعه چگونه به او عادت کرده بودند و می شد وابستگی بین آنها را مشاهده کرد و اکنون هم به چشم خودم می دیدم که لرد دراکولا که پیش از این تنها روزی چند کلمه حرف می زد امروز در حال صحبت کردن و گفت و گو با ساینا بود.

برای شروع یک روز پر انرژی سعی کردم بر خلاف روزهای گذشته لبخندی بر لب داشته باشم و گفتم: "آماده ای برای یک روز جدید؟"

متوجه حضور من شد و گفت: "سلام"

سپس صحبتش را با لرد دراکولا تمام کرد و گفت: "حالا می توانیم برویم"

از اتاق خارج شدیم و در راهرو به راه افتادیم، به سانیا گفتم: "امیدوارم که اتاقی را که چند روز قبل به آنجا رفتیم، اما از دیدن آن در آن زمان منصرف شده بودیم را به خاطر داشته باشی"

سانیا گفت: "آن اتاق را به خاطر دارم، همان که شبیه به یک آزمایشگاه بود؟"

گفتم: "بله همان اتاق ، امروز قرار است دو نفری به آنجا برویم"

وقتی به آن اتاق رسیدیم وارد آن شدیم و از پله های فلزی آنجا پایین رفتیم تا به بخش اول آزمایشگاه رسیدیم؛ در واقع بخش اول آن آزمایشگاه مجموعه ای از تابلوها و عکس هایی که بر دیوار آویخته شده به همراه ابزار آلات مهندسی بود.

سانیا با دیدن آن ابزار آلات گفت: "امروز حتما قصد معرفی رشته خودت را داری"

پاسخ دادم: "نه، اما باید اول توضیح مختصری را در این مورد به تو بدهم"

و ادامه دادم پس از اتمام تحصیلاتم شرکتی به ثبت رساندم و با سرمایه ای که خانواده ام به من داده بود، قصد داشتم مستقیم وارد ساخت ساختمان های مختلف بشوم اما بعد از مشورتی که در این مورد با پدرم کردم، قرار شد تا ابتدا برای مدتی به شرکتی که متعلق

به یکی از دوستان پدرم بود بروم و در آنجا با مقدمات و اصول انجام کارها و فعالیت های مربوط به آن آشنا گردم، خودم هم فکر می کردم که این موضوع می توانست در بالا بردن تجربه من در این بخش بسیار موثر باشد. فردای آن روز به شرکت دوست پدرم رفتم و پس از آن قرار شد تا در دو پروژه متفاوت که در محل بیمارستان شهر در حال اجرا بود همکاری کنم.

پروژه اول شامل تعمیر و بازسازی ساختمان قدیمی بیمارستان و پروژه دوم شامل احداث ساختمان جدید بیمارستان بود. من باید تا مدتی هر روز با گروه کاری شرکت به محل پروژه می رفتم. روز اول کاری چون هنوز با محل اجرای پروژه آشنا نشده بودم، همراه با سایر کارکنان قدم زنان به محل پروژه رفتیم. برای رسیدن به بخشی که در آنجا مشغول به بازسازی بودیم ابتدا باید از بعضی از بخش های دیگر بیمارستان می گذشتیم. در طول این مسیرها مسلما رعایت سکوت یکی از موارد ضروری بود و ما هم کاملا آن را رعایت می کردیم. راهروها و بخش های مختلف را طی کردیم، بیمارستان بزرگی بود و تمامی بخش هایی که یک بیمارستان کامل باید داشته باشد را داشت. هنگامی که به محل اجرای پروژه رسیدیم، دیدم که این محل بوسیله پرده های پلاستیکی کاملا ایزوله شده بود تا از ورود گرد و غبار به سایر بخش ها جلوگیری شود. از آنجایی که کلیه پرسنل شرکت سعی می کردند تا با

کمترین سر و صدا به فعالیت بپردازند این موضوع روند کلی انجام پروژه را کندتر می کرد، به هر حال شرایط کاری آنجا این موضوع را ایجاب می کرد و چاره ای هم نبود. یک کلاه و ماسک مخصوص کار را به ساینا نشان دادم و به او گفتم: "اینها اولین کلاه و ماسکی است که در کارم از آنها استفاده کرده ام و برای من خاطرات زیادی را همراه با خود دارد"، سپس عکسی را بر روی دیوار نشان دادم و به او گفتم: "این عکس هم مربوط به همان دوره است".

ساینا پرسید: "این همان بیمارستان است؟"

پاسخ دادم: "بله خودش است و این همان بیمارستان است اما آن بخش در حال تعمیر، که ما در آن مشغول به کار بودیم نیست، اگر می خواهی آن را ببینی آن بخش در عکس بعدی است".

و سپس ادامه دادم: "در روز اول تمام وقت گروه ساختمانی صرف ایزولاسیون قسمتی جدید و تهیه طرح چگونگی انجام کار در روزهای آینده شد و لیستی هم از لوازم و ابزار مورد نیاز تهیه کردیم. روز دوم خودم به محل اجرای پروژه رفتم. راهروها شبیه به یکدیگر بودند، به همین دلیل یکی از راهروها را اشتباهی رفتم، و این موضوع را هنگامی متوجه شدم که راهرویی که در آن می رفتم متفاوت از راهروهای دیروز بود. زمانیکه خواستم از یکی از پرسنل بیمارستان چگونگی رفتن به بخشی که محل کار شرکت بود را بپرسم نام محل فعالیت شرکت و آن بخش را نمی دانستم و در آن

بخش که دیروز در آن بودیم هم لوازم پزشکی نبود تا از روی آن بشود به نوع بخشی که ما در حال تعمیر آن بودیم پی ببرم! بنابراین چاره ای جز از این راهرو به آن راهرو رفتن نبود تا بتوانم محل اجرای پروژه را پیدا بکنم. در طول مدتی که مشغول گشتن راهروها برای پیدا کردن بخشی بودم که شرکت مشغول به بازسازی آن بود متوجه شدم که در یکی از اتاق ها حال بیماری چندان خوب نیست و پزشکان و پرستاران در آنجا به دور تخت وی حلقه زده اند، و در حال احیای او بودند بدون اینکه از این کارم قصدی داشته باشم در اتاق بیمار ایستاده بودم و به اتفاقاتی که می افتاد نگاه می کردم. در آن اتاق یک تخت متحرک بود که از آن برای انتقال بیمار به بخش دیگر استفاده می کردند. با این حال بیمار در زمان انتقال از روی تختش به تخت متحرک یا چرخدار فوت کرد یعنی بروی دستهای پرسنل بیمارستان و جسد او را در حالیکه فوت کرده بود بر روی تخت متحرک قرار دادند و به محل دیگری بردند. دیدن این صحنه ذهنم را برای مدتی به خود مشغول کرد. از گذشته می دانستم که انسان علاوه بر جسم خودش دارای روح نیز است. در زمان مرگ روح انسان از جسمش جدا می گردد بنابراین این فرد که بروی دستان پرستاران جان داده بود در تخت اول دارای روح بود در حالیکه در تخت دوم روح نداشت! آیا وزن او بر روی تخت اول با وزن او بر روی تخت دوم یکسان بود و یا اینکه متفاوت بود! این سوال در ذهنم تکرار می شد تا اینکه بالاخره توانستم بخشی

که محل کار شرکت بود را پیدا کنم. نگاه آخر بیمار قبل از مرگش در تمام طول مسیر همراه من بود... سایر افراد شرکت علت دیر رسیدن مرا جویا شدند و من تمام واقعه را برای آنها توضیح دادم. برای اینکه بتوانم جواب سوال خودم را بیابم نیاز داشتم تا مدتی را به فکر کردن در این مورد بپردازم بنابراین از مدیر شرکت چند روزی اجازه گرفتم تا به سر پروژه نیایم. آنها که فکر می کردند دیدن مرگ آن بیمار تاثیر بدی بر روی من گذاشته است با این درخواست من موافقت کردند. در حالیکه اگر آنها وقایعی را که در آن غار بر من گذشته بود می دانستند دیگر چنین فکری نمی کردند!

به خانه بازگشتم و در باغ آن شروع به قدم زدن کردم... مادرم که من را در آن حال دیده بود با نگرانی نزدیک آمد و پرسید: "اتفاقی افتاده است که این وقت روز به خانه برگشتی؟ تو الان باید سر پروژه شرکت مشغول به کار باشی؟!"

آنچه که اتفاق افتاده بود را برای مادرم تعریف کردم. در حال قدم زدن با مادرم متوجه شدم که در همسایگی ما خانه ای قدیمی و خالی از سکنه وجود دارد، از مادرم در مورد آن پرسیدم، و او به من گفت که آن خانه در واقع جزئی از همین خانه ای است که در حال حاضر در آن ساکن هستیم اما پدرت بعد از خرید این خانه تصمیم گرفته است که خانه را به دو بخش تقسیم کند. به همین دلیل، آن

بخش از این بخش تفکیک شده است و در حال حاضر هم خالی از سکنه است و به آن خانه قدیمی می گوییم. از مادرم پرسیدم: "آیا چیزی هم در داخل آن خانه است؟"

مادرم پاسخ داد: "فکر می کنم لوازم و وسایل صاحب خانه قبلی هنوز آنجا باشد".

از مادرم پرسیدم آیا اجازه می دهد تا به آنجا بروم؟ او هم قبول کرد و کلید آنجا را به من داد. این اولین تجربه من در داشتن یک محیط مجزا به عنوان آزمایشگاه بود.

ساینا گفت: "مگر آنجا را تبدیل به یک آزمایشگاه کردی؟"

در جوابش گفتم: "آری، و این هم عکس آنجاست"

به عکس روی دیوار نگاهی کرد و سپس گفت: "خانه زیبایی است"

و من جواب دادم: "البته، اما آزمایشگاهش قشنگ تر است!"

ادامه دادم: آنروز به بخش های مختلف خانه سرک کشیدم. چیدمان اسباب و اثاثیه را در بخش هایی از آن جابجا کردم. زیر زمین آن خانه بزرگ بود و تقریبا خالی از هرگونه لوازم و اثاثیه بود. درختان خانه به هم ریخته بود و چمن ها بیش از حد بزرگ شده بودند. از باغبان مان خواستم تا آنها را مرتب و کوتاه کند. دو روز طول کشید تا خانه را آنطور که مد نظرم بود مرتب کنم. ظهر روز

سوم باران می بارید. جلوی پنجره ایستادم و شروع به نوشتن لیستی از لوازمی کردم که نیاز به خرید آنها داشتم. باران بند آمده بود به خانه خودمان بازگشتم و شب تا دیر وقت به کارهایی فکر می کردم که باید انجام می دادم. صبح شده بود، خودم را باید برای رفتن به مرکز خرید آماده می کردم. برای لحظه ای که ساعت شروع کار آن فروشگاه بود لحظه شماری می کردم و اولین نفری بودم که وارد آنجا شدم. در بخش مربوط به مبلمان و لوازم اداری چند میز و صندلی مناسب و کمد هایی برای قرار دادن لوازم آزمایشگاهی در آن را انتخاب کردم. و پس از پرداخت مبلغ آنها از صاحب فروشگاه خواستم تا آنها را به در منزل بفرستد و آدرس آن خانه قدیمی را دادم. بلافاصله به فروشگاه دیگری رفتم که در آن لوازم و ابزار آزمایشگاهی فروخته می شد... در آنجا بخش دیگری از لوازم مورد نیاز خودم را تهیه کردم. فروشگاه لوازم و قطعات الکترونیک سومین محلی بود که برای خرید رفتم و چندین فروشگاه دیگر پس از آن... هزینه های صورت گرفته نشان می داد که تبدیل آن زیر زمین به یک آزمایشگاه مجهز هزینه زیادی برای من داشته است! بعد از ظهر پر کاری داشتم... باید لوازم خریداری شده را تحویل می گرفتم و افرادی را که آنها را حمل می کردند را نیز راهنمایی می کردم تا هر یک از آنها را در محل خودش قرار دهند. رسیدن همزمان چند بخش از آنچه خریده بودم، باعث شده بود تا مجبور شوم به دفعات بین طبقات جابجا بشوم. اما سخت

ترین بخش مربوط به تحویل گرفتن و انتقال کوره کوچک ذوب فلزات بود که بخشی از کارگاه ریخته گری محسوب می شد. تمامی وسایل و ابزارآلات خریداری شده را به حیاط پشتی و به انباری که اکنون تبدیل به کارگاه ریخته گری شده بود منتقل کردیم. وقتی این کارها تمام شد، تقریبا شب شده بود. درب خانه را بستم و به قدم زدن در خیابان مشغول شدم و گهگاهی بر روی صندلی پارک می نشستم و به افرادی که بسرعت رد می شدند و به خانه هایی که حتما هر کدام از آنها داستان مخصوص به خودش را داشت، نگاه می کردم. شب دیر وقت به خانه بازگشتم و خیلی زود هم به خواب رفتم. صبح زود از خواب بیدار شدم. صبحانه را با عجله خوردم و به خانه قدیمی رفتم. امروز قرار بود بسیاری از نماینده های لوازمی که خریده بودم برای نصب آنها و آزمایش صحت کارکرد آنها بیایند و هریک هم بصورت خلاصه نحوه استفاده از آن ها را آموزش می دادند. دیروز بخشی از لوازم را در جای مخصوص به خودشان نصب کرده بودیم و یا در کمدهای مخصوص به خودشان قرار داده بودیم به جز کوره کوچک ذوب فلزات که هنوز استفاده نشده بود. بر خلاف زیر زمین که هم اکنون به یک آزمایشگاه مجهز تبدیل شده بود طبقه همکف همچنان ظاهر یک خانه مسکونی را حفظ کرده بود، مقدار زیادی هم کتاب با موضوعات مختلف خریده بودم که چیدن آنها برای روز بعد باقی مانده بود. روز بعد آنها را به طبقه بالا بردم و در یکی از اتاق های

بزرگ آنجا که هم اکنون کتابخانه آن خانه محسوب می شد چیدم. ۵ تا کامپیوتر بزرگ خریده بودم. سه تا از آنها را در زیر زمین و برای دستگاههای آزمایشی نصب و مورد استفاده قرار داده بودیم و دو عدد باقی مانده هم یکی در کتابخانه نصب گردید، و آخری هم اتاق کناری که حالت بایگانی داشت قرار گرفت. اسکنرها و چاپگرها هم در این اتاق بود البته به جز چاپگر سه بعدی که قرار بود در گوشه ای از زیر زمین نصب گردد، در حالی که به کامپیوتر داخل کتاب خانه متصل بود. شرکتی که کامپیوتر ها را از آن خریده بودم، کامپیوترها را بگونه ای در ساختمان نصب کرده بود که هم می توانستند دارای عملکرد مجزا باشند و هم می توانستند بصورت یک کامپیوتر مرکزی و قدرتمند تر عمل کنند. این تقریبا آخرین بخش از راه اندازی آن آزمایشگاه بود که چند روزی طول کشیده بود. به پشت بام رفتم و به آسمان نگاه کردم. سپس به خانه خودمان نگاه کردم... متوجه میهمانی ای شدم که مادرم برگزار کرده بود برای همین هم احتمالا هیچ کسی متوجه عدم حضور من در آنجا نمی شد! پس شاید فرصت مناسبی برای راه اندازی بخشی از آزمایشگاهم بود. از آنجائیکه در حال حاضر امکان نصب یک آنتن بلند در خانه را نداشتم سعی کردم تا از بدنه یک اتومبیل قدیمی که در حیاط خانه پارک بود بجای آنتن استفاده کنم. تمام شب روی این موضوع کار کردم و سرانجام توانستم به عملکرد قابل قبولی برسم.

حالا که توانسته بودم آزمایشگاهم را راه اندازی کنم نوبت به پیدا کردن راهی بود تا بتوانم پاسخی برای سوالی بیابم که چند روز قبل در بیمارستان برای من ایجاد شده بود.

بخش چهارم: آزمایش

زمانیکه به خانه بازگشتم در حال رفتن به اتاقم بودم، پدر و مادرم را دیدم که در سالن بالا نشسته بودند. از دیدن آنها خوشحال شدم و به آنها سلام دادم و کنارشان نشستم. پدرم از من در مورد کاری که در آن خانه قدیمی انجام می دادم پرسید؟ و وقتی که به او گفتم که در حال تجهیز یک آزمایشگاه خصوصی هستم بسیار خوشحال شد اما از من خواست تا کار در شرکت دوستش را هم جدی بگیرم، و همینطور از من خواست تا در کنار فعالیت های روزانه خودم حتما زمانی را برای رفتن به کارخانه و بودن در کنار او اختصاص بدهم... از این پیشنهاد او استقبال کردم. آن شب تا نیمه های شب به معاشرت و مصاحبت در کنار یکدیگر گذشت. صبح روز بعد در خانه خودمان به فکر این بودم که برای رسیدن به جواب سوالم چه مسیری را باید طی کنم؟ شاید اولین مرحله برای این منظور، یک وسیله سنجش برای وزن باشد! در عین حال این وسیله هم باید به تخت بیمار متصل باشد. برای شروع به خانه قدیمی رفتم و شروع به ساخت یک ترازوی حساس دیجیتالی کردم که می توانست وزن اجسام را با دقت زیادی اندازه بگیرد در عین حال می توانست خودش با توجه به شرایط محیطی دوباره تنظیم شده و کالیبره شود. باید برای این ترازو یک بخش ارتباط بی سیم هم در نظر می گرفتم که بتواند در هر لحظه اطلاعات مربوط به وزن اندازه گیری شده را به آزمایشگاه بفرستد، در عین حال نیاز به بخشی بود که بتواند با دستگاههایی که علائم حیاتی بیمار را

کنترل می کنند ارتباط برقرار بکند و این علائم را به آزمایشگاه منتقل کند. این دو دستگاه مهم برای انجام این آزمایش را طراحی کردم. خوشبختانه برخی از مدارهای مورد نیاز را قبلا خریده بودم و قسمتی را هم سفارش داده بودم و قرار بود بدستم برسد و یک روز تمام هم مشغول ریخته گری برای بخش دیگری از قطعات مورد نیاز بودم. سپس باید آنها را مونتاژ می کردم. چند روزی صرف انجام این کارها شد. تحت شرایط مختلف آنها را آزمایش کردم. جواب های دقیق و ایده آلی می دادند حدس می زدم که ساختن این دو دستگاه در آزمایشگاه خودم چند روزی زمان نیاز داشته باشد. در این مدت با یک شرکت تولید کننده تخت های بیمارستانی تماس گرفتم و سفارش ۵۰ عدد تخت با ویژگی های مورد نظر را دادم. سفارش من ده روز بعد به خانه قدیمی رسید و آنها را در حیاط پشتی چیدم و مشغول به نصب دو دستگاهی که ساخته بودم بر روی آنها شدم. هر کدام از تخت ها را در شرایط مختلف مورد آزمایش قرار دادم تا از صحت عملکرد آنها مطمئن شوم. با اتمام ساخت تخت های مورد نظر، نوبت به بازگشت به بیمارستان و آماده کردن مقدمات آزمایش در آنجا می رسید. تقریبا یک ماه می شد که به بیمارستان نرفته بودم. زمانیکه به آنجا رفتم کار تعمیر آن بخش از بیمارستان تقریبا تمام شده بود و حدود یک هفته به پایان آن کار باقی مانده بود. در این روز در عین حال که به خوبی کار خودم را انجام می دادم بدنبال راهی بودم تا بتوانم

تخت ها را به بیمارستان منتقل بکنم. روز دوم متوجه شدم که مدیریت بیمارستان تعدادی لوازم و تجهیزات جدید برای بخش های تازه تعمیر شده بیمارستان سفارش داده است، که بعلت تغییر در تعداد برخی اقلام سفارشی و افزایش سفارشات بیمارستان شرکت تولید کننده، این تخت ها سفارش بیمارستان را با اندکی تاخیر به بیمارستان تحویل خواهد داد. می توانستم به راحتی سفارش بیمارستان را با تخت های خودم جابجا کنم. بنابراین کدهای سفارش را برداشتم و به خانه قدیمی بازگشتم، بخش جدیدی را به تمام تخت ها اضافه کردم. این بخش شامل یک جعبه تقسیم بود که بصورت واسطه ای عمل می کرد و واسطه ای بود بین دستگاههایی که اندازه گیری علائم حیاتی بیمار را بر عهده داشتند، و شخص بیمار، به این ترتیب که لوازم اندازه گیری که به بدن بیمار وصل می شد مستقیما به دستگاه وصل نمی شد و ابتدا به این جعبه تقسیم وصل می شد و سپس به دستگاه اندازه گیری علائم حیاتی وصل می شد. به این ترتیب تمام داده های اندازه گیری شده توسط دستگاههای اندازه گیری شرایط عمومی بیمار ابتدا به فرستنده این تخت ها منتقل شده و سپس به آزمایشگاه خانه قدیمی ارسال می گردید و پس از آن به صفحه نمایش های بیمارستان منتقل می شدند. در همه تخت های جدید دوربینی تعبیه شده بود که هم برای دیدن شرایط بیمار و یا خواندن صفحه دستگاههای متصل به بیمار در صورت نیاز استفاده می شد. بعلاوه

یک میکروفن که بتوانم به مکالمات بین پرستاران و پزشکان در مورد بیمار گوش بدهم. پس از اضافه کردن این واسطه به تخت ها نوبت به تغییر مشخصات سفارش بیمارستان می رسید، برای اینکار ابتدا با شرکت تولید کننده تخت های بیمارستانی تماس گرفتم و اعلام انصراف از درخواست خودم را دادم از آنجائیکه شرکت تولید کننده سفارش زیاد و جدیدی از جانب بیمارستان دریافت کرده بود برای اینکه سفارش خودم را باز پس بفرستم بسیار متمایل بود با این شرط که این تخت ها مورد استفاده قرار نگرفته باشد فردای آن روز کارشناس شرکت تولید کننده به بررسی تخت ها پرداخت در اولین گام به اختلافاتی که در آن تخت ها بوجود آورده بودم پی برد و علت آنرا پرسید من هم به او گفتم که این تخت ها نمونه ای از مدل جدید و سفارشی تخت های شرکت تولیدی شما بوده است و سپس یکی از عکس های آنها و کاتالوگ جدید آنها را بگونه ای که متوجه نشود در پوشه مشخصات مدل های تخت بیمارستانی شرکت آنها گذاشتم. برای همین هم با بررسی آن مدل در پوشه خود متقاعد شد که ایرادی در تخت ها وجود ندارد. با شرکت تولید کننده تخت های بیمارستانی تماس گرفت و صحت و بدون استفاده بودن تخت ها را به اطلاع آنها رسانید، آنها نیز به او اعلام کردند که می تواند تخت ها را به باربری تحویل بدهد تا به مقصد دیگری ارسال شوند، به اتاق بالا رفتم پشت یکی از کامپیوترهای آنجا نشستم وارد شدن به سیستم ثبت سفارش آن شرکت چندان دشوار

نبود، اما مشکل اینجا بود که شرکت تولید کننده می خواست تخت های بیمارستانی من را به شهر دیگری بفرستد. این مشکل نیز با عوض کردن کدهای سفارش جدید با کدهای سفارش بیمارستان حل شد. آدرس های جدید را به باربری فرستادم و به طبقه پایین رفتم. منتظر ماندم تا کامیون های مخصوص حمل بار از باربری برسند. بدقت به آدرسی که به راننده های باربری برای مقصد تحویل تخت های بیمارستانی داده شده بود نگاه کردم. درست بود... بیمارستان شهر خودمان بود. به این ترتیب در تغییر آدرس ها از طریق وبسایت شرکت تولید کننده تخت های بیمارستانی درست عمل کرده بودم کامیون ها با تحویل گرفتن تخت های بیمارستانی به سمت بیمارستان شهر حرکت کردند. فردای آن روز که به بیمارستان رفتم مشاهده کردم که تخت های جدید به بخش تازه تعمیر شده تحویل داده شده بودند. در چند روز آینده هم پرسنل بیمارستان و تکنسین شرکت در حال نصب تخت ها بودند برای همین به راحتی می توانستم بر مراحل نصب آنها نظارت داشته باشم، و پس از نصب هم عملکرد تخت ها را دقیقا کنترل کنم. پس از نصب آنها، حالا فقط باید منتظر می ماندم تا بخش جدید دوباره بازگشایی گردد. تا روز بازگشایی مدتی باقی مانده بود در این مدت باقی مانده پنجاه مانیتور آماده کردم و به کامپیوتر مرکزی در آزمایشگاهم متصل کردم به این ترتیب می توانستم به راحتی تمام بیمارهای بستری شده بر روی تخت ها را

به صورت همزمان ببینم و علاوه بر این علائم حیاتی آنها نیز بر روی مانیتور نمایش داده می شد. تمامی نتایج در کامپیوتر مرکزی ذخیره می شد و می توانستم برای بررسی بیشتر آنها از این داده ها پرینت بگیرم، تا شروع پروژه جدید شرکت که احداث ساختمان جدید بیمارستان بود یک ماهی فاصله زمانی باقی مانده بود و این مدت زمان برای انجام این آزمایش هایی که طراحی کرده بودم زمان مناسبی بود. در روز افتتاح بخش جدید، بیماری در بخش تازه تعمیر شده بستری نشد و از این بدتر این بود که تعداد بیست عدد از تخت ها را نیز به بخش دیگری که نمی دانستم کجاست منتقل کردند این نگرانی در من بوجود آمده بود که این کار به ادامه روند آزمایش آسیبی برساند، زیرا ممکن بود بخشی که تخت ها به آن منتقل شده بودند و نحوه استفاده از تخت ها با آزمایش های طراحی شده من هم خوانی نداشته باشد. به هر حال این بیست تخت در هر جای بیمارستان هم که می بودند داده هایی را می فرستادند که ممکن بود مفید باشد، بنابراین اگر انسانی بر روی یکی از آن ۲۰ تخت که از آن بخش جابجا شده بودند نیز می مرد می توانستم داده های مربوط به آنها را داشته باشم. اما شاید این جابجایی فرصت مناسبی بود! این موضوع مرا به این فکر انداخت که چند تخت هم به شکل مشابه به بخش نوزادان منتقل کنم! رو به ۳۰ مانیتور آن اتاق نشسته بودم و انتظار می کشیدم تا بروی آن تخت ها بیماری بستری گردد. روز اول بر روی آنها هیچ بیماری

بستری نشد، این موضوع از این نظر که هیچ انسانی در آن روز حالش آنقدر وخیم نشده بود که به این بخش منتقل شود خوب بود اما از لحاظ بررسی های آزمایش من خوب نبود و باعث طولانی تر شدن روند بررسی ها در آزمایش می شد. روز اول تنها کاری که انجام داده بودم مطالعه یک کتاب بود. روز دوم، اولین بیمار به آن بخش منتقل گردید، یک خانم مسن، با موهای سفید، با قدی کوتاه و نسبتا چاق بود. قبل از اینکه به این بخش منتقل شود او را دیده بودم در پارک نزدیک خانه همراه با چند نفر هم سن و سال خودش می نشست و به پرنده ها دانه می داد. روحیه خوبی داشت. هیچگاه خودش را سالمند به شمار نمی آورد، و عصا زنان بخش بزرگی از پارک را هر روز طی می کرد. مشخصات بیمار را که در کامپیوتر بیمارستان ثبت شده بود نگاه کردم. سنش ۸۹ سال بود. و در نامگذاری وی در فرم مشخصات سیستم آزمایشگاهی خودم، نام او را مورد شماره ۱ گذاشتم، با خودم گفتم: "امیدوارم دوباره سلامتی خودش را بدست بیاورد"

علائم حیاتی او را دائما در مانیتور اتاق می دیدم. به صورتش نگاه می کردم که ماسک اکسیژن بخش قابل ملاحظه ای از آن را پوشانده بود. بسیار آرام خوابیده بود. با مطالعه پرونده پزشکی او، امید چندانی برای زنده ماندنش نمی شد داشت. روز بعد بیمار بعدی به این بخش منتقل شد. این بیمار پسری جوان بود که بر

اثر تصادف اتومبیل آسیب دیده بود. پس از بیهوشی اتاق عمل حال چندان خوبی نداشت و به این بخش منتقل شده بود ودر بیهوشی بسر می برد. در مشخصات ثبت شده، سنش ۲۴ سال ثبت شده بود. او را تا بحال ندیده بودم. در فرم مشخصات آزمایشگاه نام او را بیمار شماره ۲ گذاشتم. مدت زیادی از آوردن او نگذشته بود که بیمار سوم به این بخش منتقل شد. مورد سوم یک مجرم سابقه دار بود که در یک درگیری مسلحانه خیابانی گلوله خورده بود. مشخصات او را به عنوان بیمار شماره ۳ ثبت کردم. دوباره به بررسی این بیماران پرداختم. بیمار شماره ۱، خانمی مسن بود که بسیار آرام انتظار مرگ را می کشید، بیمار شماره دو جوانی بود که در حالت بیهوشی بسر می برد و هیچ درکی از محیط پیرامون خود نداشت و در نهایت مجرم سابقه داری که مطمئن بودم در این دنیا و آن دنیا آرامش ندارد! در حال بررسی این سه بیمار بودم که موارد ۴ و ۵ را نیز به این بخش منتقل کردند. مورد چهارم یک مرد میانسال و مورد ۵ یک کودک بود که بر اثر بیماری خودش به این بخش منتقل شده بود، و نیازمند مراقبت های ویژه بود. هنگامی که فرم های آزمایشگاهی این چند نفر را کامل کردم، به دلیل نگاه کردن مداوم به صفحه کامپیوتر احساس چشم درد و خستگی می کردم و از طرفی شب شده بود و باید به خانه بازگشتم.

مادرم گفت: "اگر به من هم بگویی که در آن خانه قدیمی چه چیز جالبی وجود دارد که تمام وقت خود را در آنجا می گذرانی خوشحال می شوم، فکر می کنم خانواده ات هم به بودن تو در کنارشان علاقه داشته باشند"

در جواب مادرم خندیدم و گفتم: "در آن خانه چیزی وجود ندارد فقط من در حال مطالعه روی موضوعی هستم که کمی بیشتر وقتم را به خودش اختصاص داده است"

با گفتن این موضوع به مادرم، با حالتی نگران به من نگاه کرد و گفت: "فقط مراقب باش به خودت آسیبی نزنی"

با شنیدن این حرف مادرم خندیدم و مادرم در حالتی بین تعجب خودش و خنده من پدرم را صدا زد و گفت: "می شنوی پسرمان در حال تحقیق کردن بر روی موضوعی جدید است"

وسیله ای که نمی دانستم چیست از دست پدرم به زمین افتاد و گفت: "آری شنیدم خدا به هر دوی ما رحم بکند"

در این لحظه ساینا که در حال گوش دادن به ما بود گفت: "واقعا خدا باید به آنها رحم بکند، من هنوز هم آن غار را فراموش نکرده ام، خدا در آن زمان به من رحم کرد اما این مرتبه... نمی دانم"

خندیدم و گفتم: "این مرتبه دیگر آن اتفاق نخواهد افتاد"

و ادامه دادم: "در حال تماشای تلویزیون بودم و به این موضوع فکر می کردم که چه اتفاقی خواهد افتاد و چه نتیجه ای خواهم گرفت برای همین هم زودتر به تختخواب رفتم تا فردا بتوانم زودتر به خانه قدیمی بروم. فردا صبح زود از خواب بیدار شدم مقداری کار بود که باید آنها را انجام می دادم. اتمام آنها مدتی طول کشید و به همین خاطر تا عصر نتوانستم به خانه قدیمی بروم. عصر هنگامی که به خانه قدیمی می رفتم متوجه بوق اتومبیل مادرم شدم که از من خواست سوار اتومبیل او بشوم. به او توضیح دادم که کارهای مهمی برای انجام دادن در خانه قدیمی دارم اما سرش را پنجره اتومبیل به بیرون آورد و گفت: "اگر فکر می کنی که از احساسات مادرت مهم تر است می توانی بروی"

با شنیدن این حرف درخواست مادرم را پذیرفتم و سوار اتومبیل او شدم. ابتدا مرا به خانه باز گرداند و لباس های دیگری مطابق با سلیقه مادرم پوشیدم و سپس هر دوی ما به میهمانی یکی از دوستانش رفتیم که مادرم به آن دعوت شده بود. در آنجا افراد زیادی بودند... بعضی را نمی شناختم و به بعضی توسط مادرم معرفی شدم، اما از بین افرادی که آنجا بودند نسبت به یک آقای میانسال که سعی داشت تا خودش را بسیار خوش رفتار نشان بدهد به هیچ عنوان احساس خوبی نداشتم. میهمانی آنها تقریبا نیمه های شب بود که تمام شد و من و مادرم به خانه بازگشتیم، لباسم

را عوض کردم و به خانه قدیمی رفتم، صفحه های نمایش را نگاه کردم بیمارها را شمردم انگار امروز ۵ نفر دیگر به لیست پنج نفری قبلی اضافه شده بودند. مانیتور مربوط به مجرم سابقه دار شروع به ارسال علائم هشدار کرد انگار که لحظات آخر عمر خود را می گذراند. به سرعت به عدد وزن آن نگاه می کردم تا ببینم که چه تغییری خواهد کرد... خیلی مشتاق بودم تا نتیجه آزمایش را ببینم، اما ابزاری که بدون پیش بینی من توسط تیم احیاء بر روی تخت بیمار قرار گرفته بود و بارهایی که ناشی از فعالیت اعضای تیم احیاء بر روی تخت بود باعث شده بود که دستگاههای سنجش وزن بصورت مداوم اعداد مختلفی را نشان بدهند. بنابراین در این شرایط نمی شد وزن دقیقی را تخمین زد و برای وزن دقیق آن باید منتظر می ماندم تا کار آنها تمام شود. در طول این مدت نوع دارو و مقداری که به بیمار تزریق و یا مصرف می شد را دقیقا یادداشت کردم تا در نهایت از وزن بیمار آنرا کم کنم. برای انجام این کارها باید دقت زیادی می کردم، اما نگاهم به مانیتور بود که متوجه صورت بیمارشدم که توسط دوربین بالای سر وی ضبط می شد آنطوری که در مورد این مجرم سابقه دار نوشته بودند نباید از چیز خاصی بترسد اما در این لحظات ترس در چهره اش موج می زد، مانند اینکه با موجود وحشتناکی روبه رو شده باشد و یا نتیجه اعمال خودش را می دید! بنظر می رسید که مرگ برای او بسیار از آن چیزی که فکرش را می کرد ترسناک تر بود... قدرتی برای حرکت

کردن نداشت تنها با دستانش رو تختی را چنگ می زد. نگاهش به تیم پزشکی پر از خواهش بود تا مانع مرگ وی بشوند، این تمنای او تا نزدیک زمان مرگ وی ادامه داشت اما در لحظات قبل از مرگ انگار موجودی را می دید که سایر افراد آن را نمی دیدند و به نظر می رسید ترسیده است و سعی در فرار از آن موجود را داشت بگونه ای که حتی تمنا برای زنده ماندن را نیز فراموش کرده بود، اما با تمام این جان کندن ها سرانجام مرد. به داروهایی که در طول مدت بستری بودن در آن بخش و در شرایط احیا برای این بیمار مصرف شده بود نگاه کردم. با توجه به آن داروها آن بیمار نباید درد زیادی را در لحظات مرگش احساس کرده باشد برای همین هم چنگ زدن او به روتختی و بعضی از رفتارهای عجیب دیگر او نباید با درد ارتباط داشته باشد و می شد حدس زد که این رفتارهای او ناشی از چیز دیگری بود که در آن لحظات او با آن مواجه شده بود! با اطلاعاتی که در مورد او خوانده و یا شنیده بودم او یک انسان بد بود، پس آیا امکان داشت که اعمال بد او باعث شده باشد تا او در هنگام مرگ آنطور ترسیده باشد؟! و سوالاتی از این قبیل که در ذهنم ایجاد می شد، اما به هر حال در آن زمان برای آزمایش موضوع دیگری آنجا بودم پس باید روی موضوع آزمایشم تمرکز می کردم، شروع به بررسی وزن های ثبت شده کردم و وزن اکنون آن بیمار را از داروهای مصرفی کم کردم اما باز هم بیشتر از آنچه که قبلا بود نشان می داد برای همین با استفاده از دوربین آن تخت به

آن نگاهی انداختم بخشی از لوازم احیاء بیمار بر روی آن باقی مانده بود اگر آنها تا زمان انتقال بیمار شماره سه روی تخت باقی می ماند روند بررسی ها را با خطا مواجه می کرد. کمی طول کشید تا یکی از پرسنل بیمارستان برای بردن آن لوازم آمد، دوربین آن تخت صورت آن بیمار را نشان می داد چشمانش باز بود، انگار دلش نمی خواست که از این دنیا برود، و یا از ترس آنچه که می دیده است جرات بستن چشمهایش را نداشته است، با بررسی مجدد داده های مربوط به بیمار شماره سه می شد کاهش وزن به میزان بسیار کم را مشاهده کرد. پس در اینجا کاهش وزن وجود داشت اما برای بررسی دقیق تر باید تعداد بررسی ها را بیشتر کرد. بعد از این نوبت به پنج بیمار جدید می رسید تا مشخصات آنها را ثبت بکنم بیمار شماره ۶ یک خانم معلم میانسال بود و مورد شماره ۷ هم یک پسر بچه که ظاهرا در چاهی کنار منزلشان افتاده بود. بیمار شماره ۸ هم یک دختر جوان بود که پس از اینکه در یکی از خیابان ها مورد تعرض و تجاوز قرار گرفته بود دچار آسیب دیدگی های شدیدی شده بود. مورد شماره نه یک دختر نوجوان دیگر بود که در اثر مصرف زیاد مواد مخدر به حالت مرگ افتاده بود و مورد شماره ۱۰ هم یک پیرزن بود که در ظاهر علت بستری شدن او در این بخش می توانست مربوط به سن بالای ایشان باشد که یک شوک ناگهانی به وی وارد شده بود. از بین بیماران به آن دو دختر نوجوان نگاه می کردم که به جای بهره بردن از جوانی خودشان در حال حاضر

بر روی تخت بیمارستان بستری بودند. دیدن این منظره برای من کمی ناراحت کننده بود خصوصا که یکی از آن ها که مورد تعرض و ضرب و شتم خیابانی قرار گرفته بود دچار آسیب های شدید روحی و جسمی شده بود حتی مامورین پلیسی که او را به بیمارستان رسانده بودند می گفتند متجاوزان قصد به قتل رساندن وی را داشته اند اما بعلت رسیدن مامورین پلیس ناموفق بوده اند. با دیدن این اتفاقات و صحنه های مربوط به مرگ بیمار شماره ۳ دچار تاثر شده بودم. به خانه بازگشتم... مادرم با دیدن من که گویی از همان بدو ورود نشانه های ناراحتی و تاثر را در چهره ام دیده بود... به سرعت پی برد که باید از موضوعی ناراحت شده باشم و چون می دانست که از خانه قدیمی می آیم، فکر می کرد شاید دوباره اتفاقی ناخوشایند افتاده است، بنابراین گفت: "پسرم ممکن است کمی با یکدیگر قدم بزنیم"

این پیشنهاد مادرم را پذیرفتم و همراه با هم به باغ خانه رفتیم... از قدم زدن در آن باغ و همراه با مادرم احساس خوبی داشتم. در زمان عبور از پیاده رو پایم به کنار آن برخورد کرد و در این لحظه مادرم دستم را گرفت و گفت: "مراقب باش نیفتی پسرم"

پدرم هم که از طبقه بالا قدم زدن ما را مشاهده کرده بود، خودش را به این قدم زدن دو نفره که در حال حاضر یک قدم زدن

خانوادگی بود رساند و گفت: "چطور دلتان آمد بدون من برای قدم زدن بیرون بیایید؟"

سه نفری شروع به قدم زدن کردیم... مدتها بود که حس به این خوبی نداشتم... در میانه راه پدرم از خاطرات دوران کودکی من برای مادرم تعریف می کرد، و بر این موضوع که مادرم تاکنون آن را نشنیده است تاکید می کرد و با اینکار سبب مشتاق تر شدن مادرم می شد. پدرم ادامه داد:

زمانیکه سهراب کوچک بود و تازه راه رفتن را یاد گرفته بود، او را همراه با خودم به پارک می بردم همیشه سعی داشت که در پارک چند قدمی جلوتر از من راه برود در آن روز برای چند لحظه توجهم از سهراب به سمت دیگری از پارک جلب شده بود که دیدم سهراب نیست! به این طرف و آنطرف می رفتم تا او را بیابم که با صدای بسته شدن کاپوت یکی از اتومبیل های کنار خیابان و فریاد ناله راننده آن، توجهم به سمت آن صدا جلب شد! ظاهرا اتومبیل دچار نقص فنی شده است و راننده آن مشغول تعمیر و بررسی موتور آن بوده است، که درب کاپوت اتومبیل بسته شده بود ناگهان سهراب را دیدم که با تمام قوا به سمت من می دوید و می گفت: "بابا فرار کن درب کاپوت را من زدم توی سرش!"

من هم همراه با پسرم آنقدر دویدیم که آن راننده به ما نرسید، مادرم گفت: "واقعا فرار کردی؟!"

پدرم پاسخ داد: "البته ، خوب می دانی... برای اینکه راننده آن اتفاق را فراموش کند مجبور شدم پول حمل آن اتومبیل را به تعمیرگاه پرداخت کنم!"

مادرم رو به من کرد و گفت: "هنوز این خاطره پدرت را به یاد داری؟"

گفتم: "این اتفاق خاطرم هست اما آن راننده اتومبیل هم در این ماجرا بی تقصیر نبود"

کمی بعدتر به خانه بازگشتم و من به اتاقم رفتم و بعد از عوض کردن لباس هایم کمی از پنجره اتاقم به بیرون نگاه کردم و سپس خوابیدم.

فردای آن روز اولین نفری بودم که از خانه خارج می شدم. برای بررسی نتایج دیشب به خانه قدیمی رفتم، به محض ورود با علائم هشدار مواجه شدم که مربوط به همان خانم مسن داخل پارک بود... گاهی اوقات او را دیده بودم که مشغول دانه دادن به پرندگان است، و اکنون دیدن علائم هشداری که مربوط به آن خانم مسن مهربان بود برای من ناراحت کننده بود. با این حال در آن لحظه بررسی نتایج آزمایش را باید با دقت انجام می دادم، به همین دلیل سعی کردم که بر خودم مسلط باشم. پشت مانیتور مربوط به بیمار شماره ۱ قرار گرفتم و به بررسی علائم حیاتی او پرداختم. نمودار

وزنی آن را هم بررسی کردم، از اینکه او در حال مرگ بود ناراحت بودم اما مرگ هم مانند تولد بخشی از مسیر زندگی هر انسانی هست که باید طی گردد. ناگهان چهره آن مجرم سابقه دار دیشب به خاطرم آمد که ترس در چهره اش آشکارا دیده می شد اما این خانم مسن با توجه به آنچه من از او می دانستم انسان بسیار خوبی بود. دوربین تختش را بر روی صورت او تنظیم کردم تا حالت چهره اش را ببینم. لبخندی که بر روی چهره اش احساس می شد و همینطور اشتیاقی که در آن بود برای من جالب توجه بود، شاید که در آن لحظه پرندگان پارک که همیشه برای آنها دانه می ریخت برای بردنش آمده بودند... به دست هایش نگاه کردم، باز بود و در آنها تقلایی برای ماندن وجود نداشت، گویی با آغوش باز به استقبال مرگ می رفت مانند آن بود که از مکانی سرشار از تنهایی به مکانی بهتر همراه با آرامش می رفت. کاهش کم، وزن در این مورد هم قابل مشاهده بود. کاهش وزن در این دو مورد تکرار شد اما آیا این کاهش وزن مربوط به روح آن دو نفر می شد؟

به بقیه تخت ها نگاه کردم. به بررسی اطلاعات ثبت شده در فرم های بیمارستانی پرداختم که از طریق ارتباط با سیستم کامپیوتری بیمارستان به آنها دسترسی داشتم. پسر جوان ۲۴ ساله، یک مربی ورزش بود، سیگار نمی کشید و فاکتورهایی از این قبیل که سلامت جسمانی او را تا قبل از اینکه به اینجا بیاید تا حدود زیادی تایید

می کرد، با بررسی بیمار شماره ۱ و ۳ و نحوه مرگ آنها سوال دیگری مطرح می شد آیا راحتی و سختی جان کندن افراد با شخصیت و خوب و یا بد بودن آنها در ارتباط است؟

اما برای یافتن پاسخ این سوال باید در مورد هرکدام از این بیماران و نحوه زندگی و اینکه آیا انسان خوب و یا بدی از دید افرادی که آنها را می شناسند بوده اند و یا خیر بدست می آوردم... بنابراین به یکسری از داده ها از زندگی آنها نیاز داشتم. آدرس هریک از آنها را می توانستم از فرم های بیمارستانی بدست آورم، اما مشکل رفتن به محل زندگی آنها و پرس و جو از آنها بود و از طرفی برای ناشناخته ماندن هم بهتر بود که بصورت مستقیم به تحقیق در مورد آنها نپردازم. از طرفی اگر از شخص دیگری کمک می خواستم با توجه به آزمایشی که انجام می دادم احتمال همکاری آنها کم و ریسک آن بالا بود، شاید تنها راه باقی مانده برای من این بود که تا حدودی تغییر قیافه بدهم بگونه ای که قابل شناخته شدن نباشم! در ابتدا تا حدی غیر عملی به نظر می رسید چرا که تاکنون این کار را انجام نداده بودم و علاوه بر این چیز زیادی هم از گریم کردن نمی دانستم! بنابراین شروع به مطالعه در مورد گریم و تغییر چهره کردم. چند کتاب از فروشگاه هایی که لوازم مربوط به گریم را می فروختند به همراه مقداری لوازم گریم خریدم و در خانه قدیمی همزمان با کنترل صفحه های نمایشگر به مطالعه آن کتاب ها

مشغول شدم. در همان شب اول سعی کردم تا اولین گریم خودم را انجام دهم، خیلی خوب از کار در نیامد اما بد هم نبود، به خانه بازگشتم و با خودم تصمیم گرفتم تا دوباره روی یادگیری گریم تمرکز کنم. امروز از صبح تا ظهر همراه با مطالعه کتاب ها سعی می کردم تا ماکت هایی که مخصوص نگهداری کلاه گیس بود را گریم کنم. به این ترتیب مهارتم در انجام اینکار بیشتر می شد. حدود ظهر بود که دستگاههای مربوط به بیمار شماره ۲ علائم هشدار دهنده ارسال می کردند. این بیمار در کما بود اما در این حالت که نمی شد تا حالات چهره او را بررسی کنم، بنابراین فقط وزن آن را توانستم اندازه بگیرم. وزن این بیمار پس از مرگ به میزان اندکی کاهش یافته بود، تا بحال سه بیمار فوت کرده بودند ولی بیمار شماره ده یعنی خانم مسنی که علت آوردنش به اینجا عوارض مربوط به سن بالا و شوک ناگهانی وارد شده به وی بود را از این بخش مرخص کردند. باقی آنها یا فوت شده بودند و یا هنوز در این بخش بستری بودند. پس از آن همچنان به مطالعه روش های گریم ادامه دادم، شب هنگام به خانه بازگشتم. هنگامی که در آینه نگاه می کردم بعضی از آثار گریم روی چهره ام باقی مانده بود. با سرعت آن ها را پاک کردم و خوابیدم. صبح زود از خواب بیدار شدم و بدون تلف کردن وقت به خانه قدیمی بازگشتم! هنوز مدت زیادی نگذشته بود که بیمار شماره هفت یعنی همان کودکی که در چاه کنار خانه خودشان افتاده بود علائم حیاتی آن به حالت

هشدار در آمد با مشاهده این هشدار دلم می خواست تا مانند آن خانم میانسال حالش خوب شود و دوباره به زندگی عادی خودش بازگردد، اما ظاهرا علاوه بر شکستگی های زیادی که داشت و همچنین اثر استنشاق گازهای سمی موجود در چاه هم بر روی او زیاد بوده است. او هم با حالتی آرام فوت کرد و همچنان در این مورد هم کاهش وزن کمی مشاهده شد. شب در حالی به خانه باز می گشتم که آدرس آن پنج نفر باقیمانده را روی تکه ای از کاغذ نوشته بودم و به همراه داشتم. اما از میان آنها تصویر آن دختری که مورد آزار و اذیت خیابانی قرار گرفته بود جلوی چشمم بود! انگار می خواست که فردی انتقام او را از آنها بگیرد. بنابراین تصمیم گرفتم او اولین نفری باشد که در موردش و نحوه ای که مورد آزار و اذیت قرار گرفته بود تحقیق کنم.

بخش پنجم: دختر نوجوان

شب در خانه فکر می کردم که برای فردا چه گریمی را انتخاب کنم! و اینکه آیا این اولین گریم من خوب از کار در می آید یا نه؟ صبح زود به خانه قدیمی رفتم. گریمی ساده شامل یک کلاه و چسباندن ریش و سبیل را انتخاب کردم. سعی کردم تا تغییر بیشتر را از طریق انتخاب نوع لباس بوجود بیاورم. نوع لباسی که انتخاب کردم لباسی اسپرت بود. برای دیده نشدن به حیاط پشتی خانه قدیمی رفتم و از آنجا مستقیم و با احتیاط به نزدیک ترین ایستگاه اتوبوس رفتم. با مترو و اتوبوس خودم را به محلی رساندم که دختر نوجوان در آن منطقه مورد آزار و اذیت قرار گرفته بود. در آن قسمت از شهر یک پارک بزرگ بود و مطابق آنچه از پیش می دانستم، حادثه دقیقا در گوشه ی خلوت آن پارک اتفاق افتاده بود. بر روی یکی از صندلی های آن پارک نشستم اما به جز آدرس محل وقوع حادثه و آدرس محل سکونت او داده های بیشتری نیاز داشتم. در آن نزدیکی یک کتابفروشی با خدمات اینترنت رایگان برای جستجوی کتابهای مورد نیاز افراد وجود داشت و من هم دارای ظاهری بودم که برای بقیه شناخته شده نبود، اما خوشبختانه در آن محل ظاهری عادی بشمار می آمد. تصمیم گرفتم تا بخشی از داده های مورد نیازم را از طریق دیگری بدست بیاورم، به آن مرکز رفتم و بر روی یکی از آن صندلی ها نشستم و وارد سایتی که مربوط به اداره پلیس محلی آنجا بود شدم و باقی مراحل را تا رسیدن به پرونده دختر نوجوان ادامه دادم... همانجا پرونده را

مطالعه کردم. از پرونده او شماره و آدرس یکی از دوستان دختر نوجوان را که در روز حادثه تا آخرین لحظات با او بوده است را یادداشت کردم و به محل تحصیل او رفتم و با پرس و جو از دانش آموزان توانستم دوست او را بیابم. اما به جای اینکه در همانجا یعنی محل تحصیلش با او گفتگو کنم به محل زندگی او رفتم و منتظر شدم تا به خانه باز گردد... در کوچه محل زندگی او پشت سرش راه افتادم. به راحتی می شد فهمید که بسیار ترسیده است، خودم را به او رساندم و سر راه او ایستادم شروع به گریه کرد و گفت: "در مورد اتفاق آن روز به هیچ فردی چیزی نگفته است"

به او اطمینان دادم که من هیچ ارتباطی با آن افراد ندارم، همچنین به او گفتم که هر چه که به من بگوید بین خودمان باقی خواهد ماند... در ابتدا او مدام می گفت که هیچ چیزی را ندیده است، اما وقتی که به او گفتم نگرانی او برای من قابل درک است و می خواهم درس عبرتی به آن افراد بدهم نحوه برخوردش با من تغییر کرد ماجرای آن شب را گفت: "آن روز بعد از تعطیلی مدرسه مدتی را در مورد پروژه مدرسه با یکدیگر صحبت کردیم و به یکی از محل های خرید رفتیم و در آنجا مقداری لوازم را که برای انجام پروژه مدرسه نیاز داشتیم خریدیم. به همین دلیل زمانیکه به خانه بر می گشتیم دیر وقت شده بود. از اتوبوس که پیاده شدیم متوجه شدیم که چند پسر که پاتوق آنها در پارک نزدیک خانه بود در حال تعقیب

ما هستند... برای رسیدن به خانه باید از آن پارک می گذشتیم. در ورودی پارک قرار گذاشتیم تا به محض رسیدن به اولین پیچ که پوشش درختان آنجا زیادتر بود شروع به دویدن بکنیم تا از دست آنها فرار کنیم. ما بعلت لوازمی که خریده بودیم نمی توانستیم سریع بدویم اما او چند قدمی از من جلوتر بود. هوا تاریک بود و بعلت لوازمی که دستم بود من هم نمی توانستم بدرستی بدوم و در بین راه به زمین خوردم در همین زمان دیدم که یکی از پسرها از بین بوته ها خود را به او رساند و دوستم را بشدت روی زمین انداخت. در همین زمان، بقیه پسرها هم از بین بوته ها بیرون آمدند و یکی دهان دوستم را گرفت و بقیه هم در حالیکه دوست من دست و پا می زد، او را بلند کردند و با خودشان بردند. و من هم کاری از دستم بر نمی آمد... در بین بوته ها پنهان شدم تا آنها بروند و به خانه برگشتم و از ترس آن پسرهای شرور تا به امروز در مورد این موضوع با هیچ کسی صحبت نکرده ام."

این ها را گفت و بسرعت به سوی خانه اش رفت. به خانه قدیمی بازگشتم و پس از پاک کردن گریمم به مانیتورها نگاهی انداختم! امروز در بیمارستان اتفاق خاصی نیفتاده بود باید برای فردا نقشه ای متفاوت می کشیدم، به خانه خودمان بازگشتم.

صبح از خواب که بیدار شدم.... ابتدا کمی نقشه هایم را مرور کردم و سپس برای گریم به خانه قدیمی رفتم و مانند دیروز به ایستگاه

اتوبوس و از آنجا به محل پاتوق آن جوان های شرور رفتم. روی یکی از صندلی های آنجا نشستم و همه چیز را زیر نظر گرفتم... چند ساعتی گذشت اما اتفاق خاصی نیفتاد، تقریبا غروب شده بود و احساس گرسنگی می کردم. برای خرید شکلات به سمت فروشگاهی در همان نزدیکی رفتم. در بین راه یک فروشنده محلی را دیدم که ساندویچ های کوچکی می فروخت. ترجیح دادم که یک ساندویچ بگیرم تا زودتر بتوانم به محل پاتوق آنها بازگردم در عین حال آنجا را زیر نظر داشته باشم. هنوز چند قدمی به دکه ساندویچ فروشی مانده بود که یکی از آن پسران شرور به سمت دکه ساندویچ فروشی رفت و پس از برداشتن یک ساندویچ بدون پرداخت قیمت آن به داخل پارک بازگشت. من هم بعد از او به آن دکه رفتم و از او خواستم تا یک ساندویچ برای من آماده کند... در مدت زمانی که آماده کردن ساندویچ طول کشید با صحبت از موضوعات مختلف و آب و هوا توانستم سر صحبت را با فروشنده باز کنم. و برای اینکه علت این کار آن جوان شرور را بدانم به او گفتم: "شما آدم خوبی هستید که گاهی به افراد نیازمند ساندویچ مجانی می دهید، این کار شما را هم اکنون دیدم!"

با شنیدن این حرف من می شد عصبانیت را در چهره اش دید و در پاسخ به من گفت: "من هیچ وقت این کار را نمی کنم و اگر به او یک ساندویچ دادم برای این بود که از شر او و دوستانش در امان

بمانم، همین چند شب پیش آنها یک دختر نوجوان را تا حدی کتک زدند که نزدیک بود از شدت جراحات بمیرد...!"

به او گفتم: "چرا از پلیس برای کمک درخواست نمی کنی؟"

گفت: "با این حرفت نشان دادی که در این محل تازه وارد هستی!"

و سپس یک پلیس را کمی آنطرف تر نشان داد و ادامه داد "او را می بینی؟"

پاسخ دادم: "آری"

گفت: "آن پسران شرور از درآمد ماهیانه خودشان هر ماه مبلغی را به او می دهند تا برای آن پسران شرور یک منطقه امن بوجود بیاورد"

ساندویچم را گرفتم و دوباره به محل قبلی خودم بازگشتم... در این زمان فقط یکی از آن جوانان شرور در محل پاتوق آنها بود برای همین هم تصمیم گرفتم تا قبل از اینکه باقی آنها به پاتوقشان بازگردند به این یکی از آنها یک درس عبرت درست و حسابی بدهم! به سمت او راه افتادم اما هنوز چند قدم به او مانده بود که سر و کله دو نفر دیگر از آنها پیدا شد... مسیرم را عوض کردم و به جای اولم بازگشتم، و پس از مدتی به خانه قدیمی بازگشتم. مشغول پاک کردن گریمم بودم که متوجه شدم تیم احیای بیمارستان

مشغول به احیای بیمار شماره ۹ یا همان دختر نوجوانی بودند که بعلت مصرف بالای مواد مخدر به بیمارستان منتقل شده بود هستند. در مورد گذشته او هم، چیز زیادی نمی دانستم و دلم می خواست تا به مسببین اینکه او هم به این وضعیت افتاده بود نیز درس درست و حسابی بدهم... متاسفانه در همان شب او نیز فوت کرد! کاهش جزئی وزن جسد در مورد او نیز تکرار شد، اما از آنجائیکه بعلت مصرف بالای مواد مخدر در کما بود نتوانستم تغییری در چهره اش مشاهده کنم. گریمم را پاک کردم و به خانه بازگشتم. وقتی از خواب بیدار شدم صبح شده بود و با وجود احساس خواب آلودگی که داشتم، به خانه قدیمی رفتم تا برای یک روز دیگر آماده شوم. به محض ورود به خانه قدیمی از مانیتورها علائم هشدار بیمار شماره ۵ همانیکه دارای بیماری لاعلاج بود را مشاهده می کردم... با خودم گفتم انگار روز خوبی در پیش نخواهم داشت! لحظاتی بعد آن کودک هم فوت شد اما چهره اش شاد بود و کاهش وزن هم مطابق معمول مشاهده می شد. تقریبا آماده رفتن به پارک بودم... به آنجا رفتم و توانستم با پرس و جو از افراد و زیر نظر گرفتن آنها محل زندگی چند پسری که آن دختر را مورد آزار و اذیت قرار داده بودند را بیابم اما محل زندگی آنها بگونه ای بود که اگر شخصی به جز افراد معتاد و یا بی خانمان به آنجا وارد می شد بسرعت جلب توجه می کرد و مطمئنا مورد آزار و اذیت اهالی آنجا قرار می گرفت. همچنین توانستم بفهمم که دو نفر از آنها با

یکدیگر برادر بودند و ۳ نفر دیگر هم با یکدیگر برادر بودند و رییس گروه آنها نیز برادر بزرگ از سه برادر بود که به بقیه مواد مخدر می داد تا برای او بفروشند و پول حاصل از فروش را از آنها می گرفت و احتمالا از آن برای خرید مواد مخدر جدید استفاده می کرد و یا مخارج گروه را تامین می کرد. در راه بازگشت به خانه به این موضوع فکر می کردم که فردا برای رفتن به آن محله نمی شود از گریم های عادی استفاده کرد و باید از گریمی استفاده می کردم که به شکل همان افراد محل در می آمدم، با زیر نظر گرفتن این چند روز آنها، فهمیده بودم که بیشتر روزها تا عصر در محل پاتوق خودشان هستند و عصرها به خانه شان باز می گردند پس اگر می خواستم به خانه آنها سرکی بکشم باید تا عصر آن را انجام می دادم. برای زیر نظر گرفتن آن پسرها زمانیکه در خانه بودند، می باید بعد از ظهر به محل خانه آنها می رفتم. هنوز صبح بود و برای رفتن به محل زندگی آن جوان های شرور چند ساعتی فرصت داشتم و به لیست افرادی که در آن بخش بودند نگاهی انداختم و از بین آنها تصمیم گرفتم تا در مورد بیمار شماره ۶ یعنی خانم مشاور میانسالی که ظاهرا از طرف یک موسسه خیریه به آن مدرسه برای کمک به بهبود شرایط درسی دانش آموزان آمده بود و ضربه افراد ناشناس و جراحات حاصل از آن او را راهی آن بخش از بیمارستان کرده بود تحقیق کنم. به خانه قدیمی رفتم و گریم ساده ای را بر روی خودم انجام دادم. با این وجود اینکه ساده بود یکی دو ساعت زمان برای

انجام آن صرف شد، عالی نشده بود اما از روزهای قبلی بهتر بود. به مدرسه ای که او در آنجا فعالیت می کرد رفتم. نزدیک مدرسه محل کار او ایستادم و فکر می کردم که از کجا می توان فهمید که کدامیک از آن دانش آموزان، دانش آموز آن مشاور میانسال است! بیمار شماره ۶ یک خانم مشاور میانسال بود که ظاهرا در اثر ضربه یک شی سنگین دچار آسیب شده بود و در تحقیقات پلیس آسیب دیدگی های دیگری بر روی بدن او ثبت شده بود، و در چند قسمت بدنش هم جای ضربه و شکستگی وجود داشت. همزمان با من پلیس هم در حال تحقیق بر روی این پرونده بود پس اگر بدون برنامه وارد عمل می شدم ممکن بود مضنون واقع می شدم و همینطور نتایج دلخواه را بدست نمی آوردم... اطراف مدرسه را چند مرتبه طی کردم تا شاید محل مناسبی را بیابم و همینطور محیط داخل مدرسه را هم بررسی کردم تا به زمین ورزشی مدرسه رسیدم. با توجه به اطلاعیه ای که در آنجا نصب شده بود، مسابقات ورزشی بین کلاسی مدرسه فردا آغاز می شد. و این بهترین زمان بود تا به انجام تحقیقاتم به دور از نگاههای پرسشگر سایر افراد بپردازم و با توجه به نگاههای کنجکاوانه دانش آموزان بیشتر از این نمیتوانستم در آنجا بمانم. به علاوه که باید به خانه قدیمی باز می گشتم و برای امروز عصر و خانه جوانان شروری که دختر نوجوان را مورد آزار و اذیت قرار داده بودند آماده می شدم. به خانه قدیمی بازگشتم و خودم را به شکل یک خانه بدوش در آوردم اما عبور از محله

خودمان با آن ظاهر چندان هم آسان نبود برای احتیاط یک دست لباس مرتب هم در وسایلی که با خودم می بردم گذاشتم تا در صورت نیاز بتوانم از آنها استفاده کنم. به هر طریقی که بود خودم را به خانه آنها رساندم... خانه ای قدیمی بود که ظاهرا مدتها متروکه بوده است و هیچ فردی در آن تا زمانیکه آنها به صورت غیر قانونی در آن ساکن شده بودند زندگی نمی کرده است و این عامل باعث شده است تا آنها از این فرصت استفاده کرده و در آن ساکن شوند. زمانیکه که آن جوانان شرور به خانه بازگشتند دو نفر از آنها به شدت با یکدیگر در حال درگیری لفظی بودند و این نشان می داد که آنها در میان خودشان هم اختلافات شدیدی دارند. در آن بخش از محله تنها یک کیوسک خرده فروشی بود. بنابراین به آنجا رفتم... بهترین دید را به آن محل همین کیوسک داشت! بنابراین در آنجا نشستم و برای جلوگیری از جلب توجه افراد خودم را به خواب زدم صاحب آن کیوسک در ابتدا سعی کرد تا مانع از نشستن من در آن محل گردد اما با اصرار من سرانجام از انجام اینکار منصرف شد و به داخل کیوسک خودش بازگشت. از آنجا خانه آنها را زیر نظر گرفتم اما زیر چشمی حواسم به آن کیوسک هم بود... به نظر می آمد در مقابل چیزی که می فروخت پول بیشتری می گرفت، با دقت بیشتر متوجه شدم که هر فردی که از او وسیله ای را می خرد علاوه بر قیمت آن جنس مقداری پول بیشتر به او می داد! این باعث شده بود که برای مدتی بیشتر از آن خانه به آن

کیوسک توجه کنم! مدتی که او را زیر نظر گرفتم، متوجه شدم که او در آن محل رفت و آمد افراد مختلف را زیر نظر می گیرد و ورود و خروج افراد غریبه را به اطلاع افراد آن محل می رساند، تا در صورتیکه نیاز باشد آنها زودتر فرار بکنند و یا خود را برای درگیری آماده بکنند و آن پول های بیشتر در واقع نوعی دستمزد برای اینکار او محسوب می شد. با وجود این شخص کارم برای ورود به خانه آنها کمی سخت تر می شد و یا اینکه تقریبا غیر ممکن به نظر می رسید... مدت زیادی از شب گذشته بود اما هنوز شرایط بگونه ای بود که نمی توانستم به خانه برگردم بنابراین همانجا ماندم تقریبا نیمه های شب بود که یک اتومبیل قدیمی مقابل خانه آنها توقف کرد و در ازای گرفتن یک کیسه پلاستیکی یک جعبه را به آنها داد و به سمت کیوسک آمد و اولین چیزی که از صاحب کیوسک پرسید در مورد من بود و گفت: "این کیه که اینجا خوابیده؟"

صاحب کیوسک هم در جوابش گفت: "یک خانه بدوش بد بخت تر از
تو..."
سپس مانند سایر افرادی که به آن کیوسک می آمدند یک نوشابه خرید و مبلغ زیادتری پول به صاحب کیوسک داد، صاحب کیوسک در حالیکه پول ها را می شمرد گفت: "سهمیه فروش این هفته آنها را برایشان آوردی؟"

آن مرد گفت: "اینها فروشندگان خوبی هستند، این دفعه دو برابر دفعه های قبلی برایشان جنس آورده ام" و پس از گفتن این جمله سوار ماشینش شد و رفت.

می شد فهمید که منظور او از جنس همان مواد مخدری است که آن پسرها روزها در آن پارک می فروشند! مدتی بعد شرایط برای ترک کردن آن محل مناسب بود و به سمت خانه قدیمی بازگشتم، در راه در گوشه ای لباسهایم را عوض کردم چندین خیابان را پیاده رفتم و سپس تا نزدیکی خانه قدیمی با یک تاکسی رفتم و دو سه خیابان مانده به خانه قدیمی از تاکسی پیاده شدم زیرا فکر می کردم باید احتیاط را رعایت کنم. به خانه قدیمی رسیدم و تا لباسهایم را عوض کنم و گریمم را پاک کنم مدتی طول کشید... به مانیتورها نگاهی کردم به نظر اتفاق خاصی نیفتاده بود هنگامی که به خانه بازگشتم تقریبا صبح شده بود، و من هم به اتاقم رفتم و بعد از کوک کردن ساعتم به خواب رفتم... نباید فردا مسابقات مدرسه را از دست می دادم، با توجه به ساعتی که خوابم برده بود زنگ ساعت نتوانسته بود مرا بیدار بکند و سرانجام مادرم که از نزدیک اتاقم رد می شد با شنیدن صدای زنگ ساعت به اتاقم آمد و مرا از خواب بیدار کرد. برای رسیدن به مسابقات ورزشی بین کلاسی آن مدرسه هنوز هم وقت داشتم اما باید عجله می کردم! به خانه قدیمی رفتم خودم را گریم کردم و به یکی از فروشگاههای

کفش فروشی رفتم و یک جفت کفش گران قیمت برای نقشه بعد از ظهرم خریدم... یادم آمد که برای بدست آوردن شماره پاهای آن پسر شروری که برای این بخش از برنامه ام انتخاب کرده بودم چقدر تلاش کرده بودم! برای اینکار به محل ایستادن آنها در محل پاتوق آنها می رفتم و سپس با خط کش جای پاهای آنها را برای بدست آوردن شماره کفش اندازه می گرفتم و با توجه به مدل کفشی که او پوشیده بود شماره کفش آن را بدست آورده بودم پس از خرید آن کفش به هر جان کندنی بود خودم را به آن مدرسه رساندم. مستقیم به زمین ورزشی مدرسه رفتم و در آنجا باید جایی برای نشستن انتخاب می کردم که در بین دانش آموزان همان مشاور باشد، در صحبت های دو نفر از پرستاران بیمارستان شنیده بودم که در پایه آخر دبیرستان مشغول به تدریس بوده است برای همین هم باید بین آنها می نشستم. محل نشستن دانش آموزان پایه آخر دبیرستان را مشخص کردم و بین آنها نشستم و به مسابقات نگاه می کردم... از آنجاییکه والدین و خانواده های دانش آموزان هم به آن مسابقات آمده بودند، مشکلی در این مورد پیش نیامد و هر یک گمان می کرد که من عضو خانواده یکی از دانش آموزان هستم. زمانیکه با دانش آموزان در مورد خانم مشاور سر صحبت را باز می کردم، بعلت توجه سایر افراد نمی توانستم سوالاتم را بطور کامل بپرسم! تا جاییکه امکان داشت از آنها سوال پرسیدم و پس از آن به این فکر افتادم که برای تحقیق بیشتر در مورد خانم

مشاور می توانم تا مسابقات در حال انجام است به آن پارکینگ که محل وقوع حادثه بود بروم و به بررسی آنجا بپردازم. بدنبال اتومبیل او می گشتم و امیدوار بودم که هنوز هم در آنجا باشد! اتومبیل را پیدا کردم هنوز در محل وقوع حادثه بود به اطراف آن با دقت تمام نگاه کردم در عین حال باید مراقب باشم تا جلب توجه نکنم. در اطراف اتومبیل خانم مشاور به چیزی که قابل توجه باشد بر نخوردم. در مقابل چشم آن همه دانش آموز که دائما در حال حرکت در محیط پارکینگ بودند دسترسی به داشبورت اتومبیل ریسک بالایی داشت بعلاوه مطمئن بودم قبلا محتویات آن باید توسط پلیس بررسی شده باشد... تنها یک جای دیگر را می شد یافت که با خانم مشاور مرتبط باشد و آن هم کمد خانم مشاور بود. وارد سالن مدرسه شدم بسیاری از معلم ها به زمین ورزشی رفته بودند و برای همین دفتر مدرسه از روزهای دیگر خلوت تر بود. اما مدیر و ناظم مدرسه در حالیکه از پنجره دفتر به حیاط مدرسه نگاه می کردند در حال گفتگو بودند. در واقع نمی شد آن مکالمه را یک گفتگو بین آن دو به حساب آورد چون هرچه که مدیر مدرسه می گفت ناظم آنرا تائید می کرد! در صندلی که پشت در دفتر بود نشستم و به اطراف نگاه می کردم تا راهی برای رسیدن به کمد خانم مشاور پیدا بکنم. در این فکر بودم که ناگهان یک افسر پلیس وارد راهروی مدرسه شد و از آنجا به دفتر رفت... صدای صحبت آنها می آمد و از این صحبت ها متوجه شدم که محتویات کمد و

داشبورت اتومبیل خانم مشاور برای بررسی بیشتر به اداره پلیس منتقل شده بود پس دیگر نیازی برای یافتن راهی برای رسیدن کمد خانم مشاور نبود. با این حال در ادامه صحبت های خانم مدیر متوجه شدم که علت درخواست مدیر برای آمدن افسر پلیس به مدرسه این بود که گوشی تلفن همراه خانم مشاور در زمان وقوع درگیری در یکی از باغچه های مدرسه افتاده بوده است و امروز صبح توسط یکی از دانش آموزان به ناظم مدرسه تحویل داده شده است. افسر پلیس از خانم مدیر خواست تا زمانیکه آنها مقدمات جابجایی اتومبیل خانم مشاور را فراهم می کنند گوشی وی را به شارژ بزنند تا شاید اطلاعات مهمی از این طریق بدست بیاید. و پس از آن از دفتر خارج شد و به پارکینگ رفت. مدیر و ناظم هم برای بررسی مسابقات به زمین ورزشی رفتند! بهترین زمان بود تا به دفتر بروم و به بررسی گوشی همراه خانم مشاور بپردازم... با کمال تعجب دیدم که برای گوشی خودش هیچ رمزی نگذاشته است و همینطور تمامی داده ها را پس از اینکه دیگر به آنها نیازی نداشت است پاک کرده بود! زمان زیادی نداشتم و باید زودتر از دفتر خارج می شدم. و پس از بررسی گوشی تلفن همراه تنها داده ای که بدست آوردم شامل یک آدرس ایمیل و چند شماره تلفن از دانش آموزان می شد. برای من همین سر نخ ها هم کفایت می کرد! باید سریع تر از آنجا خارج می شدم، از دفتر خارج شدم. در راهرو خانم مدیر و خانم ناظم را دیدم که در حال گفتگو بودند و خانم مدیر از اینکه

گوشی خانم مشاور در باغچه ای که فاصله زیادی تا پارکینگ داشت افتاده است ابراز تعجب می کرد.

ترجیح دادم اندکی به گفتگوی مدیر و ناظم گوش بدهم. اینکه به مکالمه چند نفر گوش بدهم چندان کار درستی نبود اما در آن شرایط چاره ای نداشتم! از مکالمه آنها می شد متوجه شد که خانم مشاور از نظر آنها شخصی مهربان و خوش خلق بوده است. در همین اثنا، مامورین پلیس در حال انتقال اتومبیل خانم مشاور بودند و تعدادی از دانش آموزان و کارکنان مدرسه به دور آن جمع شده بودند. من هم بین آنها ایستادم و به حرف های آنها گوش می دادم که متوجه صحبت های دو معلم مدرسه شدم که در مورد خانم مشاور صحبت می کردند! آنها نیز برای خانم مشاور احترام زیادی قائل بودند و از اینکه این حادثه برای او اتفاق افتاده بود متعجب شده بودند. به نظرم تحقیق در مورد این خانم مشاور در همین حد می توانست کافی باشد چرا که تا این لحظه چهار نفر او را انسان خوبی می دانستند، از مدرسه خارج شدم و به خانه قدیمی بازگشتم و خودم را برای نقشه ای که امروز عصر داشتم آماده کردم. اول به محل خانه آن چند پسر شرور رفتم و خودم را نزدیک در خانه آنها بر روی زمین انداختم و به خواب زدم. صاحب کیوسک برای اینکه مانع ماندنم در آنجا شود به طرفم آمد و با دیدن اینکه خواب هستم به داخل کیوسک خودش رفت اما از همانجا هر چند

لحظه یکبار به من نگاه می کرد. وسایلی که همراه خودم به عنوان یک خانه بدوش حمل می کردم در دو کیسه بزرگ پارچه ای قرار داشت. در زمانی که خودم را بر روی زمین انداختم بگونه ای آنها را بر روی زمین انداختم که آن کیسه ها تا حدودی جلوی دید صاحب کیوسک را بگیرد در یک فرصت مناسب خودم را به داخل حیاط خانه آن چند پسر شرور رساندم و پس از باز کردن قفل در ورودی خانه به داخل خانه رفتم. خوشبختانه فرورفتگی جلوی در ورودی خانه به من این امکان را می داد که بدون اینکه دیده شوم در را باز بکنم. وارد خانه شدم باید به دنبال یک محل مخفی می گشتم که آنها در زمانی که در پاتوقشان بودند از آن صحبت کرده بودند. محل آن راه پله، پله سوم، بود به سراغ آن رفتم آنها زیر پله را خالی کرده بودند و درون آن لوازم با ارزش خودشان را پنهان می کردند، از بین آنها بسته های پول را پیدا کردم و از یکی از آنها مقداری پول نقد برداشتم، در آن محل مخفی همچنین آلبومی از عکس های دخترانی بود آنها در این مدت مورد آزار و اذیت قرار داده بودند آن را نیز با خودم برداشتم و با دقت زیادی از خانه خارج شدم زمانیکه در حیاط بودم دیدم که صاحب کیوسک با سرعت دارد به سمت کیسه های وسایلم می رود ظاهرا نسبت به حضور من در کنار آنها مشکوک شده بود و برای بررسی اینکه من آنجا هستم و یا نه به آنجا می رفت باید قبل از او به آنجا می رسیدم. در حالیکه از خیابان می خواست عبور بکند یک اتومبیل جلوی او

ایستاد و کمی با او صحبت کرد در این فرصت خودم را به آن کیسه ها رساندم و دوباره کنار آنها خودم را به خواب زدم! صاحب کیوسک با عصبانیت به کنار من آمد و با چند ضربه من را از خوابی که خودم را به آن زده بودم بیدار کرد و گفت باید آنجا را ترک کنم من هم با سرعت از آنجا رفتم. و به پارک محل پاتوق آنها رفتم دیگر وقتش رسیده بود که مرحله دیگر نقشه ام را اجرا کنم. کفش های گران قیمتی را که خریده بودم از کیسه در آوردم و پوشیدم، و منتظر شدم تا آن پسر شروری که باید در این بخش از نقشه ام انجام کار می کرد تنها بشود. از جلوی او بگونه ای عبور کردم تا بتواند به راحتی کفش هایم را ببیند حدسم درست بود به محض دیدن کفش ها به سراغم آمد و ابتدا با چند ضربه من را به زمین انداخت و سپس کفش ها را از پایم در آورد و پوشید و کفش های قدیمی خودش را برای من گذاشت! در حال گشتن جیب هایم بود و از قبل بخشی از پول هایی را که از خانه آنها برای انجام این نقشه برداشته بودم بگونه ای که باقی مانده از قیمت کفش بود را در جیبم داشتم تا او آنرا بردارد اما او متوجه آنها نشد! برای اینکه متوجه شود آنها را از جیبم به بیرون انداختم و این مرتبه آنها را دید و برداشت و در جیبش گذاشت و خوشحال از اینکه همچین پولی را بدست آورده است از آنجا رفت با سرعت کفش های قدیمی او را به نزدیک کفش فروشی بردم و در سطل زباله نزدیک کفش فروشی بگونه ای که به راحتی قابل دیدن نباشد پنهان کردم، و به

محل خانه آنها رفتم! صدای درگیری لفظی آنها از خانه می آمد. از خانه بیرون آمدند و او با دیدن من به سمت من آمد و به دیگران گفت که آن پولها و کفش ها را از من بزور گرفته است، ظاهرا بقیه آنها با دیدن آن کفش های گران و مبلغ پولی که در جیب او بود به او برای برداشتن پولها مشکوک شده بودند و با دیدن کسری پول های خودشان در جیب او نسبت به این موضوع یقین پیدا کرده بودند و او انتظار داشت که با دیدن من از این موضوع تبرئه گردد اما من به آنها گفتم که او امروز از یک مغازه کفش فروشی که من در آن نزدیکی مشغول راه رفتن بودم کفش هایش را خریده است، او با عصبانیت به من حمله کرد و چند لگد محکم هم به من زد، اما باقی آنها جلوی او را گرفتند و یکی از آنها در حالیکه از شدت خشم به خود می پیچید گفت: "آیا از این موضوع مطمئن هستی؟"

گفتم: "او حتی کفش های کهنه خودش را هم درون سطل زباله نزدیک به همان فروشگاه انداخته است."

با گفتن این موضوع آنها بسرعت من را سوار بر اتومبیلشان کردند و باقی آنها هم حالیکه آن پسر که کفش ها را از من گرفته بود از الفاظ زشتی نسبت به من استفاده می کرد، سوار شدند. به محل فروشگاه که از محل خانه آنها فاصله نسبتا زیادی داشت رسیدیم و من آن سطل زباله را به آنها نشان دادم. همراه با هم نزدیک سطل زباله رفتیم و یکی از آنها شروع به گشتن زباله ها کرد و با دیدن

کفش های آن پسر آنها را به رییس خودشان نشان داد و به همین دلیل آن پسری که کفش ها را از من گرفته بود سعی کرد با اسلحه ای که همراه داشت به سمت من شلیک کند اما آن سه برادر به گمان اینکه او قصد شلیک به آنها را دارد اسلحه های خودشان را بیرون آوردند و به سوی یکدیگر شلیک کردند و برادر آن یکی که کفش ها را از من گرفته بود هم برای دفاع از برادرش به سمت آنها شلیک کرد زیاد طول نکشید که به جز رییس آنها که او هم گلوله خورده بود بقیه بر روی زمین افتاده بودند و من هم اگر بین سطل های زباله پنهان نشده بودم مطمئنا گلوله می خوردم! رییس آنها در حالیکه زخمی شده بود سوار اتومبیلشان شد و از آن محل گریخت... احتمال می دادم که به خانه شان برگردد. من فکر می کردم آنها در نهایت برای چنین اتفاقی همدیگر را حسابی کتک می زنند و به این ترتیب انتقام دختر نوجوان گرفته می شد اما آنها همدیگر راکشتند و شاید این تقاص تمامی گناهان آنها بود. از تمام این اتفاقات با کمک دوربین کوچکی که داشتم فیلم گرفته بودم. هنوز رییس آنها مانده بود... فکری به ذهنم رسید... باید خودم را به خانه آنها می رساندم، زمانیکه به آنجا رسیدم دیدم که ماشین رییس کج در خانه پارک شده بود. پیش صاحب کیوسک رفتم و گفتم که بدنبال یکی از لوازمم می گردم و از پرسیدم که چه اتفاقی افتاده است؟ او به من گفت که رییس آنها را در حالیکه زخمی بوده

است دیده که به خانه باز گشته است و از من پرسید: "فکر می کنی چه اتفاقی برای او افتاده است؟"

در پاسخ به او گفتم: "حتما آنها با یکدیگر درگیر شده اند و ادامه دادم در چهار راه بعدی یکی را دیدم که می گفت در درگیری آنها یکدیگر را کشتند و رییس آنها هم با آن زخمی که برداشته است باید تا الان مرده باشد." با شنیدن این حرف ها از داخل کیوسک خودش یک اسلحه برداشت و به داخل خانه آنها رفت... مطمئن بودم که این کار را خواهد کرد! آنهمه مواد مخدر و پولی که آنها پنهان کرده بودند می توانست هر فردی را وسوسه بکند، از داخل خانه آنها صدای گلوله می آمد و پس از اندک زمانی هر دوی آنها از خانه بیرون آمدند در حالیکه تلو تلو می خوردند رییس آنها در منزل به زمین افتاد و جان داد و صاحب کیوسک هم با کیسه پولهای آنها تا کیوسک آمد و سپس مرد، هنوز کسی از افراد محل جرات نکرده بود از خانه خود بیرون بیاید و من هم با خودم فکر کردم مطمئنا آن کیسه پول حق افراد دیگری است آنرا برداشتم و از آن محل خارج شدم. در حال رفتن هر چند قدم به خانه آنها نگاه می کردم که دیدم یکی از همسایه های آنها به داخل خانه آنها رفت و با جعبه مواد از آن خارج شد. در یکی از کوچه های خلوت دو سه خیابان بالاتر لباس هایم را عوض کردم و کیسه پول ها و آلبوم عکس را برداشتم و باقی لوازم را داخل یکی از سطل های

زباله انداختم، و با دقت تمام که مطمئن شوم فردی تعقیبم نکرده است به خانه قدیمی بازگشتم. آن لوازم را گوشه ای روی زمین گذاشتم و به مانیتورها نگاه کردم، هیچکدام از بیماران قبلی نمرده بودند...

دو نفر جدید اضافه شده بودند، بیمار شماره ۱۱ یک مرد بود که در حادثه رانندگی مجروح شده بود و بیمار شماره ۱۲ هم یک کارگر ساختمانی بود که در هنگام کار در ساختمان دچار حادثه شده بود و از ساختمان به پایین سقوط کرده بود. به چهره خانم مشاور در مانیتورها نگاه کردم که از دید همکارانش فردی محترم و خوب بود! پس از پاک کردن گریمم به خانه بازگشتم، مادرم با دیدن من گفت: "مگر چه کاری داری انجام می دهی که اینقدر خودت را خسته می کنی؟"

به او پاسخ دادم: "کار زیاد سختی نیست!"

در حالیکه در دلم می گفتم: "خبر نداری که فقط همین امروز چند بار تا پای مرگ رفته و بر گشته ام...!"

در طول مدتی که برای تعویض لباس و شستن دست و صورتم رفتم و بازگشتم پدرم هم به خانه آمد و تصمیم گرفتم تا برای مدتی همراه با آنها بنشینم در حالیکه مشغول صحبت کردن در مورد موضوعات مختلف بودیم ناگهان اخبار تلویزیون ماجراهای

امشب را نشان می داد دیدن آن خبر باعث ابراز تاسف پدر و مادرم برای این حادثه شده بود و مادرم گفت: "بودن اینگونه افراد که امنیت سایرین را به خطر می اندازند باعث ناراحتی است"

و پدرم هم ضمن تایید حرف مادرم گفت: "برخورد قاطع پلیس با اینگونه افراد مطمئنا مفید خواهد بود"

و من فکر می کردم که گاهی مردم هم باید هوشیارتر عمل بکنند تا اصلا چنین پدیده هایی شکل نگیرد. البته گاهی اوقات بعضی از پلیسها مانند آن پلیس در محل پاتوق آن پسران شرور برخورد جدی با اینگونه موارد ندارند. و من هم حرف های ایشان را تایید می کردم. بدون اینکه چیزی برای شام بخورم به اتاقم رفتم و مستقیم بر روی تختخوابم دراز کشیدم تا خوابم برد. چشمانم را که گشودم صبح شده بود... برای گرفتن دوش به حمام رفتم... هنوز نسبت به آن سطل های زباله ای که بین آنها پنهان شده بودم احساس بدی داشتم، جای ضرباتی را که دیروز و طی اجرای آن نقشه خورده بودم را در آینه نگاه می کردم جای آن لگدهایی که زده بود کبودی زیادی داشت! لباس پوشیدم تا به خانه قدیمی بروم مادرم جلوی من را گرفت و گفت: "تا زمانیکه صبحانه نخوری اجازه نمی دهم که به آنجا بروی"

با شنیدن این حرف همراه با او مشغول صبحانه خوردن شدم اما ضرباتی که خورده بودم اجازه نمی داد تا به راحتی روی صندلی

بنشینم برای همین هم زیاد جابجا می شدم ممکن بود این موضوع باعث بر انگیخته شدن تعجب مادرم بشود بنابراین خیلی زود صبحانه ام را خوردم و به مادرم گفتم: "گمان می کنم عضله پایم گرفته است"

وبا وجود اینکه می دانستم که مادرم احساس خوبی نسبت به این موضوع ندارد به خانه قدیمی رفتم... آن آلبوم مربوط به عکس های دخترانی را که آن پسرهای شرور آنها را مورد آزار و اذیت قرار داده بودند را برداشتم و دانه به دانه به عکس های آنها نگاه کردم، به چهره دختران بی گناهی نگاه می کردم که قربانی هوس چند هوس ران شده بودند! در حال نگاه کردن به عکس ها بودم و برای دیدن یکی از آن عکس ها که صفحه قرار گرفتن آن واضح نبود، ناچار شدم تا آن را از جایش بیرون بیاورم. اتفاقی به پشت عکس نگاه کردم! در پشت آن عکس آدرس محل زندگی، نام و نام خانوادگی و سایر مشخصات آن دختر نوشته شده بود، ظاهرا آن پسران شرور پس از اینکه دختران را مورد آزار و اذیت قرار داده بودند به زور مشخصات آنها را گرفته بودند تا مانع از رفتن آنها به نزد پلیس بشوند. با استفاده از این مشخصات که در پشت همه عکس ها بود می توانستم به آن دختران کمک بکنم و به این ترتیب اندکی از ناراحتی روحی آنها بکاهم. تعداد آنها بیست نفر بود! دست کشی پوشیدم تا اثر انگشتم بر روی هیچکدام از آن لوازم و وسایل باقی

نماند سپس بیست عدد پاکت درست کردم و درون هر کدام یک فیلم از نحوه کشته شدن آن پسران شرور به دست خودشان قرار دادم و پولی که در آن کیسه بود و همه آنها هم اسکناس های درشت بود را بین آنها به میزان برابر تقسیم کردم و در این پاکت ها قرار دادم و عکس هر کدام از این دختران را هم درون آن پاکت گذاشتم. به این ترتیب بیست پاکت درست کردم که به دست آن دختران برسانم. روی هر کدام از آن پاکت ها با استفاده از حروف چاپی نام آن دختر را که از پشت عکس وی دیده بودم نوشتم و در ادامه نوشتم: " آنها به نتیجه عمل خودشان رسیدند- ناجی"

دلیل اینکه از عنوان ناجی استفاده کردم این بود که برای اولین مرتبه آنرا در آن غار و از زبان آن موجودات شنیده بودم و برایم سوال برانگیز شده بود...! بنابراین بکارگیری آن در اینجا هم برای من مناسب به نظر می رسید. اکنون باید آن پاکت ها را به دست دختران می رساندم. برای اینکار ابتدا گریم لازم داشتم تا شناخته نشوم، گریمی که ایندفعه انجام داده بودم از دفعه های قبلی بهتر بود و سپس از در پشتی خانه قدیمی خارج شدم. اولین دختر که باید بسته او را به او می رساندم در یک خشک شویی کار می کرد برای همین وارد آنجا شدم و از او درباره مدت زمان لازم برای خشک شویی یک دست لباس چند سوال پرسیدم و سپس از او خواستم تا برای آوردن لباس ها کمکم کند. ابتدا راضی به انجام

این کار نمی شد، اما با اصرار من قبول کرد و همراه با من به بیرون از فروشگاه آمد. در طول این مسیر پاکت را به درون جیب او گذاشتم و از او خواستم تا برای اینکه اتومبیل حاوی لباس ها را بیاورم همانجا منتظر من بماند و او هم همین کار را کرد اما من رفتم و از دور به او نگاه می کردم. کمی که گذشت متوجه پاکت درون جیبش شد هنگامیکه روی آن را خواند و آن را باز کرد همانجا نشست و از خوشحالی گریه می کرد. دیدن شادی سایر انسان ها برایم لذت بخش بود...

باید برای دادن دومین پاکت به یک مدرسه می رفتم... دومین دختر در یک مدرسه به عنوان نظافت چی مشغول بکار بود، در حالیکه در یکی از راهرو ها به سر کار خودش می رفت به او گفتم: "ببخشید خانم این بسته از جیب شما افتاد" هنگامی که بسته را گرفت و در حال خواندن روی آن بود بسرعت از او دور شدم چند مرتبه من را صدا زد ولی بی توجه به آن سعی کردم تا از دید او پنهان شوم. از گوشه ای واکنش او را نگاه می کردم زمانی که از یافتن من نا امید شد بر روی لبه باغچه مدرسه نشست و پاکت را در آغوش گرفت و به دور دست ها نگاه می کرد.

ظاهرا رساندن پاکت سومین دختر از همه دشوار تر بود! او در یک فروشگاه کار می کرد و صندوق دار آنجا بود نمی شد مستقیم به او پاکتش را بدهم زیرا که احتمال اینکه خودم گیر می افتادم زیاد

بود برای همین هم به پسر بچه ای گفتم که اگر این کار را انجام بدهد به او مبلغی پول خواهم داد! یک اسکناس را نصف کردم و نصف آنرا به او دادم و گفتم برای گرفتن نصف دیگر آن پس از اینکه بسته را به آن خانم بدهد پیش من باز گردد... نیمه دیگر اسکناس را آنجا گذاشتم و رفتم تا از دور از اینکه بسته را به او می دهد مطمئن شوم.

برای دیدن دختر چهارم مدتی درب خانه اش کشیک دادم و خبری از او نبود! در نهایت یک پیک، سفارش غذای او که یک پیتزا بود را برای او آورد! خودم را به آن پیک موتوری زدم و اما زمانیکه او به زمین افتاد پیتزا را گرفتم و تا از زمین بلند شد پاکت را درون آن پیتزا قرار دادم و پیک موتوری نیز از اینکه پیتزا به زمین نیفتاده بود بسیار خوشحال شد و تشکر کرد. هنگامی که می رفتم از دور می دیدم که آن دختر پیتزای خودش را تحویل می گرفت. به همین ترتیب پاکت های همه آنها تحویل دادم به جز پاکت دختری که در بیمارستان بود.

[illegible]

امروز صبح زمانیکه به خانه قدیمی رفتم صدای هشدار یکی از مانیتورها می آمد... به اتاق مانیتور ها رفتم و فهمیدم که این صدای هشدار مربوط به بیمار شماره ۶ یعنی همان خانم مشاور میانسالی بود که با ضربه افرادی ناشناس مجروح شده بود. ظاهرا ابتدا از حالت کما خارج شده است اما بلافاصله علائم حیاتی او دچار مشکلات شدیدی شده بود و تیم احیاء بیمارستان مشغول به احیای او بودند. به دلیل اینکه تا حدودی نسبت به گذشته او تحقیق کرده بودم و همکارانش او را انسان محترمی می دانستند نسبت به دیدن چهره اش در هنگام مرگ حساس تر از بقیه بودم به همین دلیل دوربین را بر روی صورتش تنظیم کردم، در هنگامیکه در حال جان دادن بود ترس در چهره اش دیده می شد و با ترس زیادی از دنیا رفت، اما چرا؟ چرا باید فردی که از دیدگاه همکارانش فردی محترم بود اینچنین با ترس از دنیا می رفت؟ اگر او فردی خوب بوده است چرا مورد حمله افراد ناشناس قرار گرفته بود؟ شاید می توانستم از طریق همان شماره تلفن ها و آدرس ایمیلی که از او داشتم اطلاعاتی در این زمینه بدست بیاورم و قدر مسلم بررسی آنها می توانست به بخشی از ابهاماتی که در این زمینه برایم بوجود آمده بود پاسخ قانع کننده ای دهد.

متاسفانه، بررسی آن پست الکترونیک پاسخی به سوالات بوجود آمده نداد و علت آنهم شاید این بود که به نظر می رسید تمام

مکاتبات درون آن توسط خانم مشاور و یا فرد ناشناس دیگری پاک شده است! اما چرا باید تمامی مکاتباتش پاک می شد؟ لیست مخاطبان او را بازیابی کردم. هرزگاهی به مانیتورها نگاه می کردم که متوجه شدم دختر نوجوانی که مورد آزار و اذیت قرار گرفته است بهوش آمده است، هنوز بطور کامل هوشیاری او باز نگشته بود اما منتظر بودم تا بتوانم در شرایط بهتری پاکت او را بدستش برسانم. و از این طریق باعث شادی او بشوم. خودم را گریم کردم. در طی این چند روز، هر روز به مهارتم در این زمینه اضافه شده بود و سعی می کردم که هر روز از روز قبل دقت بیشتری کنم. گریمم مدتی طول کشید چرا که در مرحله اول چندان خوب از کار در نیامد... مجبور شدم تا آن را پاک کرده و دوباره از اول خودم را گریم کنم؛ در مراحل پایانی گریمم متوجه شدم که دختر نوجوان را از آن بخش به بخش دیگری منتقل کرده اند! باید او را در بیمارستان پیدا می کردم... به بیمارستان رفتم و در آنجا با شناختی که در مدت حضورم بدست آورده بودم و پرسش از چند نفر توانستم آن دختر نوجوان را بیابم. پدر و مادرش در اتاق کنار تختش بودند نمی شد به این راحتی پیش او رفت باید مدتی صبر می کردم بنابراین مدتی را در همان اطراف قدم زدم که متوجه شدم مجروح دیگری را به بخش مراقبت های ویژه بردند او یک افسر پلیس بود که در درگیری که بین چند سارق مسلح و نیروی پلیس، گلوله خورده بود. به حرف های افسران پلیسی که او را به بیمارستان

آورده بودند گوش دادم. ظاهرا چند سارق مسلح به طلا فروشی در یک بخش از شهر دستبرد می زنند و در هنگام فرار با رسیدن مامورین پلیس میان آنها و مامورین پلیس درگیری مسلحانه بوجود می آید... در آن لحظه سارقین مسلح به سمت مامورین شلیک می کنند، اما یکی از سارقین با گروگان گرفتن یک کودک قصد هدف قرار دادن عابر دیگری را داشته است که این مامور پلیس خودش را جلوی گلوله می اندازد و مجروح می شود.. در این لحظه به یاد آن مامور پلیس پارک افتادم که از آن پسرهای شرور پول می گرفت و به این مامور پلیس فکر می کردم که برای نجات جان عابر پیاده ای جان خودش را به خطر انداخته است.

پس سیزدهمین بیمار یک پلیس بود که بستری می شد! به اتاق دختر نوجوان نگاهی انداختم... پدر و مادرش از آنجا رفته بودند. سعی کردم بدون اینکه متوجه شود وارد اتاق او شوم. زنگی را که می توانست با آن پرستاران را خبر کند را قطع کردم. با دیدن من خیلی ترسیده بود آرام انگشتم را روی بینی ام گذاشتم و به او فهماندم که باید سکوت بکند هنوز هم از ترس او کاسته نشده بود و پاکت را از جیبم در آوردم و درون دستش قرار دادم. با دیدن آن پاکت که درون دستش بود متعجب شده بود. کنار گوشش گفتم که دیگر نگران نباش آنهایی که این بلا را سرت آورده اند به نتیجه عمل خودشان رسیدند...

با شنیدن این جمله نگاهی سرشار از حس تشکر به من کرد و می شد ترکیبی از تعجب، ترس و شادی را در چهره اش دید به او گفتم که زنگ را دوباره وصل می کنم و از اتاق خارج می شوم و امیدوارم که دوباره او را در بیمارستان نبینم و از اتاق خارج شدم. سنگینی نگاه او را تا زمانیکه از اتاق خارج شدم روی تنم احساس می کردم، در راهرو پدر و مادرش را دیدم که بعد از من وارد اتاق شدند و اندکی بعد پدرش با عجله از اتاق بیرون آمد و بدنبال من می گشت! اما دیگر نمی توانست مرا بیابد، از بیمارستان خارج شدم و به خانه قدیمی بازگشتم. بلافاصله بعد از پاک کردن گریمم به سراغ آن آدرس پست الکترونیک رفتم، پس از مدتی آدرس هایی را که او با آنها در ارتباط بود را بازیابی کردم و شروع به بررسی آنها کردم... تقریبا تمام آنها مربوط به دانش آموزان او بود. در ده آدرس اولی که بررسی کردم، تنها مکاتبات عادی و روزانه بود؛ اما در چند آدرس بعدی به مکاتباتی برخوردم که چندان حالت عادی نداشت. در آنها می شد یک سیکل خاص را مشاهده کرد! به این ترتیب که ابتدا نامه ای از طرف خانم مشاور میانسال به دانش آموز ارسال شده بود و در آن بصورت مادرانه و دلسوزانه نسبت به آینده درسی وی اعلام نگرانی شده بود! در نامه بعدی برای رفع اشکالات درسی وی به دانش آموز پیشنهاد کمک کرده بود و از او خواسته شده بود که در صورتی که مایل باشد می تواند برای کلاس های کمک درسی به خانه خانم مشاور برود و آدرسی را در پایین آن نامه نوشته بود، اما

آن آدرس که به عنوان آدرس خانه مشاور آورده شده بود آدرس خانه او نبود! چرا که در فرم های اداره پلیس و بیمارستان یک آدرس دیگر نوشته شده بود! این اولین مورد مشکوک در مورد خانم مشاور بود... در نامه های الکترونیک بعدی دو حالت وجود داشت: در صورتیکه دانش آموز به پیشنهاد خانم معلم برای کلاس کمک درسی جواب مثبت داده بود و برای رفع اشکال به آن آدرس رفته بود نامه های بعدی حالتی تهدید آمیز پیدا می کرد و در واقع دانش آموز را مجبور می کرد تا در زمان هایی مشخص به آدرسی که مشخص نبود مربوط به کجاست برود اما در حالت دوم اگر دانش آموز به پیشنهاد کلاس های کمک درسی پاسخ منفی می داد نامه ها در همان مرحله قطع می شد! حسابی متعجب شده بودم! اگر دانش آموزان برای کلاسهای کمک درسی نزد خانم مشاور میانسال رفته بودند پس چرا از آن تاریخ به بعد با تهدید از آنها می خواست که به آن آدرس بروند... وارد سایت مدرسه شدم و دیدم که دانش آموزانی که با تهدید به کلاس های کمک درسی خانم مشاور میانسال می رفتند دچار افت شدید تحصیلی شده بودند. اکنون زمان آن رسیده بود که با گریمی جدید به محل آن آدرس بروم و ببینم که آنجا واقعا اگر آدرس خانه خانم مشاور نیست پس آدرس کجاست؟ با رسیدن به آن محل با منظره ای عجیب رو برو شدم! آن آدرس مربوط به خانه ای خالی از سکنه بود، و با آدرس محل زندگی آن خانم مشاور فاصله زیادی داشت، به نظر نمی رسید که

وارد شدن به خانه ای خالی از سکنه برای کسی مشکلی ایجاد بکند برای همین هم منتظر ماندم تا شب شود... با فرا رسیدن شب مدتی را به زیر نظر گرفتن آن خانه گذراندم تا از خالی بودن آن خانه مطمئن شوم. هنگامی که شب شد با احتیاط زیاد، که کسی مرا نبیند وارد آن خانه شدم، داخل آن خانه خالی بود و حتی اسباب و لوازم منزل هم به چشم نمی خورد، با دیدن این خانه خالی دوباره از خودم پرسیدم که چرا دانش آموزان باید به این خانه خالی می آمدند؟ چرا هیچ کدام از دانش آموزانی که به این مکان آمده بودند زخمی و یا مجروح نشده بودند؟ اگر در این مکان اتفاقی برای دانش آموزان افتاده بود چرا هیچکدام شکایتی نکرده بودند؟ و چرا باید دانش آموزان چند بار در ماه به این خانه خالی می آمدند؟ به نظرم این خانه خالی چیزی را پنهان می کرد که فقط و فقط خانم مشاور و آن دانش آموزان از آن آگاهی داشتند و شاید علت آن حادثه که برای خانم مشاور رخ داده بود نیز از طریق همین خانه پیدا می شد... با چراغ قوه شروع به بررسی آن خانه کردم، هیچ مورد مشکوکی مشاهده نمی شد اتاق به اتاق آن را گشتم، شاید باید به پشت بام می رفتم اما پشت بام در دید همه محل قرار داشت محال بود که اتفاقی بر روی آن افتاده باشد و هیچ فردی آن را ندیده باشد! تنها مکان باقی مانده از آن خانه زیر زمین بود... به آنجا رفتم. بر خلاف طبقه اول که هیچ آثاری از حضور شخص یا اشخاصی در

آن نبود در پله های زیر زمین می شد به راحتی آثار عبور فرد و یا افرادی را مشاهده کرد!

گرد و غبار موجود در پله ها عبور افرادی را از آنجا نشان می داد، زمانی که به پایین پله ها رسیدم متوجه شدم که در ورودی به پله ها قفل شده است اما چرا؟ وسیله ای که بتوانم آن در را باز کنم، البته بدون اینکه قفل آن آسیب ببیند همراه با خودم نداشتم. بنابراین به خانه قدیمی بازگشتم و از آنجا به خانه رفتم تا وسیله ای و یا راهی برای آن بیابم. شکستن آن قفل باعث می شد افرادی که به آن محل رفت و آمد داشتند از ورود فرد دیگری به آن ساختمان آگاه بشوند، بنابراین باید راهی پیدا می کردم که آن قفل را بدون آسیب رساندن به آن باز می کردم. یادم آمد که در محله آن پسران شرور فردی به نام کلیدساز زندگی می کرد که افرادی آدرس آن را از صاحب کیوسک پرسیده بودند، آدرسی را که صاحب کیوسک داده بود را بخوبی بیاد داشتم برای همین هم به خانه قدیمی بازگشتم و برای رفتن به آن محله خطرناک خودم را گریم کردم، شب بود اما اگر قرار بود تا این راه را امتحان بکنم بهترین زمان همین موقع بود، با شکلی متفاوت به آن محله رفتم، شکل بی خانمانی دیگر شده بودم با رسیدن به آن محل به کیوسک آنجا نگاه کردم کیوسک باز بود اما فرد دیگری در آن مشغول به کار بود و این برای من بهترین فرصت بود تا زمانیکه او می خواست تمام

محل و افراد آن را بشناسد احتمالا کار من هم در آن محل تمام شده بود، به کنار کیوسک رفتم و گفتم: "تو به جای صاحب کیوسک آمده ای که کشته شد؟"

بدون اینکه جوابم را بدهد گفت: "چطور مگه؟"

به او گفتم: "هیچی خودم راهم را بلدم"

همینطور که نگاه می کرد گفت: "حداقل بیا و سهمت را بده"

به سمت او باز گشتم و مبلغی به او پول دادم و راهم ادامه دادم. ظاهرا مبلغ پول برای او کافی بود زیرا که اگر کم می بود حتما از من پول بیشتری می خواست. در چند روزی که در کنار کیوسک بودم چیزهای زیادی از آن محله نفرین شده آموخته بودم. مثلا می دانستم که هر فردی که با کلید ساز کار داشته باشد باید سه سکه به او نشان بدهد! که نشان می داد او را کیوسک آن محل فرستاده است. به در خانه کلید ساز رفتم و در زدم و او از پشت در پرسید: "کیست؟"

و به او پاسخ دادم: "کلید ساز؟ با کلید ساز کار داشتم؟"

از شکاف در به من نگاهی کرد و من سه سکه به او نشان دادم... در را گشود و گفت: "چکار داری؟"

به او گفتم: "برویم داخل به تو می گویم"

وارد خانه شدم نور آنجا بسیار کم بود، کمتر از آن چیزی که بشود به راحتی همه چیز را دید... کلید ساز دوباره از من پرسید: "چکار داری؟" به او گفتم : "می خواهم باز کردن یک نوع از قفل را به من یاد بدهی"

به سمتم حمله ور شد و گفت: "برو بیرون"

به او گفتم: "نگران نباش، در این شهر هیچ کسی به جز تو نمی تواند از عهده این کار بر بیاید"

کلید ساز گفت: "اما باید هزینه اش را پرداخت بکنی"

گفتم: "در این سالها مقداری پس انداز کرده ام"

البته همه اش همین مقدار است، نگاهی به پول هایی کرد که در دستم بود و گفت: "همه اش همین است، فقط صد چوب"

به کلید ساز گفتم: "اگر نمی خواهی من هم از این کار منصرف شدم"

و برای بیرون رفتن بلند شدم، که ناگهان کلید ساز گفت: "بشین"

جعبه ای بزرگ را آورد و گفت: "از بین آنها قفلی را که می خواهی باز کردن آن را یاد بگیری پیدا بکن"

یک جعبه پر از قفل های مختلف بود گشتم و آن قفل را پیدا کردم و او هم نحوه باز کردن آن را به من یاد داد! زمانی که آموزش او تمام شد و من خواستم بروم کلید ساز گفت: "می دانی الان دیگر با آمدن قفل های جدید مثل قبل سرم شلوغ نیست پولی که دادی زیاد بود و من هم تنها هستم برای همین اگر می خواهی مدتی بنشین تا چند تای دیگر را هم به تو یاد بدهم"

باز کردن چند قفل دیگر را به من یاد داد و در آخر گفت: "اگر ۱۰۰۰ چوب بدهی نحوه باز کردن تمام آن قفل ها را به تو یاد خواهم داد"

به او گفتم: "باشد اما باید مدتی صبر کنی تا بتوانم پول اینکار را بدست بیاورم"

از خانه کلید ساز خارج شدم... مدتی را قدم زدم اما تمام حواسم به این بود که کسی از افراد آن محل و یا کلید ساز تعقیبم نکند... اندکی در گوشه ای نشستم تا خیالم کاملا در این مورد راحت شود، بعد از آن با همان قیافه، مستقیما به سمت خانه ای که خانم مشاور میانسال، دانش آموزان را به آنجا می برد رفتم. وارد آن شدم و به زیر زمین رفتم و در آن را باز کردم، اما با دیدن اینکه زیر زمین هم مانند طبقه بالا خالی بود متعجب شدم! چرا باید برای یک زیر زمین خالی از قفلی به آن بزرگی استفاده می کردند؟ باید دلیلی برای اینکار پیدا می کردم... تمام زیر زمین را بدقت بررسی می کردم

گویی هرچه بیشتر می گشتم کمتر به نتیجه می رسیدم! در وسط زیر زمین ایستادم و سعی کردم تا تمرکز خودم را دوباره بدست بیاورم. در همین حین به گرد و غبار اطراف نگاه می کردم و فکری به ذهنم رسید! رد پاها را باید دنبال می کردم مطمئنا این رد پاها به جایی رفته بود و این می توانست به من کمک کند. به در ورودی زیر زمین رفتم و رد پاهایی را که روی زمین بود دنبال کردم، در محلی از دیوار زیر زمین که بالابری برای بردن لوازم و ابزار به طبقه بالا بود بیشتر رد پاها ختم می شد. اما من که در طبقه بالا جایی را که بالابری در آن وجود داشته باشد ندیده بودم! تمام آن را و حتی اتاق های آن را وجب به وجب گشته بودم... با توجه به اینکه تمام آن رد پاها در زیر زمین به این بالابر ختم می شد پس باید پاسخ این سوالات هم در همین بالابر باشد! فقط یک راه برای فهمیدن وجود داشت. باید آن بالابر را امتحان می کردم. در آن را باز کردم به راحتی یک نفر می توانست در آن قرار بگیرد، سوار آن شدم و دکمه حرکت را زدم اما به جای اینکه به سمت بالا برود به سمت پایین رفت پس از اینکه متوقف شد در آن را با احتیاط باز کردم و دیدم که آنجا یک راهروی زیر زمینی است که ارتفاعی تقریبا ۱/۵ متر دارد و طول آن هم تقریبا ۲۰ متر است! در انتهای آن تعدادی پله بود که به سمت بالا می رفت، تونل را طی کردم و از پله ها بالا رفتم. به یک درب چوب رسیدم. از سوراخ کلید می شد در آنطرف را دید! هنگامی که آن طرف درب را نگاه کردم،

دیدم که آن طرف درب هم یک خانه است! پس با توجه به جهت حرکت در تونل و همینطور طول آن می شد حدس زد که آن خانه باید دومین خانه بعد از خانه ای باشد که من به آن وارد شده بودم... در را باز کردم و از بین آن به داخل آن خانه نگاه کردم اسباب و اثاثیه آن با نظم و ترتیب خاصی چیده شده بود، و همه چیز مرتب و تمیز بود باید وارد آن خانه می شدم و باید برای دانستن ادامه ماجرا ریسک می کردم! وارد خانه شدم و شروع به بررسی آن کردم... همه چیز به جز آن تونلی که از آن آمده بودم عادی بنظر می رسید. تصمیم گرفتم که باز گردم اما همواره به این فکر می کردم که هیچ فردی برای یک خانه عادی از چنین راههای مخفی استفاده نمی کند! بنابراین تصمیم گرفتم که کمی بیشتر بدنبال سر نخهای احتمالی بگردم. داخل اتاق ها، آشپزخانه و حتی سرویس های بهداشتی هیچ چیزی که بتواند جلب توجه کند وجود نداشت. در اتاق نشیمن ایستاده بودم و به اطراف نگاه می کردم تا اینکه چشمم به یک چراغ خواب نصب شده بر روی دیوار افتاد. چرا باید در اتاق نشیمن چراغ خواب نصب می شد!؟ سعی کردم تا آن را روشن کنم اما با هیچ کلیدی روشن نمی شد و ظاهرا خراب بود و کار نمی کرد! به سایر بخش های آن خانه هم رفتم در هریک از اتاق خواب ها هم مشابه آن چراغ خواب دیواری نصب شده بود و هیچکدام هم کار نمی کرد! در آشپزخانه و سرویس های بهداشتی هم چراغ هایی از نوع دیگری وجود داشت که کار نمی کردند! شاید

این خودش سرنخی بود که من باید بدنبال آن می رفتم! برای همین هم بدنبال کلید روشن و خاموش تک تک آنها گشتم ولی چنین کلیدی وجود نداشت! تعداد کلیدهای ساختمان با چراغ هایی که روشن می شد برابر بود و همه آنها هم سالم بودند اما چرا باید چراغی بدون کلید روشن و خاموش در آنجا نصب می شد، تنها نتیجه ای که می شد بگیرم این بود که این چراغ ها در زمانی نصب شده اند که مراحل ساخت خانه به پایان رسیده بوده است، ارتفاع نصب آنها برای یک چراغ خواب بیش از اندازه پایین بود، یکی از آنها را از نزدیک مورد بررسی قرار دادم حدسم درست بود آنها در واقع چراغ خواب نبودند بلکه دوربین هایی بودند که برای ضبط تصاویر از آنها استفاده می شد! در داخل هر کدام از آنها یک کارت حافظه وجود داشت! بسرعت کارت های حافظه را برداشتم و از آنجا خارج شدم... به خانه قبلی باز گشتم دو عدد از این چراغ ها در آنجا بود یکی در راهروی ورودی و دیگری در زیر زمین نصب شده بود کارت های حافظه آنها را هم برداشتم! قفل در زیر زمین را دوباره بستم و بسرعت از آن محل دور شدم تمام سعیم را به خرج دادم تا این کار را بسرعت انجام دهم و دقت می کردم تا هیچ فردی تعقیبم نکند. به خانه قدیمی بازگشتم. بلافاصله شروع به بررسی محتوای آن کارت ها به ترتیب از راهروی ورودی، زیر زمین تا اتاق خوابهای خانه بعدی کردم... آنچه که می دیدم برایم غیر قابل باور بود! آن خانم مشاور در ظاهر محترم در هر کلاسی از بین دانش

آموزان طعمه هایی را انتخاب می کرده است و سپس آنها را با فریب به این مکان می کشانده است که این فریب هم بصورت دلسوزی برای اوضاع درسی آنها و کلاس های کمک درسی بوده است! سپس آنها را به این مکان می کشاتده است. اما او نیز واسطه ای در این میان بوده است و این کار برای خودش انجام نمی گرفته است... او این دانش آموزان را به خانه بعدی از طریق آن راه زیر زمینی منتقل می کرده است و آنها را برای سوء استفاده در اختیار افراد خاصی قرار می داده است که نمی توانستند بصورت آشکار بدنبال هوس رانی خودشان باشند. از این فیلم ها می شد فهمید که علت اینکه دانش آموزان از خانه کناری وارد می شدند و سپس از راهروی زیر زمینی به خانه کناری منتقل می شدند این بود که آن افراد خاص به هیچ عنوان شناخته نشوند و زمانی که به خانه کناری آنهم بصورت مخفی می آمدند هیچ ارتباطی بین آنها قابل اثبات نباشد در حقیقت این کار برای این بود که همسایه ها به رفت و آمدهای این افراد و آن دانش آموزان مشکوک نشوند! به این ترتیب افراد خاصی به خانه کناری می رفتند و دانش آموزان به خانه خالی آنطرف تر و سپس از راهروی زیر زمین به این خانه منتقل می شدند، تا هیچ اثری از کار زشتی که انجام می دادند باقی نماند. اما این خانم مشاور به هر دلیلی سعی کرده بود از این افراد در زمان ارتکاب جرم فیلم تهیه بکند شاید بدلیل حفظ جان خودش و شاید بدلیل سودجویی و اخاذی از همان افراد خاص! پس

تا اینجا علت مرگ پر از ترس آن خانم مشاور را پیدا کرده بودم... این همه کار بدی که او برای منافع مالی خودش در حق دانش آموزان بی خبر انجام داده بود، باعث ترس او در هنگام مرگ او شده بود. حجم مقدار فیلمی که هریک از کارت ها گرفته بود محدود بود و از بین آنهایی که در فیلم ها بودند فقط سه فرد قابل شناسایی بود.

تقریبا صبح شده بود به خانه بازگشتم و فردا در حدود ظهر به خانه قدیمی رفتم. برای اینکه حق آن دانش آموزان ضایع نشود یک کپی از آن کارت های حافظه را به همراه توضیحاتی با گریم جدید به اداره پلیس تحویل دادم و منتظر نتیجه آن شدم. فردای آن روز دانش آموز بیچاره ای که در آن فیلم ها بود بر اثر تصادف شدید رانندگی کشته شد و در اخبار حوادث دیدم که نزدیک به آن خانه جسد کلید ساز و دو نفر از افرادش را نشان می داد که در درگیری بین افراد شرور کشته شده بودند و بعدها فهمیدم که آنها در آن شب به گمان اینکه من برای باز کردن قفلی می روم که پول زیادی احتمالا در آنجا پنهان شده است به تعقیب من پرداخته اند و پس از دیدن ورود من به آن خانه که خانم مشاور میانسال از آن برای بدام انداختن دانش آموزان استفاده می کرد! روز بعد برای سرقت پولی که گمان می کردند وجود دارد به آن خانه رفته اند و توسط افراد ناشناسی که خانم مشاور را هم همان افراد بقتل رسانده بودند

کشته شده بودند و در یک صحنه سازی در خیابانی آن طرف تر از آن خانه رها شده بودند و سپس این اتفاق در اخبار حوادث به عنوان درگیری بین افراد شرور نشان داده شد. روز بعد کشته شدن کلید ساز در یک اقدام عجیب، هر دوی آن خانه ها برای ساخت خانه هایی جدید تخریب شدند. آن سه نفر هم که در فیلم ها حضور داشتند یکی بر اثر سکته قلبی در گذشت و دو نفر دیگر هم به شهرهای دیگری منتقل شدند و دیگر هیچ اثری از آنها باقی نمانده بود و از دو افسر پلیسی که کارتهای کپی را به آنها داده بودم یکی چند روز بعد در درگیری با چند سارق کشته شد و دیگری هم ترفیع درجه گرفت! خانه ای هم که محل زندگی آن خانم مشاور میانسال بود هنگامیکه از آنجا می گذشتم متوجه شدم که بصورت مخفیانه زیر نظر افراد ناشناسی قرار دارد، و این ها همه برای من تجربه زیادی همراه داشت.

در خانه قدیمی بودم و به مانیتورهایی که در آنجا بود نگاه می کردم. در این لحظه ساینا حرفم را قطع کرد و گفت: "این حوادث واقعا به این راحتی قابل باور نیست"

در پاسخ به ساینا گفتم: "می دانم باور کردن آنچه شنیدی برای تو سخت خواهد بود اما این را بدان من که تمام اینها را به چشم دیده ام ، هنوز هم به سختی آنها را باور می کنم"از جای خودم بلند شدم و به او گفتم ظاهرا این مرتبه از دفعه های قبلی بیشتر طول

کشید و فکر می کنم برای امروز دیگر کافی باشد. ساینا پذیرفت... او را به اتاقش رساندم و خودم به بخش مربوط به خودم رفتم.

بخش هفتم: تخت های ایزوله با عایق ضد ماده

مطابق معمول به اتاقش رفتم و ادامه اتفاقات را برای او تعریف کردم... این که خانم مشاور میانسال در ظاهر از دید بسیاری از همکارانش محترم بود اما زمانی که به زندگی او وارد شدم دیدم که بسیار شخصیت بد ذاتی است، واقعا قابل باور نبود! به صفحه های نمایش که نگاه می کردم اتفاق خاصی نیفتاده بود بیمار جدیدی هم به بیماران اضافه نشده بود. بنابراین می توانستم به راحتی به بررسی نتایج تغییر وزن ها بپردازم. در تمامی موارد تغییر وزن به مقدار کم وجود داشت اما همانطوریکه مشخص بود تغییر وزن ها زمانی اتفاق می افتد که تغییر در ماده تشکیل دهنده آن جسم پدید آید. همانطوریکه می دانیم $W=mg$ می باشد. همانطوریکه از این فرمول مشخص بود مقدار g در قبل و بعد از فوت فرد یکسان بود پس تغییر w باید بر اساس تغییر m صورت بگیرد! اما در ظاهر اجساد چیزی وجود نداشت که نشان دهنده و بیان گر کاهش ماده تشکیل دهنده جسم بیماران مرده باشد و از آنجائیکه وزن آنها بلافاصله بعد از فوت ثبت شده بود نمی توانستیم بگوئیم که کاهش آب بدن و یا فرآیندهای مربوط به فساد آن بیماران بر وزن آنها تاثیر گذاشته است. پس باید برای بررسی بیشتر به بیمارستان می رفتم اما این مرتبه بدون گریم... به محض ورود به بیمارستان یکی از افرادی را دیدم که در زمان انجام تعمیرات آن بخش از بیمارستان با او آشنا شده بودم، از او پرسیدم: "آن بخش که گروه ما آن را تعمیر می کرد تجهیز شد؟"

او گفت: "آری، اما چند تا از تخت های آن به سایر بخش ها منتقل شده است مثلا واحد عفونی"

از او پرسیدم: "برای اینکه از نفوذ عفونت به سایر بخش ها جلوگیری بکنید چکار می کنید؟"

او پاسخ داد: "کاری مشابه با کاری که شما برای جلوگیری از نفوذ گرد و غبار به سایر بخش ها کردید! تقریبا یک نوع ایزولاسیون با استفاده از چادرهایی که بر روی تخت ها نصب می کنیم، ایجاد می شود، و یا ایزولاسیون هایی که برای کل آن بخش در نظر گرفته ایم.

با این حرف او به این نتیجه رسیدم که اگر می شد چادرهایی مانند آنهایی که برای ایزولاسیون عفونی استفاده می شود را برای تخت های بیمارستان در آن بخش استفاده کنم، می توان از جابجایی ماده نیز جلوگیری کرد! یادم آمد که همراه با تخت های این بخش در سفارش های بیمارستان چندین سفارش بود که به منظور تجهیز واحد ضروری در بیمارستان های صحرایی سفارش داده شده بود. فکری به ذهنم رسید... می توانستم مانند حالت قبلی عمل بکنم برای این کار باید به خانه قدیمی باز می گشتم. در حال خروج از بیمارستان بودم که با خودم گفتم بد نیست سری هم به آن دختر نوجوانی که مورد آزار و اذیت قرار گرفته بود بزنم و از دور او را ببینم! به در اتاقش که رسیدم او را دیدم حالش بهتر شده بود ولی

هنوز هم آثار کبودی بر روی دستها و صورتش باقی مانده بود با دیدن من لبخندی زد و گفت: "آقا ببخشید می شود این لیوان را به من بدهید؟"

گفتم: "البته"... داخل اتاق رفتم و لیوان را به او دادم. لیوان خالی بود و از این درخواست او تعجب کردم!

آن دختر نوجوان گفت: "ممنون، فیلم ها را دیدم"

کم نیاوردم و گفتم : "کدام فیلم ها؟"

و آن دختر پاسخ داد: "به کسی چیزی نمی گویم، ناجی"

از او پرسیدم: "از کجا این موضوع را فهمیدی؟"

گفت: "زمانی که در حق کسی خوبی می کنید در حقیقت دانه ای را در دل او کاشته اید، و این دانه قد خواهد کشید و مطمئنا باغبان خودش را خواهد شناخت"

با لبخندی از او خداحافظی کردم و از بیمارستان خارج شدم.

به خانه قدیمی بازگشتم و مشغول کشیدن طرح هایی برای آن تخت های دارای ایزولاسیون شدم. برای اینکه ماده نتواند از چادر این تخت ها عبور بکند باید مواد را در مقیاس نانو مورد بررسی قرار بدهیم. برای این منظور، ابتدا باید چادر تخت ها را برای ساخت تهیه می کردم. به مانیتورها نگاهی انداختم متوجه بیمار شماره ۴

یعنی مرد میانسالی شدم که تا بحال به او دقت نکرده بودم... با نگاهی به پرونده او متوجه شدم که او بعلت سکته مغزی در حالت کما بسر می برد. از میان بقیه آنها پلیس مجروح که بیمار شماره ۱۳بود نیز هوشیاری خود را بدست آورده بود، ولی هنوز در بخش مراقبت های ویژه بسر می برد و پزشکان به همکارانشان گفته بودند که احتمال بهبودی او کم است زیرا شدت جراحات وی زیاد و عمیق است.

به بررسی خواص مواد مختلف پرداختم. بر طبق آن چیزی که آنجا نوشته شده بود فقط سیالات امکان حرکت آسان در یکدیگر را داشتند اما به شرط اینکه شرایط خاصی برقرار شود، عبور سیالات از درون یک جسم جامد نیز امکان پذیر بود اما سرعت حرکت آن بشدت تحت تاثیر پارامترهایی مانند میزان خلل و فرج و پارمترهایی از این دست در آن ماده جامد بود. با توجه به اینکه اگر در هنگام فوت بیمار کاهش وزن بر اثر خروج ماده ای از جسم او می بود این ماده ناگزیر باید حالت سیال را بخود می گرفت، بنابراین چادری که قرار بود نقش عایق ضد ماده را ایفا کند هم باید، صرفا حالت جامد ماده اما شکل پذیر را خواهد داشت!

چند روزی طول کشید تا توانستم ماده ای شفاف با کوچکترین خلل و فرج و شکل پذیر را از ترکیب چند ماده پدید آورم. برای اطمینان از اینکه این ماده با ضریب بالایی هیچ ماده ای را از خود

عبور نمی دهد؛ آنها را با استفاده از مواد نانو که از شرکتی که در این زمینه کار و فعالیت می کرد درز گیری کردم تا اگر خلل و فرجی هم در مقیاس نانو در آنها باقی مانده باشد گرفته شود. پس از تهیه این چادرها که از ماده عایق ضد ماده تهیه شده بود نوبت به طراحی و ساخت سازه آنها شد پلان این سازه یک مستطیل با ابعاد ۳*۴ متر بود که از چهار طرف توسط چهار ستون بارهای سازه بالایی را تحمل می کرد، در یک سمت آن محل قرار گیری کپسول های اکسیژن را تعبیه کردم و در کنار آن هم فیلتر های مخصوص تصفیه هوا که آلودگی های محیط داخلی را تصفیه کرده و سپس به محیط اطراف وارد می ساخت اما در یک بخش از آن یک کمپرسور طراحی شده بود که در مواقع ضروری هوای مصرفی داخلی را پس از تصفیه کردن فشرده و در آنها ذخیره می کرد. در این مواقع کپسول های اکسیژن هوای مصرفی بیمار را تامین می کرد! بخش هایی نیز تعبیه شده بودند که در آنها کلیه لوازم مورد نیاز و مصرفی داخل فضای ایزوله قرار داده شده بود و حجم و وزن کلیه آنها اندازه گیری و تعیین شده بود. برای زباله تولیدی هم سطل های زباله مخصوصی در داخل فضای ایزوله تعبیه شده بود تا در هنگام مرگ بیمار هیچ ماده ای از فضای محیط ایزوله به بیرون برده نشود، و جرم ماده موجود در آن فضای ایزوله ثابت باقی بماند، فضاهایی برای دسترسی به محیط داخلی تعبیه شده بود که پزشک و پرستار می توانستند از طریق آن بدون اینکه به فضای

ایزوله وارد بشوند به بیمار برای معاینه و یا دادن داروهای او دسترسی داشته باشند. به این ترتیب از ورود و خروج بی دلیل و غیرضروری به فضای ایزوله جلوگیری می شد. همچنین تعداد مناسبی لامپ در جاهای مناسب چادر تعبیه شده بود تا در مواقع ضروری روشنایی کافی برای فضای داخلی محیط ایزوله تامین شود. محل های نگهداری سرم ها و تنظیم آنها را در بیرون فضای ایزوله تعبیه کرده بودم و سرم از طریق مجاری خاصی که مخصوص هریک بود به فضای داخلی محیط ایزوله هدایت می شد، و بسیاری از پیش بینی های لازم را انجام داده بودم، تا بتوانم وزن و جرم بیمار را با اطمینان از اینکه ماده ای از محیط ایزوله خارج نمی شود اندازه گرفت. برای اندازه گیری جرم هم ترازویی را به شکل یک کفی سرتاسری در کف محیط ایزوله طراحی و تعبیه کردم تا وزن کلیه اجسامی را که فضای داخلی محیط ایزوله وارد می شد را اندازه بگیرد. در تمام بخش های بدنه، سقف و کف محیط ایزوله یکسری فشارسنج هایی تعبیه شده بود. این کار به این علت صورت گرفته بود که در صورت خروج روح از بدن بیمار اگر آن حالتی مادی داشته باشد برای خروج از محیط ایزوله در صورت برخورد باچادر عایق ضد ماده سبب تغییر فشار در بدنه چادر خواهد شد و نیرویی را به آن وارد خواهد کرد که توسط این فشار سنج ها اندازه گیری خواهد شد. بنابراین اگر روح حالتی مادی داشته باشد پس از خروج از بدن بیمار در محیط ایزوله حبس خواهد شد و این

خروج روح از بدن با خروج آن از چادر همراه خواهد بود. با توجه به اینکه چادر محیط ایزوله نسبت به ماده عایق است این خروج روح از چادر با فشار به چادر ایزوله همراه خواهد شد و این فشار از طریق فشار سنج ها اندازه گیری می شود. دو روز طول کشید تا سنسورهای سنجش دما و حرکت و امثال آنها را در این محیط ایزوله جاسازی کردم. مانند تخت های قبلی دوربین و میکروفن هم در محیط داخل و محیط خارج آنها تعبیه شده بود، بخشهایی هم تعبیه شده بود که علائم حیاتی و داده های اندازه گیری شده را به آزمایشگاه منتقل می کرد. برای داخل آن هم از تخت هایی که قبلا ساخته بودم تعبیه کردم و پس از اتمام کل طراحی آن تمام قطعات آنرا بصورت تاشو و قابل جدا سازی طراحی کردم تا برای بیمارستان های صحرایی مناسب باشد، به سفارش بیمارستان در شرکت سازنده تخت ها نگاه کردم. زمان تحویل محیط های ایزوله ده روز دیگر بود برای همین هم برای ساخت تمامی تخت ها بیست ساعت در روز کار می کردم تا بتوانم تعداد ۱۰ تخت از آنها را برابر با سفارش بیمارستان بود آماده بکنم، در روز نهم تخت ها آماده شده بود دوباره وارد بخش سفارشات شرکت سازنده تخت های بیمارستانی شدم و آدرس مقصد را برای تخت های تولیدی برای بیمارستان را به خانه قدیمی تغییر دادم و یک بارنامه دیگر هم برای تخت های خودم به مقصد بیمارستان درست کردم و پس از اینکه بارها تحویل داده شد در بخش سفارشات شرکت سازنده

تخت های بیمارستانی در وبسایت آن شدم و آدرس ها را دوباره به حالت اول باز گرداندم. در نهایت با گریم و تغییر قیافه به انبار بیمارستان رفتم و آدرس مبدا را از خانه قدیمی به شرکت سازنده تخت های بیمارستانی تغییر دادم. به این ترتیب همه چیز رو به راه شده بود، و تخت های ساخت خودم جایگزین آن تخت های سفارش بیمارستان شده بود.

[illegible]

[illegible]

پس از اینکه تخت های ایزوله را به بیمارستان تحویل دادم، امیدی به اینکه به این زودیها از آنها استفاده شود نداشتم. به مانیتورها نگاه می کردم و به بررسی نتایجی می پرداختم که در این مدت نتوانسته بودم بدقت به بررسی آنها بپردازم! البته تمام این نتایج در کامپیوتر مرکزی ثبت و بصورت ماشینی پردازش می شد. آزمایشی که در حال انجام آن بودم دارای دو بخش بود: بخش اول به بررسی تغییر وزن های بیماران در هنگام مرگ آنها می پرداخت. بخش دوم به بررسی رابطه زندگی افراد با سختی و آسانی جان کندن بیمار مرتبط بود را بررسی می کرد. در بخش اول تقریبا نتایج دلخواه را بدست آورده بودم و علاوه بر پردازش داده ها توسط کامپیوتر داده های ثبت شده را هر روز بررسی می کردم. اما بخش دوم دشوار تر بود. زیرا نیاز به تحقیقات میدانی داشت این مرتبه به دنبال تحقیق در مورد پلیسی بودم که در درگیری با آن چند سارق مسلح زخمی شده بود. با مطالعه پرونده آن پی بردم که محل کار آن مامور پلیس در همان محله ای است که مدتی قبل در آن بودم. بنابراین دوباره با تغییر قیافه ای متفاوت به شکل یک خانه بدوش در آمدم و به کنار کیوسک رفتم همان نفر قبلی بود کنار کیوسک او نشستم و مشغول نگاه کردن به اطراف شدم به او گفتم: "دنبال یک کلید ساز می گردم"

به من نگاهی کرد و گفت: "همچین کسی را نمی شناسم"

به یادم آمد که برای اینکه بتوانم آدرسی را از کیوسک بگیرم باید یک نفر من را معرفی کرده باشد، برای همین هم یکی از اسامی که قبلا در اینجا شنیده بودم را به او گفتم با شنیدن نام او گفت: "او از این محل رفته است، چطور به تو گفته که به اینجا بیایی؟"

به او پاسخ دادم: "به همین دلیل که از اینجا رفته است، گفت که پیش تو بیایم وگرنه خودش من را پیش او می برد."

با این حرفم تقریبا قانع شد و آدرس را داد. قبل از اینکه بروم طبق رسمی که در آن محل برای کیوسک وجود داشت مبلغ ده چوب حق کیوسک را به او دادم. و به خانه کلیدساز دوم محل که بیشتر تخصص او در باز کردن قفل های جدید و گاو صندوقی بود رفتم... زنگ خانه اش را زدم...

صدای او راشنیدم که گفت: "چکار داری؟"

در پاسخ به او گفتم: "برای کلید سازی آمدم"

از لای در به بیرون نگاهی انداخت و من هم سه سکه به او نشان دادم.

در باز شد و به داخل رفتم، با دیدن من گفت: "حتما شنیده ای که سر کلید ساز قبلی این محله چه آمده است؟"

گفتم: "نه"

او گفت: "پس از اینکه به یک مشتری باز کردن قفل خاصی را یاد داده است همراه با شاگردانش به دنبال او رفته تا شاید از محلی که مشتری می خواسته قفل را باز بکند چیزی هم به او برسد در عوض عده ای او و شاگردانش را در آن خانه کشتند"

به او گفتم: "پس بیچاره به کاهدان زده است"

کلیدساز جدید محل به من گفت: "با توجه به سرنوشت کلیدساز قبلی نه به من در مورد اینکه چرا می خواهی کلید سازی یاد بگیری چیزی بگو و نه در مورد اینکه چه کسی هستی و پس از اینکه یاد گرفتی هم من را نمی شناسی"

شرط هایش را پذیرفتم. پولی را که می خواست به او دادم و شروع به یادگیری چگونگی باز کردن قفل های مختلف کردم. حدود یکساعت که گذشت از او پرسیدم: "آن پلیسی را که در این محل کار می کرد و در این محل کشیک می داد را می شناسی؟"

از بالای عینکش نگاهی کرد و پرسید: "چرا این سوال را می پرسی؟"

پاسخ دادم: "زمانیکه گلوله خورد من آنجا بودم، جلوی گلوله ایستاد تا گلوله به عابر پیاده نخورد، به نظرم آدم بدی نبود"

کلیدساز دست از توضیح دادن قفل برداشت و گفت: "او مرد خوبی بود، مدتی در این محله کار می کرد تا اینکه با افسر پلیسی که در پارک همین نزدیکی از دزد ها و زورگیرها پول می گرفت درگیر شد و خواست در مقابلش بایستد"

از او پرسیدم: "چطور می خواست مقابل آنها بایستد؟"

کلید ساز گفت: "ظاهرا ماجرای پلیس های فاسد را به مقام بالاتر گزارش داده بوده است و از آنجائیکه آن هم با آن پلیس های فاسد هم دست بوده است، به جای مجازات آنها می خواست این افسر پلیس خوب را از کار با پاپوش ساختن بر کنار بکنند... "

و پس کشیدن یک آه ادامه داد: "او پلیس خوبی بود حتی در بعضی مواقع پولی را که به زور از مردم گرفته شده بود را به آنها بر می گرداند"

از کلید ساز پرسیدم: "خیابان کناری که خیابان ناامنی است، در آنجا چکار می کرد؟"

کلیدساز پاسخ داد: "او در آن خیابان هم سعی کرد تا جلوی خلافکارها بایستد اما تمام خلافکارهای آن خیابان با توجه به اینکه می دانستند او آدم خوبی است و حتی با پلیس های فاسد هم درگیر شده است و با توجه به اینکه حتی خلافکارها هم از آن پلیس های فاسد دل خوشی نداشتند با یکدیگر قرار گذاشتند تا دیگر در

خیابانی که محل کار او بود، هیچ خلافی انجام ندهند! و هوای او را داشتند"

به کلیدساز گفتم: "پس چرا آن روز او را به گلوله بستند؟"

پاسخ داد: "آن سارقین از این محله نبودند در این محل کسی به او شلیک نمی کرد"

و کمی سکوت کرد و گفت: "الان هم بچه های این محل بدنبال آن سارقین هستند و بزودی درس خوبی به آنها می دهند، اول بخاطر اینکه به او شلیک کرده اند و دوم هم بخاطر اینکه در محله ای غیر از محل خودشان اقدام به سرقت کرده اند"

سپس کلیدساز بلند شد و مشتی به دیوار کوبید و گفت: "اگر آن سارقین را پیدا بکنند خودم اولین نفر هستم که به حسابشان خواهم رسید"

سپس رو به سمت من کرد و گفت: "راستی می دانستی او ماهیانه مبلغی پول به فروشگاه محل می داد تا چندتا خانه به دوش و چند تا کودک خیابانی مایحتاج خودشان را از آنجا بگیرند"

از کلید ساز پرسیدم: "چرا پول را به خودشان نمی داد؟"

کلید ساز پاسخ داد: "برای اینکه آنها آن پول را خرج چیزهایی مثل مواد مخدر و سیگار نکنند، راستی می دانستی او الگوی چند تا از

همین کودکان خیابانی محل بود و آنها می خواستند تا زمانیکه بزرگ شوند مانند او پلیس خوبی شوند"

سپس به من گفت: "بهتر است کار خودمان را ادامه بدهیم"

پس از آنکه از آن محل خارج شدم تمام حواسم جمع بود تا نکند مانند دفعه قبل کسی مرا تعقیب کند. پس از اطمینان از تنها بودنم به خانه قدیمی بازگشتم و از آنجا به خانه خودمان رفتم. هنگامیکه به خانه وارد شدم در همین فکرها بودم که مادرم مرا صدا زد و گفت: "برای فردا شب آماده باش تا همراه با هم به میهمانی یکی از دوستان برویم"

پاسخ دادم: "باشد و به اتاقم رفتم"

فردای آن شب همراه مادرم به میهمانی یکی از دوستانش رفتیم. در آنجا مادرم من را به دوستانش معرفی می کرد و در مقابل آنها را هم به من معرفی می کرد. درباره یکی از دوستان مادرم پرسیدم که تا بحال او را ندیده بودم و مادرم گفت: "ایشان از دوستان قدیمی من هستند به همراه همسرشان که رئیس پلیس شهر هم هستند"

با دیدن او فکری به ذهنم رسید، شاید بهتر بود بجای اینکه در جای خودم بنشینم بروم و خوبی های افسر پلیس مجروح را به او بگویم ، نزدیک او رفتم و در یک فرصت مناسب سر صحبت را با او

باز کردم از اوضاع کاریش پرسیدم و از اوضاع شهر تا اینکه خودش گفت: "در شهر افسران پلیس مشغول انجام وظیفه هستند"

با گفتن این حرف من هم حرف های او را تایید کردم و گفتم: "بله من هم در مورد افسران شما چیزهای بسیاری شنیده ام و ماجرای افسر پلیسی را که در بیمارستان زخمی شده بود را برای او بطور کامل تعریف کردم و همینطور ماجرای کودکانی را که در آن محله خطرناک او را به عنوان الگوی خودشان انتخاب کرده اند و می خواهند در آینده مانند او باشند، و همینطور ماجرای آن چند افسری را که در آن پارک از خلافکار ها پول هایی را دریافت می کردند، پس از اینکه این وقایع را برای او تعریف کردم از من پرسید: "چطور شما از این وقایع آگاه هستید؟"

گفتم: "ماجرای آن چند افسر داخل پارک را می توانید از کیوسک کنار پارک بپرسید و در مورد افسر پلیس مجروح هم می توانید از فروشگاه آن محل و یا کودکان خیابانی و خانه بدوش ها بپرسید"

و دوباره او از من پرسید: "شما در آن محل چکار داشتید؟"

گفتم: "این وقایع را خانه بدوشی تعریف کرده است که تمام آنها را از چشم خودش دیده است"

او گفت: "اگر صبر بکنی می توانی نتیجه این ماجراها را خودت بشنوی"

و پس از گفتن این جمله به سرعت از میهمانی خارج شد، همسرش با تعجب به من نگاه می کرد، و مادرم از من پرسید: "به او چه گفتی؟"

در پاسخ به مادرم گفتم: "در مورد چند موضوع مختلف با یکدیگر صحبت کردیم، و ایشان تا مدتی دیگر باز خواهند گشت"

مدتی که گذشت رئیس پلیس بازگشت و به سمت من آمد تشکر کرد و گفت: "آن چند پلیس فاسد به دادگاه نظامی معرفی شدند اما فکر نمی کنم امکان اینکه مدال آن افسر پلیس را بتوانیم به ایشان بدهیم وجود داشته باشد زیرا آنطوریکه به من خبر دادند ایشان فوت کرده اند، و باید جواب خوبیهایش را در آن دنیا بگیرند"

پس از میهمانی با مادرم به خانه بازگشتیم. صبح از خواب بیدار شدم و به خانه قدیمی رفتم... دلم می خواست چهره افسر پلیس را در هنگام مرگ ببینم برای همین هم فیلمی که از چهره او گرفته شده بود را نگاه کردم... لحظه شهادت بسیار آرام بود.. شاید اعمالش در این دنیا به استقبالش در آن دنیا آمده بودند... لباس مناسبی پوشیدم و به مراسم تدفین او رفتم. در مراسم تدفین او تعدادی از کودکان خیابانی هم در گوشه ای ایستاده بودند و بصورت نظامی به او احترام می گذاشتند و علاوه بر آنها چند خانه به دوش هم در گوشه ای اشک می ریختند و صاحب فروشگاه آن محله نیز آمده بود. چند نفر از افراد آن محل که خلافکار بودند در اتومبیلی دورتر

مراسم را نگاه می کردند. پس از پایان مراسم به خانه قدیمی رفتم. ظاهرا در این فاصله بیمار شماره ۱۲ یعنی همان کارگر ساختمانی هم بهوش آمده بود و به بخش دیگری منتقل شده بود... در پرونده اش نوشته شده بود که احتمالا تا پایان عمر توانایی حرکت کردن را نخواهد داشت البته امیدوار بودم که این اتفاق نیفتد.

در مورد بیمار شماره ۱۳ یعنی همان افسر پلیس هم کاهش جزئی وزن وجود داشت. برنامه ام این بود که برای بررسی گذشته و زندگی یکی دیگر بیماران به محل زندگی او بروم. او بیمار شماره ۴ یعنی مردی میانسال بود که سکته مغزی کرده بود... محل زندگی او در مرکز شهر واقع شده بود. پس از تغییر قیافه به کتابفروشی او رفتم. کتاب فروشی او کوچک بود به داخل کتاب فروشی رفتم و چند کتاب انتخاب کردم و به پیش شاگرد کتابفروش برای پرداخت قیمت کتابها رفتم...کتابفروشی خلوت بود و از شاگرد کتابفروش درباره صاحب کتابفروشی پرسیدم، شاگرد کتابفروشی هم انگار دلش می خواست کمی درد دل بکند برای همین هم شروع به صحبت کرد! شاگرد کتابفروشی می گفت که صاحب کتابفروشی فردی مهربان است و در مورد او هم محبت های بسیاری کرده است اما از ۵ سال پیش که همسرش به او خیانت کرده بود همانطور مجرد باقی مانده بود و خودش را در کتابفروشی محبوس کرده بود. تا اینکه سرانجام از غم آن خیانت اینگونه از پا افتاد! در این هنگام

شاگرد کتاب فروش عکس ۵ سال پیش کتاب فروش را به من نشان داد و بلافاصله بعد از آن یک عکس دیگر را که مربوط به چند هفته قبل کتاب فروش بود را به من نشان داد با مقایسه این دو عکس می شد فهمید که انگار این ۵ سال برای او مانند ۲۰ سال گذشته است. او در این مدت به اندازه بیست سال پیرتر شده بود، با دیدن این دو عکس بسیار متاثر شدم و در راه به این فکر می کردم که آتش خیانت چطور توانسته بود که زندگی آن مرد وفادار را نابود کند. به خانه قدیمی رسیده بودم و به این حقیقت رسیده بودم که انسان ها بر چهره هایشان ماسک می زنند تا خود را آنگونه که می خواهند نشان بدهند اما در پس هر ماسکی تنها یک چیز خواهی یافت و آن هم حقیقت آنهاست! در مدتی که برای بررسی زندگی کتابفروش رفته بودم ۳ بیمار جدید به این بخش منتقل شده بودند. بیمار شماره ۱۴ و ۱۵ که دو پسر جوان بودند که بعلت مصرف قرص های روان گردان حال خوبی نداشتند و به این بخش منتقل شده بودند. بیمار شماره ۱۶ که زن جوانی بود که بر اثر تصادف با خودرو به این بخش منتقل شده بود. حدود یکساعت بعد و در فاصله بسیار کمی از یکدیگر آن دو جوان فوت کردند علت مرگ آنها نیز مصرف زیاد مواد روان گردان و دیر رسیدن به بیمارستان بود. هر دوی آنها کاهش وزن را نشان می دادند، اما بعلت مرگ در حالت بیهوشی حالت چهره آنها مشخص نبود. بیمار شماره ۱۱ یعنی مردی که او هم در اثر تصادف رانندگی در آن بخش بستری

بود در همین شب در گذشت... در هنگام مرگ او هم کاهش وزن جزئی وجود داشت. امروز صبح زمانی که برای دیدن مانیتورها به اتاق مانیتورها رسیدم بیمار شماره ۱۶ یعنی خانم جوانی که بر اثر تصادف رانندگی به این بخش منتقل شده بود حال عمومی او بهبود پیدا کرده بود و به بخش دیگری منتقل شده بود. اما مرد کتاب فروش از روز گذشته هوشیارتر شده بود... چشم هایش باز بود اما زیاد طول نکشید که علائم هشدار دهنده در مانیتور او مشاهده شد و او در گذشت، در چشم هایش ترس مشاهده می شد آن هم زیاد اما چرا؟ آنطور که شاگردش می گفت او فرد با محبتی بوده است و نسبت به سایرین هم بسیار مهربان بوده است، با خیانتی که همسرش نسبت به او کرده بود، ۵ سال گذشته را در غم اندوه گذرانده است. و از آن کتابفروشی و خانه اش خارج نشده است. آری پاسخ همین بود... غم و اندوه او به دلیل غم و اندوه مرتکب ظلم نسبت به خودش بود. پس او به خودش ظلم کرده بود که این چنین با ترس از دنیا رفت. تصمیم گرفتم تا فی الحال از بررسی رابطه میان زندگی فرد و نوع جان دادن فرد چشم پوشی بکنم. شاید در زمان دیگری این موضوع را بررسی می کردم! این آخرین بیماری بود که در این زمان در آن بخش از بیمارستان بستری بود، بنابراین من هم تا بیمار بعدی زمان آزادی برای اختصاص دادن به سایر موضوعات داشتم...

هنوز مدتی از خالی شدن بخش نگذشته بود که در مدت کوتاهی ۳ بیمار پس از اینکه عمل جراحی بر روی آنها صورت گرفته بود و ۲ بیمار هم بر اثر شدت جراحات ناشی از یک نزاع خیابانی به این بخش منتقل شدند، خوشبختانه ۳ بیمار که پس از عمل جراحی به این بخش منتقل شده بودند حالشان بهبود پیدا کرد و به سایر بخش ها منتقل شدند. از دو نفری که در یک نزاع خیابانی مجروح شده بودند، یکی پس از بهبودی نسبی به سایر بخش ها منتقل گردید، اما یکی دیگر فوت شد... او نیز کاهش وزن جزئی را از خود نشان می داد، چند روز آینده اوضاع به همین شکل و طبق روال عادی همه روزها به پیش می رفت اما برای من چیزی که اهمیت خاصی داشت فضاهای ایزوله بود...

دوباره شروع به بررسی فضاهای ایزوله کردم و جزئیات آنها را مرور کردم این مرتبه به در آنها نگاه می کردم. در ورودی آنها را در حقیقت به گونه ای طراحی کرده بودم که اگر روح خارج شده از بدن انسان حالتی مادی داشته باشد در اولین مرحله فشارسنج های بدنه بتواند تغییرات فشار ناشی از تلاش آنها برای خروج از چادر با عایق ضد ماده را ثبت بکنند و در صورتیکه آنها نتوانند چیزی ثبت بکنند در دومین مرحله سنسورهای حرارتی و حرکتی وجود آن را در داخل چادر ثبت می کردند اما اگر آنها نیز نمی توانستند چیزی ثبت بکنند در سومین مرحله نوبت به در چادر می رسید. در چادرها

دارای دو بخش بود: اول در خارجی که بین فضای راهرو مانند و محیط باز بیرون قرار داشت و از جنس مواد عایق ضد ماده ساخته شده بود و بخش دوم راهرویی بود که در تمام آن در سقف از رشته هایی از جنس ماده ضد عایق پوشانده شده بود، بگونه ای که حرکت روح در بین آنها بدون برخورد به آنها غیر ممکن بود! بخصوص که در میانه راهرو تمام این رشته ها بصورت پرده ای از رشته های مختلف در کنار یکدیگر قرار گرفته بودند. بنابراین در صورتیکه روحی با خاصیت مادی می خواست از بین آنها عبور کند، بی شک به یکی از آنها می خورد و حرکت غیر عادی در آنها مشاهده می گردید. سومین بخش شامل یک در از جنس ماده ضد عایق و بین محیط داخلی چادر و راهرو بود. به این ترتیب امکان خروج روح از این مسیر بدون دیده شدن را غیر ممکن کرده بودم. بنابراین اگر هیچکدام از این سنسورها چیزی را ثبت نمی کرد و همینطور مجموعه ورودی و خروجی هم حرکت غیر عادی را نشان نمی داد روح دارای حالت مادی نبود! در حال تعریف کردن جزئیات این چادر و تخت های ایزوله بودم که ساینا گفت: "صحبت در این مورد را برای بعد بگذاریم می شود در مورد ماده ضد عایق کمی بیشتر صحبت بکنیم؟"

به او گفتم: "این خاصیت یعنی ضد ماده بودن و در تمام مواد موجود در جهان وجود دارد. برای درک بهتر این خاصیت می توانیم

از یک مثال استفاده بکنیم: همانطور که می دانیم در تمام مواد موجود در جهان، خاصیت انتقال حرارت وجود دارد و ما برای بیان خاصیت انتقال حرارت از نوعی ضریب که ضریب انتقال حرارتی نامیده می شود استفاده می کنیم. اگر میزان انتقال حرارت در یک ماده از یک مقدار بالاتر باشد، آن را هادی حرارتی خوب می نامیم و اگر از یک میزان خاصی کمتر باشد آنرا عایق حرارتی می نامیم و بین این دو مقدار طیف گسترده ای از مواد قرار می گیرد. این را هم باید بدانیم که حتی مواد عایق حرارتی هم مقداری حرارت را از خود عبور می دهند. در اینجا نیز وضع به همین منوال است، یعنی اینکه مواد از یکدیگر عبور می کنند و هر ماده ای دارای ضریب نفوذ پذیری خاص خودش می باشد اگر این ضریب از مقدار معینی بیشتر باشد آن دو ماده نسبت به یکدیگر مواد هادی خوبی هستند. مثال: اگر شما یک قطره روغن را از کف یک ظرف آب رها بکنید به راحتی به سطح آب خواهد رسید و اگر میزان ضریب نفوذ پذیری آن دو ماده نسبت به یک دیگر کمتر از مقدار خاصی باشد، آنها نفوذ ناپذیر خوانده می شوند. البته هر ماده ای هر چقدر هم که نسبت به یکدیگر دارای ضریب نفوذ پذیری کمتری باشند، باز هم نسبت به یکدیگر عایق تلقی نمی شوند! فقط مدت زمان نفوذ افزایش پیدا می کند. در پرده های ضد ماده، از آنجائیکه مدت زمان بررسی کم است، این مواد نسبت به ماده فرضی که همان روح است عایق فرض می شوند. زیرا مدت زمان عبور از آن طولانی می باشد.

تفاوت عمده ضریب انتقال حرارت و ضریب نفوذپذیری در این است که ضریب انتقال حرارت عدد مختص آن ماده می باشد اما ضریب نفوذ پذیری عددی محاسباتی است که با توجه به پارامترهای مختلفی مانند چگالی و ضریب انتقال حرارت و ... برای هر دو ماده بصورت مجزا محاسبه می شود و برای هر ماده ای بصورت اختصاصی نمی باشد، بلکه نسبت به مواد مختلف نسبت به یکدیگر نسبی می باشند. بنابراین ساخت آن چندان کار دشواری نخواهد بود اما بعدها خواهی دانست که برای بسیاری از علوم جدید بسیار ضروری است"

[illegible]

[illegible]

امروز صبح زمانیکه به اتاق ساینا رفتم. متوجه شده بودم که او برای پرسیدن سوالی تردید دارد...پرسیدم: "سوالی دارید؟"

ساینا گفت: "چند روز پیش به من طرحی از گوشه های ستون در خانه ای که خودت طراحی کرده بودی را نشان دادی، می توانی بخش های دیگری از ستون را به من نشان بدهی؟"

به او گفتم: "البته، اما کدام بخش از آن برای تو جذاب تر است؟"

ساینا پاسخ داد: "هنگامی که برای اولین مرتبه به این اتاق وارد شدم مشاهده کردم که برای فعال شدن آن، باید از نور مایع از یک جام به جام دیگری بریزم، خیلی دلم می خواهد بدانم بخش مشابه به این در آن خانه ای که طراحی کرده ای چگونه است؟"

همراه با یکدیگر ابتدا به آرشیو قطعات رفتیم و از کمد مربوط به آن یک جعبه بیرون آوردم، جعبه ای کوچک بود، ساینا پرسید: "این جعبه برای انجام اینکار کوچک نیست؟"

به او پاسخ دادم: "نه مهم فرآیندی است که به وسیله آن انجام می شود"

بر روی یکی از میزهای آن بخش نشستیم و جعبه را باز کردم و از درون آن یک حلقه بیرون آوردم و به ساینا نشان دادم... می توانستم تعجب را در چشم های ساینا ببینم... این حلقه در واقع از دو حلقه

تشکیل شده بود که در یکدیگر فرو رفته بودند که از دو حلقه کاملا قرینه تشکیل شده بود که در یکدیگر قرار می گرفتند. جنس آنها از یک بلور خاص بسیار محکم تر از الماس تشکیل شده بود و به جای نگین هم دو بخش نوک تیز که از بدنه حلقه به سمت یکدیگر خارج شده بودند. مطمئن بودم با دیدن آنها سوالات ساینا شروع خواهد شد... بنابراین قبل از اینکه سوال بپرسد شرح آن را برای ساینا آغاز کردم. به او گفتم برای طراحی این حلقه مراحل مختلفی را در نظر گرفتم: در مرحله اول جنس ماده تشکیل دهنده آن را باید از ماده ای انتخاب می کردم که خواصی که می خواستم، در آن وجود داشته باشد. برای اینکار از ماده هادی نور خالص استفاده کردم که چندین برابر سخت تر از الماس می باشد. پس از انتخاب جنس مواد آن باید فکری برای فعالسازی آن می کردم... این زائده های نوک تیز را می بینی که به جای نگین انگشتر قرار گرفته است هر کدام از آنها در زمانیکه پسر و دختر برای اولین مرتبه حلقه را بدستش می کند شروع به تولید نور می کنند و انرژی لازم برای این کار را هم از بدن فرد و در ارتباط مستقیم با احساسات او دریافت می کند مشابه با آنچه که در لوسترهای اتاقت دیده ای با این تفاوت که بسیار به احساسات انسان واکنش نشان می دهد! هرچه میزان عشق دو نفر به همدیگر زیادتر باشد میزان درخشش این نگین جادویی بیشتر خواهد بود، و احساسات آن دو نفر را به یکدیگر نشان خواهد داد بطوریکه اگر آنها برای یکدیگر دلتنگ

باشند به رنگ آبی در خواهد آمد و اگر دلواپس یکدیگر باشند به رنگ زرد در خواهد آمد و همینطور برای هر احساسی به رنگ خاص خودش در خواهد آمد. به این ترتیب دو نفر که عاشق هم هستند بدون اینکه نیازی به توضیح چیزی داشته باشند حلقه آنها احساسات آنها را بیان خواهد کرد... در مرحله بعدی هر یک از آنها باید دستش را بر روی یک گوی در ورودی درب بگذارد، بگونه ای که حلقه دستش بر روی مکان مخصوصی که برای آن در نظر گرفته شده است قرار بگیرد همزمان با این مرحله سیستم مرکزی و هوشمند خانه علائم دریافتی را شناسایی می کند و شروع به ثبت ویژگی های زن و شوهر می کند. به این ترتیب قلبی که در بخش مرکزی خانه تعبیه شده است روشن می شود و با این علامت تمام مواد هادی نوری که در سرتاسر ساختمان وجود دارند فعال می شوند و نور خود را از مرکز کنترل آن ساختمان که همان قلب روشن است خواهند گرفت! یکی از این بخش ها همان شریان های قلب مانندی است که قبلا دیده بودیم. پس از این ارتباط بین این حلقه ها و مرکز کنترل برقرار می شود و باقی می ماند و تا زمانیکه حلقه ها ارتباط خود را با مرکز کنترل ساختمان حفظ می کنند قلب ساختمان روشن و نورانی باقی می ماند، اما اگر یکی از آنها جدا شود و یا اینکه دیگر نباشد ارتباط بین حلقه ها و ساختمان قطع می شود و برای همین هم قلب ساختمان خاموش می شود و

پس از آن سایر قسمت ها هم بتدریج خاموش می شوند و ساختمان خواهد مرد.

ساینا پرسید: "اما حلقه ها برای درخشش از کجا انرژی می آورند؟"

به او پاسخ دادم: "از بدن دارنده آن و از عشق"

و دیگر ادامه ندادم...

پس از شرح دادن این ماجرا ساینا را به اتاقی دیگر بردم.. در طول مسیر ساینا پرسید: "به کجا می رویم؟"

پاسخ دادم: "به اتاقی که مطمئن هستم از آن بسیار خوشت خواهد آمد!"

زمانیکه به اتاق رسیدیم چهره ای بر درب ظاهر شد و گفت: "خوش آمدید... لطفا وارد شوید!"

به محض اینکه ساینا داخل اتاق را دید، از خوشحالی بالا و پایین می پرید و شادی می کرد، ساینا گفت: "هر عروسکی که از کودکی تا بحال داشته ام در این اتاق هست"

و من هم گفتم: "و هینطور تمام تمام اسباب بازیهایی که من از کودکی تا بحال داشته ام!"

هدفم از جمع کردن تمام اسباب بازیهای دوران کودکی خودم و ساینا در آن اتاق این بود که می دانستم هر انسانی در درون خود یک کودک درون دارد که هر اندازه هم سن انسان بالا برود باز هم این کودک درون، در انسان باقی خواهد ماند و شاید وجود آن برای آنکه فرد انسان کاملی شود، ضروری باشد. همه ما پدرانی را دیده ایم که با فرزندشان بازی می کنند در واقع این پدران برای بازی با فرزندانشان از کودک درون خودشان کمک می گیرند و هر اندازه این کودک درون بالیده تر باشد پدر با فرزندش در این مواقع ارتباط زیباتر برقرار می کند. شما هیچ پدری را نخواهید دید که با خود بزرگسالش با فرزندش بازی کند... از طرفی سعی کردم تا اسباب بازیهایی را در این اتاق جمع کنم که در زمان های قبل با آنها بازی می کرده ایم و آنها را داشته ایم زیرا که در پشت هر یک از آن اسباب بازیها خاطراتی نهفته است و برای انسان بیاد آوردن خاطرات خوب گذشته بسیار لذت بخش خواهد بود. باقی روز را در آن اتاق باقی ماندیم و هر دوی ما می دانستیم که اکثر انسانها در طول زندگی خودشان هیچ دورانی را به شیرینی دوران کودکی خودشان نمی دانند، پس بهترین راه برای از یاد بردن و فراموشی سختی ها زندگی فعلی، بازگشت به خاطرات خوش دوران کودکی می باشد... و در بهترین حالت می توان با استفاده از اسباب بازیها به آن لذت بی انتها رسید!

بخش دهم: قطار

امروز بدون هیچ مقدمه ای شروع به تعریف اتفاقاتی کردم که برای من اتفاق افتاده بود... شاید ضریب نفوذ پذیری از دیدگاه بسیاری از افراد امری غیر ممکن باشد اما نباید فراموش کرد که نفوذ دو ماده در یکدیگر می تواند بصورت خیلی کوچک یعنی در سطح ذرات الکترون و اتم ها صورت بگیرد و یا شاید در مقیاس ذرات کوچکتر از آنها، ضریب نفوذ پذیری مواد در یکدیگر بخشی از یک شاخه علمی محسوب می شود و در کمترین حالت نفوذ پذیری بین دو ماده مقدار آن برابر با صفر است و در بیشترین حالت میزان نفوذ پذیری بین دو ماده برابر با یک است. اما مقدار صفر بیانگر عدم نفوذ پذیری نیست و تنها نشان دهنده مدت زمان طولانی این نفوذ می باشد. این ضریب کاربردهای فراوانی دارد. بعنوان مثال آلیاژهایی که با صرف هزینه زیادی ساخته می شود می توان با استفاده از این علم با قیمت بسیار ارزانی ساخت، و حتی برای نفوذ این مواد در یکدیگر کاتالیزور هم وجود خواهد داشت و از طریق همین علم مواد جدیدی به نام فرا مواد پا به عرصه علم و دانش خواهند گذاشت. فرا مواد گونه هایی از مواد هستند که بر پایه ضریب نفوذ مواد در یکدیگر پیدایش پیدا کرده و گسترده می شوند.

در این لحظه ساینا پرسید: "این بحث مقداری پیچیده شده است امکان دارد که آن را با استفاده از یک مثال برای من توضیح بدهی؟"

برای درک بهتر این مواد می توان اینگونه توضیح دهم که همواره در دنیا افرادی سعی در استفاده از هر علم و تکنولوژی در جهت منافع خود هستند. یکی از خطرناک ترین بخش ها نیز مربوط به فرا مواد می شود. فرا مواد را اگر در صنایع نظامی استفاده کنیم، مانند خودشان که حالتی جدید از مواد هستند. گونه هایی جدید از سلاح ها را بوجود می آورند، به عنوان مثال اگر برای مرمی یک گلوله از فرا ماده ای استفاده بشود که در آن ضریب نفوذ پذیری برای مصالح مصرفی در ساخت ساختمان ها یک باشد ولی ضریب نفوذ پذیری نسبت به گوشت تن انسان برابر صفر باشد زمانیکه شخصی با اسلحه به خانه ای که افرادی در آن پنهان شده اند شلیک بکند تمام مرمی گلوله ها از دیوارهای ساختمان عبور می کنند و این بعلت ضریب نفوذ پذیری یک آنها نسبت به یکدیگر می باشد در حالیکه هنگام برخورد با انسان ها بعلت ضریب نفوذ پذیری صفر سبب ایجاد شکاف و سوراخ در بدن آن افراد می شود تا بتواند راه خود را باز بکند به همین دلیل در صورت استفاده از این مواد در اسلحه ها افراد دیگر هیچ پناهگاهی برای پنهان شدن در مقابل این گلوله ها نخواهند داشت علاوه بر اینکه در این نوع از جنگ و درگیری فقط انسان ها کشته شده اند و خانه ها و شهرها سالم و دست نخورده باقی مانده اند پس این سلاح ها با کمترین خسارت به شهرها بیشترین انسانها را خواهند کشت؛ و یا فکر کن موشکی از جنس فرا ماده در یک شهر منفجر بشود در این حالت تنها انسانها

در آن شهر کشته خواهند شد و به شهر هیچ آسیبی نخواهد رسید و پس از تمیز کردن آثار خون و بقایای انسانهای قبلی انسانهای بعدی در آن ساکن خواهند شد!

ساینا به من نگاهی کرد و گفت: "هیچگاه اسرار ساخت این مواد را در اختیار هیچ کسی حتی من قرار نده"

به او پاسخ دادم: "اگر تو بخواهی باشد"

در بیمارستان چند روز بود که روزها به همین روال عادی طی می شد، یعنی بیمارانی به این بخش منتقل می شدند. پس از مدتی بستری بودن، تعدادی پس از بهبودی برای ادامه درمان خودشان به بخش های دیگر منتقل می شدند و بعضی هم فوت می شدند، اما نتایجی که از این طریق بدست می آمد تقریبا یکسان بود. با وجود گذشت چند روز هنوز هیچ گونه استفاده ای از هیچکدام از تخت های دارای چادر عایق ضد ماده نشده بود و منتظر بودم تا نتیجه استفاده از آنها را هم ببینم. چند روز به همین منوال گذشت اما انگار شرایط قرار نبود که تغییر بکند! تا اینکه خبر تصادف یک قطار مسافربری با یک قطار حامل مواد شیمیایی و خروج از ریل آنها را از اخبار تلویزیون شنیدم، به سرعت به خانه قدیمی رفتم و به مانیتور ها نگاه کردم. حالت فوق العاده اعلام شده بود. بعلت تعداد زیاد مجروحین علاوه بر اعزام گروه های امدادی به محل، تخت های ایزوله را هم برای احداث موقت بیمارستان صحرایی به

محل برده بودند، مطمئن بودم برای استفاده از تخت های ایزوله موارد استفاده به ندرت اتفاق می افتاد برای همین هم نباید در ثبت داده های ارسالی از آنها خطایی صورت می گرفت، اما در این شرایط تقریبا هر ده تخت ایزوله در حال استفاده بود. تخت های ایزوله بسرعت داده های اندازه گیری شده را به آزمایشگاه می فرستادند، بدلیلی شرایطی که تخت های ایزوله داشت بیمارانی که وضعیت آسیب دیدگی آنها وخیم بود را در آنها بستری می کردند و مورد مداوا قرار می دادند و بعلت دود ناشی از آتش سوزی قطار حامل مواد شیمیایی بسیاری از فعالیت ها بگونه ای صورت می گرفت که افراد داخل چادرها به ندرت از آن بیرون می آمدند و یا اینکه فعالیت ها از بیرون چادر صورت می گرفت و هوای داخل چادر هم از فاکتورهایی که برای این منظور پیش بینی شده بود تامین می گردید. هنوز ده دقیقه از بستری اولین مجروح نگذشته بود که اولین مجروح این حادثه فوت کرد! بسرعت تمام کنترل کننده ها را چک کردم فشارسنج ها هیچگونه تغییری را ثبت نکرده بودند و همینطور سنسورهای حرکتی و حرارتی و با توجه به عایق ضد ماده بکار برده شده هیچگونه ماده ای نیز به خارج از چادر راه پیدا نکرده بود، در زمان فوت آن شخص هیچ ورود و خروجی هم به چادر صورت نگرفته بود، و هیچ تغییر حرکتی در رشته های آویزان در راهروی ورودی آن تخت دیده نمی شد، با توجه به پارامترهای اندازه گیری شده در داخل چادر هیچگونه ماده ای اعم از جامد،

مایع و گاز وارد و یا خارج نشده بود، در این تخت تمام شواهد نشان می داد که روح انسان حالت مادی ندارد، اما باز هم کاهش وزن شخص به مقدار کم قبل و بعد از مرگ مشاهده می شد، اگر روح انسان دارای ماده نیست پس این کاهش وزن مشاهده شده به چه علتی صورت می گیرد؟ این اولین مجروح بود از صمیم قلب دلم می خواست که حال بقیه مجروحین بهتر شود اما من هم به داده های بیشتری برای آزمایش خودم نیاز داشتم، باید صبر می کردم تعداد مجروحان این حادثه زیاد بود، از طرفی تخت ایزوله شماره دو هم مجروح بستری شده در آن حال خوبی نداشت، تعداد امدادگران و پزشکان در محل کم بود و با توجه به اینکه مجروحان با حال وخیم در این تخت های ایزوله بستری موقت و مداوا می شدند داده های خوبی بدست می آمد مجروحینی که حال بهتری داشتند پس از مداوای سرپایی به بیمارستان انتقال داده می شدند، بعلت تعداد زیاد مجروحین، مجروح فوت شده تخت اول را به مکان دیگری منتقل کردند و مجروح دیگری به جای او بستری شد. از زمانیکه بیمار بستری می شد برای بارگیری مجدد تخت مدت زمانی می گذشت... در طول این مدت تخت بصورت اتوماتیک نوع و مقدار دارویی را که به بیمار تزریق و یا داده می شد را اندازه می گرفت، وزن او و مقدار جرمی که وارد فضای ایزوله شده بود و غیره

....

تخت اول در حال بارگذاری بود که تخت دوم علائم هشدار ارسال می کرد! ظاهرا مجروح دوم در حال فوت بود، قبل از اینکه تیم پزشکی بتوانند خود را به او برسانند او فوت شد و داده های ارزشمندی بدست آمد. دوباره تغییر وزن جزئی داشتیم و علاوه بر آن هیچ داده ای که نشان دهد روح انسان دارای جنبه مادی است بدست نیامد. برای اینکه از عدم وجود روح در حالت مادی در فضای ایزوله مطمئن شوم تعداد زیادی رشته هایی از جنس ماده عایق ضد ایزوله به داخل فضای ایزوله رها کردم، اما آنها نیز حضور هر چیزی را که دارای خواص ماده بوده باشد رد می کرد، این نتایج و نتایج قبلی نشان می داد که روح انسان هیچگونه حالت مادی ندارد، بنابراین این سوال همواره مطرح بود: در صورتی که هیچ ارتباطی بین روح انسان و ماده وجود نداشت علت این تغییر وزن هر چند جزئی چه بود؟ صدای علائم هشدار از تخت های ۴ و ۵ هم بگوش می رسید... بر روی چرخ های صندلی به سمت مانیتور مربوط به آنها رفتم و به نتایج و خروجی های آن دو تخت نگاه کردم. در همین اثنا، صدای هشدار سه تخت از تخت های داخل بخش مراقبت های ویژه بیمارستان هم بگوشم رسید اینها از اولین مجروحینی بودند که به بیمارستان منتقل شده بودند، اوضاع بدی بود صدای هشدار همچنین، از یکی دیگر از تخت های ایزوله بگوش می رسید، و در حال رفتن به سمت آنها بودم که تخت ایزوله دیگر هم علائم هشدار دهنده را ارسال می کرد! وقتی به آنجا رسیدم

دیدم که تخت های ایزوله ۷ و ۹ هستند، در آن شرایط هنوز علائم هشدار دهنده یکی از تخت ها تمام نشده بود که تخت دیگری شروع به ارسال علائم هشدار دهنده می کرد، در داخل بخش، هشدار همزمان برای هفت تخت را داشتم! حالتی که از روز اول آزمایش تا به حال با آن برخورد نداشتم و دو تیم پزشکی خودشان را به بخش رساندند، و برای نجات مجروحین تلاش می کردند. در دقیقه پنجم پس از اولین هشدار، یک مجروح و در دقیقه ششم پنج مجروح بطور همزمان فوت کردند، و از میان آنها تنها حال عمومی یک نفر، به حالت عادی بازگشت. به سایر مانیتورها نگاه کردم. تخت شماره ۱۰ ایزوله در حال ارسال علائم هشدار بود، یک تیم پزشکی برای نجات او رفتند اما ظاهرا از دست آنها کاری بر نمی آمد و او هم فوت کرد، پرستاران و پرسنل بیمارستان در حال امداد رسانی و انتقال بیماران بودند و تیم های پزشکی هر کاری که از دستشان بر می آمد انجام می دادند... مجروحان تخت های ۴، ۵ و ۹ ایزوله هم مجروحانشان فوت کردند و باید توسط مجروحین جدید جایگزین می شدند، تقریبا پنج دقیقه از مرگ مجروح شماره ده می گذشت و پس از تایید مرگ وی پرستاری برای جدا سازی لوازم و دستگاهها به کنار تخت آمد تا تخت را برای بستری کردن مجروح دیگری آماده بکند وقتی که تمام آن لوازم را از او جدا کرد تقریبا ده دقیقه از مرگ او می گذشت، با وجود اینکه تمام دستگاههای متصل به او مرگ او را تایید می کرد

بصورت یکباره علائم حیاتی او بازگشت، بدون اینکه به شماره تخت دقت بکنم فقط از روی تصاویر ارسالی از دوربین ها فهمیدم که آن تخت در بخش مراقبت های ویژه بیمارستان است اما پرستار بدون اینکه متوجه بازگشت علائم او بشود همراه با تعدادی از پرسنل او را به سردخانه بیمارستان منتقل کردند. باید کاری می کردم و گرنه او حتما می مرد، باید خودم را بسرعت به بیمارستان می رساندم تاخیر من ممکن بود با مرگ او همراه می شد بدون تغییر قیافه و گریم خودم را به آن بیمارستان رساندم، بیمارستان در حالت فوق العاده بود و تعداد زیادی مجروح در بخش های مختلف بیمارستان وجود داشت، به بخش مراقبت های ویژه رفتم و از یکی از پرسنل پرسیدم که مجروحین فوت شده به کجا منتقل می شوند، او گفت پس از تایید مرگ آنها توسط پزشک به سردخانه بیمارستان منتقل می شوند، اما در این شرایط بحرانی شرایط تا حدودی فرق کرده است، و پذیرش افراد جان باخته در سردخانه با تاخیر صورت می گیرد، به او گفتم: "چطور می توانم به سردخانه بروم؟"

او هم مسیر را به من نشان داد. در ورودی سردخانه شخصی که از پرسنل سردخانه هم بود سعی داشت تا مانع از ورود من بشود اما با تعریف کمی از ماجرا او هم به من در پیدا کردن آن مجروح کمک کرد و همراه با او آن شخص مجروح را یافته و به بخش کمک های ویژه رساندیم تا تیم پزشکی حاضر در آنجا فرآیند احیا را روی آن

انجام بدهند، به اطرافم نگاهی انداختم ظاهرا تعداد مجروح های حادثه قطار خیلی زیاد بودند، برای همین هم تصمیم گرفتم به جای بازگشت به آزمایشگاهم با توجه به دوره امدادگری که دیده بودم برای کمک به مجروحین حادثه در بیمارستان باقی بمانم، افراد زیادی در آن زمان به عنوان نیروهای داوطلب مشغول به کمک رسانی به حادثه دیدگان بودند. کمک به مجروحان حادثه تقریبا تمام شده بود و باقی کارها را پرسنل بیمارستان انجام می دادند به سراغ مجروحی که از سردخانه نجاتش داده بودم رفتم و مشخصات او و آدرس محل زندگی او را برداشتم و به خانه بازگشتم، بسیار خسته بودم بنابراین خیلی زود خوابم برد.

ساعت نه صبح بود که از خواب بیدار شدم. بعد از خوردن صبحانه برای بررسی نتایج آزمایش ها به خانه قدیمی رفتم. خیلی دلم می خواست تا آنها را زودتر مورد سنجش و تجزیه و تحلیل قرار دهم. در اتاق مانیتور بودم و نتایج مربوط به اتفاقات دیشب را پرینت گرفته بودم و بررسی می کردم. تمامی موارد ثبت شده کاهش وزن را به مقدار جزئی نشان می دادند، تمامی فشار سنج ها و سنسورهای حرارت و حرکتی هیچگونه فعالیت غیرعادی را نشان نمی داد! از ۲۰ مجروحی که در آن شب بر روی تخت های ایزوله بستری شده بودند ۱۲ نفر فوت کرده بودند و ۸ نفر بهبود پیدا کرده بودند و برای ادامه درمان به بیمارستان منتقل شده بودند. تعداد

مجروحین بر روی تخت های غیر ایزوله ۵۰ نفر بود که از بین آنها ۳۰ نفر پس از بهتر شدن وضعیت شان به بخش های دیگر منتقل شدند و تعداد ۲۰ نفر جان باخته بودند. داده های تک تک آنها را همراه با فیلم های گرفته شده از آنها بررسی کردم، به نظرم داده ها برای بیان نتایج کافی بود اما بازبینی تمام فیلم ها و بررسی تمام نتایج مربوط به بیماران و مجروحین ۵ روز زمان برد. به دیدن مجروحی رفتم که او را از سرد خانه نجات داده بودم، در بیمارستان زمانیکه از او پرسیدم گفتند که از آنجا مرخص شده است، به منزلش رفتم. ظاهرا در آن خانه به تنهایی زندگی می کرد و در حال حاضر یکی از دوستانش برای نگهداری و مراقبت از وی به خانه اش آمده بود، و قصد داشت تا بهبودی کاملش، از او نگهداری و مراقبت کند. زمانیکه با مجروح نجات پیدا کرده از سردخانه صحبت می کردم دوستش از من خواست تا برای مدتی که او به خرید می رود و باز می گردد من مراقب دوست مجروحش باشم و من هم پذیرفتم. من و مجروح نجات یافته در تنهایی به صحبت خود ادامه دادیم. برای او اتفاقات داخل بیمارستان و اینکه به صورت اتفاقی سردخانه رفته بودم و بعد نجات پیدا کرده بود را تعریف کردم... با شنیدن این اتفاقات می شد شادی را در چهره اش دید بعلاوه که چند مرتبه هم بابت این کار از من تشکر کرد....

به او گفتم: "راستش را بخواهی هدفم از آمدن به ملاقاتت این بود که اولا از شما عیادتی کرده باشم و ثانیا از شما بپرسم که آیا از لحظاتی که مرده بودید و یا لحظاتی که دوباره زند شدید چیزی هم به خاطر دارید یا خیر؟"

در پاسخ به من گفت: "دلش نمی خواهد دوباره آن جریان را یادآوری کند"

پس از اصرار زیاد من او سرانجام پذیرفت و شروع به تعریف کردن کرد، و گفت: "تمام لحظاتی که توسط گروه امداد حمل می شده است را بصورت مات و مبهم می دیده است و صداهای نامشخصی را می شنیده است و در بیمارستان هم هنگامیکه تیم پزشکی برای احیای او آمده بودند آنها را می دیده است اما اراده حرکت و عکس العمل نداشته است، همچنین قدرت اینکه جا بجا شود تا اینکه در لحظه ای که صدای بوق ممتد دستگاهها را شنیده است این توانایی را پیدا کرده است تا حرکت بکند اما بصورت ناگهانی متوجه می شود که به جای حرکت در راستای افقی در حال حرکت به سمت بالاست انگار کشش و جاذبه ای که قبلا او را به سمت زمین می کشیده است آزاد و رها شده است اما هنوز مقداری از آن کشش در وجود او باقی مانده بوده است که بصورت مانعی در مقابل حرکت او به سمت بالا تلقی می شده است هنگامیکه به سمت نیرویی که او را به سمت زمین می کشیده است نگاه می کند تا علت آنرا

بفهمد متوجه می شود که جسمش بر روی تخت قرار گرفته است پس یا این وقایع خواب بوده است و یا اینکه آنچه درک کرده است لحظاتی پس از مرگ خودش بوده است و آنچه در آن زمان رخ داده است به نوعی تجربه مرگ بوده است، و در واقع این تجربه او روح خودش است که در حال تماشای جسمش می باشد و گاهی این تصویر او از جسمش مات شده و گاهی هم شفاف دیده می شده است.

از او پرسیدم: "چه احساسی در آن زمان داشتی؟"

گفت: "احساس خیلی بد... احساسی که دلم نمی خواهد دوباره یادش بیفتم! احساس یک قید که بصورت نیرویی مرا به سمت خودش می کشید و به سمت پایین می راند احساس مبهم اینکه آیا خواب هستم و یا بیدار؟ احساس اینکه آیا مردم و یا زنده ام؟

از او پرسیدم: "چطور شد که دوباره زنده شدی؟"

در پاسخ به من گفت: "همان قید و یا نیروی کششی به یکباره افزایش یافت و مانع از بالا رفتن بیشتر من شد و سپس با سرعت زیادی من را به سمت پایین کشید، بگونه ای که از شدت آن بیهوش شدم، زمانیکه دوباره بهوش آمدم در جسم خودم بودم، و بصورت مبهم آن اتاق بیمارستان را می دیدم، تصاویر بعدی که می دیدم مربوط به زمانی است که در حال انتقال به سردخانه بودم این

لحظات سخت ترین بخش از آن چیزی است که بخاطر دارم، زیرا با وجود اینکه از زنده بودن خودم مطمئن بودم اما توانایی حرکت کردن را نداشتم، افرادی هم گاهگاهی در آنجا می آمدند و یا می رفتند توجهی به من نداشتند، این فکر آزارم می داد که اگر موفق به انجام حرکتی نشوم و به یکی از آن بخش های سرد خانه منتقل بشوم حتما از سرمای آنجا خواهم مرد! قطعا می مردم! آن قسمت از سالنی که من بودم تقریبا پر شده بود... برای همین هم دیگر کمتر فردی به آنجا می آمد، کم کم داشتم محیط را مات می دیدم که صدای شما را شنیدم که برای کمک به من آمده بودید و مرا به بخش منتقل کردید تا تیم پزشکی مرا احیاء کردند.

"راستی از کجا فهمیدید که من زنده ام؟"

در جوابش به او گفتم: "بطور اتفاقی"

در این زمان بود که دوست او از خرید بازگشت و پس از قرار دادن خریدهایش روی میز آشپزخانه به اتاقی آمد که ما در آن مشغول صحبت بودیم. من هم که پاسخ سوالاتم را گرفته بودم بلند شدم و خداحافظی کردم زیرا می دانستم که اگر در مورد چگونگی پی بردنم به زنده بودن او دوباره بپرسد ممکن است جوابی مناسب پیدا نکنم هنگام رفتن دستم را گرفت و به من گفت: "لطفا از آنچه برای تو گفتم به هیچ کسی چیزی نگویید"

به او این اطمینان را دادم که این حرف ها بین خودمان باقی خواهد ماند و پس از خروج از خانه آنها به سمت خانه قدیمی راه افتادم. در راه حرف های آن مجروح را مرور کردم آنطور که او وقایع را تعریف می کرد به این نتیجه رسیدم که او نمرده بوده است و تنها روح او برای مدتی خروج از جسم او را تجربه کرده بود، اما چرا باید وقایع را گاهی مات و گاهی شفاف می دیده است، به بیمارستان رفتم می خواستم محلی را که او بستری بوده است از نزدیک ببینم در بخش مراقبت های ویژه با صحنه ای جالب مواجه شدم یکی از تخت های ایزوله در بخش مراقبت های ویژه مورد استفاده قرار گرفته در واقع برای پیش بینی مواقع خاص آن تخت ایزوله را در آن بخش نصب کرده بودند، و این همان تختی بود که داده های مربوط به آن مجروح که از سردخانه نجات پیدا کرده بود را از آن دریافت کرده بودم. پس آن تخت که در آن شلوغی داده های آن را دریافت می کردم یک تخت ایزوله بوده و نه یک تخت معمولی! از بیمارستان به سمت خانه قدیمی راه افتادم و برای خرید کمی وسایل به فروشگاهی رفتم تا زمان رسیدن نوبتم برای پرداختن قیمت لوازم از شیشه فروشگاه به بیرون نگاه می کردم شخصی مشغول به تمیز کردن شیشه فروشگاه بود برای همین نیمی از شیشه تمیز بود و نیم دیگر آن هنوز تمیز نشده بود بنابراین این امکان وجود داشت که برای مات و شفاف شدن دید روح آن فرد هم چنین حالتی بوجود آمده باشد یعنی او از میان شی شفافی به

جسم خودش نگاه می کرده است، پس اگر روح او در هوا معلق بوده است می توانسته گاهی در داخل فضای ایزوله بوده باشد و گاهی هم در فضای خارج از فضای ایزوله بوده باشد! در زمانی که در داخل فضای ایزوله بوده باشد جسم خودش را شفاف و واضح می دیده است و زمانی که در خارج از فضای ایزوله بوده باشد جسمش را بصورت مات و مبهم می دیده است، پس به این ترتیب او چندین مرتبه از ماده عایق ضد ماده عبور کرده است، بدون اینکه هیچگونه تغییری در شرایط عایق ضد ماده بوجود آید و یا حسگرها و سنسورها چیزی را ثبت کند. تمام اینها نشان دهنده مجرد بودن روح از ماده و در عین حال ارتباط تنگاتنگ بین روح و جسم انسان می باشد.

همانجا به یاد حرف های مقلد ماده افتادم که مطالبی را در مورد جسم و روح گفته بود. بنابراین، تصمیم گرفتم برای پرسیدن چند سوال به نزد او بروم، به فرودگاه رفتم و و با اولین پروازی که امکان داشت خودم را به شهر قبلی محل زندگیمان رساندم، و در همانجا یک تاکسی به آدرسی در خارج از شهر گرفتم و به سمت آنجا حرکت کردم. آدرسی که داده بودم بگونه ای بود که راننده باید از مسیری که قبرستان در همان نزدیکی بود عبور کند، و من هم در بین مسیر و در همان محل از تاکسی پیاده شدم و خودم را به غار می رساندم.

مدتی که گذشت به نزدیکی قبرستان رسیدیم از راننده تاکسی خواستم تا تاکسی را در کنار خیابان متوقف کند. ترس را می توانستم به وضوح در چهره راننده تاکسی ببینم! حق هم داشت... شب بود و جاده ای بیرون از شهر بودیم و از او می خواستم تا در نزدیکی یک قبرستان قدیمی توقف بکند، با ترس از آینه به من نگاه می کرد، و گفت: ؟ "هنوز به مقصد نرسیدیم"

دوباره به او گفتم: "همین جا پیاده می شوم"

در جوابم گفت: "اینجا قبرستان بوده است"

گویی می خواست با گفتن این جمله من را در صورتیکه نمی دانستم از محلی که پیاده می شوم آگاه کند و به نوعی هشدار داده باشد

از او تشکر کردم و سپس وارد جنگل شدم. در مسیر غار حرکتم ادامه دادم تا به غار رسیدم. جلوی دهانه غار ایستادم دهانه غار بسته بود اما با جلوتر رفتنم خود به خود باز شد و وارد آن شدم. خالی و مثل قبل دست نخورده بود، به گوشه ای از غار رفتم که در روز آخر مقلدها در آنجا ایستاده بودند، یکی یکی حضورشان را احساس کردم، تا اینکه مقلد ماده آمد از او خواستم تا بیرون از غار با او صحبت کنم و او هم پذیرفت!

تمرکز بر روی موضوع صحبت خاصی در جمعی که تعداد زیادی موجود شبیه به خودت و در اندازه های مختلف حضور داشته باشند چندان هم آسان نبود، به مقلد ماده گفتم: "برای دیدن شما به اینجا آمده ام تا یکبار دیگر جمله ای را که در مورد جسم و روح گفته بودی بشنوم"

و او در پاسخ گفت: "جسم خانه روح است و روح به تدبیر جسم مشغول است و هیچکس در خانه اش احساس ناخوشایندی ندارد"

تعجب کرده بودم که هنوز هم آن جمله به صورت واضح یادش بود و ادامه داد: "ما مقلدها و شما انسان ها با هم در این مورد تفاوت های زیادی داریم، مقلدها روح خود را یکسان نگه می دارند و سعی می کنند تا جسم خودشان را تغییر دهند تا مناسب ترین خانه را برای آن بیابند و این کار سختی است در حالیکه شما انسان ها تمام سعی خودتان را می کنید تا جسم خودتان را ثابت نگه دارید و روحتان را به تند باد حوادث می سپارید، و تغییر آن برایتان چندان اهمیتی ندارد، روح همه شما انسان ها در هنگام تولد ثابت است اما جسم شما از هنگام تولد برای تغییر آفریده شده است! آنگاه با اعمال خود روح خود را پی در پی تغییر می دهید و به این تغییرات آنقدر ادامه می دهید تا که در آخر به شکل عادت در بیاید، بی خبر از اینکه تغییر یک عادت دیگر چندان راحت نیست... براستی چرا روح خود را تغییر می دهید؟ چرا سعی در تغییر لوح

نانوشته خود دارید؟ مگر سپیدی اولیه آن چه ایرادی دارد؟ از او پرسیدم: "گفتی لوح نانوشته، چگونه این لوح نانوشته را تغییر می دهیم؟"

پاسخ داد: "خیلی ساده تر از آنچه که فکر آنرا بکنید، با استفاده از کارهای خود بی خبر از آنکه نتیجه اعمال شما در محفوظ ترین بخش آفرینشی شما ثبت می شود یعنی همان روح شما!"

از او پرسیدم: "روح از اعمال تاثیر می پذیرد؟"

و او پاسخ داد: "آری مطمئنا، مگر شما این تغییر را احساس نمی کنید؟"

از او خواستم بیشتر در این مورد توضیح دهد... و بگوید منظور او از اینکه این تغییر را احساس نمی کنید چیست؟ او توضیح داد که: "هر عملی را که برای بار اول انجام می دهید تاثیر آن بر روح شما ثبت می شود اگر احساس خوشایندی از آن داشتید عملتان خوب و سازگار با سرشت شما بوده است چرا که روح شما را برای ثبت خود نوازش می دهد اما اگر با انجام دادن آن کار احساس بدی داشتید بدانید که عمل شما بد است و ناسازگار با سرشت شما بنابراین روح شما با درد آن را بر پیکره خود حک می کند"

از او پرسیدم: "درد حاصل از زخم بعد از مدتی از بین خواهد رفت، اما ناراحتی روحی چرا تا پایان عمر باقی می ماند"

و او پاسخ داد: "آیا اگر زخمی بر جسمت می خورد پس از خوب شدن آن با دیدن اثر باقی مانده از آن بیاد آن نمی افتی؟"

به او پاسخ دادم: "آری"

او ادامه داد: "روح تو نیز به همین شکل است، هر بار که به اثر کار بدت برسد تلخی آن را احساس می کند!"

از او پرسیدم: "اعمال خوب در روح انسان چگونه است؟"

او پاسخ داد: "مانند ورزش برای جسم، اما این را هم فراموش نکن که روح تو اصلا از جنس ماده نیست تا بتوانی آثار کار بد و خوب را از آن پاک بکنی و فقط تاثیر آنها کم و زیاد خواهد شد"

و پس از این پاسخ از من خواست تا به این گفتگو پایان دهیم...

همراه با یکدیگر به درون غار بازگشتیم، تمام موجوداتی را که در آن زمان به غار آمده بودند جمع شده بودند، و همهمه ای در بین آنها بر پا شد، از میان هم همه آنها صدایی شنیدم که می گفت: (ناجی آمد)

تقریبا تنها جایی که می توانستم بایستم وسط غار بود اما این مرتبه نسبت به همه آنها احساس خوشایندی داشتم! با وجود اینکه قصدی برای ماندن در آن غار نداشتم شب را ماندم و تمام آن شب به گفتگو گذشت... برای شکارچی ها از مزاحمین آن پارک گفتم و

آنها نیز می گفتند که از خوردن چند جوان شرور خوشحال خواهند شد! آنها نیز از بعضی از کارهای خودشان گفتند، حوالی صبح هر گروهی به مکان خودشان رفتند و من هم آخرین نفری بودم که از غار خارج شدم و به سمت شهر حرکت کردم...

در مسیر جاده یک اتومبیل قدیمی برای من توقف کرد و همراه با او به شهر بازگشتم و از آنجا به فرودگاه رفتم و منتظر اولین پرواز به شهر جدیدمان شدم. از فرودگاه مستقیما به خانه خودمان رفتم. در آنجا دائما فکرم مشغول بود و به اتفاقاتی فکر می کردم که در چند روز اخیر رخ داده بود، پدر و مادرم هم متوجه این تغییر رفتار من شده بودند... مادرم می خواست که سوالاتی از من بپرسد که پدرم دستش را گرفت و به او گفت: "بهتر است تا به او اجازه بدهی تنها باشد..."

به ایوان جلوی خانه رفتم و بر روی یکی از صندلی ها نشستم و به منظره روبروی خانه نگاه می کردم. آبنمای جلوی خانه روشن بود و درخشش پرتوهای نور خورشید در آن سحر انگیز شده بود، در چند روز آینده بیشتر وقتم را به قدم زدن در باغ خانه گذراندم. با وجود اینکه پروژه دوم شرکت شروع شده بود چند روزی را اجازه خواستم تا کارم را با تاخیر چند روزه آغاز کنم. باید نتایج آزمایش و صحبت هایی را که با مقلد داشتم را جمع بندی می کردم، در این چند روزه کم حرف شده بودم اما پدر و مادرم را می دیدم که

با نگرانی و از دور مراقب کارهایم هستند... با وجود نگرانی زیادی که داشتند حریم خصوصی من را محترم می شمردند، سوالاتی که باید در این مرحله پاسخ آنها را می دادم را در چند طبقه مرتب کردم. یکی از آن سوالات این بود که: "آیا روح انسان حالتی مادی دارد؟"

نتیجه تمام این بررسی ها نشان می داد که به هیچ عنوان نمی توانیم برای روح انسان حالتی مادی در نظر بگیریم

مقلد ماده می گفت که انسان ها با روحی یکسان مانند لوح سپید متولد می شوند و شاید این با این جمله هماهنگی داشت که هر انسانی در زمان تولد بی گناه متولد می شود، اما منظور از روحی یکسان چه بود؟

در بررسی های صورت گرفته توانسته بودم که مقدار کسر شده از وزن نوزادان تازه متولد شده را قبل از مرگ اندازه بگیرم! و این جدا از افرادی بود که بصورت رسمی در اتاق مراقبت های ویژه تغییر وزن آنها را اندازه گرفته بودم و این کار را از طریق بخش نوزادان انجام داده بودم. نکته جالب این بود که وزن کسر شده از تمام آن نوزادان تقریبا مقدار یکسانی بود! پس شاید همانطور که مقلد ماده گفته بود "اعمال انسان بر روح آن تاثیر می گذارد و باعث پرورده شدن آن در اثر معنویات و یا ضعیف تر شدن آن در اثر گناهان باشد، بنابراین روح انسان در طول عمر وی تغییر می کند و جدای

از جسم او می باشد اما از اعمال او تاثیر می پذیرد"، بنابراین روح و جسم انسان با وجود اینکه مجزاست در ارتباط نزدیک با یکدیگر قرار دارند. و اعمال انسان در وزن آن تاثیر گذار است.

اما هنوز هم این سوال مطرح بود که چطور امکان دارد با وجود اینکه روح انسان حالتی مادی نداشت اما با مرگ انسان و خروج روح از بدن او وزن او به مقدار بسیار کمی تغییر کند؟

برای یافتن پاسخ این سوال ابتدا به شرح ماده پرداختم. همه می دانند که دو جسم مادی به یکدیگر نیرو وارد می کنند که به این نیرو نیروی گرانش می گویند. وزن اجسام تحت تاثیر نیروی گرانش قرار دارد، بنابراین با توجه به این موضوع هر ماده با جرم برابر در مکان های مختلف جهان هستی دارای وزن های مختلفی می باشد، پس شاید این تغییرات در خصلت آن تاثیر بگذارد! در همین هنگام به یاد جمله آن مجروحی افتادم که می گفت: "نیرویی کششی را احساس می کرده است که سبب شده تا نتواند به حرکت خود ادامه بدهد، پس شاید نیرویی مشابه به نیروی گرانش که بین دو جسم وجود دارد بین روح انسان و ماده هم وجود داشته باشد... از حرف های آن مجروح که دوباره به زندگی باز گشته بود می شد چنین استنباط کرد که این نیرو عملکرد مشابه نیروی جاذبه داشته و او را به سمت پایین می کشیده است. بنابراین بیشترین تاثیر این نیرو از جانب زمین بر روح انسان بوده است. در نهایت می توان چنین

نتیجه گرفت که علاوه بر نیروی گرانشی بین دو ماده، بین ماده و روح انسان هم نیروی گرانشی وجود دارد. بالطبع نیروی جاذبه ای بین ماده و غیر ماده وجود خواهد داشت، که نیروی جاذبه ای از نوع متفاوت است این همان نیرویی است که بین ماده و روح انسان وجود دارد! پس باید نیروی جاذبه ای بین دو غیر ماده وجود داشته باشد که ساده ترین حالت آن را بین روح انسان ها شاهد خواهیم بود...

هنگامیکه دو نفر برای اولین مرتبه یکدیگر را می بینند ممکن است نسبت به هم جاذبه ای درونی داشته باشند در صورتیکه روح هایی مشابه داشته باشند، که در این حالت این افراد نسبت به یکدیگر احساس خوبی خواهند داشت در صورتیکه این افراد دارای روح های مختلفی باشند نسبت به هم در درون خود احساس دافعه ای بکنند که در این حالت این افراد نسبت به یکدیگر دارای احساس خوبی نیستند، و به یکدیگر تمایل نخواهند داشت اما در جایی شنیدم که دو انسان متفاوت در صورتیکه مدتی با یکدیگر رفت و آمد و معاشرت داشته باشند پس از مدتی اخلاق و خلق و خوهای آنها بصورت مشابه ای در خواهد آمد پس این موضوع هم بدلیل این است که روح قویتر روح ضعیف تر را به سمت خودش جذب خواهد کرد! علاوه بر این روح انسان ها از یکدیگر تاثیر می پذیرد به گونه ای که روح ضعیف تر به شکل روح قویتر در خواهد

آمد شاید علت کاهش وزن جسم انسان هم پس از مرگ بعلت همین نیرویی باشد که بین روح انسان و زمین (وابستگی) وجود داشته است و پس از مرگ بدلیل جدا و مستقل شدن، روح انسان دیگر در جسم انسان نیست و این نیرو در مکانی غیر از جسم انسان بر روح او اعمال خواهد شد، و از نیرویی که از جانب زمین به جسم انسان وارد می شود کاسته می شود، بر همین اساس باید برای هر ماده ای که دارای روح باشد دو وزن در نظر بگیریم: اول وزن جسم آن موجود و دوم وزن روح آن موجود که بعلت ناچیز بودن وزن روح آن موجود می توان از وزن آن صرفه نظر کرد. و همانطور که در روابط فیزیکی هم مشهود است، این موضوع قابل اثبات خواهد بود... اما جالب ترین موضوع اینجاست که خواص ماده با غیر ماده هم روابط بصورت عکس خواهد بود. به عنوان مثال دو ماده با بارهای همنام یکدیگر را دفع می کنند در حالیکه دو غیر ماده با سرشت یکسان یکدیگر را جذب می کنند، دو انسان خوب جذب یکدیگر می شوند.

اما نکته دیگری هم در این آزمایش قابل ملاحظه بود و آن این بود که جایگاه روح در کدام بخش از بدن انسان است؟

این سوال را می شود اینگونه بیان کرد که اگر روح انسان مجرد از ماده باشد می تواند بدون هیچ مشکلی در همه جای بدن انسان جاری باشد و در این گستردگی به مدیریت، تدبیر و کنترل کل

جسم انسان بپردازد تا زمانی که ارتباط روح و جسم انسان قطع نشده باشد اگر برای روح جایگاه ویژه ای در جسم وجود می داشت تاکنون بارها پزشکان و آناتومیست ها و جراحان آنرا پیدا کرده بودند پس روح در تمام جسم انسان گسترده است اگر در جائی متمرکز بود دور از انتظار نبود که با وجود اینکه تمام قسمت های بدن از مواد مشابهی مانند گوشت و استخوان امثال آنها تشکیل شده است سنگینی نامعقولی را در یک بخش از جسم انسان مشاهده می کردیم که ناشی از تمرکز روح در آن قسمت بود در حالیکه جرم انسان با گسترش وزن آن کاملا مطابقت دارد! پس سنگینی حاصل از روح در کل جسم انسان گسترده است و همینطور می توان گفت آنچه بصورت کاهش وزن در انسان قبل از مرگ و بعد از مرگ قابل مشاهده است در واقع یک نیروی و یا سنگینی مجزای از ماده می باشد! یعنی رابطه و جاذبه ای بین ماده و غیر ماده، دلیل دیگری که مجرد بودن روح انسان را از جسم آن یعنی ماده مشخص می کند این امر است که "هر ماده ای می تواند از ماده عبور بکند منتهی بر اساس ضریب نفوذ مواد که بین دو ماده وجود دارد مدت زمان عبور متفاوت است پس اگر بخواهیم ماده ای را از ماده دیگر در زمانی کوتاهتر از زمانیکه این ضریب نفوذ ماده در رابطه خود مشخص می کند عبور دهیم خواسته یا ناخواسته این عبور دو ماده از یکدیگر اثر خود را بر جای می گذارد مثل عبور یک گلوله از یک هندوانه که بعلت عبور یک ماده از ماده

دیگر با سرعت بالا صورت می گیرد و سبب ترکیدن هندوانه می شود و متلاشی شدن ساختاری آن می شود. برای توجیه میزان تاثیر عبور ماده از ماده دیگر یک فرمول و یک ضریب تاثیر مواد وجود دارد و مدت زمان عبور مواد از یکدیگر هم بر آن تاثیر دارد که میزان اثر و یا شاید اثر ناخواسته بر روی مواد را معین می کند. پس اگر روح انسان حالتی مادی می داشت مطابق با این فرمول ها و ضرایب هنگام خروج از جسم انسان در زمان کوتاهی که مرگ اتفاق می افتد تاثیر یا نتیجه خود را باقی می گذاشت و ما قادر به دیدن تاثیر خروج روح از جسم انسان از روی آثار آن بودیم و می شد با این ضرایب و فرمول ها به این نتیجه رسید که روح انسان بصورت مجرد از ماده است و ماهیتی جداگانه دارد اما آنچه مسلم است اینست که خروج روح از جسم انسان تنها با اراده ای بالاتر که همان خداوند بزرگ است صورت می گیرد و توسط واسطه ای که همان فرشته مرگ است و در ادیان مختلف نام های گوناگونی دارد صورت می پذیرد و همراه این روح تاثیر اعمال انسان هم وجود دارد.

بخش یازدهم: تعطیلات

فشردگی کارهایی که در این مدت انجام داده بودم باعث شده بود که احساس خستگی زیادی کنم. برای همین هم با پیشنهاد خانواده ام به یک شهر ساحلی رفتم تا تعطیلاتی خوب را در آنجا سپری کنم. مسلما آرامشی که در ساحل دریا می توانستم پیدا بکنم در هیچ جای دیگری قابل یافتن نبود... لب ساحل نشسته بودم و به مردمی که عبور می کردند نگاه می کردم بعضی از آنها به سرعت در آب می پریدند و بعضی دیگر هم به آرامی در حال خروج از آب بودند، ناگهان به فکر ضریب نفوذ ماده و روابط و فرمول های وابسته به آن افتادم به این می اندیشیدم که چه مقداری می تواند مفید باشد؟ با استفاده از این روابط و فرمول ها و ضرایب می شد مواد جدیدی را تولید کرد! این مواد را فراماده می نامند. می توانستیم گونه های مختلفی از این فرا ماده ها رابسازیم بگونه ای که بسرعت ضریب نفوذ خود را تغییر دهد و وقتی که یکبار از یک ماده عبور کردند ضریب نفوذ آنها تغییر کند و دارای ضریب نفوذ دیگری شود و ماده دیگری را تحت تاثیر قرار بدهد، برای رهایی از این مطالب علمی از جای خودم بلند شدم و شروع به قدم زدن بر روی شن های ساحل کردم... خیلی آرامش بخش بود... در جلوی من چند پسر بچه در حال بازی بودند و به طرف هم بادکنک های آب شده ای پرتاب می کردند یکی از آنها از جلوی من در حال دویدن بود و دوستش بادکنک پر از آب را به طرف او پرتاب کرد... این پسرک جعبه کوچک پر از بادکنک های پر از آب خود را جلوی صورتش

گرفته بود بادکنک را می دیدم یک مسیر نیم دایره را طی کرد به جعبه پسر بچه مقابل من خورد و آب محتوی آن به سمت من پاشید روی صورتم و بدنم و بخشی از لباس من ریخت، پسرک به من نگاه کرد و گفت: "معذرت"

از آن پسر خواستم که نزدیک تر بیاید، از او پرسیدم: "درون بادکنک ها چیست؟"

آن پسر پاسخ داد: "آب"

از او پرسیدم: "چند تا از این بادکنک ها داری؟"

پسر پاسخ داد: "دو سه تا جعبه مثل این ولی باید با آنها دوستانم را که آنجا ایستاده اند خیس کنم"

از او پرسیدم: "تنهایی؟"

پاسخ داد: "بله"

از پسرک پرسیدم: "نمی خواهی با یک نفر دیگر به حساب آنها برسی؟"

پسر پاسخ داد: "می خواهم اما چه کسی؟"

چند ثانیه بعد من به همراه آن پسر بچه به دنبال دوستانش می دویدیم و به آنها بادکنک پر از آب می زدیم، به گمانم حسابی آنها

را با بادکنک های پر از آب خیس کرده بودم، اما با نگاهی به خودم متوجه شدم که حتی یک نقطه از لباس هایم خشک باقی نمانده است!

در هنگام آب بازی با آن پسر بچه ها برای مدتی از فکرهایی که همیشه با آنها درگیر بودم رها شدم، اما دیگر دیر شده بود و باید به محل اقامتم باز می گشتم... از آن پسر بچه ها خداحافظی کردم و یکی از آنها پرسید: "فردا هم به لب آب می آیی؟"

به او پاسخ داد: "البته می آیم"

فردا صبح لب ساحل متوجه شدم که آن سه پسر بچه به همراه دو نفر دیگر با شش جعبه بادکنک پر از آب و شش عدد تفنگ آب پاش انتظارم را می کشند برای همین جلوتر رفتم و از آنها پرسیدم: "اینجا چکار می کنید؟"

پاسخ دادند: "منتظر شما بودیم چرا دیر آمدید؟"

آنها در ساحل انتظار من را می کشیدند تا بیایم و با همدیگر آب بازی کنیم، حتی برای من یک تفنگ آب پاش و یک جعبه بادکنک پر شده از آب نیز آورده بودند، از این کارشان خیلی خوشحال شدم و با خودم گفتم ای کاش همه افراد مانند این بچه ها رفتار می کردند، از این همه خوبی بچه ها به وجد آمده بودم برای همین با آنها به یکی از فروشگاه های لب دریا رفتیم به تعداد خودمان

دوربین و چند وسیله دیگر خریدیم و به این ترتیب گروه ما برای آب بازی آماده شده بود، یکی از وسایلی که در آن فروشگاه وجود داشت وسیله ای بود که می توانست با استفاده از فشار هوا بادکنک های پر از آب را به فاصله ای دورتر پرتاب بکند و جالب بود که برای تعیین محل پرتاب بادکنک های آب شده هم چندین اهرم برای تنظیم آن داشت. کلاه های اسباب بازی را به سرگذاشته بودیم و بی سیم های اسباب بازی را هم در دست داشتیم و از هر گروهی یک نفر نگهبانی می داد و باقی نفرات در حال ساخت قلعه شنی بودند. بعد از ظهر در ساحل دو قلعه شنی داشتیم و دو گروه در حال پرتاب بادکنک های پر از آب به یکدیگر و همینطور در حال تنظیم آن وسیله برای پرتاب بادکنک های پر از آب به سوی یکدیگر... پس از اینکه بادکنک های پر از آب هر دوگروه تمام شد با تفنگ های آب پاش به یکدیگر حمله کردیم، و تا جائیکه می توانستیم یک دیگر را خیس کردیم... دست آخر هم خیس آب ایستاده بودیم و به دریا نگاه می کردیم، تعدادی که در ساحل بودند به من نگاه می کردند و از اینکه می دیدند که با چند تا پسر بچه اینگونه بازی می کنم به وجد آمده بودند، و با یکدیگر برای آب بازی قرار می گذاشتند، باقی روز را همراه با آن پسر بچه ها در لب ساحل ماندیم و برای قلعه شنی فردای خودمان نقشه می کشیدیم!
صبح بود باید امروز زودتر از همیشه به ساحل می رفتم تا به پسرها ملحق شوم. هنگامی که همراه با آن پسرها از محلی که قرار گذاشته

بودیم تا جمع شویم، به ساحل رفتیم با صحنه ای شگفت آور مواجه شدیم تعداد زیادی از مردم در حال ساخت قلعه های شنی بودند، و همراه باخودشان اسلحه های آب پاش و بادکنک های پر از آب هم به تعداد زیادی آورده بودند...

به پسرها گفتم: "امروز باید همه ما در کنار یکدیگر بمانیم تا از عهده این همه برآئیم...!"

در گوشه ای از ساحل که از پشت بسته بود و کسی نمی توانست از آنجا ما را خیس کند شروع به ساخت قلعه خودمان کردیم... به قلعه ها و سنگرهای باقی افراد در ساحل نگاه می کردم، بعضی از آنها نشان دهنده هنرمندی بسیار زیاد سازندگان آنها بود، شخصی با جعبه ای در دستش در بین قلعه ها راه می رفت و به هر قلعه ای یک پرچم می داد و قرار بود که هر قلعه ای که تعداد بیشتری پرچم داشته باشد برنده این رقابت ساحلی باشد، با آغاز رقابت من و آن پنج پسر به خوبی از عهده کار بر می آمدیم و فکر می کنم علتش تمرین دیروزمان بود! ما علاوه بر بادکنک های پر از آب و تفنگ های آب پاش دستگاهی هم داشتیم که در حجم بالا بادکنک های آب شده را به سوی سایر قلعه ها پرتاب می کرد و این عامل برد ما در روز اول و برتری ما بود، فردای آن روز در حالیکه داشتم از آن شهر می رفتم از کنار ساحل عبور کردم و دیدم که قلعه کناری ما که دیروز توسط ما خیس آب شده بود امروز از آن

دستگاههای پرتاب بادکنک پر از آب چهار عدد دارد و مشغول خیس کردن سایر گروههاست و یکی از آن قلعه ها هم در یک کار ابتکاری دو عدد از این دستگاهها را بر روی صفحه ای بسته بود و همزمان دو دستگاه بادکنک به سوی سایر گروهها پرتاب می کردند...

(ညှုက် ကၢ်ဝါ)

فصل اول: کوردل

بخش اول: تولد

به خانه بازگشتم... در ابتدای ورودی خانه اولین باری را که به آن خانه آمده بودم را به خاطر آوردم، ناخودآگاه به یاد نسبی بودن مکان و رفتن و بازگشتن به یک محل افتادم اما این مرتبه کلید داشتم و بدون اینکه بیشتر به این موضوع بیندیشم وارد خانه شدم. پدر و مادرم خانه نبودند به اتاقم رفتم لباسهایم را عوض کردم. به امید یافتن رازهایی که ممکن بود پدرم در آن خانه بوجود آورده باشد شروع به قدم زدن در خانه کردم... این رازها ظاهرا به نحو کاملا حرفه ای در آن خانه مخفی شده بودند، زیرا که هیچ کدام را نتوانستم پیدا کنم اما از یافتن آنها به هیچ وجه ناامید نبودم چون از وجود آنها مطمئن بودم. احساس خستگی پرواز در هنگام بازگشت از سفر هنوز هم در تنم باقی مانده بود. تصمیم گرفتم تا یک فنجان چای بنوشم، فنجان به دست به تراس بالای عمارت رفتم و در حالیکه مشغول تماشای باغ جلوی خانه بودم مشغول نوشیدن چای شده بودم که بصورت اتفاقی چشمم به خانه قدیمی افتاد، می توانستم به وضوح نور را از پنجره های آن مشاهده کنم اما مطمئن بودم که آخرین باری که آنجا بودم، درست قبل از اینکه به سفر بروم تمام لامپ ها و چراغ های خانه قدیمی را خاموش کرده بودم و هیچ چراغ روشنی را در آنجا باقی نگذاشته بودم! احتمال اینکه چراغی روشن مانده باشد تقریبا وجود نداشت چرا که قبل از خروجم نیز این موضوع را کنترل کرده بودم، بنابراین احتمالا پس از من و در مدت نبود من، شخص دیگری به آنجا وارد

شده باشد و یا اینکه با وجود مواد شیمیایی موجود در آزمایشگاه، این نور می توانست مربوط به شعله های آتش باشد، آیا این نور می توانست حاصل سوختن مواد شیمیایی داخل آزمایشگاه باشد؟ در هر دو احتمال باید خودم را هرچه سریع تر به خانه قدیمی می رساندم. فنجان چای را در حالیکه هنوز به نیمه هم نرسیده بود بر لبه تراس گذاشتم و با عجله به سمت خانه قدیمی شروع به دویدن کردم...

هنگامی که به آنجا رسیدم نفس نفس می زدم در را گشودم و وارد خانه شدم. چراغ های راهرو روشن بود، اما مطمئن بودم که آنها را قبل از سفر خاموش کرده بودم! احتمالا فردی پس از من وارد خانه شده بود اما چرا آثاری از ورود بر روی قفل در ورودی وجود نداشت! به یاد افرادی که در آن محله قدیمی با آنها در ارتباط بودم افتادم، این احتمال وجود داشت که آنها تعقیبم کرده باشند و پس از اطمینان از اینکه خانه خالی است وارد آن شده باشند بنابراین باید کمی محتاط تر عمل می کردم! از راهروی ورودی وارد نشیمن خانه شدم آنچه در آن لحظه دیدم برایم دور از انتظار بود، پدر و مادرم در نشیمن خانه قدیمی نشسته بودند! تزئیناتی که در آنجا دیده می شد و یک کیک کوچک که بر روی میز قرار داشت و شمعی که بر روی آن روشن بود. همه و همه... واقعا این اتفاق برای من غافلگیر کننده بود! برای چند ثانیه خشکم زده بود و نمی دانستم

در آن موقعیت چه واکنشی باید از خودم نشان دهم و یا اینکه چه بگویم، که با صدای بوقی که پدرم زد به خودم آمدم و با تعجبی که سراسر وجودم را فرا گرفته بود به آنها نگاهی کردم و اولین جمله ای که به پدرم و مادرم گفتم این بود: " ممنونم، واقعا ممنونم، اصلا انتظار این موضوع را نداشتم ". با اصرار پدر و مادرم برای فوت کردن شمع های روی کیک آماده شدم و با شمردن یک و دو و سه پدر و مادرم، آنها را فوت کردم. وقتی مادرم در حال بریدن کیک بود به این موضوع فکر می کردم که در طول مدتی که گذشت آنقدر مشغول به کارهای خودم بودم که حتی دیگر روز تولد خودم را هم فراموش کرده بودم! پس از خوردن کیک زمانیکه در کنار یکدیگر نشسته بودیم پدرم نگاهی به اطراف خانه و چیدمان آنجا کرد و گفت: " هنوز هم مانند روز اول زیباست "

و سپس به من نگاهی کرد و گفت: " پسرم اگر خانه ای ساختی حتما با همین کیفیت بساز "

و سپس از جای خودش بلند شد و در حالیکه در نشیمن خانه قدم می زد، پرسید: " تمیز کاریش را که می دانم کار کیست اما خودت دکور اینجا را تغییر داده ای؟ "

پاسخ دادم: " آری، نظر شما چیست؟ "

پدرم لبخندی زد و گفت: " در این مورد فکر می کنم به مادرت رفته باشی! "

و سپس به مادرم نگاهی زیر چشمی انداخت و لبخندی زد.

در دلم هزار فکر افتاده بود و امیدوار بودم که پدر و مادرم به طبقه بالا که آن کتابخانه و آرشیو را به راه انداخته بودم نرفته باشند، اما آنجا در مقابل آزمایشگاه زیر زمین چیزی نبود، واکنش آنها در مقابل آنهمه تجهیزات آزمایشگاهی غیر قابل پیش بینی بود.

من پیش از این در مورد آزمایشگاه جدیدم به آنها گفته بودم اما هیچگاه در مورد گستردگی آن چیزی نگفته بودم.

پدرم از پنجره به حیاط پشتی نگاهی انداخت و سپس گفت: " حیاط پشتی را هم تمیز و مرتب کرده ای، راستی پسرم انبار را .... " جمله اش را نا تمام گذاشت و به سمت من برگشت و گفت: " حتما آن انبار را تبدیل به آزمایشگاه کوچک خودت کرده ای؟! "

حالتی بین تعجب و نگرانی را می شد در چهره پدرم ببینم، به او پاسخ دادم: " البته، اما فقط بخشی از آزمایشگاه خودم "

در همین لحظه بود که مادرم هر دوی ما را صدا زد و گفت: " بیایید و اینجا کنار هم بنشینیم! فکر می کنم که برای صحبت های

شما در این مورد بعدا هم وقت کافی داشته باشیم بهتر است که هدیه های پسرمان را به او بدهیم..."

مثل همیشه هدیه پدرم افزایش مبلغ حساب بانکی من بود که واقعا بعد از خریدن لوازم آزمایشگاه به آن نیاز داشتم و مادرم، اما این مرتبه هدیه ای متفاوت داشت، او یک آلبوم عکس به من داد که تا بحال هیچ وقت آن را ندیده بودم، خودش می گفت که از دوران کودکی این آلبوم را برای تولدم آماده کرده است... آلبومی از روزهای زندگیم بود! مادرم می گفت: " پسرم هر کدام از عکس های این آلبوم مربوط به زمانی است که اولین فعالیت های خودت را انجام داده ای..."

از مادرم منظورش را پرسیدم و او ادامه داد: " عکس اول آلبوم مربوط به اولین روز تولدت است، که از تو گرفته ام و در پشت آن تاریخ و ساعت و موضوع آن را نوشته ام و برای باقی عکس ها هم همینطور... یعنی اولین کلمه ای که گفتی در همان لحظه عکسی از تو گرفتم و با تاریخ و زمان و موضوع در این آلبوم قرار دادم"

تازه متوجه شده بودم منظور مادرم چیست! او با نهایت صبر و مهربانی تمام اتفاقات زندگیم را در اولین مرتبه ای که برای من افتاده بود را در این آلبوم ضبط و حفظ کرده بود! واقعا هدیه ای متفاوت و دوست داشتنی بود... "

سه نفری به خانه بازگشتیم. در طول چند هفته گذشته این مسیر را همیشه تنها طی کرده بودم اما این مرتبه ۳ نفری داشتیم به خانه باز می گشتیم و این خیلی خوب بود، و حس خوشایندی را به آدم القا می کرد! روزهای گذشته همواره این مسیر را تنها و همراه با دغدغه های زیاد طی کرده بودم اما این مرتبه ۳ نفری و با آرامش طی می کردیم. به خانه رسیدیم... پدر و مادرم به اتاق خودشان رفتند و من هم به اتاق خودم رفتم و برای مدتی از پنجره اتاق به بیرون نگاه می کردم.

بخش دوم: هدیه مادرم

آلبوم هدیه مادرم را برداشتم و روی تختم دراز کشیدم و شروع به نگاه کردن عکس های آلبوم کردم. اما از آخر به اول! یعنی از آخرین عکس آلبوم شروع کردم و همینطور تا اول آن ادامه دادم تا رسیدم به عکسی که مادرم می گفت مربوط به روزی است که اولین کلمه را در زندگیم گفته بودم. آن روز دقیقا در خاطرم بود.. شروع فرآیند حرف زدن دقیقا در خاطرم بود و خودم هم به خوبی به آن آگاه بودم و یادم بود که در کودکی چطور حرف زدن را یاد گرفته بودم! دلم می خواست بدانم بقیه هم این موضوع را به خاطر دارند و یا نه؟ برای من مانند خاطره ای واضح و روشن بود خاطرات مربوط به چگونگی فرآیند یادگرفتن حرف زدن در نوزادی در خاطرم باقی مانده بود. هنوز هم یادم بود که در زمان نوزادیم به محض شنیدن صداهای اطرافم به آن واکنش نشان می دادم! در حقیقت این واکنش یک کنجکاوی کودکانه بود برای یافتن و درک کردن منشاء آن صدا، به عنوان مثال برای اولین مرتبه که صدای افتادن سینی را شنیدم این صدا برای من تازگی داشت و آن را نمی شناختم بنابراین به سمت آن برگشتم و آن را با دقت نگاه کردم تا در خاطرم ماند اما در مرحله دوم که در نزدیکی ام یک سینی به زمین افتاد می دانستم که این صدا مربوط به افتادن سینی است بنابراین فقط یک نگاه کوتاه به سمت صدا کردم تا ببینم که چه کسی آن سینی را به زمین انداخته است. در این زمان خاطرم هست که مادرم من را در آغوش گرفت و گفت: " ترسیدی، الهی... پسرم ترسید".

فرآیند یادگیری حرف زدن من هم تقریبا به همین صورت بود، به این ترتیب که هر کلمه جدیدی که می شنیدم بارها و بارها آن را تکرار می کردم! مرتبه اول این تکرارها بصورت هجاها و اصواتی بود که با دهانم در می آوردم و در واقع تلاشی برای بدست آوردن توانایی تکرار کلمه ای بود که شنیده بودم پس آنقدر به این عمل خودم ادامه دادم تا توانایی گفتن آن کلمه را پیدا می کردم و یا اینکه کلمه دیگری را می شنیدم و به تکرار آن مشغول می شدم... در زمانیکه به سعی برای تکرار کلماتی که می شنیدم مشغول بودم اطرافیانم با لبخند من را به همدیگر نشان می دادند و می گفتند: " الهی ... دارد بازی می کند!"، و شاید تمرین من را برای فراگیری کلمات و صداهایی که در می آوردم را بازی من می پنداشتند در حالیکه این عمل من بازی نبود، بلکه تمرینی برای یادگیری کلمات بود، و در ادامه یا مرا در آغوش می گرفتند و یا اینکه می بوسیدنم، بعضی ها هم پا را فراتر می گذاشتند و چند مرتبه مرا به بالا می انداختند که بدترین خاطره دوران نوزادی من مربوط به همین بالا انداختن های بی دلیل و از روی محبت و دوست داشتن آنها بود، دقیقا یادم هست زمانیکه مرا به بالا می انداختند در ابتدا به اطرافم نگاه می کردم و دلهره ای کودکانه داشتم که از نگرانی ام سرچشمه می گرفت که مربوط به ترس از برخورد با سقف اتاق بود و پس از آن هم نگرانی مربوط به اینکه اگر آن شخص نتواند مرا بگیرد و از آن ارتفاع به زمین بیفتم چه اتفاقی خواهد افتاد و در آخر هم که

آن فرد مرا می گرفت احساس دردی آزار دهنده در پهلوهایم بود این شاید بدترین خاطره ای بود که یک نوزاد می توانست داشته باشد! گاهی اوقات از اینکه فردی من را به بالا می انداخت گریه می کردم و این مربوط به زمانی بود که آن شخص برای اولین مرتبه اینکار را می کرد زیرا اطمینان نداشتم آن شخص من را به ارتفاع مناسب به بالا خواهد انداخت که به سقف برخورد نکنم و یا اینکه در زمان پایین آمدنم می تواند مرا به درستی بگیرد که به زمین برخورد نکنم و یا خیر!

اما گاهی اوقات نیز از اینکه فردی مرا در زمان نوزادی به بالا می انداخت می خندیدم و آن هم مربوط به افرادی می شد که قبلا مرا به بالا انداخته بودند و از اینکه کارشان را بلد هستند مطمئن بودم! بگذریم... به نحوه یادگیری حرف زدنم برگردیم... به این ترتیب در زمان نوزادی با شنیدن هر کلمه جدیدی که در اطرافم از سایر افراد می شنیدم آنقدر تکرار می کردم تا بتوانم به راحتی آنرا بگویم و دقیقا در خاطرم مانده است که کلمه "اما" سخت ترین کلمه ای بود که سعی در گفتن آن داشتم دلیل آنرا هم نمی دانم شاید علت استفاده آن و یا اینکه تشدید روی حرف "میم " باعث این موضوع شده بود!

چند صفحه آنطرف تر از این عکس، عکسی مربوط به اولین باری بود که توانسته بودم راه بروم! خاطرات مربوط به اولین قدم هایی

که توانسته بودم بردارم و نحوه یاد گرفتن آن هنوز هم در ذهنم خیلی آرام و با آرامش خانه کرده بود. ذهنم از زمان خزیدن، تا یادگیری راه رفتن را که چندان زمان زیادی طول نکشیده بود را به خوبی به خاطر داشت اما بهتر است از اول شروع کنم! زمانی که نوزاد بودم، معمولا من را به حالت دراز کشیده بر روی پشت می گذاشتند در این حالت تنها کاری که می توانستم انجام بدهم بازی با دستهایم و تکان دادن پاهایم و صداهایی بود که در زمان تمرین کلمات از خودم در می آوردم اما پس از مدتی صداهای اطراف بصورت محرک هایی عمل می کردند که باعث می شد تا سرم بصورت ناخودآگاه به سمت صدایی که شنیده بودم بگردانم و یا صداهایی را که در حرکت بودند را با نگاهم دنبال کنم اما این واکنش من تنها محدود به صداهایی که می شنیدم نبود و امکان داشت که تغییر نور در اطرافم که باعث جلب توجه می شد و یا اینکه وزیدن بادی که بعلت جابجایی هوا به هر دلیلی حتی حرکت یک فرد بوجود می آمد هم همین خاصیت را داشته باشد. با گذشت زمان گویی این حرکت های ناخودآگاه سرم به اطراف مانند یک حرکت ورزشی عمل کرده بود و باعث قوی تر شدن عضلات گردنم شده بود در این زمان حرکات سرم از حالت ناخودآگاه به حرکات ارادی تغییر وضعیت داده بودند و می توانستم همراه با سر و صدایی که با دهانم ایجاد می کردم به اطراف نیز سرم را بچرخانم. این حرکت های ارادی سر و گردنم انگار تمرینی بود که باعث افزایش

قدرت کنترل عضلات پشتی و شانه هایم می شد، ضمن اینکه این حرکات آنها را تقویت هم می کرد. این عوامل دست به دست هم داد تا سرانجام توانستم از حالتی که بودم یکبار به روی شکمم بغلتم و این شاید آغاز حرکت من در جهانی بود که به آن پا گذاشته بودم، بعد از آن می توانستم چند غلت پشت سر هم بزنم و این غلت ها تکرار می شد و با تکرار آنها و تقویت عضلاتم لذت بخش تر هم می شد و در عالم کودکانه خودم گمان می کردم که با هر غلتیدن مسافتی بسیار طولانی را طی می کنم! بی خبر از اینکه تنها فاصله ای کوتاه را طی کرده بودم و این موضوع ادامه داشت تا اینکه برای اولین بار توسط پدرم روی پاهایم ایستاده نگه داشته شدم و عضلات و ماهیچه های پاهایم قدرت چندانی نداشت هرچند که پدرم هم در این حالت کمکم می کرد اما از نظر خودم احساس می کردم که این کمک او برای من کافی نیست! پاهایم به یکدیگر چسبیده بودند و تمام سعیم را می کردم تا در حالت ایستاده باقی بمانم اما انگار کافی نبود و هر چند ثانیه پاهایم از محل زانو ها خم می شد و این زمانی بود که پدرم با استفاده از دستانش وزن بدنم را نگه می داشت و مانع از افتادنم می شد. اولین بارهایی که این کار را انجام دادیم حرکت خوشایندی برای من محسوب نمی شد به سمت مادرم نگاه می کردم و می دیدم که با نگرانی دستهایش را به یکدیگر می مالید و در عین حال لبخند می زد، و این لبخند به من می گفت که برای شروع حرکت من او هم نگران است و این

کار در روزهای دیگر هم به شکل بازی هایی که همراه پدر و مادرم انجام می دادم تکرار می شد، به نحوی که کم کم عضلات و ماهیچه های پاهایم قوی و قوی تر شد و این زمانی قابل لمس بود که پدر و مادرم دستهایشان را برای چند ثانیه رها می کردند و از اینکه فرزندشان برای چند ثانیه بر روی پاهایش ایستاده است لبخند می زدند، پس از مدتی، زمان بیشتری می توانستم روی پاهایم بایستم و این موضوع تکرار این عمل را برای من لذت بخش تر از قبل می کرد، و احساس می کردم که آن چند ثانیه مدت زمانی طولانیست و این باعث اعتماد به نفس کودکانه من می شد اما هنوز برای راه رفتن آماده نبودم چرا که هر زمان می خواستم راه بروم و یکی از پاهایم را بلند می کردم و تمام وزنم روی پای دیگرم قرار می گرفت یا زانوهایم خم می شد و یا اینکه به یک سمت می نشستم، و این موضوع تا زمانیکه توانستم بصورت کامل راه بروم ادامه داشت، خاطرات دوران کودکیم بیشتر کنجکاویهایی بود که انسان را به تعجب وا می داشت بیاد دارم که زمانیکه کودک بودم و بر روی کف اتاق می نشستم همواره سقف اتاق را بسیار بلند می دیدم و علت این بلندی برای من جای سوال داشت، اما امروز به راحتی می توانم علت این موضوع را درک بکنم و آن اینست که در حالت عادی یک سقف معمولی ارتفاعی در حدود ۳ متر خواهد داشت در حالیکه یک کودک در حالت دراز کشیده همان سقف را از ارتفاع بیست سانتیمتری و در حالت نشسته از ارتفاع حدود نیم متری خواهد

دید و این در حالی است که اگر ارتفاع سقف را بر آن تقسیم بکنیم خواهیم داشت:

ضریب ارتفاع در حالت دراز کشیده نوزاد = ۳۰۰/۱۵ = ۲۰ مرتبه

ضریب ارتفاع در حالت نشسته نوزاد = ۳۰۰/۳۰ = ۱۰ مرتبه

بنابراین ملاحظه می کنیم که یک نوزاد در حالت نشسته ارتفاع سقف را ۱۰ برابر خودش و در حالت دراز کشیده که در اکثر موارد به این حالت می بیند ۲۰ برابر خودش احساس می کند که فاصله زیادی است! بنابراین من هم در آن زمان ارتفاع را به همین شکل می دیدم و این ارتفاع برای من زیاد به نظر می رسید بنابراین این سوال در زمان نوزادی برای من پیش آمده بود که چرا سقف های خانه ها را این قدر بلند می سازند اما قادر به پرسیدن آن نبودم زیرا در آن زمان در حال فراگیری لغات هم بودم! یعنی هر نوزادی همینطور است؟! برای درک بهتر این موضوع بهتر است یک مثال بزنم... اگر قد یک فرد معمولی را ۱۷۰ سانتیمتر فرض بکنیم ارتفاعی که در حالت نشسته خواهد داشت در حدود ۸۵ سانتیمتر است، و در حالت دراز کشیده هم در حدود ۳۰ سانتیمتر با فرض متکای زیر سرش بنابراین ارتفاع سقف در چشم یک نوزاد را اگر بخواهیم به همان حالت در چشم یک بزرگسال تبدیل بکنیم خواهیم داشت:

ارتفاع سقف در چشم یک بزرگسال در حالت نشسته:
۸۵*۱۰=۸۵۰ سانتیمتر

ارتفاع سقف در چشم یک بزرگسال در حالت دراز کشیده:
۳۰*۲۰=۶۰۰ سانتیمتر

بنابراین ملاحظه می کنیم که بوجود آمدن این سوال در آن زمان برای من امری عادی تلقی می شود، اما از این هم که بگذریم! زمانی که برای اولین مرتبه به تنهایی نشسته بودم، درون گهواره ام بود. سعی کردم با کمک دستهایم خودم را به بدنه گهواره بگیرم و بر روی پاهایم بایستم در چند مرتبه اول ناموفق بودم اما پس از آن با گرفتن دیواره گهواره می توانستم بایستم برای اولین مرتبه که مادرم این موضوع یعنی ایستادنم را دید خیلی آرام که هول نشوم به سمت من آمد و من را گرفت، بغل کرد و بوسید. خیلی برایم لذت بخش بود برای همین هم مدام سعی در تکرار آن می کردم اما این مقدمه ای بر آغاز راه رفتن من بود به این ترتیب که پدر و مادرم دست ها و شانه هایم را می گرفتند و من به کمک آنها چند قدم می رفتم در ابتدا این کار برایم خسته کننده بود اما پس از مدتی متوجه شدم که پدر و مادرم در طول راه رفتنم برای چند قدم هم که شده دستهایشان را رها می کنند این موضوع باعث آن می شد که همواره نیم نگاهی به پشت سرم داشته باشم.

شاید این خاطرات که با دیدن آن آلبوم برایم یادآوری می شد زیبا باشد اما از طرفی بسیار زیاد هستند، بنابراین بهتر این است که در این زمان آنها را تعریف نکنم؟

ساینا گفت: "با وجود اینکه عجیب است اما من باور می کنم"

در پاسخ به ساینا گفتم: " من هم برای همین باور توست این موضوع را برای تو تعریف کردم! "

و ادامه دادم: می دانی ساینا گاهی افراد واقعیت هایی را که می شنوند باور نمی کنند، حداقل این چیزی است که به نظر می رسد. بنابراین بیشتر سعی می کنم که وقتم را به فکر کردن بگذرانم تا به گفتن حقایق برای سایر افراد، اما تو جوینده واقعیت هستی.

در این هنگام ساینا گفت: " اما اگر بخواهی با من هم چنین رفتاری داشته باشی ناراحت خواهم شد، و خوشحال می شوم تا تمام این حقایق را بشنوم"

خندیدم به او نگاه کردم و سپس ادامه دادم...

[illegible]

فردا باید به شرکت دوست پدرم رفتم. کار ساختمانی جدید آنها از فردا آغاز می شد؛ آلبوم اولین ها را در جای مناسبی گذاشتم و سپس خوابیدم... صبح زودتر از بقیه بیدار شدم ابتدا به شرکت دوست پدرم و سپس و به بیمارستان شهر که محل کار جدید شرکت بود رفتم. محل احداث ساختمان جدید بیمارستان که قرار بود باعث افزایش ظرفیت بیمارستان شود در مجاورت ساختمان قدیمی قرار داشت و تقریبا بیشتر کارمندان شرکت در آنجا حضور داشتند. تعدادی به بررسی نقشه های ساختمانی جدید مشغول بودند و تعدادی هم به بررسی نقشه های تاسیساتی ساختمان های قدیمی بیمارستان تا مانع از آسیب رسیدن به آنها در طول گودبرداری و یا سایر عملیات ساختمانی شوند و تعدادی هم در حال پیاده سازی موقعیت ساختمان جدید بیمارستان در سایت پلان موجود آن بودند.

من هم همراه گروهی بودم که مسئول بررسی نقشه های جدید بیمارستان بودند. در حال بررسی نقشه های ساختمانی جدید بیمارستان بودیم. به هر شکلی که نگاه می کردم، به نظرم با توجه به کاربری ساختمان جدید، چیدمان بخش ها و دسترسی ها در آن به درستی رعایت نشده بود! یاد زمانی افتادم که در ساختمان قدیمی بیمارستان برای رسیدن به بخش در حال تعمیر دچار سردرگمی شده بودم بنابراین موضوع را با سایر مهندسین هم در

میان گذاشتم و بعد پیشنهاد خودم را برای تغییر مکان ها و جا نمایی جدید فضاهای بیمارستان ارائه دادم! با مطرح شدن این موضوع قرار شد که هر یک از مهندسین این بخش شرکت یک نسخه از نقشه ها را همراه خود به دفتر کار خود در شرکت برده و با توجه به آن طرح جدیدی ارائه بدهند بنابراین به دفتر شرکت بازگشتیم و تا آخر وقت اداری بر روی این موضوع کار کردیم اما جا نمایی و چیدمان بخش های مختلف ساختمان جدید بیمارستان زمانبر بود و ارائه طرح های جدید مهندسین شرکت یک هفته زمان برد این یک هفته زمان برای طرح جدید ساختمان بیمارستان عملیات اجرایی ساختمانی را نیز عقب انداخته بود! در جلسه ی کاری روز آخر شرکت طرح پیشنهادی من با توجه به نظر سایر مهندسین پذیرفته شد و این یک موفقیت برای من محسوب می شد... رئیس شرکت نامه ای را ضمیمه آن نقشه ها کرد و مجموعه ی آنها را به شرکت مشاور طرح و رئیس بیمارستان که کارفرمای پروژه بود فرستاد و درخواست اعلام نظر کرد! مسلماً تا آماده شدن پاسخ آنها و ارائه به شرکت ما چند روزی زمان می برد با توجه به اینکه بخشی از انبار بیمارستان در هنگام احداث ساختمان جدید شرکت تخریب می شد با درخواست کارفرما قرار بود تا شرکت ما محل مناسبی را برای احداث یک انبار جدید در سایت بیمارستان پیشنهاد بدهد تا در صورت تائید شرکت مشاور باقی مراحل مربوط به آن توسط شرکت مشاور انجام پذیرد. در این فعالیت در واقع

نوعی همکاری برای دستیابی به نتیجه ای بهتر بود. به همین دلیل شروع به بررسی شرایط مختلف سایت بیمارستان کردیم! من به انبار بیمارستان رفتم تا از نزدیک از آن بازدیدی داشته باشم. پس از حادثه قطار، تخت های ایزوله در انبار بیمارستان بود اما به دلایلی نامشخص یک عدد از آنها بصورت نصب شده در انبار قرار گرفته بود این موضوع باعث شد تا حس کنجکاوی من تحریک گردد و برای بررسی آن تخت ایزوله و یادآوری حوادث گذشته نزدیک آن رفتم. خوشبختانه انباردار بیمارستان درون اتاق خودش بود و همانطور که فکر می کردم این کار باعث یادآوری خاطرات چند مدت قبل من می شد. زمانی را که صرف طراحی آن کرده بودم و زمانی را که بعد از آن برای ساخت آن اختصاص داده بودم و همینطور کارهائی که برای فرستادن آنها به بیمارستان انجام شد ایستاده بودم و به این خاطرات فکر می کردم که متوجه حرکتی در درون فضای داخلی تخت ایزوله شدم! شک داشتم و گمان می کردم که این حرکت تنها یک خیال بوده باشد اما با دقت بیشتر متوجه شدم که گاهگاهی ضرباتی بر چادر ایزوله تخت وارد می شود از این مکان دسترسی برای آزادسازی رشته های ایزوله نداشتم و نور داخل انبارهم کم بود و به همین دلیل نمی شد از آن فاصله به راحتی داخل فضای ایزوله تخت چیزی را تشخیص داد بنابراین نزدیک تر رفتم و با دقت بیشتری به آن نگاه کردم! حدسم درست بود آنچه که می دیدم واقعیت داشت! حجمی درون فضای ایزوله

گرفتار شده بود و در حال حرکت در آن بود و این موضوع را می شد از تغییر خطوط اجسام که در اثر حرکت آن حجم بوجود می آمد مشاهده کرد آن حجم تیره تر از هوای عادی بود مانند حجمی از بخار یا دود رقیق! کنجکاویم حسابی برانگیخته شده بود ضربه های پی در پی او بر دیواره ی محیط ایزوله را می دیدم و این موضوع به تنهایی برای برانگیخته شدن تعجب هر فردی کافی بود چه برسد به من که مدتها به این موضوع مشغول بودم. در این هنگام نگهبان انبار بیمارستان که ظاهراً به علت تاخیر من دچار نگرانی شده بود از داخل اتاقش به فضای انبار آمد با دیدن او از نگهبان پرسیدم: "چرا این تخت ایزوله را هنوز نبسته اید؟ و چرا اینجاست؟"

نگهبان در پاسخ به من گفت: " ظاهراً یکی از کپسول های اکسیژن آن تمام شده است و منتظر رسیدن کپسول جایگزین هستیم تا پس از نصب آن چادر را مانند اولش بسته و در جای خودش قرار بدهیم"

و بلافاصله ادامه داد: " ظاهراً این چادرها بسیار مجهز بوده و در حادثه قطار بسیار کار آمد عمل کرده است"

سپس با دست چند مرتبه روی عایق ایزوله زد رشته های داخل راهروی ورودی چادر آزاد شدند و آن نگهبان هم که دست و پایش را گم کرده بود بدون هیچ معطلی درب چادر ایزوله را قبل از آنکه

بتوانم جلویش را بگیرم باز کرد با باز شدن درب آن تمامی رشته های آویزان یا باصطلاح گردگیر راهروی تخت یک حرکت ناگهانی داشتند و سپس آن حجم ناشناس با ضربه ای خودش را به نگهبان انبار زد و ناپدید شد؛ به سراغ نگهبان انبار رفتم با توجه به شدت ضربه ای که خورده بود بیهوش شده بود کمی او را صدا زدم اما بی نتیجه بود باید برای درخواست کمک به بیرون از انبار می رفتم اما تنها گذاشتن او آنهم در آن شرایط درست به نظر نمی رسید بنابراین با توجه به جثه کوچکش او را بغل کردم و به اتاق نگهبانی بردم و روی صندلیش گذاشتم مقداری آب به صورتش زدم بهوش آمد جالب بود انگار چند دقیقه قبل بطور کلی از یادش رفته بود و چیزی در خاطرش باقی نمانده بود و این فرصتی بود تا آزمایش های قبلی خودم را کامل می کردم! زمانیکه از من علت بیهوش شدنش را پرسید گفتم که بخشی از لوازم انبار روی او سقوط کرده است و او بیهوش شده است و سپس یک لیوان آب به او دادم و گفت :" پس علت دردی که در بدنش حس می کند همین است"

به او پاسخ دادم : " آری"

تا زمانیکه او در گیجی به سر می برد فرصتی بود تا دوربین های امنیتی را کنترل کنم! خوشبختانه در آن قسمت از انبار که تخت ایزوله قرار گرفته بود هیچ دوربینی وجود نداشت بنابراین به بهانه آوردن کمک از اتاق نگهبانی خارج شدم و مقداری از لوازم را بر

روی کف انبار ریختم بگونه ای که او گمان می کرد که علت بیهوشی اش سقوط آن لوازم بوده است؛ از آنجائیکه انبار بیمارستان فقط چند دوربین امنیتی در قسمت ورودی انبار داشت پس هیچکدام از این وقایع در جائی ضبط نشده بود. پس از آوردن چند نفر برای کمک دائماً به نگهبان انبار نگاه می کردم تا اگر علائم غیر طبیعی در وی وجود دارد مشاهده کنم! اما او از درد بدنش به آن دو نفر که از اورژانس بیمارستان آمده بودند به ویژه در قفسه سینه اش شکایت می کرد همراه با نگهبان و کارمندان اورژانس بیمارستان رفتم و بعد از چند بررسی از وی نوار قلب گرفته شد؛ در نوار قلب او ناهماهنگی کمی قابل مشاهده بود و تاری چشم هایش هم علاوه بر این سوال برانگیز شده بود.

امکان پرسیدن از آنچه که اتفاق افتاده بود وجود نداشت، زیرا که هیچ چیزی در خاطرش باقی نمانده بود؛ به محل شرکت بازگشتم و گزارشم را در مورد فضا و مساحت انبار ارائه دادم. سایر مهندسین شرکت هم با توجه به این ابعاد مشغول جانمایی انبار جدید در سایت بیمارستان شدند. آنها در حال بررسی همه جوانب کار بودند اما من با توجه به چیزی که دیده بودم، کم حرف شده و سعی می کردم تا بیشتر به دنبال یافتن جوابی برای آنچه دیده بودم باشم. در جلسه پایان آن روز رئیس شرکت به مهندسین گفت که با توجه به پذیرفته شدن طرح پیشنهادی شرکت ما، از سوی شرکت مشاور

و کار فرما نقشه های ساختمان جدید بیمارستان دچار تغییراتی خواهند شد و ما باید در طول این مدت منتظر نقشه های جدیدتر باشیم و همچنین تا آماده شدن طرح های جدید بیمارستان به احتمال قوی باید برای بررسی طرح دیگری که شرکت در حال اجرای آن بود وقت بیشتری اختصاص بدهیم، بنابراین بخشی از کارمندان شرکت که بروی این بخش مشغول بکار می شدند و تنها گروه طراحی برای بررسی و مکان یابی انبار تا مدتی بعد از این تاریخ در محل بیمارستان باقی می ماندند. خوشبختانه من هم یکی از این افراد بودم و این فرصتی بود تا به بررسی بیشتر آنچه که در انبار دیده بودم بپردازم.

به خانه بازگشتم با رسیدن به خانه با اولین فردی که مواجه شدم مادرم بود و از من پرسید: " امروز چطور بود؟"

برای دیدن واکنش مادرم به او گفتم: " امروز یک روح و یا چیزی شبیه به آن یک نگهبان را مجروح کرد."

سپس بادقت به چهره ی مادرم نگاه کردم تا واکنش او را ببینم.

مادرم درحالیکه لبخند می زد گفت "انتظار جواب جدی تری داشتم"

و من به او گفتم " واقعیت این است که طرح پیشنهادی شرکت ما پذیرفته شد؛ و قرار است که ما برای انبار جا نمایی انجام دهیم!"

با شنیدن این پاسخ من، مادرم خوشحال شد و گفت " می دانستم دراین رشته استعداد ذاتی داری...!"

مادرم این را گفت و رفت.

اما مادرم نمی دانست که حقیقت همان بود که اول به او گفته بودم اما شاید هر چه کمتر در مورد آن بداند نگرانی کمتری در او بوجود آید...

بخش چهارم: شبح

تا شب در طول اتاقم در حال راه رفتن و فکر کردن به سوالات مختلف بودم! آیا آن حجم که در انبار مشاهده کرده بودم یک روح بود؟ اگر آن چیزی که دیده بودم یک روح بود از کجا آمده بود؟ آن رفتار او چه مفهومی می توانست داشته باشد...!؟ اما چنین چیزی امکان نداشت زیرا آزمایش های قبلی من بیانگر غیر مادی بودن روح بود و به اثبات رسیده بود! پس چه چیزی می توانست باشد؟ آنچه که می دیدم توانایی عبور از فرا ماده با عایق ضد ماده را نداشت؛ اما در آن انبار تاریک و کم نور شاهد ماجرای دیگری هم بودم و آن خلق و خوی وحشی این موجود بود به گونه ای که این رفتار غیر قابل کنترل او باعث آسیب دیدن نگهبان انبار شده بود به هر حال این مدت زمان بدست آمده تا آماده شدن طرح های جدید شرکت مشاور، فرصت مناسبی بود که در مورد این موجود در صورتیکه پس از این اتفاق هم در انبار بیمارستان باقی مانده باشد تحقیق بیشتری کنم! اولین کاری که باید انجام می دادم این بود که از نگهبانان آن انبار در مورد دیده ها و یا شنیده های آنها در این مدت پرس و جو می کردم.

بیشتر ذهنم مشغول به این بود که فردا چگونه می توانستم سر صحبت را با نگهبانان انبار بیمارستان باز بکنم، فکرم مشغول سوالات بسیاری که باید از آنها می پرسیدم بود! بنابراین همان موقع شب به خانه قدیمی رفتم و وارد سایت بیمارستان شدم و در

قسمت کارکنان آنجا به دنبال سوابق مربوط به نگهبانان انبار گشتم. نام و مشخصات چند نفر از آنها در آنجا نوشته شده بود.

صبح از خواب که بیدار شدم. نگاهی به لیست نگهبانان قبلی انبار بیمارستان کردم و به بیمارستان رفتم. امروز باید به بررسی تمام بخش های انبار می پرداختیم و با توجه به لوازم و کالاهای داخل آن که شامل طیفی گسترده از لوازم می شد و همچنین نیازهای جدید بیمارستان مساحت تقریبی انبار جدید را محاسبه می کردیم. احتمالاً امروز تمام وقتم در همان انبار می گذشت... به انبار رسیدم جلوی درب ورودی انبار با نگهبان جدید مواجه شدم آنجا احوال پرسی گرمی کردم و می خواستم راهی برای صحبت های بعدی خود باز کنم نگهبان انبار با مشاهده این برخورد گرم من از من خواست تا برای خوردن یک فنجان چای به اتاق نگهبانی بروم و من هم پذیرفتم. آنجا روی صندلی نشستم، مدتی بین ما سکوت حاکم بود تا اینکه سرانجام با پرسیدن حال و احوال نگهبان قبلی این سکوت شکست، نگهبان جدید انبار گفت که حال نگهبان قبلی انبار بهتر است از او پرسیدم: " آیا تا به حال هم برای نگهبان های قبلی انبار چنین اتفاقی افتاده است و یا خیر؟"

نگهبان جدید انبار پاسخ داد: " تا به حال چند مورد از این نوع اتفاق رخ داده است اما هیچ فردی دلیلی قانع کننده برای آن پیدا نکرده است"

از نگهبان جدید انبار پرسیدم " برای خودت چطور؟"

واو پاسخ داد: " آری، یکبار بدون هیچ دلیلی مقداری لوازم از قفسه های بالای سرم برروی من افتاد که البته توانستم به سمت دیگری بپرم و از این حادثه نجات پیدا کردم "

از او پرسیدم: " سایر نگهبان ها چطور ؟"

او گفت: " این انبار تقریباً یکی از پر حادثه ترین انبارهائی است که من تا به حال برای نگهبانی از آنها مامور شده ام"

تعجب کردم، از او پرسیدم: " بدترین حادثه ای که تا به حال رخ داده است چه بوده است؟"

نگهبان جدید انبار گفت، درست یکسال قبل، زمانی که برای تحویل گرفتن انبار از نگهبان شیفت قبلی آمده بوده است، با صحنه ی عجیبی رو به رو شده است...

از او در مورد آنچه دیده بود پرسیدم و او شروع به تعریف کرد. درست ساعت ۱۰ شب بود که برای تحویل گرفتن شیفت خودم به انبار آمدم، نگهبان شیفت قبل در اتاق نگهبانی حضور نداشت برای همین مدتی در اتاق نگهبانی منتظر ورود او ماندم اما با تاخیر وی نگران حال او شدم با چراغ قوه ای که همراه داشتم در حالیکه او را صدا می زدم به جست و جوی او پرداختم اما اثری از وی نبود و

کسی پاسخ صداهایی که می زدم را هم نمی داد، این موضوع باعث نگرانی بیشتر من شد و بر سرعت جست و جوی خود افزودم تا اینکه او را در حالیکه رو به دیوار ایستاده بود پیدا کردم! نور چراغ قوه را بر روی صورت او انداختم و چند مرتبه صدایش زدم اما بازهم جوابی نمی داد صدای ضعیفی از طرف او می آمد و می شد لرزش های خفیفی را در بدنش مشاهده کرد خیلی عجیب بود و کم کم ترس داشت بر من مسلط می شد! ابتدا تصمیم گرفتم از انبار بیرون بروم و با چند نفر دیگر باز گردم اما ظاهراً دیر شده بود و یک جسم ناشناخته از بدن او خارج شد و ضربه ی محکمی به من زد بگونه ای که به گوشه ای پرت شدم احساس درد زیادی داشتم اما نگران نگهبان شیفت قبل بودم. به هر زحمتی که بود خودم را به او رساندم و همینکه دستم را روی شانه اش گذاشتم سرمای آزار دهنده ای را در وجودش احساس کردم. نور چراغ قوه را روی صورتش انداختم با صحنه ای ترسناک مواجه شدم، چشم هایش سفید شد بود. آب دهانش جاری بود و کبودی زیادی روی صورتش دیده می شد. با تمام سرعتی که می توانستم و به هر زحمتی که بود، با وجود دردی که در بدنم احساس می کردم از انبار خارج شدم و با سروصدائی که به راه انداختم چند نفر برای کمکم آمدند زبانم بند آمده بود با اشاره به آنها فهماندم که چه اتفاقی برای نگهبان شیفت قبل افتاده است و آنها برای کمک به او رفتند.

و به اورژانس همین بیمارستان منتقل شد، شب بدی بود فردای آنروز که ماجرا را برای چند نفر توضیح می دادم آنها گفتند که علت حادثه کابل برقی بوده است که بر اثر مرور زمان روکش آن فرسوده شده است و این موضوع باعث برق گرفتگی خفیف من و برق گرفتگی شدید نگهبان شیفت قبل از من شده است. اما مطمئن هستم چیزی که در آن شب دیده بودم حاصل برق گرفتگی نمی توانست باشد.

از او پرسیدم: " در حال حاضر نگهبان شیفت قبل آن شب کجاست؟"

و او پاسخ داد: "مدتی را در بیمارستان بستری بود تا جراحات بدنش بهبود یابد اما بعد از آن در بخش روانی بیمارستان بستری شد و مدتی قبل هم فوت کرد"

از نگهبان جدید انبار پرسیدم: " نمی ترسی که در اینجا به نگهبانی مشغولی؟"

در پاسخ به من گفت: " چرا ولی مجبور هستم، گاهی نگاهش را بر روی خودم احساس می کنم و گاهی حرکتش را در انبار می بینم و در تمام مدت نگهبانی جرات خروج از این اتاقک را ندارم و امیدوارم نگهبان شیفت قبلی هر چه زودتر بهبود یابد."

از او خواستم تا محل اتفاقاتی را که در آن شب افتاده بود به من نشان دهد. در ابتدا به هیچ عنوان قبول نمی کرد تا با من به محل حادثه بیاید در این گفت و گو بودیم که تعدادی از پرسنل بیمارستان کپسول اکسیژن بدست وارد شدند و بعد از سلام و احوال پرسی به سمت تخت ایزوله رفتند و پس از نصب کپسول اکسیژن مشغول بسته بندی تخت ایزوله شدند با وجود آنها رفتن به محل حادثه چندان مناسب نبود و من هم شروع به پر کردن فرم های مربوط به طراحی انبار جدید که با توجه به موجودی انبار قدیم و فضای مورد نیاز برای آنها بود کردم اما تمام حواسم به اتفاقاتی بود که آن نگهبان برای من تعریف کرده بود.

پرکردن فرم ها به علت گستردگی کار، چند روزی طول می کشید بنابراین با تمام شدن ساعت اداری به خانه رفتم. در اتاقم نشسته بودم و به این موضوع فکر می کردم که آن موجود هر چه باشد یک روح نیست و اگر هم روح باشد مربوط به انسان نیست، باید آزمایشی طراحی می کردم تا به حقیقت این موضوع پی ببرم... شاید دیدن آن موجود درون یک تخت ایزوله بی دلیل نباشد، شاید این موضوع برای آن باشد که به ارتباط بین این آزمایش و آزمایش قبلی پی ببرم، اما به هر حال دانستن حقیقت موضوعی بود که باید به آن پی می بردم.

اولین کاری که امروز باید آنرا انجام می دادم رفتن به انبار بیمارستان و بررسی محلی بود که در آن حادثه برای نگهبان قبلی افتاده بود. هنگامی که به آنجا رسیدم، کابل برقی وجود داشت که نشان دهنده ی تعویض کابل قدیمی بود اما هیچ دلیلی برای عبور کابل از آنجا وجود نداشت و حدس می زدم که این کابل بعد از آن اتفاق و از روی مصلحت کشیده شده بود، اما چرا؟ به دیوار آن قسمت نگاه کردم و به وضوح آثار کشیده شدن ناخن های آن نگهبان روی آن مشاهده می شد اما در کف آن قسمت نمی توانستم اثری از عبور جریان برق و یا عامل مشابهی بیابم و از همه مهمتر این بود که کف آن قسمت دارای کف پوش پلاستیک بود و با توجه به عایق بودن آن احتمال برق گرفتگی آن نگهبان با آن شدتی که بیان شده بود وجود نداشت، اما چرا باید این اتفاقات بصورت یک برق گرفتگی مطرح شود؟

از انبار خارج شدم و به بخش اداری بیمارستان رفتم و در آن جا از مسئول تعمیر و نگهداری بیمارستان خواستم تا پرونده مربوط به تعمیر و نگهداری انبار بیمارستان را بیاورد اما با این درخواست من مخالفت کرد بنابراین مدتی زمان برد تا او را متقاعد بکنم که برای طراحی انبار جدید به آنها نیاز دارم. در نهایت، او آن پرونده را در اختیارم گذاشت! به سرعت به سراغ پرونده های مربوط به تاریخی که آن حادثه برای نگهبان انبار افتاده بود رفتم و در لیست خرید

آن کابل جدید وجود داشت، از مسئول تعمیر و نگهداری انبار بیمارستان خواستم تا علت کشیدن کابل جدید در آن قسمت را توضیح دهد، در پاسخ به من در ابتدا جوابی نداد اما با دیدن سماجت من گفت که این کار به دستور مدیر بیمارستان صورت گرفته است و شاید به این دلیل بوده که اولاً به علت آن حادثه عجیب نیاز به تعطیلی آن بخش از بیمارستان نباشد ثانیاً خانواده نگهبان انبار بتوانند از خدمات بیمه ای خود استفاده بکنند.

با شنیدن این موضوع از او خواستم که آنچه را در آن مشاهده کرده است برایم بگوید او گفت در آنروز در آن بخش از انبار بیمارستان آثاری از برق گرفتگی نبوده است اما کاملا یقین دارد که نگهبان انبار به شکل موجودی مسخ شده در آمده بوده زیرا که هیچ انسان عاقلی به آن شدت بر دیوار چنگ نمی زند.

از او پرسیدم " هیچ آثار عجیب دیگری در آنجا مشاهده نکردی؟"

و مسئول تعمیر و نگهداری انبار بیمارستان هم گفت: " نه مگر از آنچه برای تو تعریف کردم هم عجیب تر وجود دارد"

از او پرسیدم " هیچ اتفاق مشابهی برای افراد دیگر در آنجا نیفتاده است ؟"

مسئول نگهداری و تعمیر بیمارستان گفت: "این موضوع چندین مرتبه برای اشخاص مختلف اتفاق افتاده است، و این موضوع هم از

دلایلی است که می خواهیم انبار جدید احداث بکنیم اما خودت می دانی این چنین اتفاقاتی اگر به گوش همه برسد چه حس ترسی را بین مردم بوجود خواهد آورد..."

از او نام و نشانی سایر افرادی را که آن حوادث برای آنها افتاه بود را پرسیدم و او هم اسم و مشخصات چند نفر را برای من بر روی تکه ای کاغذ نوشت و به من داد.

بخش پنجم: شکار روح

امروز تا پایان زمان کار شرکت منتظر ماندم و سپس لیستی که در آن نام افرادی را که حوادثی مشابه برای آنها افتاده بود را از جیبم در آوردم و به آن نگاهی انداختم و با توجه به تاریخ هایی که این حوادث رخ داده بود اسامی افراد را مرتب کردم و از روی آن لیست جدیدی برای خودم آماده کردم که اسامی افراد در آن از قدیم به جدید مرتب شده بود. به آدرس اولین نفر از لیست نگاه کردم. او یکی از کارمندان قدیمی بیمارستان به نام لهراسب بود که در حدود یک ماه قبل از این بازنشسته شده بود. از بیمارستان مستقیماً به محل زندگی او رفتم، محل زندگی او یک باغ کوچک در حومه شهر با خانه ای کوچک در وسط آن بود. زنگ خانه را زدم اما انگار کسی خانه نبود مدتی صبر کردم و دوباره زنگ خانه را زدم اما باز هم کسی جواب نداد نگاهی به اطراف آن باغ انداختم موضوع قابل توجهی در آن اطراف نبود قدم زنان به اطراف آن باغ نگاهی انداختم باز هم چیزی به چشمم نخورد دوباره به مقابل در آن خانه رفتم و دوباره زنگ خانه را زدم در حالیکه قصد رفتن داشتم، با دیدن یک جفت چشم که از شکافی بین در خانه و دیوار آن در حال نگاه کردن به من بود یکه خوردم کمی صدایم را صاف کردم و از او خواستم که در صورت امکان در را باز کند اما اینکه هیچ پاسخی از او دریافت نکردم کمی هولناک بود، تنها می شد حرکت مردمک های چشمهایش را در آن شکاف مشاهده کرد که به سمتی که من جابجا می شدم حرکت می کرد، کمی از این موضوع متعجب شدم

اما سعی می کردم که برخودم مسلط باشم، اما گویی قرار نبود که آن چشم ها جوابی به من بدهند، خیلی محترمانه از او خواستم در را باز کند و ادامه دادم که قصد مزاحمت ندارم و فقط برای پرسیدن چند سوال کوتاه آمده ام، در این هنگام صدایی مبهم از آن طرف در پرسید: " تو کی هستی؟ و در مورد چه موضوعی می خواهی سوال بپرسی؟"

مطمئن بودم که این صدا مربوط به آن چشم ها نمی شد چرا که منبع آن کمی آن طرف تر بود با این حال خودم را معرفی کردم و پاسخ دادم "در مورد حادثه ای که چند وقت قبل در آن انبار قدیمی بیمارستان برای شما افتاد چند سوال داشتم"

با این پاسخ من چشم های بین شکاف درب و دیوار خانه غیبش زد و خبری هم از آن صدا نشد. دوباره پاسخم را تکرار کردم اما بازهم جوابی نشنیدم گویی هیچکدام از ابتدا وجود نداشتند. تصمیم گرفتم که از بالای درب نگاهی به داخل باغ بیندازم، همینکه دستهایم را به بالای در گرفتم و خودم را بالا کشیدم در خانه باز شد و شی تیزی را روی شکمم احساس کردم. زیر چشمی به پایین نگاه کردم، مردی را دیدم که میله ی آهنی نوک تیزی که شبیه به نیزه بود روی شکمم فشار می داد. زمانیکه آن نیزه دست ساز، را پائین آورد به آرامی دست هایم را رها کردم و مقابل آن مرد به روی زمین پریدم و بدون حرکت ایستادم و مدتی تنها چیزی که

بین ما رد و بدل می شد سکوت بود... در آن لحظه هیچ فرد دیگری هم در آن کوچه نبود و فکر می کردم که ما دو نفر تنها هستیم که متوجه حضور شخص سومی هم در پشت در ورودی آن باغ شدم، از آن مرد عذرخواهی کردم و به او گفتم که رفتار عجیب خودش همینطور تاخیر در پاسخ دادن به سوالاتم باعث شده است تا این کار را انجام بدهم.

بدون اینکه هیچ حرف دیگری بزند فقط گفت: " تو کی هستی ؟"

خودم را معرفی کردم

دوباره پرسید " چرا اینجا آمده ای؟"

بدون معطلی به او گفتم: " علت آمدنم به اینجا این است که می خواهم چند سوال از شما بپرسم..."

بدون اینکه واکنش خاصی از خودش نشان بدهد گفت: " چه سوالی؟ "

رفتار و طریقه ی حرف زدن او خیلی بی روح و سرد بود، با این وجود جواب دادم: " در مورد اتفاقی که در آن انبار قدیمی بیمارستان افتاد، می خواهم چند سوال از شما بپرسم."

هنوز حرفم تمام نشده بود که فردی که در پشت در باغ بود دچار تشنج شد و پشت درب باغ افتاد! همان نگهبان نیزه به دست فریاد

زد کمک کن تا او را به داخل ببریم، و چند لحظه بعد در حالیکه دست وپای او را گرفته بودیم و او را در محوطه باغ حمل می کردیم وارد خانه ی وسط باغ شدیم. و او را روی تختی در آنجا گذاشتیم، چشم هایش سفید شده بود و از دهانش کف می آمد.

نگهبان به سرعت پودری سفید رنگ را در آب حل کرد به خورد وی داد و او اندکی آرام تر شد و سپس رو به من کرد و گفت: " خب حالا که تا به اینجا آمده ای لطفاً سوالات خودت را بپرس و از اینجا برو و به ما هم به خاطر رفتارمان حق بده"

از او پرسیدم: " چرا؟ چرا اینگونه رفتار می کنید؟ آیا دلیل خاصی دارد؟"

به من نگاهی کرد و پس از آن به محوطه باغ خیره شد.

مجبور شدم دوباره سوال قبل را از وی بپرسم اما او پاسخ داد: " جواب این سوال را در آخر به تو خواهم داد، باقی سوالاتت را بپرس"

به عنوان اولین سوال از او خواستم تا اتفاقی که برای او افتاده است را شرح دهد. چند سال قبل در تعطیلات سال نو، وقتی باید آن چند ساعت را شیفت می ایستادم در خیابان ها هیچ کس نبود مگر اینکه به اجبار و برای انجام کاری ضروری به خیابان آمده باشد و همینطور بیمارستان هم تقریباً مراجعه کننده ای به جز موارد ضروری نداشت. خیلی کسالت آور و خسته کننده بود و دیگر

حوصله ام در اتاقک نگهبانی آن انبار قدیمی بیمارستان سر رفته بود برای همین هم شروع به قدم زدن در درون آن انبار کردم که ناگهان صدایی در آن انبار توجهم را به خودش جلب کرد کمی محتاط تر شدم و گوش هایم را تیز کردم و سعی کردم بدون اینکه دیده شوم به آن صدا نزدیک شوم... حدسم درست بود! فردی با ظاهری ژولیده به انبار وارد شده بود و مشغول برداشتن مقداری لوازم از یکی از قفسه ها بود تا آن موقع چنین چیزی سابقه نداشت بنابراین باید او را می گرفتم تا درس عبرتی برای بقیه افراد شود در عین حال جلوی دزدی هایی به این شکل هم گرفته می شد. بنابراین آرام آرام به سمت او رفتم و هنوز چند قدمی به او مانده بود که حجمی را در یک طرف از قفسه ها مشاهده کردم شبیه به غبار و یا بخار آب و یا شایدم دود اما رقیق تر از آن بود بنابراین خودم را میان وسائل و جعبه های آنجا پنهان کردم تا از شر آن موجود در امان بمانم و در عین حال نتیجه آن را به چشم خود ببینم... در ابتدا گمان می کردم که فقط یک توهم باشد اما آن چیزی که می دیدم بیشتر از آنکه توهم باشد به واقعیت نزدیک بود، چند لحظه که سپری شد دیدم که آن حجم ناشناس در حال نزدیک شدن به آن دزد ژولیده است درست مانند یک شکارچی، از طرفی دلم می خواست آن دزد را صدا بزنم و به او هشدار بدهم از طرفی هم جرات اینکار را نداشتم بنابراین تصمیم گرفتم چیزی نگویم! در واقع جرات انجام این کار را هم نداشتم... انگار بدنم یارای

حرکت نداشت و فقط نظاره گر آن صحنه بودم. صدای ضعیف جیغی از آن حجم ناشناس شنیدم و دیدم که پای آن دزد ژولیده را گرفت و او را به هوا بلند کرد آن بیچاره سروته شده بود او را تا تاریکی نزدیک سقف برد و سپس رها کرد او با سر به زمین خورد فکر می کنم آسیب دیده بود اما بازهم سعی می کرد فرار کند! این موضوع تقریباً غیرممکن بود سرعت حرکت حجم ناشناس بسیار بیشتر از او بود و آن دزد بدبخت مانند یک طعمه در دست شکارچی زبر دستی بود که تا هر زمانی که دلش می خواست با او بازی می کرد دوباره او را بالا برد صدای ناله دزد بدشانس را می شنیدم که عاجزانه خواهش می کرد و از آن حجم ناشناس می خواست که او را زمین بگذارد این خواهش دزد در گوش آن حجم ناشناس او را به وجد آورده بود. و شوری آسمانی را برای ادامه کارش به او می داد.

در این لحظه به او گفتم: " صبر کن یعنی آن حجم ناشناس از نظر شما شبیه به بخار آب و یا غبار رقیق بود؟"

در این لحظه نگاهش را از سمت باغ به طرف من برگرداند

" مگر تو هم آن را دیده ای"

در پاسخ به او گفتم: " آری"

پرسید: " به تو صدمه ای نزد ؟ "

گفتم: " به من نه، اما به همکار شما در آن انبار صدمه زد..."

چند قدم برداشت و به من نزدیک شد و سپس بر روی صندلی کنار من نشست و گفت: " پس علت اینکه این همه راه را آمده ای تا من را ببینی نیز همین موضوع است! "

به او گفتم: " تقریباً"

ادامه داد: "اجازه بده از این لحظه به بعد تا به آن حجم ناشناس روح بگوییم! "

با توجه به آزمایش هایی که مدتی قبل انجام داده بودم تقریباً مطمئن بودم که او یک روح نیست... به نگهبان گفتم: " نه اگر ناراحت نمی شوی به او شبح بگوئیم "

او هم قبول کرد و ادامه داد.

هنوز هم چهره ی آن دزد ژولیده پوش را به خاطر دارم که چگونه ناله می کرد و از شبح می خواست که دست از سر او بردارد اما آن شبح دست بردار نبود، این مرتبه او را به هوا برد و به جای اینکه رها کند با شدت زیادی به دیوار زد، به نظرم این ضربه نهایی بود، چرا که بعد از آن دزد ژولیده که به زمین افتاده بود از جایش تکان نخورد. و آن شبح که سرگرمی خودش را از دست داده بود با صداهای خفیفی که از خودش خارج می کرد ابراز ناراحتی می کرد

مدام پاها و دست های آن دزد ژولیده را بالا و پائین می کرد و یکبار هم او را به هوا برد و رها کرد او به زمین افتاد و هیچ حرکتی نمی کرد. از بین وسایلی که بین آنها پنهان شده بودم به چهره ی آن دزد نگاه می کردم... می شد حدس زد که ضربه ای که به دیوار خورده بود به احتمال زیاد باعث شکستگی گردنش شده است خیلی آرام در حالیکه شبح مشغول بازی کردن با آن بیچاره بود خودم را به عقب کشیدم و بدون اینکه صدائی از خودم در بیاورم به آهستگی از آن راهرو خارج شدم در راهروی کناری بر سرعتم افزودم اما بی صدا، تا زمانیکه به در خروجی انبار رسیدم و از آن خارج شدم در خارج از انبار می دویدم و خودم را از آن انبار دور می کردم و دنبال فردی بودم که کمکم کند تا سرانجام چند نفر دیگر از نگهبانان بیمارستان را دیدم و موضوع را به آنها گفتم... در ابتدا با خنده های آنها مواجه شدم و پس از آن با تقاضای زیاد من همراه باهم به محلی رفتیم که آن اتفاق افتاده بود اما با نهایت تعجب دیدم که هیچ اثری از آن شبح نیست و آن دزد ژولیده هم ناپدید شده بود تنها مقداری بهم ریختگی در لوازم و وسائل انبار قابل مشاهده بود، اما این موضوع نمی توانست واقعیت داشته باشد، من خودم تمام آن وقایع را با چشم خودم دیده بودم، هرچه به آن نگهبانان موضوع را شرح می دادم و برآن پافشاری می کردم می گفتند که شاید من خیالاتی شده ام در حال رفتن بودند که قرار شد تا دوربین امنیتی ورودی انبار را کنترل کنیم تا اگر فردی به

آن وارد و یا خارج شده باشد او را به همراه هم می دیدیم اما اثری از هیچ فردی به جز خودمان در فیلم ها نبود، با دیدن این موضوع خودم هم به شک افتاده بودم که شاید این موضوع خیال بوده باشد، سرانجام آن نگهبانان از انبار رفتند و من دوباره در آن انبار قدیمی بیمارستان تنها شده بودم، دلهره داشتم و از پنجره ی اتاق نگهبانی به داخل انبار نگاه می کردم، گویی در مرزی بین واقعیت و خیال سرگردان بودم و هنوز چند ساعتی تا آمدن نگهبان شیفت بعدی مانده بود، خوابم نمی برد و تنها کاری که در آن لحظه می توانستم انجام بدهم این بود که از پنجره ی اتاق نگهبانی به بیرون نگاه بکنم. و با چشمهایم تمام فضای انبار را بدنبال آن شبح جستجو کنم... بطور مداوم وجود او را در محوطه انبار احساس می کردم. تصمیم گرفتم که چراغ نگهبانی را خاموش کنم و در تاریکی بوجود آمده به انبار قدیمی بیمارستان نگاه کنم! این اولین مرتبه بود که از بودن در تاریکی احساس امنیت می کردم تا شاید از این طریق بتوانم آن شبح را ببینم اما خبری از او نبود همینطور که به داخل انبار قدیمی بیمارستان نگاه می کردم در گوشه ای از اتاق نگهبانی نشستم و پتویی را به دور خودم پیچیدم تا اینکه خوابم برد و با صداهای نگهبان شیفت بعدی از خواب بیدار شدم.

از او پرسیدم: " نگهبان شیفت بعد از تو در آن شب چه کسی بود ؟"

با دست اشاره ای به آن نفر دیگر که دچار شوک شده بود کرد و گفت: " همین بیچاره ای که بر روی آن تخت می بینی "

با تعجب گفتم: " او! اما چه اتفاقی برایش افتاده است "

نگهبان انبار قدیمی شروع به تعریف کرد:

بعد از رفتن آن چند نگهبان که برای کمکم آمده بودند در اتاقک نگهبانی در حال فکر کردن بودم که خوابم برد، پس از آنکه نگهبان شیفت بعدی من را بیدار کرد با ترس و حالتی از پریشانی به او نگاه کردم انگار منتظر بودم تا همان شبح من را از خواب بیدار کند و او با دیدن نگرانی من سعی کرد تا من را آرام کند و گفت: " آرام باش، چیزی نیست منم بهرام ، که برای تحویل گرفتن شیفت خودم آمده ام "

با دلهره به او نگاه می کردم و بهرام پرسید: " اتفاقی افتاده است؟"

من تمام ماجرا را برای او تعریف کردم در ابتدا اندکی به فکر فرو رفت و سپس گفت: " پس شاید آن اتفاقات عجیبی که مدتی است در این انبار قدیمی می افتد نیز بی ارتباط با آنچه که می گویی نباشد ".

با تعجب به او نگاه کردم و پرسیدم مگر تو هم اتفاقات مشابه با این را دیده ای ؟"

بهرام گفت: " نه به این شکل که تو تعریف کردی، اما حوادث مشابهی نیز برای من اتفاق افتاده است"

از او پرسیدم " مثلا چه حوادثی ؟ "

در پاسخ به من گفت: "روزی او هم در حال گشت زدن در راهروهای انبار قدیمی بیمارستان بوده است که ناگهان حجمی ناشناخته را از دور دیده است که به آهستگی در حال حرکت در راهروی مقابل بوده است. دیدن این حجم را به حساب خواب آلودگی خودش گذاشته است و در مرتبه ای دیگر نیز دیده است که یک عنکبوت دائماً تا ارتفاع خاصی بالا می آمده است و سپس به پائین می افتاده است اما انگار نیرویی مانع از فرار آن می شده است چرا که هر مرتبه هنوز چند قدمی دور نشده بوده است که دو مرتبه در هوا معلق و سپس به زمین می افتاده است! این موضوع در آن زمان برای او چندان جلب توجه نکرده بود تا اینکه یک روز پرنده ای همراه با او به صورت اتفاقی از در ورودی انبار قدیمی وارد آنجا شده است و بهرام برایم تعریف کرد که در آن روز با دیدن آن پرنده که وارد انبار شده بود کمی نگران شده بودم که نکند بصورت اتفاقی آسیبی به لوازم موجود در آن انبار بزند برای همین هم آرام آرام دنبالش می رفتم تا در زمان مناسبی او را بگیرم و یا از آن انبار قدیمی به بیرون هدایت کنم. بار اول که او در گوشه ی انبار و روی یک سطل آب خالی نشسته بود نتوانستم او را بگیرم و پر زد و رفت

کمی آن طرف تر نشست دوباره به سمتش رفتم ولی این مرتبه آن پرنده دورتر رفت و در بالای قفسه ها شروع به پرواز کرد اما ناگهان همان شبح پیدایش شد و انگار پرنده را در هوا مسخ نمود! پرنده ی بیچاره در حال پر زدن و تقلا کردن بود اما آن شبح او را به سمتی که دلش می خواست می کشید و می برد، از انبار به بیرون آن فرار کردم.

از بهرام پرسیدم: "آسیبی به تو نزد؟"

بهرام پاسخ داد: " نه، ولی آن شب را تا صبح در بیرون از انبار نگهبانی دادم و جرات وارد شدن به انبار را نداشتم با طلوع خورشید و آغاز روز کاری چند روز مرخصی گرفتم و بعد از مرخصی به اینجا بازگشتم، با این وسایل که می بینی"

از بهرام پرسیدم: " این لوازم و وسائل را برای چه کاری آورده ای؟"

بهرام پاسخ داد: " آورده ام تا آن موجود یا شبح را به دام بیندازم"

آیا می خواهی در این کار کمکم کنی ؟

با شنیدن حرف های او و اینکه او هم چند مرتبه آن شبح را دیده بود احساس بهتری داشتم بنابراین پذیرفتم که همراه با او باشم، که ای کاش این کار را نمی کردم که هیچ، بلکه مانع او هم می شدم.

از لهراسب پرسیدم: "چرا؟"

و لهراسب ادامه داد.

در ابتدا این موضوع و مجموعه اتفاقاتی که افتاده بود چندان با اهمیت به نظر نمی رسید اما بعد از اندکی که می خواستیم کار خودمان را شروع کنیم، سختی آن کار مشخص شد چرا که نگهبان دوم هیچ ایده ای برای انجام آن نداشت. بنابراین اول تصمیم گرفتیم که از انجام آن منصرف شویم اما بعد به یکباره بهرام پیشنهاد داد که از خودش به عنوان طعمه برای شبح استفاده کنیم! در ابتدا نپذیرفتم اما بعد از مدتی که بهرام اصرار کرد قبول کردم او لوازم و وسائل مربوط را آورد چند عدد طناب بود، یک تور ماهیگیری که اطراف یک تکه پارچه ی پلاستیکی دوخته شده بود چند عدد سطل بزرگ درب دار و چند عدد قرقره و میخ و پیچ و

...

او ابتدا با استفاده از نرده بان قرقره ها را به سقف آنجا آویخت و سپس طناب ها را از آنها عبور داد. تور ماهیگیری و پارچه پلاستیکی همراه آن را به آنها بست و برای سقوط بهتر آن تعدادی وزنه سربی را به اطراف آن بست و سپس آنها را بالا کشید. طناب های بسته شده به آن تور را به محلی در کف انبار محکم کرد به گونه ای که با باز کردن یک گره آن تمام آن تور به پایین می افتاد، امیدوار بودم که این نقشه او به درستی عمل بکند چرا که در صورت

درست عمل نکردن آن معلوم نبود که آن شبح چه بلائی بر سر ما می آورد بنابراین فقط باید منتظر می ماندم تا نتیجه ی آن مشخص شود از بهرام پرسیدم که به چه علتی آن سطل های درب دار را آورده است و او پاسخ دادکه بعد از به دام انداختن شبه می خواهد که آن را درون آنها تا جای مناسبی برای آن پیدا بشود نگهداری کند. پس از آماده شدن این نقشه ای که بهرام طراحی کرده بود آماده شدیم تا مرحله ی آخر طرح را اجرا کنیم برای همین هم نفری یک چوب که در انتهای آن یک توری پلاستیکی شبیه به آنهائی که با آن پروانه می گیرند اما بزرگتر را در دست گرفتیم و چوب دیگری هم برای دفاع از خودمان در مقابل حملات احتمالی آن شبح در کنار آن گذاشتیم و سپس بهرام رفت و در زیر آن توری که در آن لحظه در زیر سقف آویزان بود نشست، و شروع به آواز خواندن کرد تا توجه شبح را به خودش جلب بکند و آن شبح به سمت او بیاید و من هم قرار شد تا لحظه مناسبی که آن شبح می آید گره طناب ها را باز بکنم تا آن تور بر روی آن شبح بیفتد و آن شبح را به دام بیندازیم.

به لهراسب گفتم: "فکر نمی کردید که در این نقشه شما خیلی ساده و ابتدائی بوده است و امکان اشتباه در آن زیاد است؟ مطمئن هستم که در اجرای آن با مشکل برخورد کرده اید...!"

لهراسب نگاهی به من انداخت و گفت: " آری درست می گویی " و سپس ادامه داد:

"بهرام در زیر توری نشسته بود و آواز آرامی می خواند و من هم کنار گره طناب درحالیکه پنهان شده بودم با دقت تمام اطراف مخصوصا محل نشستن بهرام را نگاه می کردم تا در صورت آمدن شبح گره طناب ها را باز بکنم، چند ساعتی گذشت اما خبری از آن شبح نبود شاید آن دزد بیچاره که طعمه او شده بود و در حال حاضر غیبش زده بود حسابی او را به خودش مشغول کرده است، دیگر نزدیک صبح شده بود و من از اینکه او بیاید ناامید شده بودم برای همین هم درحال خارج شدن از محل خودم بودم که حرکتی در دور دست توجهم را به خودش جلب کرد اما با کمی دقت بیشتر می شد دید که حشره ای بوده است که نور چراغ آن را به سوی خودش جلب کرده است. بنابراین از جای خودم بلند شدم و به نزد بهرام رفتم و او هم که حوصله اش سر رفته بود قبول کرد که فردا شب برای اینکه زمان بیشتری داشته باشیم با شروع شیفت کاری من شکار شبح را ادامه دهیم، پس از این من به خانه بازگشتم و او به اتاق نگهبانی رفت. در راه خانه تمام وقت به این موضوع فکر می کردم که وسیله ای یا بخشی به آن توری اضافه کنم تا کامل تر شود چند فکر هم به ذهنم رسید اما از میان آنها اضافه کردن یک سه پایه و دوربین از تمام آنها بهتر بود! فردا شب هنگامی که شیفت

خودم را تحویل گرفتم همراه با بهرام به نصب کردن توری مشغول شدیم و تمام بخش ها را در جای خودش قرار دادیم و در آخر هم سه پایه دوربین را در جایی که بهترین زاویه دید را داشت گذاشتم و دوربین را روی آن بستم. تصویر را کنترل کردم و سپس دوربین را خاموش کردم تا با آغاز کار ما فیلم برداری با آن هم شروع شود برای همین هم قرار شد پس از اینکه من در جای خودم پنهان شدم بهرام دوربین را روشن کرده و در محل خودش بنشیند. در جای خودم کنار گره طناب ها نشستم و بهرام با قرار دادن پتو چند وسیله ی دیگر من را کاملاً استتار کرد و خودش به سمت دوربین رفت و پس از آن در جای خودش نشست و شروع به آواز خواندن آهسته کرد اما در این شب هم هیچ اتفاقی نیفتاد! صبح قبل از آمدن نگهبان شیفت سوم تمام مراحل کارمان را دوباره کنترل کردیم و با توافق همدیگر قرار شد تا مکان نصب تور را عوض کنیم و در جائی قرار بگیرد که هم من و هم بهرام آن شبح را دیده بودیم. هر دو این مرتبه با اشتیاق بیشتری منتظر بودیم تا شب شود تا برای اجرای شکار آن شبح طرح خودمان را اجرایی کنیم. در طول روز چند بار تلفنی با یکدیگر صحبت کردیم و در مورد جزئیات کارمان همفکری کردیم... در هنگام رفتن به انبار قدیمی بیمارستان به دنبال بهرام رفتم و با یکدیگر به بیمارستان رسیدیم. در هنگام تحویل گرفتن شیفت نگهبانی، بهرام تا رفتن نگهبان شیفت سوم انبار در بیرون منتظر ماند و با رفتن وی به داخل انبار

آمد و با یکدیگر مشغول به کار شدیم توری را در جائی که در نظر گرفته بودیم نصب کردیم دوربین هم در بهترین زاویه ی دید قرار گرفت در زمانیکه در جای گره طناب پنهان می شدم برای بهرام آرزوی موفقیت کردم و او هم لبخند زنان روی من را پوشاند و به سمت دوربین رفت و در جای خودش در زیر توری نشست و مشغول آواز خواندن شد. و هر چند مدت به محل پنهان شدن من زیر چشمی نگاهی می کرد و لبخندی می زد کم کم با گذشت زمان انگار حوصله اش سر رفته بود برای همین هم آوازش را با صدای آرام تر می خواند و به جای نشستن در زیر توری، دراز کشیده بود که ای کاش این کار را نمی کرد چرا که فکر می کنم آن شبح منتظر بود تا در حالتی حمله خودش را شروع بکند که از طعمه اش یعنی بهرام کار چندان زیادی برنیاید دقیقاً می توانستم حرکت آن شبح را به سمت بهرام ببینم اما نباید کاری می کردم که مکان من آشکار شود چرا که ممکن بود آن شبح فرار بکند و نقشه ی ما نقش بر آب گردد بنابراین ترجیح دادم چیزی نگویم تا اینکه شبح به نزدیک او رسید بهرام با دیدن شبح قصد داشت فرار بکند اما قبل از آن که کاری انجام بدهد شبح او را از دو پایش گرفت و به هوا برد، باید کاری می کردم بنابراین گره طناب ها را باز کردم و توری روی هر دوی آنها افتاد در آن لحظه این تنها کاری بود که از دستم بر می آمد بلافاصله توری که به دسته ای بسته شده بود مانند توری مخصوص گرفتن پروانه و حشرات را برداشتم

و به سمت آنها دویدم اما قبل از اینکه به آنها برسم صدای جیغ و داد بهرام باعث شد تا در جای خودم میخ کوب شوم انگار نمی توانستم حرکت کنم! چند لحظه در این حالت بودم اما باید برای بهرام کاری می کردم سرانجام به خودم این جرات را دادم که جلوتر بروم دیگر بهرام هم در زیر توری تکان نمی خورد با خودم فکر کردم که حتماً آن شبح او را کشته است گوشه ی توری را بلند کردم خبری نبود با احتیاط بیشتر سعی کردم توری را از روی بهرام کنار بزنم با دیدن آن صحنه شوکه شده بود و رنگ بدن بهرام کبود بود نمی دانستم چکار باید بکنم. در حالیکه آن توری حشره گیری را محکم در دستم فشار می دادم و آماده بودم تا به آن شبح حمله بکنم به بهرام نزدیک شدم اما قبل از اینکه کاری بکنم او بلند شد در حالیکه انگار خودش نبود با حرکاتی ناهماهنگ به سمت من نزدیک شد او به طرف من می آمد و من نمی دانستم که دقیقاً چه کاری در آن لحظه درست است اگر آنچه که به سمت من می آمد را با آن توری حشره گیری می زدم به بهرام آسیب می رساندم و اگر نمی زدم او به من آسیب می رساند و این یک تصمیم گیری سخت برای من بود سرانجام تصمیم گرفتم که او را بزنم اما نه چندان محکم، ضربه ی اول انگار تاثیری نداشت ضربه ی دوم را محکم تر زدم باز هم بی تاثیر بود ضربه ی بعدی را با تمام قدرت توی سرش زدم با وجود اینکه خون از بین موهای سرش بر روی صورتش جاری شده بود اما او بازهم به حرکت خودش به سمت

من ادامه می داد، درمانده شده بودم به اطراف نگاه می کردم چاره ای نداشتم ضربه ی بعدی را به بازویش زدم دسته توری حشره گیری شکست و ته مانده ی آن را هم به سمت بهرام مسخ شده پرتاب کردم، با این کار بهرام که در آن حال در اختیار آن شبح بود لبخندی زد دهانش پر از خون سرش بود و چهره اش ترسناک شده بود تنها برگ برنده ی من در آن شرایط شاید این بود که بهرام بسیار آهسته تر از من حرکت می کرد از کنارش رد شدم و خودم را به توری حشره گیری دیگر رساندم وآن را برداشتم و به سمت درب خروجی انبار قدیم بیمارستان می دویدم اما از اینکه بهرام را تنها بگذارم احساس بدی به من دست داد بنابراین بازگشتم و فریاد زنان به سمت آن حمله کردم نمی دانستم چرا اما این تنها کاری بود که از دستم بر می آمد شاید اگر او بیهوش می شد می توانستم جلوی او را بگیرم، اما قبل از اینکه به او برسم آن شبح از دهانش خارج شد و به سمت من آمد! بالاخره توانستم قبل از اینکه به من برسد با توری حشره گیری آن شبح را بگیرم اما قدرتش بیشتر از آن بود که بتوانم او را نگه دارم از زمین بلندم کرد و من را به دیوار کوبید و این موضوع باعث بیهوش شدن من شد در آخرین لحظات قبل از اینکه بیهوش شوم بهرام را دیدم که بر روی زمین افتاده است و آن شبح به سمت او می رود زمانیکه به هوش آمدم خودم را برروی تخت بیمارستان دیدم مدتی طول کشید تا شرایط موجود را به خاطر آورم و از اولین پرستاری که دیدم و یکی از کارکنان

بیمارستان بود و از گذشته باهم دوست بودیم جریان را پرسیدم جریان را اینگونه تعریف کرد که ظاهراً یکی از نگهبانان محوطه بیمارستان که در حال گشت زنی بوده است صدای جیغ و فریاد ما را از داخل انبار شنیده است و همراه با چند نفر دیگر از نگهبانان وارد انبار قدیمی بیمارستان شده اند زمانیکه وارد آنجا شده اند با بهرام مواجه می شوند که غرق در خون و بیهوش در کف انبار افتاده است و من نیز در کنار دیوار بیهوش بر روی زمین افتاده بودم آنها ما را به اورژانس بیمارستان رسانده بودند و در آن لحظه من بعد از چند روز بیهوشی به هوش آمده بودم اما بهرام هنوز هم بیهوش بود. هنگامی که از دکتر بخش حال بهرام را پرسیدم او گفت که او هنوز در بیهوشی بسر می برد و علائم عصبی از خودش نشان می دهد که شناخته شده نیست...! روی تخت بیمارستان خوابیده بودم و گاهگاهی به تلویزیون اتاق نگاهی می انداختم تا اینکه در بخش حوادث آن خبری از پیدا شدن جسد فردی در اطراف شهر که چند روز از مردنش گذشته بود در حال پخش شدن بود در این خبر فردی را نشان داد که لباس هایش دقیقاً مانند آن دزد ژولیده ای بود که چند روز قبل از این در انبار قدیمی بیمارستان دیده بودم که بعد از حمله شبح غیبش زده بود می شد به راحتی حدس زد که کشته شدن آن دزد ژولیده نیز کار آن شبح است، هنوز از پخش آن خبر چند ساعتی نگذشته بود که دو پلیس برای تهیه گزارش از واقعه ی آن شب به دیدن من آمدند و سوالاتی می پرسیدند

زمانی که واقعه را برای آنها شرح دادم هیچ کدام از آن وقایع را یادداشت نکردند و با خودشان می گفتند که دیوانه شده است، هر چند به آنها اصرار می کردم که این وقایع حقیقت است قبول نکردند و در گزارش خودشان تنها نوشتند که حادثه رخ داده یک حادثه ی اتفاقی بر اثر سهل انگاری نگهبان در محیط انبار قدیمی بیمارستان بوده است به این ترتیب علت آسیب دیدن ما هم سقوط از ارتفاع در زمان نصب توری ذکر شد و از آنجایی که این حوادث در شیفت کاری بهرام اتفاق افتاده بود، بهرام مقصر حادثه نیز شناخته شد اما از آنجائیکه این حادثه هیچگونه آسیب مالی به انبار قدیمی بیمارستان وارد نکرده بود موضوع با یک جریمه کوچک کاری خاتمه یافت. پس از مرخص شدن از بیمارستان برای دیدن بهرام رفتم او هنوز بستری بود چشمانش خونریزی داشت سر و بازویش شکسته بود و آثار کبودی زیادی روی بدنش مشاهده می شد و هرچند دقیقه یکبار یا در حال جیغ زدن بود و یا اینکه می لرزید و از دهانش کف بیرون می ریخت با دیدن این صحنه منقلب شده بودم به خانه بازگشتم و فردای آن روز که به بیمارستان رفتم در خواست جا به جائی محل کارم به محلی غیر از آن انبار قدیمی را دادم که با موافقت آن با درخواست خودم به عنوان نگهبان بخش روانی بیمارستان مشغول به کار شدم! علت این تغییر مکان هم این بود که پزشک بخش گفته بود به احتمال زیاد بهرام به بخش روانی بیمارستان منتقل خواهد شد در روزهائیکه از دوران کاریم باقی

مانده بود به عنوان نگهبان بخش روانی بیمارستان دائما مراقب بهرام بودم! هر چه که باشد من و او هر دو در آنچه که بوجود آمده بود به یک اندازه مقصر بودیم و این موضوع همچنان ادامه داشت تا زمانیکه بازنشسته شدم در آن زمان به سراغ بهرام رفتم و به او در مورد بازنشسته شدنم گفتم او دستم را گرفت و سعی داشت چیزی بگوید به سختی فهمیدم که منظورش دوربین است، اما چطور تا آن زمان از آن غافل شده بودم برای همین هم به انبار رفتم و دوربین را از جائی که پنهان کرده بودیم به همراه ۳پایه اش برداشتم و با خودم به بخش روانی بیمارستان آوردم به سراغ بهرام رفتم و به اوگفتم که هم اکنون با دیدن فیلم های این دوربین همه چیز مشخص خواهد شد اما در فیلم دوربین صدای آن شبح و بهرام در درون تور که بالا و پائین پرت می شد چیز دیگری که برای ما مفید باشد ضبط نشده بود چند بار این فیلم را دیدم و هر مرتبه با دقت بیشتری اینکار را انجام دادم این موضوع می توانست حرف های ما را کاملاً اثبات بکند و دلیلی بر حقیقت آن ماجرا بود در ابتدای شروع ماجرا صدائی عجیب شنیده می شد درست مانند اینکه فردی شخص دیگری را از فاصله ی دور صدا بزند این شاید عجیب ترین بخش آن فیلم ضبط شده بود با همدیگر چند مرتبه آن را گوش کردیم و من برای آنکه آنرا واضح تر بشنوم دوربین را به گوشم چسبانده بودم و با دقت گوش می کردم تا اینکه دیدم بهرام به دیوار رو به رو چسبیده است و با دست به پشت سر من

اشاره می کند و سعی در گفتن چیزی دارد اما چه می خواست بگوید ظاهراً شدت شوک وارده آنقدر زیاد بود که باعث شد بهرام به حرف آمده و بگوید شبح ، شبح .... زمانیکه به پشت سرم بازگشتم آن شبح را آنجا دیدم اما انگار قصد حمله کردن نداشت و یا شاید چیزی مانع آن می شد تا او غیبش زد. دوربین را برداشتم و گمان می کردم که آن بخش دیگر برای بهرام امنیت نخواهد داشت بنابراین با سپردن ضمانت های لازم نگهداری از وی را خودم عهده دار شدم با پس اندازی که در این مدت داشتم این باغ کوچک را خریدم و هر دوی ما برای زندگی به اینجا آمدیم از روزیکه به اینجا آمده ایم هر روز حال بهرام بهتر می شود اما گاهی با شوک های ناگهانی به همان حالتی که در کنار در دیدی دچار می شود. به نگهبان گفتم: " پس علت آن همه ترس و احتیاط در گشودن درب باغ هم همین موضوع بود و او پاسخ داد: " آری"

از او خواستم که فیلم دوربین را در اختیار من قرار بدهد و او یک کپی از آن را در اختیارم قرار داد و سپس گفت: " شاید آن شب ما خودمان را به خطر انداختیم اما چیز با ارزشی را بدست آوردیم و آن این فیلم است که در ابتدای آن صدائی وجود دارد که آن شبح را به سوی خودش می کشد، از این فیلم چند نسخه کپی گرفته ام، این کپی برای خودت باشد و دیگر به این باغ نیا نمی خواهم آرامش خودم و بهرام از بین برود.

با شنیدن این ماجرا حق را کاملاً به او دادم و پذیرفتم که آرامش آنها نیز به هم نخواهد خورد.

از آنها خداحافظی کردم و از آن باغ بی روح خارج شدم و در راه بازگشت به خانه به آنچه شنیده بودم فکر می کردم. به خانه رسیدم و پس از عوض کردن لباس هایم به پدر و مادرم پیوستم تا شبی آرام را کنار یکدیگر بگذرانیم و پس از آن به اتاقم رفتم و خوابیدم.

بخش ششم: جستجو

زمانیکه از خواب بیدار شدم هنوز دو ساعتی تا شروع ساعت کاری شرکت فرصت داشتم... به لیست افراد باقی مانده نگاهی انداختم و در مورد کارهایی که باید در آن روز انجام می دادم کمی فکر کردم. اول از همه باید فرم های شرکت را کامل می کردم و پس از ساعت کاری شرکت به سراغ بخش روانی بیمارستان می رفتم، به سمت بیمارستان راه افتادم و در آنجا به انبار قدیمی بیمارستان رفتم در ضمن پر کردن فرم مخصوص به سقف آن انبار قدیمی نگاهی انداختم هنوز هم جای قلاب ها، قرقره ها و پیچ هایش که آن دو نفر طناب های توری را به آن وصل کرده بودند روی سقف دیده می شد. امروز چقدر دیر می گذشت انگار این زمان اداری قصد تمام شدن نداشت تمام اشتیاقم برای رفتن به بخش روانی بیمارستان و بازدید از محل حضور دوباره شبح بود. پس از اتمام وقت اداری شرکت به بخش مربوطه رفتم و با کمی صحبت با نگهبان بخش روانی بیمارستان اجازه داد تا از آن بخش دیدن بکنم اما زمانیکه به اتاق مربوطه رسیدم در آن قفل بود علت را از نگهبان آنجا جویا شدم اما او هم از پاسخ دادن طفره می رفت زمانیکه دو مرتبه و با اصرار علت را از او پرسیدم گفت: " دستور از طرف رئیس بیمارستان است "

او را به گوشه ای کشیدم و به او گفتم که قصدم از انجام این کار کمک به آن نگهبانی است که چند وقت پیش در این بخش بستری

شده است با شنیدن این موضوع نگهبان بخش روانی بیمارستان دستم را گرفت و گفت: " در مورد آنچه که در آنجا خواهی دید با هیچ فردی صحبت نکن اگر در مورد آن چیزی که در آنجا خواهی دید با فرد دیگری صحبت کنید ممکن است باعث توبیخ و حتی اخراج من از سوی رئیس بیمارستان شوی..."

شرط او را پذیرفتم و با هم به آن اتاق رفتیم. آنچه که در آنجا دیده می شد قابل باور نبود تصویری از یک چهره ی مبهم بر روی دیوار آن اتاق که تا زیر سقف از جنس سرامیک سفید بود نقش بسته بود.

به نگهبان بخش روانی گفتم: " خب چرا آنرا پاک نکرده اید؟"

نگهبان بخش روانی گفت: " زیرا که آن تصویر قابل پاک شدن نیست حتی زمانی که سرامیک دیوار را هم تعویض کردیم دوباره بر روی سرامیک جدید دیوار ظاهر شده است"

از نزدیک به آن دیوار نگاه کردم بی روح و مرده بود اما چرا پس از هر بار از بین بردن آن دوباره ظاهر می گشت، با دستم آرام آنرا لمس کردم، سرد بود از نوع سرمائی که باعث آزار می شد از اتاق بخش روانی بیرون رفتم و به سمت خانه راه افتادم اما در میانه راه تصمیم گرفتم که به نفر سوم آن لیست سری بزنم شاید بتوانم اطلاعات بیشتری در مورد آن جمع آوری کنم. به خانه او رسیدم.

نفر سوم فردی بود که گفته می شد پس از حادثه شبح در انبار قدیمی بیمارستان خودش استعفا داده است و مدتی بعد کسب و کار پر رونقی برای خودش راه انداخته بود! بر عکس دو نگهبان قبلی که زندگی شان پس از آن برخورد از بین رفته بود این نگهبان دارای سرنوشت ظاهراً بهتری بود. مقابل خانه اش ایستادم و زنگ آن را زدم، شخصی از پشت آیفون پاسخ داد، خودم را معرفی کردم در را گشود و به داخل خانه رفتم خانه ای مجلل بود با یکدیگر سلام و احوال پرسی کردیم و پس از نشستن در اتاق نشیمن از علت آمدنم پرسید، و من هم بدون هیچ مقدمه ای از او خواستم تا در مورد برخوردی که با شبح انبار قدیمی بیمارستان داشته است برایم بگوید و اوهم در پاسخ به من گفت: " چرا باید چیزی بگویم؟"

در جوابش گفتم: " شاید به دلیل خطری که ممکن است تهدیدش کند"

و او گفت: " فکر نمی کنم که خطری تهدیدم بکند، به این خانه نگاه کن "

و به او پاسخ دادم: " پس به خاطر دیگران، همکاران قبلی خودت بهرام و لهراسب "

با نگاهی به من گفت: " می توانم به تو اعتماد بکنم؟"

به او اطمینان دادم که هر چه بگوید بین ما دو نفر محفوظ باقی خواهد ماند و شروع به تعریف آن اتفاق کرد.

او گفت که معمولاً برای پارک اتومبیل خودش از خیابان پشت انبار قدیمی بیمارستان استفاده می کردم زیرا در این حالت مسیر کوتاه تری را زمان رفتن به خانه باید تا رسیدن به اتومبیل نسبت به پارکینگ بیمارستان طی می کردم در صورت استفاده از پارکینگ بیمارستان ناچار بودم چند خیابان بیشتر را طی بکنم تا به آنجا برسم، آن شب پس از اینکه شیفت کاریم تمام شد به خیابان پشت انبار قدیمی بیمارستان رفتم که معمولاً در آن موقع شب خلوت و بدون عبور و مرور بود به سمت اتومبیلم رفتم تا برای رفتن به خانه سوار آن شوم اما کمی آنطرف تر متوجه حرکت های عجیب و غریب فردی در کنار اتومبیلش شدم! او بدون آنکه بخواهد به هوا می رفت و سپس به زمین می افتاد و به اطراف پرتاب می شد شب بود و اجسام به درستی قابل مشاهده نبودند به سرعت به سمت او رفتم و خواستم کمکش بکنم که با آن شبح مواجه شدم، آن شبح یکبار به سمت من می آمد و مرا به طرفی پرتاب می کرد و بلافاصله به سمت آن مرد می رفت و آن را به هوا می برد و به زمین می زد در حالیکه پایم را در اختیار گرفته بود و می کشید به زمین خوردم و خودم را به در اتومبیل آن مرد گرفته بودم او من را رها کرد و به سمت آن مرد رفت و او را به گوشه ای پرتاب کرد در حال آمدن

به سمت من بود که برای فرار از دست او به داخل اتومبیل رفتم اما قبل از آنکه بتوانم بصورت کامل به داخل آن بروم آن شبح پایم را گرفت و به سمت بیرون از ماشین می کشید... بصورت ناخودآگاه دستم بروی رادیو پخش خودرو رفت و صدای آن تا بیشترین حد آن زیاد شد این موضوع باعث شد که شبح پایم را رها کند و در فاصله ی دورتری از خودروی آن مرد بایستد به سمت آن مرد رفتم و او را به داخل خودرو آوردم خراش ها و زخم های زیادی برداشته بود و بینی اش تقریباً خرد شده بود با وجود سرمای زیادی که احساس می کردم در خودروی آن مرد را بستم، با حالتی نامفهوم آن مرد به من گفت: " اینجا چکار می کنی ؟"

به او پاسخ دادم: " محل کارم است، اما با این اتفاق فکر می کنم که آن شبح مانع از ادامه کارم در این جا شود"

آن مرد رو به من کرد و گفت: "می دانی باعث نجات جانم شدی !"

به او پاسخ دادم: "آری"

از من خواست تا از داشبورد ماشین یک دسته چک بردارم و به او بدهم و من هم همین کار را کردم یک چک با مبلغ بالائی را به عنوان پاداش این کارم به من داد و گفت: "این هدیه ای از طرف من برای نجات جانم است"

ابتدا نمی خواستم قبول بکنم اما با دیدن آن شرایط چاره ای نداشتم و سپس همراه با یکدیگر در حالیکه صدای ضبط صوت خودرو بالاترین حد خود را داشت از آن محل دور شدیم، فردای آن روز خودرویم را بدون اینکه به آنجا برگردم به قیمتی ارزانتر فروختم و تنها آدرس محل پارک آن را به خریدارش دادم. از بیمارستان استعفا دادم و با آن سرمایه ای که به من هدیه داده بود کسب و کاری برای خودم راه انداختم که خیلی هم در آن موفق بودم.

به او گفتم: " پس با توجه به آن شب صدای زیاد باعث جلوگیری از نزدیک شدن آن شبح به تو شده است."

او هم پاسخ داد: " آری، مطمئنا همینطور است"

و سپس ادامه داد، در تمام مدتی که صدای ضبط صوت خودرو بلند بود شبح نزدیک به خودرو نمی شد و از آنجا دور شدیم.

از او خداحافظی کردم و راه خودم را ادامه دادم تا به خانه رسیدم کمی بعدتر به سمت خانه ی قدیمی راه افتادم در خانه ی قدیمی آنچه تا به حال بدست آورده بودم را روی کاغذ نوشتم و مشغول بررسی آنها شدم به نظرم برای این موجود عجیب و غریب هم باید طرح و نقشه ای آماده می کردم.

از آنچه تاکنون بدست آورده بودم می شد فهمید که آن شبح نمی تواند از ماده عبور کند! پس او حالتی مادی داشت دوم اینکه

محدوده فعالیت او در همان محل انبار قدیمی بیمارستان می باشد و سوم اینکه یک فیلم ضبط شده داشتم که آن شبح نسبت به آن واکنش نشان می دهد علاوه بر این می دانستم که در صورتیکه سر و صدای اطراف از حد مشخصی بالاتر بود این شبح از نزدیک شدن به آن محدوده خودداری می کند! شاید می شد با استفاده از این اطلاعات آن را به دام انداخت اما بهتر این بود که عجله نمی کردم و بیشتر در این مورد تحقیق می کردم زیرا که برخی از سوالات هنوز بی پاسخ مانده بود: آن تصویر چهره ای که بر دیوار نقش می بست! و هنوز دو نفر از نگهبانان قبلی آن انبار مانده بودند که باید با آنها هم در این مورد صحبت می کردم.

اما این کار باید برای فردا می ماند.

به ماده عایق ضد ماده نگاه می کردم هنوز مقداری از تخت های ایزوله برایم باقی مانده بود فکر می کنم برای این شبح کافی باشد. قبلاً نتیجه خوب استفاده از آن را دیده بودم. درست همان روزی که برای اولین مرتبه این شبح را در چادر ایزوله به دام افتاده بود.

برای امشب کافی بود، به خانه ی خودمان بازگشتم و در اتاقم به این موضوع فکر می کردم که باید فردا پس از اتمام کارم در شرکت حتما برای صحبت کردن با یکی از نگهبانان انبار قدیمی بیمارستان می رفتم اما کدامیک می توانست بهتر باشد نفر اول از آنها که گویی تجربه ی مستقیمی از برخورد با شبح داشته است و یا نفر

دوم که فقط مدعی شنیدن صداهائی از آنها شده است اما این مهم نبود زیرا که در نهایت باید با هر دوی آنها صحبت می کردم و از دیده های آنها برای بررسی های بعدی بهره می بردم.

از خواب بیدار شدم و به ساعت نگاهی انداختم دیر شده بود بنابراین مجبور بودم که کمی با عجله برای رفتن به محل کار آماده شوم در میانه ی راه بودم که متوجه شدم آدرس آن دو نگهبان را در اتاقم جا گذاشته ام اما اگر می خواستم بازگردم مطمئناً با تاخیر به شرکت می رسیدم... به هر حال تا حدود عصر که کار شرکت به اتمام می رسید نیازی هم به آنها نداشتم و تصمیم گرفتم تا بعد از اتمام کارم ابتدا به خانه بروم و آن آدرس ها را بردارم و سپس برای دیدن آن نگهبانان بروم. امروز چک لیست های انبار قدیمی به اتمام می رسید و به این ترتیب نیازمندی های موجود یک انبار برای بیمارستان مشخص شده بود و باید از فردا برای مشخص کردن نیازمندی ها و پیش بینی های آینده ی انبار بیمارستان با توجه به احداث ساختمان جدید بیمارستان و میزان نیاز به انبار ساختمان جدید بیمارستان کار می کردیم برای همین هم در بین راهروها مشغول به لیست برداری از نیازها و پرکردن فرم های مربوط به آن بودم اما همواره با احتیاط در بین راهروهای انبار حرکت می کردم زیرا که با توجه آنچه تا به حال شنیده بودم آن شبح هم در همان انبار حضور داشت برای دیدن او چندان هم بی میل نبودم در همین

فکر بودم که ناگهان از پشت سرم صدایی شنیدم! با شنیدن آن صدا به سرعت به عقب برگشتم اما چیزی نبود با خودم فکر کردم حتماً آنچه که تا کنون شنیده ام باعث بروز این تصورات شده است یا نه! من کجا و آن شبح کجا!

چند قدم که رفتم دوباره صدای حرکتی را از پشت سرم شنیدم تکرار آن صدا آنهم در مدت زمان به این کوتاهی چندان عادی نبود این مرتبه سعی کردم زیر چشمی به پشت سرم نگاه بکنم اما بازهم چیزی دیده نمی شد. این بار نسبت به این موضوع چندان خوشبین نبودم و احساس خوبی نداشتم! چند قدم دیگر که رفتم باز هم احساس می کردم شخصی در حال تعقیب من است، اما چرا کاری انجام نمی داد و اگر شبح بود چرا حمله نمی کرد و یا دیده نمی شد! آرام آرام به سمت جلوی خودم نگاه کردم با فردی که صورت خود را با استفاده از یک ماسک ترسناک پوشانده بود مواجه شدم مقداری از دیدن آن فرد جا خورده بودم اما احساس ترس نداشتم! دیدن چهره ی پشت آن ماسک برایم جالب بود، چه کسی می توانست باشد؟

چند ثانیه ای به همین منوال گذشت تا اینکه آن شخص ماسک را از صورتش برداشت نگهبان جدید آن انبار بود با حالتی مات و مبهوت گفت: " نترسیدی؟"

از این کارش خندم گرفته بود، گفتم: "نه چطور مگه ؟ "

او گفت: " خیلی ترسناک بود چطور نترسیدی ؟"

سرگرم همین گفتگو بودم که سردی یک نگاه را برروی خودم احساس کردم، ناگهان مقداری از لوازم از قفسه های بالائی به پائین افتاد و اگر نگهبان جدید را به سمت دیگر هل نمی دادم مطمئنا آسیب می دید. با اتفاقی که در آنجا افتاد ماندن بیشتر در آن مکان به نفع هیچکدام از ما دو نفر نبود بنابراین به اتاق نگهبانی بازگشتیم.

در اتاق نگهبانی برای تغییر فضای حاکم در بین ما، نگهبان جدید که نام او بنیامین بود، دو فنجان چای برایمان آورد. از آنجائیکه من ایستاده بودم از پنجره ی اتاق نگهبان به بیرون نگاه می کردم او هم به کنار من آمد و در حالیکه به بیرون نگاه می کرد از من پرسید: " حالا چه می شود ؟ و قرار است چه اتفاقی بیفتد؟"

به بنیامین نگاهی کردم و سپس گفتم: " نگران نباش، همه چیز درست خواهد شد!"

و ادامه دادم: " بهتر است تا چای سرد نشده است آنها را بنوشیم"

اما زمانیکه می خواستم فنجان چای را بردارم فنجان خالی بود و هیچ چایی در آن نبود ابتدا گمان کردم که بنیامین از روی حواس پرتی در آن فنجان چای نریخته است اما زمانیکه موضوع را با او در میان گذاشتم گفت که مطمئن است برای هر دوی ما چای آورده

است عجیب بود اما چاره ای هم به جز این نداشتیم که احتمال را بر آن بگذاریم که او خودش این موضوع را فراموش کرده است به هر حال از او خواستم تا حد امکان از رفتن به بخش های داخلی و راهروهای آن اجتناب کند.

برای بررسی بیشتر باید به خارج از انبار قدیمی بیمارستان می رفتم در حالیکه از آن انبار خارج می شدم چیزی روی زمین جلب توجه کرد و آن یک کرم بود که احتمالاً از تنها گلدان نزدیک اتاق نگهبان به بیرون افتاده بود این موضوع من را به این فکر برد که قبل از آنکه آن انبار قدیمی در آن محل ساخته شود زمین آنجا چه کاربری داشته است؟

و محل استفاده از آن چه بوده است؟ آیا قبل از انبار بیمارستان هم کاربری ویژه ای داشته است و یا خیر؟ و یا اینکه پس از احداث بیمارستان انبار در یک زمین خالی بنا شده است؟

اینها مجموعه ای از سوالاتی بود که در ذهن من موج می زد... به هرحال از آن انبار خارج شدم تا به بخش بایگانی بیمارستان بروم ودر صورت امکان از کاربری آن زمین قبل از احداث انبار بیمارستان آگاه شوم اما با پایان یافتن زمان کار اداری کارمندان آن بخش از آنجا رفته بودند من هم باید به خانه برمی گشتم تا آدرس مربوط به آن نگهبانان قبلی را از آنجا برمی داشتم و به دیدن یکی از آنها می رفتم.

زمانیکه به خانه رسیدم همینکه می خواستم وارد اتاقم شوم مادرم دستش را روی شانه ام گذاشت آن قدر این روزها درگیر آن شبح بودم که بصورت ناخودآگاه فریاد کوچکی زدم و اندکی جا خوردم. مادرم از این رفتارم کمی نگران شده بود اما به روی خودش نیاورد و گفت: " برای امشب بهتر است قراری نگذاری و یا به آن خانه قدیمی نروی، می خواهیم سه نفری به میهمانی یکی از دوستانم برویم"

به مادرم نگاه کردم و قبول کردم! در این صورت دیگر نباید به فکر رفتن به دیدن آن دو نگهبان باشم و ناخودآگاه این موضوع به روزهای دیگر موکول می شد پس در آن زمان بهترین کاری که می توانستم انجام بدهم یک چرت کوتاه در بعد از ظهر بود.

هنوز کاملا خوابم نبرده بود که خواب آن شبح را می دیدم به همین دلیل بصورت ناخودآگاه از خواب پریدم و به ساعت نگاه کردم دیگر چیزی به زمان رفتن به مهمانی دوست مادرم نمانده بود باید برای رفتن به آن میهمانی آماده شدم.

آماده شدن برای میهمانی کمی طول کشید برای همین هم پدر و مادرم مدتی منتظر ماندند، در طول مسیر پدرم از کار در آن شرکت پرسید و من هم از کارهایی که تا آن زمان انجام داده بودیم برایشان گفتم و مادرم گفت: " آیا فکر می کنی کار جالبی باشد؟"

در دلم گفتم: " مادرم هنوز از جریان آن شبح خبر ندارد و فکر می کنم که اگر می دانست دیگر هیچ وقت به من اجازه رفتن به آنجا را نمی داد!"

و به او پاسخ دادم: " حتما همینطور است..."

زمانیکه به میهمانی رسیدیم، آن مرد میانسال که سعی داشت چهره ای معقول و منطقی به خود بگیرد نیز در حال ورود به آن خانه بود هنوز هم او را در میهمانی قبلی به خاطر دارم. به هر حال به خانه دوست مادرم رفتم در آنجا افراد زیادی حضور داشتند یکی از آنها رئیس پلیس شهر بود با دیدن او خوشحال شدم و برای دیدن او به سمتش رفتم و او نیز با دیدن من با لبخندی خوشحالی خودش را نشان داد و بعد از احوال پرسی گفت: " دوباره چه اتفاقی در این شهر افتاده است که من از آن بی خبرم؟ "

لبخندی زدم و در پاسخش گفتم: " بابت دفعه ی قبلی هم باید از شما تشکر کنم "

او هم لبخندی زد و گفت: " امکان دارد کمی با هم صحبت کنیم "

پذیرفتم و او ادامه داد: در مورد کارهای آن مامور پلیس تحقیق کردم حرف هایت کاملاَ درست بود، او به آن سوپر مارکت مبلغی پول هر ماه می داد تا کالاهای زندگی چند بی خانمان و کودک را

تامین بکنند یکی دو روز قبل که برای بازدید رفته بودم به صورت اتفاقی با صاحب همان فروشگاه برخورد کردم و از او در مورد آن کودکان کار پرسیدم او در پاسخ به من گفت شخصی با نام ناجی هزینه ها را به صورت ناشناس پرداخت می کند و برای پرداخت های خودش هم از روش هایی هوشمندانه استفاده می کند بگونه ای که تا به حال هیچ فردی در آن محله او را نشناخته است.

به رئیس پلیس گفتم: " خب فکر می کنم که این موضوع خوب باشد... نظر شما چیست؟ "

و رئیس پلیس گفت: " این عمل خیلی هم خوب است اما چرا این کار را انجام می دهد و هدف او از این کار چیست ؟ "

به رئیس پلیس گفتم: " شاید هدفش تغییر زندگی آن کودکان باشد "

و سپس برای اینکه موضوع گفتگو را عوض کنم در مورد آب و هوا و موضوعات این گونه حرف زدم که شخصی با سن زیاد به جمع ما اضافه شد. فکر می کنم که یکی از مسن ترین افرادی باشد که در آن مهمانی حضور داشت. به هر حال او هم به جمع ما افزوده شده بود، سنش زیاد بود بیشتر از مدت زمانی که بیمارستان شهر احداث شده بود و رئیس پلیس شهر او را از قدیمی های شهر معرفی کرده بود در نتیجه می شد از او در مورد کاربری زمین های

بیمارستان و به خصوص در مورد زمین آن انبار قدیمی سوال بپرسم و دیگر نیازی به بررسی مدارک و نقشه های قدیمی نباشد.

بنابراین به هر شکلی که شده بود موضوع گفتگو را به آن بیمارستان قدیمی تغییر دادم. در وسط این گفتگو موضوع را به بزرگی زمین آن بیمارستان رساندم و زمانی که همه چیز مهیا بود از آن فرد مسن در مورد کاربری قبلی زمین های آن بیمارستان پرسیدم؟ از این سوال من جا خورده بود و پرسید که چرا این سوال برای من اهمیت پیدا کرده است؟ و من از کاری که در حال انجام آن هستم برای او گفتم و او هم در حالیکه خیلی راغب نبود از کاربری آن زمین ها گفت!

بخش قابل توجهی از آن زمین ها مربوط به چند ساختمان قدیمی که در احاطه مجموعه ای باستانی بوده است می باشد که قدیمی ها می گفتند که مربوط به یک قبرستان قدیمی است اما آن زمان هنوز بیمارستان در آن منطقه ساخته نشده بود، این موضوع به خودی خودش جالب بود در این زمان به موضوعی پی برده بودم که شاید بی ارتباط با وجود آن شبح نباشد و از آن فرد مسن پرسیدم: " آن بناها و ساختمان ها مربوط به چه چیزی بود؟ کاربری آنها چه بود؟ " کمی سکوت کرد!

موضوع کاربری قدیم زمین های بیمارستان کم کم داشت به جاهای جالبی می رسید و به مرد مسن گفتم: " حتما از همان مکان هائی

که اگر فردی تنها و در شب به آنجا می رفت آسیب می دید یا تا سرحد مرگ دچاروحشت می شد؟ "

و مرد مسن گفت: " متاسفانه آری! " و هنوز حرفش را تمام نکرده بود که فرد دیگری به جمع ما اضافه شد و آن مرد مسن در حالیکه سرگرم حرف زدن با او بود همراه با هم به محل دیگری رفتند. رئیس پلیس شهر هم برای همراهی با همسرش به سمت دیگر میهمانی رفت و من هم کنار پدر و مادرم نشستم اما آنچه که هنوز هم ذهن مرا به خود مشغول کرده بود حرف های آن مرد مسن در مورد کاربری زمین های بیمارستان شهر در قدیم بود. در این فکر ها بودم که متوجه شدم آن مرد میانسال که احساس خوبی نسبت به آن نداشتم به من خیره شده است همینکه خواستم کنارش بروم و از اینکه کیست؟ و چه کاری می کند بپرسم به سرعت بلند شد و به طرف دیگری رفت سعی کردم نسبت به این موضوع حداقل در آن لحظه بی تفاوت باشم. از آن میهمانی به خانه بازگشتم و مستقیماً به اتاقم رفتم و خوابیدم.

صبح زود از خواب بیدار شدم و قبل از اینکه ساعت کاری آغاز شود به بیمارستان رفتم اینطور می توانستم قبل از زمان اداری شرکت در مورد آن شبح تحقیق کنم... به انبار قدیمی رفتم تقریبا با نگهبان های آنجا آشنا شده بودم و از دیدن من به هیچ عنوان تعجب نمی کردند.

محلی که بیشترین حمله ی شبح در آنجا صورت گرفته بود را با دقت اندازه گرفتم و موقعیت آن را در نقشه های سایت پلان بیمارستان با یک نقطه قرمز علامت گذاری کردم و سپس در خواست یک نقشه ی قدیمی از زمین های آن بیمارستان را کردم که تقریباً نزدیک ظهر از بخش بایگانی آنجا یک کپی از آن به دستم رسید و یک درخواست هم برای نقشه های قدیمی آن مکان و کاربرد های زمین های آنجا به شرکت فرستادم که آن را هم شرکت از منابع و ادارات مربوطه گرفته و برای من فرستاد! اکنون باید برای بررسی آنها منتظر پایان وقت کار اداری شرکت می شدم. پس از پایان زمان اداری به سرعت به سمت خانه یکی از نگهبانانی رفتم که مدعی مشاهده ی شبح شده بود با رسیدن به خانه او زنگ خانه را زدم در خانه را گشود و پس از معرفی خودم وارد خانه شدم و برروی مبل های اتاق نشیمن او مشغول صحبت شدیم و او شروع به تعریف ماجرا هایی کرد که برای او اتفاق افتاده است و ادامه داد:

یک روز که در شیفت کاری خودم مشغول به نگهبانی بودم متوجه شدم که نگهبان شیفت قبلی که یکی دو ساعت قبل رفته بود، از میان یکی از راهروهای انبار قدیمی بیمارستان به سمت من می آید با تعجب به او گفتم: " مگر چند ساعت قبل به خانه نرفته ای؟ " و او پاسخ داد: " نه نرفته ام، راستش امروز حوصله خانه رفتن را ندارم "

برایم جالب بود و از او خواستم تا در اتاق نگهبانی نزد من بیاید تا اندکی با همدیگر صحبت بکنیم و از مشکل او آگاه شوم زمانی که او به اتاق نگهبانی آمد دو فنجان چای ریختم چند عدد بیسکوئیت در کنار آن گذاشته بودم و او گفت: " مدتی همسرش برای انجام کاری به شهری دیگر رفته است، او در خانه تنهاست و حوصله اش سر می رود و به خانه نرفته است، نرفتنش برای هر دو ما خوب بود، چرا که هم من از تنهایی در می آمدم و هم او! چند ساعتی را به گفتگو مشغول بودیم تا شیفت کاری من به اتمام رسید و نگهبان بعدی آمد. در زمانی که متوجه آمدن نگهبان شیفت بعدی شدم از پنجره به آمدن او نگاه کردم زمانیکه خواستم آمدن او را به نگهبان شیفت قبل از خودم که با یکدیگر چای خورده بودیم و صحبت و گفت و گو کرده بودیم نشان دهم که او آنجا نبود و غیب شده بود و فقط فنجان چای خالی او و بیسکوئیت نیم خورده اش باقی مانده بود و زمانیکه موضوع را به نگهبان شیفت بعد که هم اکنون بازنشسته شده است گفتم او از من خواست تا موضوع را به رئیس بیمارستان بگویم و با مطرح کردن موضوع با رئیس بیمارستان، او هم محل کارم را عوض کرد و به محل دیگری رفتم، پس از آنکه گفتگو به پایان رسید.

از او خداحافظی کردم و در طول مسیر به حرف های او فکر می کردم و تقریبا مطمئن بودم که او با توجه به اتفاقاتی که قبلا در

آن انبار قدیمی افتاده است این داستان را از خودش ساخته است تا بتواند محل کارش را تغییر بدهد البته باید با توجه به اتفاقاتی که در آن انبار قدیمی بیمارستان افتاده است، نمی توان او را سرزنش کرد... شاید این داستان ساختگی تنها راه باقی مانده برای اوست که می توانسته است او را از خطرات احتمالی آن انبار قدیمی حفظ کند.

به خانه برگشتم و سوالی تازه در ذهنم بوجود آمده بود چرا با وجود اینکه مسئولین بیمارستان از وجود رخدادهای عجیب در آن انبار قدیمی بیمارستان آگاه بودند اقدام قابل توجهی در این مورد تا آن زمان انجام نداده بودند؟

در اتاقم نشسته بودم و تلویزیون نگاه می کردم، یک مستند طبیعی بود جالب بود اما نه آنقدر که ارزش وقتی که صرف آن می شد داشته باشد اما احساس می کردم نیاز دارم تا برای مدتی ذهنم را از وقایع اخیر دور بکنم و به موضوعی دیگر مشغول بشوم.

شاید بتوانم فردا در دیداری که با نگهبان آخر آن انبار قدیمی داشته باشم چیزهای بیشتری از آن شبح بدست بیاورم، روی مبل جلوی تلویزیون خوابم برده بود که دوباره کابوسی از آن شبح به سراغم آمد و باعث شد از خواب بیدار شوم با همان حال به اتاقم رفتم و دوباره خوابیدم! خورشید تازه طلوع کرده بود که از خواب بیدارشدم و مشغول آماده شدن برای رفتن به شرکت بودم که چشمم به

تقویم روی میزم افتاد و جالب بود آنقدر خودم را مشغول به آن شبح کرده بودم که حساب روزها از دستم در رفته بود امروز یک روز تعطیل رسمی بود! بنابراین نیازی نبود که به شرکت بروم مدتی می توانستم در خانه بمانم و سپس به دیدن آخرین نگهبان آن لیستی بروم که از بخش اداری بیمارستان گرفته بودم. این چند ساعت مدت زمان خوبی بود تا کمی در باغ خانه قدم بزنم... به باغ رفتم و به جریان آب فواره ها نگاه می کردم زیبا بود اما ناگهان به یاد حرف های آن شب در میهمانی افتادم، یعنی چه چیزی در آن زمین های بیمارستان قبل از ساخت آن وجود داشته است؟ هر چه که بود خودش دلیلی برای ایجاد پرسش های زیادی بود مثلا آیا امکان آن وجود دارد که در زیر آن زمین ها هم چیزی خاص وجود داشته باشد؟

کمی که گذشت برای دیدن آن نگهبان به محل خانه اش رفتم زمانی که به محل خانه اش رسیدم با منظره عجیبی رو به رو شدم خانه او یک خانه ی قدیمی در محله ای قدیمی از شهر بود معمولاً این خانه ها بعلت ساختار سنتی خودشان دارای باغچه های زیبائی هستند اما این خانه چند باغچه داشت که همه ی درختان، گلها و چمن آنها بعلتی که نمی دانستم خشک شده بود! اما چرا ؟ ظاهر خانه هم نشان می داد مدتها از آخرین مرتبه ای که نظافت و شست و شو شده است می گذرد؟ اما چرا؟ شاید این موضوع ریشه در

رفتار آن نگهبان پس از مواجه شدن با آن شبح داشته باشد، اما هر چه که بود با دیدن آن نگهبان پاسخ آن را می یافتم...

زنگ خانه را زدم، با زدن زنگ می توانستم چهره ای را در پشت پرده ی پنجره ی آنجا ببینم که دزدکی از بین پرده های چرکین آنجا به من نگاه می کرد، نوعی احساس بیگانه را تجربه می کردم و احساس می کردم که آن نگهبان در حال نگاه کردن از آن پنجره به من است و می شد دقیقاً حدس زد که در آن زمان او هم مانند سایر همکارانش که تجربه ی مشترک داشتند در گشودن در برای من مردد بود! بنابراین باید کاری می کردم تا آن تردید او برطرف شود، برای همین هم دستم را داخل جیبم بردم و بی تفاوت چند قدم به سمت اتومبیل رفتم در عین حال زیر چشمی به آن پنجره نگاه می کردم از داخل اتومبیل یک پوشه که مربوط به بیمارستان بود و آرم بیمارستان را داشت برداشتم و شروع به ورق زدن برگ های داخل آن کردم، گمان می کردم دیدن آن ها، سبب ترغیب آن نگهبان برای گشودن در خانه شده باشد، هرچه باشد او یک نشانه آشنا دیده بود، پس از این کار، پوشه به دست به سمت در خانه رفتم و دوباره زنگ آن خانه را زدم این مرتبه صدائی پرسید؟
" تو کی هستی ؟ "

به او پاسخ دادم: " می توانم چند لحظه وقتتان را بگیرم ؟ البته برای پرسیدن چند سوال کوتاه.. "

به آرامی پرده را کنار زد و بصورت مستقیم به من نگاه کرد، من هم با همان دستی که پوشه ی بیمارستان در آن بود دستی به نشانه ی سلام تکان دادم با نهایت تعجب در را گشود به داخل خانه رفتم، زمانیکه وارد راهروی خانه شدم با بوئی بسیار زننده مواجه شدم، بوی خیلی بدی بود و ناچار شدم تا بینی ام را بگیرم، اما احساسی به من می گفت که برای اینکه بتوانم با این نگهبان راحت تر صحبت بکنم باید بتوانم این بوی بد را تحمل بکنم و به روی خودم نیاوردم! در ضمن عبور از راهرو این بوی زننده هم بیشتر می شد زمانیکه وارد اتاق نشیمن شدم با مردی رو به رو شدم که ظاهرش نشان می داد که مدت هاست به حمام نرفته است اما چرا؟ با او احوال پرسی کردم و او هم از من خواست تا بنشینم و من هم قبول کردم ظاهر خانه نشان می داد که او واقعا سعی در نظافت خانه داشته است اما دلیلی مانع از موفقیت او شده است. با دیدن تعجب من خودش هم گوئی مشتاق به توضیح دادن به من بود ولی منتظر بود تا ابتدا من آغازگر این گفتگو باشم. این اولین دفعه بود که محیط اطراف برای من اینقدر سوال برانگیز شده بود از آنجائیکه من نشسته بودم نمی توانستم بطور کامل سطل زباله داخل آشپزخانه را ببینم اما چیزی که جلب توجه می کرد ظرف های یکبار مصرف زیادی بود که اطراف آن گذاشته شده بود اما باید از جایی شروع به گفتگو با او می کردم... گفتم: " دلیلی که من برای

دیدن شما آمده ام این است که چند سوال از شما در مورد آن شب که با آن شبح رو به رو شده بودید بپرسم "

با شنیدن سوال من از جای خودش بلند شد، ترس در تمام صورتش آشکارا قابل مشاهده بود مقداری لرزش در دستهایش دیده می شد آرام بلند شدم و برای ایجاد آرامش گفتم: " اگر واقعا احساس بدی نسبت به این موضوع دارید و یا اینکه فکر می کنید هم اکنون زمان مناسبی برای گفتگو در این مورد نیست، می توانم بعدا مراجعه کنم"

در همین زمان نگاهم با چشمهایش گره خورد و دیدم که احساس ترس همراه با حس گناه در آنها وجود دارد او گفت: " نه، من راحتم می توانید سوالات خودتان را بپرسید... " در همین زمان گوئی توانسته بود اندکی برخودش مسلط گردد روی مبل کنار خودش نشست و من هم متقابلاً روی مبل مقابل وی نشستم و به او نگاه می کردم با کوچکترین صدائی واکنش های عجیب عصبی نشان می داد و با ترس به سمت آن صدا بر می گشت و نگاه می کرد.

به عنوان اولین سوال از او پرسیدم: " می شود بگویید که آیا از دیدن آن شبح مطمئن هستید و یا خیر؟ "

در پاسخ به من گفت: " اگر برای این موضوع آمده ای برای دانستن آن با چند سوال نمی توانی به حقیقت برسی برای همین باید تمام

ماجرا را به طور کامل برای شما بازگو کنم... " پس از گفتن این جمله مدتی به سقف اتاق نشیمن نگاه کرد سپس از جای خودش در حالیکه هنوز لرزش دستهایش مشخص بود بلند شد و ادامه داد.

من هم مثل همه ی نگهبانان بیمارستان چیزهائی در مورد شبح آن انبار قدیمی شنیده بودم اما آن را حاصل خیال پردازی های نگهبانان آن انبار قدیمی می دانستم، و شاید قبول آن در آن شرایط برای هر فرد دیگری هم سخت می بود بنابراین با وجود اینکه ریاست بیمارستان صحبت کردن در این مورد را بین نگهبانان ممنوع کرده بود اما گاهی با شوخی هایی در این مورد باعث تغییر فضای کاری و خنده سایر نگهبانان می شدم وگاهی با انداختن ملحفه های بیمارستان روی خودم به ترساندن سایر کارمندان بیمارستان می پرداختم، و با توجه به این که تازه ازدواج کرده بودم این وقایع را برای همسرم تعریف می کردم و این یکی از سرگرمی های من در آن زمان محسوب می شد تا اینکه به صورت کاملاً اتفاقی برای ادامه ی کارم به آن انبار قدیمی بیمارستان فرستاده شدم برای من با توجه به اینکه هیچ وقت آن شبح را باور نداشتم چندان فرقی نداشت، به انبار قدیمی برای اولین شیفت کاری خود رفتم اول قصد داشتم تا نگهبان شیفت قبل را با ملحفه ای که روی سرم کشیده بودم بترسانم که بادی عجیب در ورودی اتاق نگهبانی آن انبار قدیمی آن ملحفه را روی سرم انداخت و به این ترتیب

نتوانستم او را بترسانم و او متوجه حضور من شد، منشأ آن باد را هم هیچگاه متوجه نشدم، شیفت کاری من آغاز شده بود و سعی کردم تا با قدم زدن در راهروهای پر از اسباب و لوازم انبار قدیمی بیمارستان قدم بزنم اما گاه و بی گاه فکرهای مربوط به آن شبح و آنچه که در مورد آن شنیده بودم در ذهنم تکرار می شد! خب واقعیت این بود که ذهن آدم هر چیزی را که در مورد آن شنیده باشد و یا برای او اتفاق افتاده باشد زمانیکه در آن موقعیت قرار می گرفت به یاد می آورد و دوباره برای او مرور می شد و این موضوع برای من هم صادق بود... اولین شیفت کاری من هم به همین صورت گذشت با تحویل دادن پست نگهبانی به نگهبان بعدی به خانه بازگشتم. روز بعد که برای تحویل گرفتن پست نگهبانی رفتم، می شد نگرانی و ترس را در چهره ی نگهبان قبلی دید اما برای من که هنوز این موضوع را باور نکرده بودم این موضوع بی اهمیت بود با رفتن نگهبان شیفت قبل از من در آن انبار قدیمی تنها شده بودم و شروع به گشت زنی کردم از راهروئی به راهروی دیگر رفتم و از مکانی به مکان دیگر گاهی سریع به عقب بر می گشتم تا از نبودن آن شبح در پشت سرم مطمئن گردم انگار تنهائی در آن انبار قدیمی بیمارستان و آنچه که در مورد آن انبار قدیمی بین نگهبانان گفته می شد داشت برروی من هم تاثیر خودش را می گذاشت اندکی در یکی از راهروهای انبار قدیمی نشستم اما افکار گوناگونی در ذهنم موج می زد... تصمیم گرفتم برای راحت تر شدن

ذهنم اندکی مدیتیشن انجام بدهم به تازگی یک فیلم در مورد آن دیده بودم به نظرم مفید بود از آن نگهبان پرسیدم: " دقیقا کجای انبار این کار را انجام دادی؟"

و او محل آن را گفت جالب بود نقطه ای از آن انبار که بیشترین تعداد دیده شدن آن شبح را به خودش اختصاص داده بود. و نگهبان ادامه داد: در آن محل مشغول مدیتیشن بودم که احساس رطوبتی بیشتر از حالت طبیعی را بر روی زمین داشتم به نظرم غیر عادی آمد چشم هایم را باز کردم احساس من درست بود رطوبت در این قسمت راهروی انبار قدیمی بیشتر از سایر قسمت ها بود و هر چه به طرف آن دیوار می رفتم بیشتر هم می شد، این موضوع کنجکاوی مرا برانگیخته بود به دنبال کردن مسیری که رطوبت بیشتر می شد بصورت چهار دست و پا ادامه دادم چیزی دستگیرم نشد زیرا که به دیواری برخورد کرده بودم که هر چند مرطوب تر از سایر قسمت ها بود اما تفاوتی با سایر دیوار ها نداشت ایستادم وشروع به دنبال کردن دیوار کردم تا شاید بفهمم که آن طرف دیوار چیست.

موضوع هر لحظه جالب تر می شد انگار ترکیب راهروها و قفسه های موجود در آن انبار باعث شده بود تا شکل واقعی انبار خود را نشان ندهد انگار در این گوشه از انبار قدیمی یک اتاق کوچک وجود داشت که ظاهراً این روزها هیچ کسی به آن توجه نکرده بود به

دنبال در ورودی آن گشتم و مشاهده کردم که در آن دیوارها چیزی به عنوان در قابل مشاهده نیست! از آنجا که آن دیوارها به خیابان پشت بیمارستان منتهی می شد پس از اتمام شیفت کاریم به پشت بیمارستان رفتم... با خودم می گفتم احتمالاً در آن اتاق در خیابان پشت بیمارستان باشد اما در آنجا هم خبری از درب ورودی آن اتاق گوشه ی انبار قدیمی بیمارستان نبود.

زمانیکه صحبت های نگهبان به اینجا رسید از او محل دقیق آن خیابان را پرسیدم و او هم گفت: " همان خیابانی که در پشتی بیمارستان در آن قرار گرفته است و رفت و آمد زیادی هم در آن نیست ".

متوجه محل آن شدم همان محلی که قبلاً هم حمله شبح به یکی از نگهبانان و آن راننده ی خودروی عبوری در آن اتفاق افتاده بود.

در همین زمان نگهبان به سمت آشپزخانه رفت و من هم به دنبال او راه افتادم عجیب ترین بخش آشپزخانه ی او این بود که با وجود ظرف های زیادی که داشت از ظروف یکبار مصرف برای تمام مصارف روزانه خودش استفاده می کرد.

سعی کردم در این مورد چیزی از او نپرسم و تنها گفتم: " خانه ی قشنگی داری " و نگهبان در پاسخ به من گفت " قبلاً زیباتر بود، قبل از اینکه از پدرم آن را به ارث ببرم "

و با گفتن این حرف به اتاق نشیمن رفتیم و او همراه خودش دو عدد ظرف یکبار مصرف و ظرف دیگری پر از بیسکوبیت آورد و روی میز گذاشت، اما با توجه به بوئی که در آنجا بود اشتهایی برای خوردن آن بیسکوئیت ها نداشتم، با این وجود زمانیکه آنها را تعارف کرد یک عدد را در ظرف در مقابل خودم گذاشتم و تشکر کردم و او ادامه داد:

پس از آن به خانه بازگشتم در حالیکه موضوع آن اتاق در انبار قدیمی بیمارستان همچنان ذهنم را به خودش مشغول کرده بود، و شاید این به آن دلیل بود که گمان می کردم که آن اتاق مربوط به تاسیسات آن انبار قدیمی باشد و در حال حاضر احتمالا در آنها نشتی آب وجود داشت که زمین و دیوارهای آنجا مرطوب شده بود، اما با اتمام زمان کاری نمی شد بیشتر از این کاری انجام داد و سعی کردم تا شیفت بعدی به این موضوع فکر نکنم در روز بعد پس از تحویل گرفتن شیفت نگهبانی به سرعت به آنجا رفتم و شروع به بررسی آن بخش از انبار و دیوارهای آن اتاق کردم، باید یک راهی در آنجا وجود می داشت. دیوار را در پشت قفسه ها در جاییکه دید نداشت با دستم می گشتم پشت یکی از قفسه های انبار که به آن دیوار منتهی می شد یک دریچه ی کوچک را با دستم احساس می کردم! به سرعت تمام آن لوازم روی قفسه را خالی کردم و نور چراغ قوه را روی آن انداختم حدسم درست بود

یک دریچه به اندازه ای که یک نفر به سختی بتواند وارد آن شود در آنجا وجود داشت گوئی ماجراجوئی من داشت به نتیجه ی خودش نزدیک می شد و از اینکه توانسته بودم آن دریچه را بیابم احساس خوبی داشتم آرام روی آن قفسه خزیدم و درب آن دریچه را باز کردم فضای داخل آن اتاق خیلی تاریک بود نور چراغ قوه را به داخل آن انداختم و به سختی وارد آنجا شدم صدای آب به گوش می رسید اما به علت تاریکی زیاد آنجا نمی شد چیزی را مشاهده کرد، با توجه به صدای آب این فکر که آن اتاق مربوط به تاسیسات انبار قدیمی یا بیمارستان است در من تقویت شده بود و احساس می کردم که آن صدای آب هم مربوط به نقص در آنها و نشتی آب است بنابراین من موفق شده بودم که علت آن رطوبت را بیابم.

زمانیکه صحبت نگهبان به این بخش از اتفاقات رسید به یاد نگهبانان افتادم که قصد داشتند تا آن شبح را در آن منطقه با کمک توری بگیرند، اما چرا از رطوبت آنجا چیزی برای من نگفته بودند و با وجود اینکه درست زمان زیادی را برروی همان زمین نشسته بودند.

برای اطمینان از این موضوع از این نگهبان برای مرتبه دوم محل دقیق آن را از او پرسیدم، آنچه می گفت با محل آن دو نگهبان قبلی مطابقت داشت، البته من هم متوجه آن اتاق در آن انبار نشده بودم و حتماً باید در روز بعد دوباره آن محل را از نزدیک می دیدم.

و او ادامه داد:

با چراغ قوه ای که همراه داشتم روی دیوارها را می گشتم تا کلید چراغ برق آنجا را بیابم با پیدا کردن کلید آنجا چراغ را روشن کردم و درست زمانیکه به عقب برگشتم با منظره ای غیر قابل تصور در آن زمان مواجه شدم در پشت سرم با مکانی باستانی مواجه شدم که ظاهرا دروازه ورودی به مکانی خاص بود. شاید در نگاه اول شبیه به یک ورودی بود اما مطمئناً با اندکی وقت بیشتر می شد دانست که آن اتاق بدون درب در آن انبار بیمارستان در واقع یک پوشش و محفظه ای بود که از یک اثر باستانی محافظت می کرد. و یا شاید آن را از دید سایر افراد پنهان می کرد دیدن آن اثر باستانی هر فردی را ترغیب می کرد تا حداقل سرکی به داخل آن محل بکشد و من هم از آن مستثنی نبودم! چراغ قوه در دستم بود و به آن اثر باستانی نگاه می کردم شبیه به کلبه ای بود که از ترکیب سنگ و چوب و شاخه های درختان درست شده بود و قسمت های مختلف آن توسط گلسنگ ها و خزه ها پوشانده شده بود درب نداشت و تنها یک ورودی در آن به چشم می خورد، که ورودی آن از خود بنا بیشتر جلب توجه می کرد ابتدا می خواستم از آن اتاق خارج شوم که ای کاش همین کار را می کردم اما کنجکاوی باعث شد که راهی را انتخاب کنم که تا به امروز نتیجه ی آن ادامه یافته است بنابراین چراغ قوه را به سمت آن ورودی گرفتم و بر تردید

خودم غلبه کردم و به سمت آن راه افتادم دستم را بر لبه ی آن ورودی گرفتم تا قبل از وارد شدن به آن سرکی داخل آن بکشم با گذاشتن دستم بر لبه ی آن سرما و رطوبت را احساس کردم پس منشأ آن رطوبت کف راهرو و دیوار هم به همین نقطه باز می گردد و این موضوع باعث شد تا کنجکاوی من بیشتر ترغیب شود... زمانیکه پله ها را یکی پس از دیگری طی می کردم در مسیر پله ها با طاقچه هائی روبه رو می شدم که در هر کدام مجسمه ا ی از سر حیوانات قرار داشت حیواناتی که بیشتر شبیه به دایناسورها بودند تا به حیوانات امروزی هر چه پائین تر می رفتم بر غلظت هوا افزوده می شد انگار رطوبت و نم زمین به هوای آنجا وارد می شد اما با پائین تر رفتن بر جذابیت آنجا افزوده می شد چرا که کم کم نقاشی هایی هم بر سقف و هم بر بدنه ی آن جا پدیدار شده بود اما به راستی چرا باید این چنین مجموعه ای تاریخی را از مردم شهر پنهان می کردند! کمی جلوتر که رفتم به یک پیچ رسیدم و مسیر پائین رفتن من جهتش عوض شد در این مسیر آبی که احتمالا آب زیر زمینی بود در مسیرهای خاصی بر روی سقف جاری می شد و بر روی دیوار آنجا به یکدیگر می پیوست و با شیب بیشتری به پائین سرازیر می گشت و در نهایت برروی پله ها جاری می شد! جریان آب موجود بر روی پله ها باعث شده بود تا سطح آنها لغزندگی زیادی داشته باشد بگونه ای که برای ادامه حرکت کردن نیاز داشتم تا دستم را به دیواره ی آنجا بگیرم اما این

لغزندگی زیاد نباید تنها به علت جریان آب باشد با چراغ قوه مسیر آب بر روی دیواره را دنبال کردم زمانیکه به پله ها می رسید در مسیری جدای از پله ها به سمت پائین جاری می شد و اصلاً برروی پله ها نمی ریخت که باعث لغزندگی آنها گردد این موضوع باعث شد تا نور چراغ قوه را بر روی پاهایم بگیرم و متوجه شدم که در زیر پایم آبی جاری نیست اما چه می توانست باشد، کمی بیشتر دقت کردم متوجه حجمی از دود و یا بخار و یا چیزی مشابه آن شدم که بین پله و پای من قرار داشت زمانیکه نور چراغ قوه را دقیقاً روی آن انداختم این کار باعث حرکت شدید آن حجم از بخار شد و من نتوانستم تعادل خودم را حفظ کنم و برروی پله ها افتادم و از آنجائیکه به شدت به این طرف و آن طرف می خوردم از هوش رفتم زمانیکه چشم هایم را گشودم در جائی متفاوت بودم شبیه به غاری بزرگ در زیر زمین بود با اجسامی که در بدنه ی آن می درخشید نور چراغ قوه برروی مجسمه هائی تمام قد از موجوداتی که ترکیبی از انسان های زشت و حیوانات مختلف بود افتاده بود اما نمی دانستم این همه مجسمه در آنجا به چه کاری می آمد و چه استفاده ای می توانست داشته باشد با وجود آزردگی هائی که در تنم احساس می کردم از جای خودم بلند شدم و سپس نور چراغ قوه را با ترس به اطراف می گرداندم سکوت و صدای آب تنها چیزی بود که شنیده می شد با اضطراب چراغ قوه را به سمت پله ها گرفتم تا از آن مکان وهم انگیز خارج شوم اما ناگهان چیزی در

نور چراغ قوه توجهم را به خودش جلب کرد مسیرهای آبی که از نقاط مختلف به همدیگر می پیوستند و به سمت خاصی می رفتند با نور چراغ قوه آن مسیر را دنبال کردم و به حوضی با سنگ های تیره حجاری شده رسیدم درون آن آب بود آبی که از مسیرهای مختلف در آن جمع می شد و گردابی در وسط آن حوض بود که نشان می داد این آبی که به حوض می ریزد از همان کف حوض نقطه وارد زمین می شود. و در اثر آن گردآبی بزرگ در آن تشکیل شده است.

حیرت انگیز بود و به همان اندازه وهمناک! بالای آن گرداب نیز حجمی مبهم توجهم را به خودش جلب کرد با کمی دقت بیشتر متوجه شدم که همان شبح است که در بالای گرداب همراه با گردش آن به دور خودش می گردد! انگار خواب بود اما چه نیروئی می توانست او را در بالای آن گرداب معلق نگه دارد و چطور می توانست به دور خودش با همان سرعت یکنواخت گردش بکند از تماشای آن ماتم برده بود که ناگهان نور چراغ قوه برآن شبح افتاد فریاد زنان به سمت من حمله ور شد به زمین افتاده بودم و به هر سمتی که امکان داشت خودم را می کشیدم اما آن شبح پایم را گرفته بود و امکان حرکت را از من سلب می کرد... ناخودآگاه به یاد حرف های سایر نگهبانان بیمارستان در مورد آن انبار قدیمی افتادم... آن شبح مرا به بالا می برد و سپس به اطراف پرتاب می

کرد خیلی اوضاع وخیم شده بود و ترس کاملا بر من مستولی کرده بود! اما هر اتفاقی که می افتاد باید راهی برای نجات مردم از آن جا پیدا می کردم چاره ای برایم باقی نمانده بود می دانستم که امکان اینکه بتوانم از دست آن شبح خلاص شوم نبود بنابراین به عنوان آخرین تلاش خودم را به درون آن حوض انداختم و همراه با جریان آب به سمت آن گرداب مرکز حوض رفتم و سرانجام من را گرداب به درون خودش کشید در آخرین مراحلی که هنوز بیهوش نشده بودم آن شبح را دیدم که به دنبال من وارد آب شد.

پس از بهوش آمدن خودم را در ساحل رودخانه کنار شهر دیدم با بدنی پر از زخم و بریدگی های زیاد و دردی که به احتمال زیاد مربوط به شکستگی در بدنم بود به اطراف نگاه کردم خبری از آن شبح نبود باز جای شکرش باقی بود با نگاهی دورتر از این می شد جاده را آنطرف تر دید ابتدا سعی کردم تا با استفاده از گوشی تلفن همراه خودم با اورژانس تماس بگیرم اما انگار آب کار خودش را کرده بود آنرا به گوشه ای پرتاب کردم و سعی کردم تا با تمام توانی که در من باقی مانده بود خودم را به جاده برسانم. زمانی که به جاده رسیدم از شدت درد و خستگی در کنار جاده بیهوش شدم.

بهوش که آمدم خودم را در یکی از اتاق های بیمارستان دیدم! ظاهر صبح آنروز خانواده ای که در حال عبور از آن جاده بوده است متوجه حضور من شده و من را به بیمارستان شهر رسانده بود...

بعلت جراحتی که روی صورتم ایجاد شده بود قادر به صحبت کردن نبودم و باید منتظر بهبود آن باقی می ماندم چند مامور پلیس را دیدم که در اتاق با پرستار در مورد من صحبت می کنند اما قادر به حرف زدن نبودم. زمانی که پرستار حال من را به آنها شرح داد آن دو از بیمارستان رفتند پس از چند روز هنوز توانایی صحبت نداشتم اما می توانستم مرخص شوم، رئیس بیمارستان به اتاقم آمد و تنها روی کاغذ نوشت در مورد اتفاقی که برایت افتاده است با کسی صحبت نکن و چیزی هم نگو و سپس رفت و من هم مرخص شدم به خانه ام آمدم و مدتی طول کشید تا همسرم با این موضوع کنار آمد تا زمانیکه که دوباره توانستم صحبت کنم چند روز طول کشید به بیمارستان رفتم و آنجا به من گفتند که محل کارم به بخش دیگری منتقل شده است و این موضوع با آن چیزی که من تجربه اش کرده بودم خبر بسیار خوبی بود به خانه بازگشتم و موضوع را برای همسرم تعریف کردم اما هیچ چیزی در مورد آن اتفاقات برایش نگفتم دلخور شده بود! با این وجود از من قول گرفت که در زمان مناسبی برایش همه چیز را بگویم و من هم قبول کردم! در آن لحظه هیچ چیزی نمی توانست به اندازه ی یک دوش آب گرم برای من مفید باشد، برای همین به حمام رفتم دوش آب گرم را باز کردم. چشمهایم را بستم و به زیر دوش آب گرم رفتم هنوز چند دقیقه ای نگذشته بود که احساس می کردم چیزی بر روی بدنم در حال حرکت است مانند جریان آبی که بر روی بدنم به

سمت پائین در حال سر خوردن باشد ابتدا به آن بی توجهی کردم و گمان کردم که خیالات است اما دوباره از سمت پائین به سمت بالا تکرار شد، اگر که آن جریان آب بود پس چرا به سمت بالا حرکت می کرد؟ مدتی با خودم فکر می کردم و بر روی حرکت آن متمرکز شدم تا اینکه آن حرکت بر روی شانه ام تمام شد چشم هایم را باز کردم در مقابل صورتم در بین بخارهای سفید رنگ آب، آن شبح را دیدم فریاد می زدم اما امکان فرار کردن نداشتم او با تمام قدرتی که داشت من را به در و دیوار حمام می کوبید! همسرم پشت در حمام فریاد می زد و از من خواست که در را بازکنم اما نمی توانستم سرانجام بر اثر خوردن سرم به دیوار حمام از هوش رفتم و دوباره همان حالت قبل تکرار شد! یعنی زمانیکه بهوش آمدم در اتاق بیمارستان بودم با این تفاوت که این مرتبه در صندلی کناری همسرم به خواب رفته بود خوشبختانه این مرتبه آسیب دیدگی جدی نداشتم فردای آن روز زمانی که مرخص شدم به جای خانه ی خودمان همراه با همسرم به خانه ی مادرش رفتیم یکی دو روزی را در آنجا بودیم... یک روز صبح وقتی که از خواب بیدار شدم همینکه شیر آب را باز کردم تا دست و رویم را بشویم همان شبح از آب خارج شد. برروی دستم حرکت کرد رشد کرد بزرگ شد و دوباره همان اتفاق قبل مرا بلند می کرد به زمین می زد و از یک دیوار به سمت دیوار دیگر پرت می کرد آنقدر به این کار ادامه می داد تا بر اثر ضربات وارده بیهوش شدم! هنگامی که

بهوش آمدم باز هم در اتاقی از بیمارستان بستری بودم پس از مرخص شدن اولین کارم این بود که از همسرم بخواهم که به خانه ی مادرش برود و برای مدتی آنجا بماند و خودم هم به خانه ی پدرم رفتم. روز اول و دوم اتفاقی نیفتاد اما زمانی که در روز سوم می خواستم یک پارچ را آب بکنم متوجه شدم که دوباره آن شبح از آب جدا شد این مرتبه پارچ آب را به دیوار کوبیدم تا خرد شد و آب آن بر روی زمین ریخت با کمال تعجب خروج آن شبح را از آب ریخته شده در کف اتاق دیدم به سرعت از آنجا فرار کردم و به حیاط خانه رفتم و از آنجا به خانه نگاه می کردم تا اینکه پس گذشت چند ساعت توانستم به خانه بازگردم...

در خانه به این فکر می کردم که آن شبح چگونه می تواند از آب خارج شود ظاهرا او می توانست از طریق شبکه آب رسانی شهر به هر نقطه ای از شهر که دلش می خواست برود و این عجیب ترین موضوعی بود که تا آن روز با آن مواجه شده بودم. چطور می توانست آن شبح همراه با آب به هر مکانی برود ؟

به آن نگهبان گفتم: " پاسخ این اتفاق را فقط می توان از طریق آن ورودی باستانی فهمید... "

نگهبان به من گفت: " مدتهاست که دیگر جرات نزدیک شدن به هیچ آبی را ندارد"

از او پرسیدم: " پس چگونه آب می خوری؟ "

در پاسخ به من گفت: " خیلی وقت است آب ننوشیده است "

پس به طرف من نگاه کرد و ادامه داد:

پس از این چند اتفاق آنقدر این موضوع برایم ترسناک شده بود که هیچ عنوان به آب نزدیک نمی شدم... تا اینکه یک روز برای دیدن یکی از دوستانم به خانه اش رفته بودم و قرار بود شب را در آنجا بمانم اما واقعا احساس می کردم که نیاز به حمام دارم و برای همین هم موضوع را با او در میان گذاشتم و او هم پیشنهاد داد تا از وان حمام استفاده بکنم! اینگونه ارتباطی بین آب لوله کشی شهری و وان نیست. او رفت و وان حمام را از آب گرم پر کرد و من به حمام رفتم واقعاً بعد از این مدت، غرق آب شدن در وان آرام کننده بود! در وان دراز کشیدم و آرامش آن باعث شد تا سرم را بر لبه ی وان بگذارم و چشم هایم را برای لحظاتی بدون هیچ دغدغه ببندم و به رویا بروم انگار این فکر دوستم جواب داده بود و من بدون دغدغه می توانستم در آن وان بمانم هنوز این فکر به انتها نرسیده بود که آن شبح در آب وان پایم را کشید و مرا به زیر آب در آن وان برد و در آنجا نگه داشت و تنها لحظاتی به خفه شدنم باقی مانده بود که رهایم کرد تا به سطح آب وان باز گردم توانستم مدتی نفس بکشم پس از آن دوباره مرا به زیر آب برد هر چه دست و پا می زدم بی فایده بود انگار در زیر آب که محدوده عملکرد آن شبح بود او هیچ

محدودیتی نداشت و مرا در آغوش گرفته بود و رها نمی کرد دوباره نفسم بند آمد و به حالت نیمه جان در آمده بودم که رهایم کرد و رفت! احساسی به من می گفت که آن شبح با وجود اینکه می توانست مرا بکشد اما این کار را نمی کرد و تنها به آزار و اذیت من می پرداخت، اما چرا؟

زمانیکه از حمام بیرون آمدم دوستم به گونه ای رفتار می کرد که انگار هیچ چیزی نشنیده بود و واقعیت هم همین بود او هیچ چیزی نشنیده بود همراه با هم شام خوردیم اما جرات خوردن آب را نداشتم! از آن شب به بعد برای تامین آب بدنم از آب میوه استفاده می کنم و حمام نرفته ام، برای اینکه نیازی به مصرف آب نداشته باشم از ظروف یکبار مصرف برای امور روزانه استفاده می کنم هر چند خانه را جارو می کنم اما از آنجائیکه از آب برای نظافت استفاده نمی کنم همانطوری که خودت متوجه شدی وضعیت نظافت اینجا چندان مساعد نیست.

و ادامه داد: "یک کنجکاوی کوچک اینگونه زندگی من را دگرگون کرد."

با شنیدن حرف های او به فکر فرو رفتم! از او خداحافظی کردم و به سمت خانه خودمان راه افتادم تقریبا شب شده بود آنقدر مشغول به حرف زدن در مورد اتفاقات مختلف بودیم که متوجه سپری شدن آن روز نشده بودم... هنگامی که به خانه رسیدم اولین کاری که

کردم گرفتن یک دوش کامل بود شاید زندگی همین باشد لذت بردن از جزئیات آن، هنوز هم زمانیکه نفس می کشیدم بوی بد آن خانه به یادم می آمد انگار بویش در بینیم گیر کرده بود.

در آینه نگاه می کردم و با خودم می گفتم اگر آن شبح می توانست همراه آب جا به جا شود آن نگهبان زندگی سختی را از آن زمان به بعد تجربه خواهد کرد اما این خودش می توانست هشداری باشد زیراکه انسان وابستگی روحی و جسمی به آب داشت در عین حال اگر آن شبح هم از راه همان آب خارج می شد چه اتفاقی می افتاد؟

شب بود و همراه با کوله باری از فکر به تخت خواب می رفتم و در آنجا هم فکر آن شبح باعث شد تا صبح خوابم نبرد برای همین صبح با شرکت تماس گرفتم و مرخصی گرفتم یکی دو ساعتی خوابیدم پس از بیدار شدن مشکلاتی که آن نگهبان داشت فکرم را مشغول کرده بود در همان زمان نگهبان با من تماس گرفت از پشت گوشی تلفن همراه می شد به راحتی صدای امواج دریا را شنید از او پرسیدم که کجاست ؟ و او پاسخ داد که کنار دریاست و هم اکنون به درون دریا خواهد رفت، به او هشدار دادم و گفتم که شاید این کارش او را به خطر بیندازد اما دیگر دیر شده بود تماس تلفنی او قطع شد زمانیکه خودم را به کنار دریا رساندم با جمعیتی که در گوشه ی ساحل جمع شده بودند مواجه شدم نزدیک تر رفتم

متوجه شدم آن نگهبان غرق شده است ظاهراً آن شبح این مرتبه کارش را به اتمام رسانده بود، به دریا نگاه می کردم به نزدیکی آب دریا رفته و در زلالی آب آن شبح را دیدم که به سمت من نگاه می کرد، و پس از اندکی از آنجا رفت.

بخش هفتم: آن مرد غریبه

به خانه بازگشتم و در نشیمن خانه روی یکی از مبل ها نشستم و به فکر فرو رفتم... مطمئن بودم که غرق شدن آن نگهبان توسط آن شبح انجام شده بود به لیست اسامی نگهبانان آنجا نگاه کردم تعداد آنها به نظرم کم بود شاید نگهبانان دیگری هم در آن بیمارستان بوده باشند که اتفاقی مشابه برای آنها رخ داده باشد اما نامی از آنها در آنجا آورده نشده بود بنابراین باید تحقیق بیشتری می کردم.

به خانه ی قدیمی رفتم و با استفاده از تجهیزات کامپیوتری که داشتم شروع به بررسی سایت بیمارستان و پرونده های آن کردم شروع به جستجوی چند کلمه ی کلیدی مانند شبح، اتفاقات غیر معمول و .... در بین فایل های آنجا کردم، اما موردی یافت نشد! در بین آن فایل ها به موضوع مهم دیگری رسیدم و آن نام شرکت هایی بود که برای اولین مرتبه انبار قدیمی را برروی آن سرداب قدیمی احداث کرده بود.

جالب بود که شرکت اول پس از مدتی از کار خود انصراف داده بود و شرکت بعدی به ادامه کار در آن جا پرداخته بود باید در مورد آن شرکت ها تحقیق بیشتری می کردم آدرس شرکت اول مراجعه کردم و متوجه شدم که این شرکت منحل شده است اما لیستی از اسامی افراد شاغل در آنجا را از طریق سابقه ی آن شرکت بدست آوردم و به آدرس محل سکونت آنها رفتم. با توجه به گذشت زمان

زیادی از آن موقع چند نفر از آنها فوت کرده بودند و تنها دو نفر از مهندسان آن شرکت در آن زمان در قید حیات بودند. به آدرس نفر اول از آنها رفتم! پرستاری که از او در خانه اش نگهداری می کرد به من گفت او به علت بیماری و کهولت سن حافظه اش را از دست داده است و به ناچار به آدرس دومین مهندس و آخرین نفر از اعضای آن شرکت رفتم. پسر بچه ای درب آن خانه بود و از او در مورد مهندس آن شرکت پرسیدم و پسر بچه گفت که او پدر بزرگش است و در حال حاضر در خانه نیست. داخل ماشین، منتظر بازگشتش شدم. زمانیکه او به خانه بازگشت از روی ظاهرش می شد فهمید که چندان از کار افتاده نشده است و ظاهری مانند افراد میانسال داشت کمی بیشتر دقت کردم آری حدسم درست بود او همان مرد میانسالی بود که در مهمانی دوست مادرم دیده بودم خودش بود همان مرد میانسالی که سعی داشت تا رفتاری متین و معقول از خودش نشان بدهد این موضوع حس کنجکاوی مرا به شدت بر می انگیخت، اما مقداری هم گیج شده بودم که آیا نزد او بروم یا نه؟ آیا از او سوال بپرسم؟

بالاخره تصمیم خودم را گرفتم و دلم را به دریا زدم از اتومبیل پیاده شدم و به سمت او رفتم، با دیدن من لبخندی زد و بدون آنکه چیزی بگویم مرا به داخل خانه دعوت کرد، نوه اش به هر دوی ما نگاه می کرد به همین دلیل من هم دعوت او را پذیرفتم اما هنوز

هم حس خوبی نسبت به او نداشتم، نمی دانم که این احساس من از کجا سرچشمه می گرفت!

مشغول گفتگو شدیم و بیشتر در مورد آن میهمانی بود که در آن یکدیگر را دیده بودیم. پس از آنکه مدتی گذشت موضوع آن شرکت را به میان کشیدم انگار از این حرف من چندان خوشحال نشد بدون آنکه حرفی بزند به من خیره شده بود و یک گوشه چشمش می پرید! زمانیکه به چشمانش نگاه کردم متوجه متفاوت بودن رنگ آنها شدم، ظاهرا خودم را به دردسر انداخته بودم! گفتم اگر که گمان می کنید زمان مناسبی نیست می توانم زمان دیگری برای ادامه ی گفت و گو نزد شما بیایم تا فرصت بیشتری برای گفتگو داشته باشیم، در همین زمان آن کودک به داخل آمد بیشتر به او دقت کردم و متوجه شدم که او اصلا یک پسر بچه نیست و مطمئناً چیزی غیر از آن بود! به چهره اش دقت کردم درست بود... شباهت زیادی به همان کودک درون قبرستان نزدیک غار کوردل داشت... خدای من خودش بود دیگر مطمئن شدم که آنها اعمال و غرائض به جای مانده از کوردل هستند، که هنوز هم با وجود نابود شدن کوردل آثارشان به جای مانده بود از جای خودم بلند شدم و کمی عقب تر رفتم، آن کودک در کنار در خروجی ایستاده بود و آن مرد میانسال به سمت من می آمد پس راه خروجی برای من باقی نمانده بود که آن مرد میانسال گفت پس از آنکه کوردل را از بین بردی

مدت ها به دنبال تو آمدم تا انتقام او را از تو بگیرم اما هر بار که به تو نزدیک می شدم به نحو معجزه آسایی از آن نجات پیدا می کردی اما این مرتبه دیگر فکر نمی کنم بتوانی که از آن رهایی پیدا بکنی!

با شنیدن این حرف هایش به او گفتم: " کوردل نتوانست، تو هم نخواهی توانست"

با این حرفم انگار عصبانیت او را بیشتر کرده بودم به سمت من حمله کرد در حمله ی اولش خودم را کنار کشیدم و او به دیوار خورد اما به جای اینکه در برخورد با دیوار مجروح شود از آن عبور کرد، آن نوزاد هم در کنار درب خروجی در حال لیسیدن دست هایش بود، در آن زمان دقیقاً مشخص نبود چه کاری می توانستم انجام بدهم و باید به انتظار می ماندم و در لحظه و با توجه به شرایط تصمیم می گرفتم! پس این شرط اول بود و در گام بعدی باید فکر می کردم اگر آن ها غرائض کوردل بودند پس باید راهی برای از بین بردن آنها پیدا می کردم! آن نوزاد، میل به خوردن بود. اما آن مرد میانسال چه بود؟ او کدامیک از غرائض کوردل بود؟ باید فکر می کردم... آری، هر مرتبه که من در میهمانی ها شاد بودم او را می دیدم، که با نگاهی سرشار از حس بدی که داشت من را نگاه می کرد آن نگاه و آن احساس برایم آشنا بود آری زمانی که افراد و انسان ها نسبت به چیزی حسادت می ورزند، نگاهشان به آن

شکل در می آمد! او حتما حس حسادت کوردل بود... درست خودش بود... در همین زمان بود که آن مرد میانسال که حدس زده بودم حس حسادت کوردل بود، دوباره به سمت من حمله ور شد این مرتبه هم خودم را کنار کشیدم به زمین خورد و همانجا نشست. به شکل ترسناکی در حال خندیدن بود و به سمت من نگاه می کرد! فکری به ذهنم رسید و در همان لحظه آن را اجرا کردم و رو به سوی حسادت کوردل گفتم: " آیا کوردل را می شناختی ؟ "

حسادت کوردل پاسخ داد: " آری می شناختم بهتر از هر فرد دیگری "

در پاسخ به او گفتم: " اما او تو را نمی شناخت "

با خشم به سمت من نگاه کرد و از جای خودش بلند شد و دوباره به او گفتم: " در آخرین روزهای زندگیش کوردل تنها به خوردن فکر می کرد همین و بس "

حسادت کوردل با عصبانیت به سمت آن پسر بچه کنار درب خروجی نگاه کرد و آن کودک که می دانستم میل به خوردن کوردل است از شنیدن این موضوع خوشحال شده بود.

باید آتش حسادت آن را بیشتر می کردم و گفتم: " حتی کوردل در آخرین روزهایش آنقدر به خوردن فکر می کرد که دیگر به هیچ فردی حسادت نمی کرد"

این حرف آتش حسادت را در غریزه حسادت کوردل شعله ور کرده بود و مردد شده بود که به من حمله بکند و یا به آن پسر بچه کنار در خروجی در واقع همان میل به خوردن کوردل حمله کند! اما میل به خوردن کوردل هم انگار از این حرف من جانی تازه گرفته بود و قویتر شده بود.

و گفت: " آری، می دانستم که کوردل هم به خوردن زیاد فکر می کند".

این حرف او آتش حسادت را در حسادت کوردل برافروخت و باعث این شد تا به سمت آن پسر یا میل به خوردن کوردل حمله کند! آن دو با یکدیگر درگیر شده بودند اما حسادت به مراتب قویتر از میل به خوردن در کوردل بود و داشت او را نابود می کرد و من باید به میل به خوردن کوردل کمک می کردم بنابراین دائماً از آنچه که کوردل خورده بود و از لذتی که در آن بود تعریف می کردم این موضوع حسادت، حسادت کوردل یعنی آن مرد میانسال را بیشتر می کرد اما بیشتر از آن به میل به خوردن کوردل کمک می کرد برای کمک بیشتر تکه ای میوه را از روی میز برداشتم و شروع به خوردن کردم و میل به خوردن کوردل با دیدن این موضوع قوی تر

از قبل شده بود! درگیری بین آنها همچنان ادامه یافت و بیشتر اسباب و لوازم داخل آن اتاق شکسته شده بود و من باید دقت می کردم تا در جلوی دعوای آنها نباشم تا آسیبی نبینم و هم اینکه اشیاء شکسته باعث زخمی شدنم نشود. درگیری بین آنها باعث تحلیل رفتن نیروی آنها شده بود و این از جثه ی آنها می کاست و باعث کوچکتر شدن جثه ی آنها می شد و این اتفاقی بود که برای من خوب بود و شاید جانم را نجات می داد، اما این خیلی بد بود که آثار امیال و غرائض یک موجود بد می توانست تا به این حد تاثیر بد خودش را در دنیا باقی بگذارد! درگیری بین غرائض انسان همچنان هم ادامه داشت و هر کدام که بیشتر مورد توجه قرار می گرفت بر دیگر غرائض برتری و تسلط می یافت، مدتی گذشت تا اینکه جثه های آن ها به قدری کوچک شده بود که می شد آنها را زیر پا گذاشت و له کرد اما بهتر بود آنها راه بگونه ای اسیر می کردم اما چطور می شد این کار را انجام داد؟

حسادت کردن می توانست از دیوار هم عبور کند پس شاید چیزی نمی توانست او را در خود نگه دارد و یاد پاکی آب افتادم که یک لیوان شیشه ای را از کف اتاق برداشتم به دقت نگاهش کردم تا شکسته و یا ترک خورده نباشد.

ظرفی شیشه ای را از توی آشپرخانه برداشتم و آن را از آب پر کردم مطمئن بودم اگر آنها رذایل اخلاقی باشند نخواهند توانست

از پاکی عبور بکنند هر چند که از هر شی ای بتوانند عبور بکنند! ظرف شیشه ای پر از آب را وسط اتاق نشیمن گذاشتم و لیوان را بگونه ای در مسیر آن دو قرار دادم منتظر شدم تا در طول درگیری خودشان به داخل آن بروند و همین اتفاق هم افتاد از زمانیکه آنها داخل آن لیوان شیشه ای بودند آن لیوان را برداشتم هر دوی آنها تقریباً تا نیمه از آن لیوان عبور کرده بودند که آن را به درون ظرف شیشه ای پر از آب گذاشتم با تماس آب هر دوی آنها به سرعت به داخل لیوان خالی بازگشتند انگار توانسته بودم آنها را در حصاری از پاکی به بند بکشم.

یکی از مبل های وارونه را به حالت اول برگرداندم و روی آن نشستم و به آنها نگاه می کردم و آنها هم به من نگاه می کردند اما از زمانی که دیگر با یکدیگر درگیر نبودند جثه ی آنها در حال رشد بود اما چرا ؟ و اگر بیشتر ادامه می یافت ممکن بود لیوان را بشکنند و آنگاه همه چیز به هم می خورد خواستم ظرف شیشه ای را به بیرون ببرم که متوجه گرمای آب داخل آن شدم انگار آنها داشتند از انرژی همان آب برای خودشان انرژی دریافت می کردند، قبل از آنکه دیده شود به آشپزخانه رفتم و از داخل یخچال چند قالب یخ آوردم به درون ظرف شیشه ای ریختم تا دمای آب کاهش یابد خوشبختانه موثر بود و آنها دوباره شروع به کوچک شدن کردند تا اینکه جثه ی آنها در یک حد معینی ثابت باقی ماند، اما این موضوع

موقتی بود با گرم شدن دوباره آب ظرف شیشه ای آنها هم انرژی لازم برای رشد دوباره خودشان را پیدا می کردند پس باید راهی پیدا می کردم، برای همین هم مقدار دیگری یخ در آن ظرف ریختم و سپس آن ظرف شیشه ای را به داخل یخچال خانه گذاشتم و از آن خانه خارج شدم شب شده بود در مسیر برگشت به خانه در تاریکی شب وارد خیابانی شدم که به علت ازدحام خودروها ترافیک سنگینی داشت در راه به راننده های سایر خودروها نگاه می کردم و اندک اندک در مسیر پیش می رفتم

ناگهان این موضوع به خاطرم آمد که اگر آن شبح می توانست همراه با آب حرکت کند پس رطوبت کف انبار باعث می شده است که در آن بخش مرطوب بیشتر دیده شود. به خانه رسیدم کنار پدر و مادرم نشستم و به حرف ها و گفتگوهای آنها گوش می کردم که مادرم پرسید: "امروز تمام وقت کجا بودی؟ امروز تعطیل بود بهتر نبود که در کنار خانوادت می ماندی؟ "

در جوابش گفتم: " حق باشماست، اما یک کار ضروری پیش آمد که باید می رفتم "

در این زمان پدرم گفت: " فکر نمی کنم که چندان ضروری بوده باشد..."

و سپس ادامه داد: " بهتر است نگاه جدیدی نسبت به ضروری و یا غیر ضروری بودن کارهایت داشته باشی پسرم، شاید بعضی از کارها را نتوان ضروری بشمار آورد، و یا ممکن است خطری در پس هر کاری نهفته باشد "

با تعجب به او نگاه کردم، آیا او از ماجراهای امروز من خبر داشت و یا با توجه به گذشته ی پر از حادثه ی من این را گفت به هر حال حق با او بود برای همین حرف های او را کاملا پذیرفتم.

فردا قرار بود که در خانه ی ما میهمانی برگزار گردد برای همین هم مادرم گفت: " فردا را باید زودتر از قبل به خانه بازگردی، برای شب کلی مهمان داریم"

از زمانیکه آمده بودم این اولین مهمانی داخل خانه ما بود که من در آن حضور داشتم و شاید در آن شرایط و با توجه به آن همه اتفاقات مختلف من هم به آن نیاز داشتم و به مادرم پاسخ دادم: " باشد، زودتر بر می گردم، حتما میهمانی خوبی خواهد بود..."

پدرم با تعجب به من نگاه کرد و گفت: " خدا رحم کند، این همه اشتیاق عجیب به نظر می رسد! "

مادرم هم با وجود اینکه چیزی نگفت اما می شد تعجب را در نگاهش دید.

این جمله پدرم جو حاکم بین ما را به طور کلی تغییر داد و فضای شادتری را بوجود آورد.

مدتی به همین منوال گذشت و به اتاقم رفتم تا علاوه بر اینکه برنامه فردایم را مرور کنم، راه حلی نیز برای آن شبح بیابم اما انگار شرایط متفاوت تر و پیچیده تر از روزهای ابتدایی مواجه شدن با این شرایط شده بود! فردا آخرین روزکاری بود که در آن انبار بیمارستان باید لیست ها را آماده می کردم و بعد از آن چند روزکاری در شرکت بود تا نقشه های جدید برای ساختمان بیمارستان و جانمائی انبار آماده شود.

بخش هشتم: محوطه باستانی

با صدای زنگ ساعت از خواب بیدار شدم باید برای رفتن به بیمارستان آماده می شدم صبحانه را خوردم و به سمت بیمارستان حرکت کردم زمانی که به انبار قدیمی بیمارستان وارد شدم نگهبان شیفت در اتاق خودش بود من هم به آنجا رفتم و فرم و لیست های باقی مانده را کامل کردم. حدود یکی دو ساعت این کار طول کشید پس از اتمام آن با شرکت تماس گرفتم و موضوع اتمام آن را اعلام کردم و همچنین به آنها گفتم که ادامه ی روز را به خانه خواهم رفت. قبل از رفتن باید سری هم به آن گوشه ی انبار قدیمی می زدم و محل آن اتاق پنهان را از نزدیک می دیدم زمانیکه به آنجا رسیدم متوجه شدم که آن محل تغییراتی داشته است یعنی یک دیوار سراسری جدید کشیده شده بود بگونه ای که افرادی که در داخل انبار قدیمی رفت و آمد داشتند نتوانند به وجود آن اتاق مخفی پی ببرند، امروز نمی توانستم بیشتر از این برای آن بخش از انبار وقت بگذارم کمی که گذشت تصمیم گرفتم بررسی آن را برای بعد بگذارم و به وعده ای که به مادرم برای بازگشت زودتر به خانه دادم عمل بکنم زمانیکه می خواستم از انبار خارج بشوم شخصی با دستش شانه ام را گرفت جا خوردم و با سرعت به عقب بازگشتم و نگهبان آن شیفت را دیدم با نگرانی من را نگاه می کرد با دلهره به من گفت: " تعداد نگهبانانی که دچار حادثه و سانحه شدند بسیار بیشتر از آن لیستی است که شما دیده اید."

با تعجب به او گفتم " منظورت چیست ؟"

و او ادامه داد: " تعداد آنها بیشتر است اما رئیس بیمارستان مانع از آن شده است که نام آنها در جائی درج شود"

قبل از اینکه چیزی بگویم کاغذی را در دستم گذاشت و از آنجا رفت من هم از آنجا خارج شدم و در اتومبیل به آن کاغذ نگاهی انداختم متوجه شدم بر روی آن مقداری نام با آدرس و مشخصات آن ها نوشته شده بود اما مقابل بیشتر آنها عبارت فوت کرده است و یا انتقال به بخش روانی بیمارستان نوشته شده بود و از آن میان تنها دو الی سه نفر بودند که امکان گفتگو با آنها وجود داشت. در هر صورت باید این کار را به بعد موکول می کردم به سمت خانه راه افتادم اما هنوز هم زمان زیادی تا زمان میهمانی باقی مانده بود. تصمیم گرفتم به یکی از آن نگهبانان سری بزنم اما موضوع این بود که مشخص نبود چه اتفاقی در آنجا انتظارم را می کشید! برای همین هم از این کار منصرف شدم و به خانه و پیش مادرم رفتم او یک دست لباس رسمی برای من گرفته بود آن را به من داد و از من خواست تا برای امشب آن را بپوشم و من هم پذیرفتم، در حقیقت لباسی که پوشیدم چندان تفاوتی برای من نداشت اما اگر این کار باعث خوشحالی مادرم می شد، از انجام آن احساس رضایت می کردم.

میهمانی شروع شده بود و احساس خوبی داشتم میهمان ها می آمدند و من هم در جمع آنها بودم ناگهان شخصی را از پشت سر شبیه به همان مرد میانسال دیدم به آرامی نزدیک شدم و دستم را روی شانه اش گذاشتم می خواستم مطمئن شود که آن مرد میانسال نیست، روی خودش را به سمت من برگرداند! آه... خدایا شکرت او فرد دیگری بود به او خوش آمد گفتم و لبخند به لب از او دور شدم در گوشه میهمانی، مادرم را می دیدم که در جمع دوستانش بود و پدرم هم در گوشه ی دیگری به همراه چند نفر مشغول به صحبت کردن بودند و احتمال زیاد مسائل اقتصادی محور اصلی صحبت های آنها بود برای همین هم پیوستن به آنها می توانست جذابیت های خاص خودش را داشته باشد و به جمع آنها پیوستم و به گفتگوهای آنها گوش می دادم، صحبت آنها جالب بود! بعد از اتمام میهمانی به خانه ی قدیمی رفتم و خواستم دوباره به آنچه آنجا گذشته بود فکر کنم... به لحظات مختلفی که آنجا بررسی موضوعات مختلف کار می کردم، تا اینکه روی مبل وسط نشیمن خوابم برد.

صبح از خواب بیدار شدم و به دفتر شرکت رفتم و در آنجا نقشه های جدید را بررسی کردیم. در شرکت یک نسخه قدیمی از زمین های بیمارستان در اختیار داشتم که با مقایسه ی آن می شد به این موضوع پی برد که به احتمال زیاد بیمارستان برروی یک

محوطه ی باستانی بنا شده است بعبارتی احداث آن باعث از بین رفتن بخشی از آثار باستانی شهر شده است. شاید این دلیلی باشد که رئیس بیمارستان مانع از آن می شد که نگهبانان بیمارستان خبری در مورد آن انبار قدیمی را به جائی ارائه دهند.

اگر این اتفاق افتاده باشد این موضوع اصلا جالب نبود باید بیشتر بر روی آن نقشه ها کار می کردم آن نقشه های قدیمی را توسط کامپیوتر اسکن کردم وسپس آنها را با نقشه های موجود بیمارستان مطابقت دادم و متوجه شدم که یکی از ابنیه های بدون استفاده در بیمارستان دقیقاً منطبق با ورودی یکی از ساختمان های قدیمی می باشد با توجه به اینکه این ساختمان بدون استفاده پشت انبار قدیمی بیمارستان واقع شده است می شد حدس زد که آن محل باید ورودی اصلی آن بنای تاریخی باشد و ورودی که در اتاق پنهانی آن انبار قدیمی بیمارستان واقع شده بود در حقیقت یک ورودی فرعی می باشد.

باید بیشتر در این مورد تحقیق می کردم... زمانی که امروز از دفتر شرکت خارج شدم مستقیم به سمت خانه رفتم لباس راحت تری پوشیدم و به خانه ی قدیمی رفتم. مستقیم پشت مانیتور کامپیوتر آنجا نشستم و وارد سایت بیمارستان شدم و به بررسی های مربوط به آن پرداختم. پس از آن به دنبال فیلم های دوربین مدار بسته ای که آن ابنیه بدون استفاده را نشان بدهد گشتم اما انگار دوربین

های مدار بسته بیمارستان بگونه ای نصب شده بود که آن ابنیه بدون استفاده در آنها نمایش داده نشود اما می شد با استفاده از سایر دوربین ها حدس زد که شخصی به آنجا رفته است یا نه، دوباره به لیستی که آن نگهبان در روز آخر به من داده بود نگاه کردم یکی از آن افراد، مسئول دوربین های بیمارستان بود اما او در حال حاضر در بخش روانی بیمارستان بستری بود.

نباید بیشتر از این منتظر می ماندم. بنابراین با تغییر قیافه ای که معقول به نظر می رسید شبیه به یک مراجعه کننده به بیمارستان رفتم و با توجه به نقاط کور دوربین های مدار بسته خودم را به بخش روانی بیمارستان رساندم و در پشت ساختمان آن با تعویض لباس هایم لباسی مشابه با بیماران آن بخش پوشیدم و به آنجا رفتم. کارمندان آنجا با دیدن من با گمان اینکه بصورت ناخودآگاه از آنجا خارج شده ام من را به داخل آن بخش بردند کنار آن بیمار نشستم ظاهراً این بیماران مدتها و برای شب ها و روز های متوالی نمی خوابیدند! به او نگاه می کردم و او هم به من نگاه می کرد این موضوع برایم تازگی داشت کنارش نشستم اما او ناگهان به من گفت: " چیزی نپرس... "

این حرکت او برایم تعجب آور بود او خودش را بروی زمین انداخت و خودش را به تشنج زد در زمانیکه آنجا شلوغ و به هم ریخته شد زمانیکه همه به دورش جمع شدند من هم به او نزدیک شدم و او

یک کارت حافظه را از گوشه یقه لباسش در آورد و در یک زمان مناسب در دستم گذاشت بگونه ای که هیچ فردی متوجه آن نشود این کارت حافظه در یک کاغذ پیچیده شده بود با توجه به این حرکت او می شد حدس زد که او مدتها کاملاً تحت نظر بوده است با استفاده از بهم ریختگی بوجود آمده خودم را از آن بخش خارج کردم! پشت ساختمان لباس هایم را عوض کردم و از همان مسیری که آمده بودم بازگشتم و به خانه ی قدیمی رفتم. ابتدا یادداشت را باز کردم و خواندم که در آن نوشته شده بود لطفاً به نگهبانان کمک کنید، پس از آن که آن یادداشت را خواندم شروع به بررسی محتویات آن کارت حافظه کردم. تمام آنها فیلم هایی بود که از آن ابنیه بدون استفاده گرفته شده بود اما این موضوع نشان می داد که آن متصدی دوربین های بیمارستان بدون اطلاع سایر افراد از آن ابنیه قدیمی فیلم می گرفته است اما این فیلم ها هر کدام مربوط به تاریخ و زمان خاصی بود و در آن زمان ها افرادی به آن ابنیه وارد می شدند و پس از مدتی با کیسه ها و جعبه هایی در دست خارج می شدند دوباره با دقت بیشتری به آنها نگاه می کردم این افراد با کیسه و جعبه های خالی وارد می شوند و با کیسه ها و جعبه های پر خارج می شوند اما علت این موضوع چِه بود! باید به آن تاریخ ها و زمان ها دقت می کردم احتمالاً می توانست سرنخ هایی به من بدهد! یاد فایل های مربوط به افراد نگهبان که از بخش اداری بیمارستان گرفته بودم افتادم آنها را بررسی کردم تاریخ

برخی از فیلم ها با تاریخ حمله ی شبح به نگهبان ها یکسان بود! تاریخ بقیه فیلم ها هم با لیستی که در روز آخر آن نگهبان انبار قدیمی به من داده بود یکسان بود و این نشان می داد که یک ارتباط واقعی بین حمله ی شبح به آن نگهبان ها و ورود و خروج آن افراد به آن ابنیه بدون استفاده وجود دارد اگر آن ابنیه بدون استفاده روی سرداب واقع شده بود و آنها هم با جعبه و کیسه های خالی وارد آن می شدند و سپس با کیسه ها و جعبه های پر خارج می شدند، می توان گفت که آن افراد مشغول خارج کردن چیزی مهم از داخل آب سرداب بودند و بقیه شواهد هم نشان می دهد که آنها این کار را به صورت کاملاً پنهانی انجام می دهند.

پس اگر آنها چیزی را به صورت پنهانی از آنجا خارج می کردند و رئیس بیمارستان مانع از انتشار خبرهای مربوطه می شد به ارتباط بین رئیس بیمارستان و آن افراد می توان پی برد اما از ارتباط بین زمان های حمله ی شبح و ورود آن افراد برای خارج کردن آن لوازم از آن ابنیه ی بدون استفاده چه می توانست باشد؟

دیر وقت بود بنابراین ناچار بودم بررسی بیشتر را به فردا موکول بکنم به خانه بازگشتم با وجود اینکه دیر وقت بود، مادرم و پدرم بیدار و مشغول گفتگو با یکدیگر بودند به آنها سلام کردم و با تعجب پرسیدم: " شما هنوز بیدارید؟ "

مادرم با لبخند پاسخ داد: " البته، نمی خواهی مدتی کنار ما بنشینی؟"

در نگاهش درخشش خاصی وجود داشت با اینکه خیلی مایل بودم کنار آنها بمانم اما احساس خستگی می کردم و از آنها عذر خواهی کردم و به اتاقم رفتم به محض اینکه روی تختم دراز کشیدم خوابم برد.

صبح از خواب بیدار شدم هنوز هم احساس خستگی زیادی داشتم اما با این وجود به دفتر شرکت رفتم و مشغول به بررسی نقشه ها شدم... جا نمائی این نقشه های جدید هم بگونه ای بود که ابنیه بدون استفاده و نه تنها دست نخورده باقی می ماند بلکه با احداث ساختمان های جدید در محوطه ی بیمارستان بطور کلی از دید افراد پنهان می شد و در یک منطقه کور قرار می گرفت، حدس زدم این اقدام به آن دلیل صورت گرفته بود که آنها بتوانند با خیال راحت هر اقدامی را که دلشان می خواست بدون ترس از دیده شدن انجام دهند! پس از هماهنگی با شرکت به بیمارستان رفتم و برای بازدید از آن ابنیه بدون استفاده به آنجا رفتم در نزدیک آن ابنیه دو نفر که لباس های نگهبان های بیمارستان را داشتند جلوی من را گرفتند و از من خواستند که به آن ابنیه نزدیک نشوم زمانی که علت آن را پرسیدم آنها گفتند که در آنجا چیز قابل ملاحظه ای وجود ندارد جالب بود که خیلی سعی می کردند تا رفتار محبت

آمیزی از خودشان نشان بدهند اما بر روی لباس آنها هیچ اتکیتی وجود نداشت تا بتوانم از روی آن نامشان را بخوانم.

زمانیکه به آنها گفتم از طرف شرکت سازنده ی ساختمان جدید بیمارستان هستم و نیاز به بررسی آن محل دارم باز هم مانع از رفتنم شدند و گفتند که با توجه به اینکه آن ابنیه تا به حال تغییری نداشته اند می توانم نقشه های آن محل را از بخش اداری و مهندسی بیمارستان تحویل بگیرم و بررسی بکنم در عین حال که این ابنیه به هیچ وجه در ساخت و سازهای جدید بیمارستان وارد نمی شوند پس نیازی هم به بررسی آنها نیست، اما آنها از کجا می دانستند که در طرح جدید این ابنیه دست نخورده باقی خواهد ماند! این موضوع شک من را به آن موضوع بیشتر کرده بود به جای رفتن به بخش اداری بیمارستان به اتاق رئیس بیمارستان رفتم و از این مورد با او گفتگو کردم در حقیقت از این طریق می خواستم که به این موضوع پی ببرم که آیا او هم واقعا در این مورد دخالت دارد یا خیر؟

او در پاسخ به این درخواست من مبنی بر اینکه از آن بخش بازدید داشته باشم گفت که با توجه به اینکه آن ابنیه در ساختمان های جدید الاحداث بیمارستان و جا نمایی آنها تاثیری ندارد نیازی به بازدید نیست! با شنیدن این پاسخ از جانب او دیگر نسبت به همکاری بین او و آن افراد که مشغول خارج کردن لوازمی از آن

ابنیه قدیمی بودند شکی باقی نمی ماند، بر روی این خواسته خودم پافشاری نکردم و به شرکت بازگشتم.

بخش نهم: شکار روح

آنروز تا پایان وقت اداری منتظر ماندم سپس به خانه قدیمی رفتم و شروع به طرح راه حل های مختلف برای خودم کردم اما هیچکدام از آن راه حل ها تا زمانیکه آن شبح در آنجا بود عملی نبود زیرا که مطمئناً با حمله ی او رو برو می شدم و این موضوع می توانست سایر افراد را به آنجا بکشاند و یا اینکه سبب آشکار شدن همه چیز شود.

پس ابتدا باید راهی برای رد کردن آن شبح از آنجا پیدا می کردم به آزمایشگاه رفتم مقدار ماده ی ضد ماده ای که داشتم را به شکل یک توری با وزنه ی مربوط به آن آماده کردم، چند بلندگو برای مواقع اضطراری هم برداشتم مطمئن بودم در صورتیکه اوضاع ازکنترل خارج شود نیاز به تولید سروصدای زیادی خواهم داشت، اما از اینکه تجربه ی قبلی آن دو نگهبان را تکرار بکنم احساس خوشایندی نداشتم و باید نقشه ای بی نقص تر می کشیدم بنابراین چند لباس هم از همان ماده ی ضد ماده دوختم این لباس ها حداقل می توانست در مقابل حملات آن شبح و تماس مستقیم با او جلوگیری کند.

به خانه بازگشتم فردا دفتر شرکت برای تعمیر در بخش تاسیساتی شرکت تعطیل بود بنابراین فرصت مناسبی بود تا بتوانم طرح مناسبی را تهیه بکنم.

در ایوان خانه نشسته بودم و به آبنمای جلوی ایوان خانه نگاه می کردم... آرامش بخش بود... در این آرامش به چگونگی به دام انداختن آن شبح فکر می کردم و در بین همین افکارم بودم که تصمیم گرفتم به دیدن یکی دیگر از آن افرادی بروم که در لیست آن نگهبان بود یکی از آنها کسی بود که قبلا مسئولیت کنترل و بازبینی تاسیسات بیمارستان را بر عهده داشته است. زمانی که به خانه ی او رسیدم می شد فهمید که بر خلاف سایر افراد، خانه او شرایط ترسناکی نداشت بلکه نورانی تر و شادتر هم بود زنگ خانه را زدم پس از معرفی خودم وارد خانه اش شدم برخورد بسیار گرمی داشت، در اتاق نشیمن نشسته بودیم و هنوز گفتگوی ما آغاز نشده بود. به اطراف خانه نگاه می کردم چیزی که بسیار عجیب بود تعداد زیادی شمع بود که بروی طاقچه ها و میزها و حتی تعدادی برکف خانه بود بعلاوه تعداد زیادی چراغ قوه و چراغ های اضطراری او از من پرسید فردی که در حال تحقیق برروی آن شبح است شما هستید؟

گفتم: " این موضوع را از کجا می دانی ؟ "

او گفت: " این موضوع چند روزی است که بین چند نفر از نگهبانان که انسان های خوبی هستند زبان به زبان می چرخد، لطفاً به ما کمک کنید"

به او گفتم: " اگر از دستم کاری بر بیاید حتما انجام خواهم داد و کوتاهی نخواهم کرد، اما چه کمکی؟"

تعریف کردن ماجراهائی که برای او اتفاق افتاده است را آغاز کرد:

داستان از آنجا آغاز شد که روزی برای تعمیر بخش انتقال آب گرم به موتورخانه ساختمان بیمارستان رفته بودم. در یکی از راهروهای زیر زمینی تاسیسات بیمارستان بودم. چراغ های روشنائی آن راهرو به یکباره خاموش شد و من با استفاده از چراغ کلاه ایمنی خودم و همینطور چراغ قوه ای که همراه داشتم به کارم ادامه دادم و از همکارم خواستم تا برای رفع عیب و روشن کردن دوباره ی چراغ ها برود. این راهرو زیرزمینی از موتورخانه ی بیمارستان آغاز می شد و به چند ساختمان مختلف و نزدیک هم از بیمارستان آب گرم می رساند زمانیکه با تاخیر در آمدن همکارم مواجه شدم به دنبال او رفتم ظاهرا در زمان تعمیر چراغ ها دچار برق گرفتگی شده بود با رعایت احتیاط او را از کابل برق جدا کردم اما متوجه موضوعی شدم آن کابل اصلاً برق نداشت که امکان برق گرفتگی برای او وجود داشته باشد پس چرا او به آن وضعیت در آمده بود بیشتر به او دقت کردم و متوجه شدم که در اثر برق گرفتگی بر روی لوله های آب گرم نیفتاده است بلکه گوئی به آن سمت پرتاب شده بود در همین زمان بود که حرکتی توجه من را به خودش جلب کرد حجمی شبیه به بخار یا دود از انتهای راهرو به سمت من در حرکت

بود با دیدن آن بسیار متعجب شدم به سرعت همکارم را برروی شانه ام گذاشتم به سمت خروجی شروع به دویدن کردم هر چه دویدم انگار تاثیری نداشت آن شبح بسیار سریع تر از من حرکت می کرد در دهانه ی در خروجی آن راهرو همکارم را گرفت و از طرف دیگر من هم دست او را گرفتم و شروع به کشیدن کردم برای اینکه تسلط بیشتری داشته باشم پایم را به لبه ی در محکم کرده بودم و به کشیدن دست همکارم ادامه دادم، اما انگار قدرت آن شبح زیادتر بود نزدیک بود دست همکارم کنده بشود که آن شبح با بخشی از بدنش ضربه ی محکمی به پایم زد و باعث شد کفشم پاره شده و پایم زخمی شود! از زخم پایم خون جاری شده بود و این درد و قدرت بیشتر شبح باعث شده تا همکارم را رها بکنم و خودم را به اورژانس بیمارستان رساندم آنچه را که دیده بودم دقیقاً می دانستم که چیست اما در پرونده ی کارم این موضوع را یک حادثه ی کاری ثبت کرده بودند و هیچ صحبتی هم از آن همکارم که هیچگاه جسدش پیدا نشد به میان نیامده بود از بیمارستان مرخص شده بودم و در خیابان قدم زنان سمت ایستگاه اتوبوس می رفتم تا اینکه به ایستگاه اتوبوس رسیدم و از آنجا مستقیماً به خانه بازگشتم وارد خانه شدم و پس از اینکه کمی تلویزیون نگاه کردم برای خوابیدن به اتاق خواب رفتم عادت نداشتم که در زمان خواب چراغی در اتاق روشن باشد و علاوه بر این برای اینکه بتوانم به راحتی بخوابم از چشم بند هم استفاده می کردم زمانی که چراغ

اتاق را خاموش کردم احساس بدی داشتم و فکر می کردم که علت این حس بعد، آن حوادثی باشد که برای من افتاده است! چشم بندم را به چشمم زدم و روی تختم دراز کشیدم پتویم را تا زیر گردنم برروی خودم کشیدم و تازه چشم هایم در حال گرم شدن بود که احساس کردم چیزی پتویم را به سمت پائین می کشد تقریباً پتو بر روی معده ام رسیده بود با خودم فکر می کردم که دچار خیالات شده ام این مرتبه پتو را بروی سرم کشیدم و مقداری از آن را زیر سرم کردم تا در جای خودش محکم شود و حرکت نکند هنوز چند ثانیه ای نگذشته بود که دوباره احساس کشیده شدن پتو را داشتم شخصی یا چیزی پتویم را به سمت پائین می کشید ترسناک بود جرات انجام حرکتی را نداشتم ناگهان همان موجود با چنان قدرتی پتو را بطور کامل از رویم کشید که حرکت ناگهانی سرم باعث احساس درد شدیدی در گردنم شد به سرعت چشم بند را از چشمانم در آوردم وبا یک جست به سمت کلید چراغ برق اتاق حرکت کردم تا آن را روشن بکنم اما هنوز در نیمه ی راه بودم که چند ضربه ی محکم را بر روی کمرم احساس کردم می شد از روی سوزش آن دقیقاً پی برد که جسمی تیز باعث بریدگی هائی بر روی کمرم شده است برروی زمین افتادم و حرکت خون را روی کمرم احساس می کردم دستم را به کمرم زدم تا آنچه اتفاق افتاده بود را لمس بکنم اما اتاق تاریک بود نمی شد چیزی را دید دستم را بو کردم آری حدسم درست بود بوی خون را می

توانستم از انگشتانم احساس بکنم هنوز از جای خودم بلند نشده بودم احساس می کردم که آنقدر برای دیدن اشیا در تاریکی چشم هایم را گشوده ام که الان از حدقه بیرون خواهند افتاد به پنجره اتاق نگاه کردم در نور مهتاب توانستم چیزی غیر واضح را تشخیص بدهم آری خودش بود همان حجم دود یا بخار که هم اکنون به آن شبح می گوئیم ظاهراً توانسته بود به دنبال بوی همان زخمی که برپایم زده بود مرا بیابد با تمام قوا به سمت کلید چراغ اتاق حرکت کردم هنوز به آن نرسیده بودم که مرا به گوشه ای پرتاب کرد و سپس پایم را گرفت و مرا در کف اتاق کشید از اتاق خواب بیرون آورد و همچنان در کف اتاق مرا می کشید و من هم مرتباً به لوازم و اسباب و اثاثیه اتاق می خوردم خودم را به پایه ی میز گرفتم اما هنوز هم نمی توانست مانع کشیده شدنم توسط او شوم! ستون وسط اتاق را گرفتم اما دستانم قدرت مقابله با او را نداشت و رها شد در زیر زمین را گشود و همچنان مرا بر روی پله ها می کشید و تنها شانسم این بود که در طول پائین رفتن دستم اتفاقی بر روی کلید چراغ زیر زمین خورد.

با روشن شدن لامپ و نورانی شدن فضای آنجا او پا به فرار گذاشت من تنها با بدنی که حسابی آسیب دیده بود در وسط زیر زمین نشستم حتی جرات اینکه از پله ها بالا بروم و چراغ های آنجا را روشن بکنم نداشتم از وسایلی که داخل زیر زمین بود تکه ای پارچه

برداشتم و بریدگی موجود بر روی کمرم را با استفاده از آن بستم تا مانع از خونریزی آن بشوم. تا صبح نتوانستم از درد بدنم و ترس بخوابم فردای آن روز با طلوع خورشید به طبقه بالا رفتم.

به او گفتم: " پس منظور تو اینست که او با دیدن نور پا به فرار گذاشته است؟

و او پاسخ داد: "آری"

به او گفتم: " در موارد زیادی دیده شده است که او در نور هم به افراد مختلف حمله کرده است"

او گفت: " با آنچه ما در مورد او می دانیم اگر او شخص را زخمی بکند برای پیدا کردن او از قوه ی بویائی خود استفاده می کند و با توجه به این موضوع او می تواند در نور هم به آن آسیب برساندو یا او را بکشد این کار را نمی کند و این موضوع برای آن شبح در حکم یک سرگرمی می باشد و اگر او را با استفاده از رطوبت و آب بیابد همواره از آب برای آزار و اذیت او استفاده خواهد کرد و در این حالت تاثیر نور برایش اهمیتی نخواهد داشت"

از او پرسیدم: " پس علت وجود این همه چراغ قوه و چراغ اضطراری هم همین باید باشد"

او پاسخ داد: " آری درست حدس زدید"

به فکر فرو رفتم، و به این موضوع با دقت زیادی فکر می کردم شاید که می شد از دل آن یک راه حل بیرون آورد، و یا از او به عنوان یک طعمه استفاده کرد، آری پاسخ همین بود او یعنی کارمند بخش تاسیسات بیمارستان می توانست بهترین طعمه برای آن شبح باشد اما این موضوع تنها به رضایت خودش بستگی داشت اما به هر حال باید این موضوع را با او مطرح می کردم زمانی که این موضوع را به او گفتم در پاسخ به من گفت: " می دانی با وجود آن شبح هم اکنون هم باید خودم را مرده بپندارم، بگذریم که در حال حاضر هم این زندگی که من دارم نامش زندگی نیست" و قبول کرد.

به او گفتم که باید برای آوردن لوازمم به خانه بروم اما به زودی بازخواهم گشت. و از او خداحافظی کردم و به سرعت به خانه رفتم توری که از جنس ماده ی ضد ماده بود را به شکل لوله ای پیچیدم و برداشتم و پس از آن مقداری لوازم دیگر که گمان می کردم به آنها نیاز پیدا خواهم کرد زمانیکه به خانه ی او رسیدم، دلواپسی را می شد به راحتی در چهره اش مشاهده کرد به او اطمینان دادم که همه چیز تحت کنترل خواهد بود. ابتدا از او خواستم که لباسی از ماده ی ضد ماده آماده کرده بودم را بپوشد خودم هم همین کار را کردم و کیسه ای هم از همان ماده آماده کرده بودم و توری ضد ماده را هم بر سقف آویزان کردیم و سایر لوازم را در جای خودشان

نصب کردم مطمئن بودم آن لباس ها تا حدود زیادی مانع از آسیب دیدگی او و من خواهد شد.

و به این ترتیب ما هیچ تماس مستقیمی با شبح نخواهیم داشت و این می توانست، برگ برنده ی ما محسوب گردد.

اما مطمئن بودم در صورت مقاومت آن شبح با ضربات شدیدی مواجه خواهیم شد. برای همین هم تمام اسباب و اثاثیه و لوازمی که در اتاق می توانست باعث آسیب دیدگی و یا بریدگی شود را جمع آوری کردم به اتاق دیگری بردم راه پله به سمت زیر زمین را با استفاده از ملحفه ها و تشک ها، بالش ها پوشاندم تا در صورتیکه به آن سمت کشیده شدیم آسیب نبینیم. و سرانجام زمان موعود فرار رسیده بود و ما باید آماده انجام نقشه خودمان می شدیم بنابراین آن کارمند تاسیسات بیمارستان در وسط اتاق و زیر آن توری از جنس ماده ضد ماده نشست این توری در حقیقت اسمی بود که من به آن داده بودم زیرا که تمام آن بسته بود و فضاهای باز توری را نداشت در حقیقت شبیه یک ملحفه بود و صورتش را هم با استفاده از یک روپوش از جنس شیاردار ضد ماده پوشاند من هم کلید به دست در گوشه ای از اتاق پنهان شدم و کلید لامپ اتاق را زدم ناگهان همه چیز تاریک شد تنها چیزی که شنیده می شد صدای نفس نفس زدن آن کارمند تاسیسات بیمارستان بود مدتی گذشت خبری از شبح نبود کمی که گذشت از آن فیلم ضبط

شده توسط آن دو نگهبان برای کشیدن شبح به سمت طعمه استفاده کردم تا اینکه سرانجام سر وکله ی او پیدا شد زمانیکه نزدیک آن کارمند تاسیسات بیمارستان شد او به سرعت به سمت دیگر اتاق گریخت توری را روی آن شبح انداختم اما آن شبح به همراه آن توری به هوا بلند شد و در فضای اتاق معلق ماند و سپس به سرعت در فضای اتاق شروع به حرکت کرد باید سعی می کردیم که او را بگیریم زمانیکه از جلوی من رد می شد خودم را به روی آن انداختم اما با شدت زیادی من را به ستون وسط اتاق کوبید و بعد از من هم آن کارمند تاسیسات بیمارستان با لگد خودش به آن شبح و توری همراه آن کوبید باعث منحرف شدن او از مسیر حرکتش و برخوردش با دیوار شد! این موضوع اما به جای اینکه به نفع ما باشد به ضرر ما تمام شد چرا که توری از روی شبح بر روی زمین افتاد و او دیگر می توانست با آزادی بیشتری به سمت ما حمله کند و همین اتفاق هم افتاد هدف شبح انگار فقط آن کارمند تاسیسات بیمارستان بود و هنوز ضربه ی قبلی تمام نشده بود که دوباره به او حمله می کرد و ضربه می زد مطمئن بودم که اگر آن لباس را تنش نمی کرد تا به حال چند مرتبه مرده بود و سرانجام شبح او را کشان کشان به زیر زمین برد صدای ناله و فریاد او را از پشت پوشش صورتش می شنیدم کیسه ای که جنس مواد ضد ماده بود را برداشتم و به زیرزمین رفتم... آن شبح در حال خفه کردن او بود و من با استفاده از این فرصت از پشت سر توانستم آن

کیسه را بر روی او بکشم و درب آنرا محکم ببندم خیلی تقلا می کرد به گونه ای که برای جلوگیری از آسیب، کیسه ی محتوی شبح را در سقف آویزان کردم و به سرعت برای کمک کردن به آن مامور تاسیسات بیمارستان رفتم تعداد زیادی کوفتگی و شکستگی داشت. باید به اورژانس زنگ می زدم او دستم را گرفت و گفت هر چه زودتر تمام لوازم را بردار از اینجا برو من خودم به اورژانس زنگ می زنم پیشنهادش به نظر خوب می رسید به سرعت تمام آن لوازم را از آن خانه جمع کردم و تا می توانستم اوضاع خانه را مرتب کردم و کیسه محتوی آن شبح را هم در جعبه اتومبیل قرار دادم و پس از خداحافظی با ان مرد به سمت خانه قدیمی راه افتادم در خانه قدیمی لوازم و وسائل را در جای خودشان قرار دادم اما هنوز هم نسبت به آن شبح نگران بودم زمانیکه در جعبه اتومبیل را گشودم ظاهراً آرام بود اما با برداشتن آن کیسه دوباره شروع به تقلا کردن کرد.

در خانه قدیمی و در اتاق نشیمن نشسته بودم و آن کیسه را هم با استفاده از طنابی از قلاب لوستر آویزان کرده بودم اما شاید آن شرایط موقتی بود اما برای لحظه بعدی چه کاری باید انجام می دادم که ناگهان حرکت های عجیبی را در پشت پنجره ای که به حیاط پشتی باز می شد دیدم به کنار آن پنجره رفتم سه تا مانتیس بودند! به یاد آن مانتیس های داخل غار افتادم و پنجره را گشودم

حدسم درست بود خودشان بودند یکی از آنها دارای دستی بود که برعکس جوش خورده بود آنها با پرواز به درون خانه آمدند و پنجره را بستم دوباره همان مراسم همیشگی را انجام دادند و تغییر شکل آنها آغاز شد و سپس ۳ دوست قدیمی را در مقابل خودم دیدم! در آن شرایط هیچ چیزی نمی توانست تا این اندازه باعث خوشحالی من شود و بلافاصله پس از آن زنگ خانه بصدا در آمد آرام بدون اینکه درب خانه را باز کنم از پشت آیفون به شخصی که آنجا بود نگاه می کردم این اولین مرتبه بود که در تمام این مدت شخصی در این خانه می آمد و این موضوع اندکی عجیب بود در این زمان یکی از مانتیس ها گفت: نمی خواهی در را برای مقلد مادر باز کنی با شنیدن این موضوع در را گشودم و خودم هم برای پیشواز یک دوست به راهروی ورودی رفتم و او همراه من به اتاق نشیمن آمد او به قیافه یک خانم در آمده بود و پس از ورود دوباره به شکل همه ی مقلد ها در آمد و این یکی از جالب ترین اتفاقات این مدت اخیر بود اما علت حضور آنها امشب چه می توانست باشد، مقلد مادر به سمت من نگاهی کرد و سپس گفت چرا نگهبان سرداب را گرفته ای؟

به او نگاهی کردم و گفتم: " منظورت این شبح است"

و مقلد مادر ادامه داد: " آری، همان هست"

با تعجب گفتم: " این شبح مدتی است که به افراد در آن انبار قدیمی حمله کرده است."

و مقلد مادر گفت: " درست است اما در حقیقت آنها به محدوده ی او وارد شده بودند."

از مقلد مادر پرسیدم: "منظورت از محدوده چیست ؟ "

مقلد مادر گفت: " هر سرداب دارای محدوده ای مخصوص به خود است و آن بیمارستان روی آن ساخته شده است و آن انبار درست بروی آن قرار گرفته است "

پرسیدم: " آن شبح از چه چیزی مراقبت می کرده است ؟ "

و مقلد مادر پاسخ داد: " از حرمت آبی که شما انسان ها برای آن ارزشی قائل نیستید"

مقداری تعجب زده بودم و گفتم: "علت آمدن شما هم همین است؟"

مقلد مادر در حالیکه در حال آزاد کردن شبح بود گفت: " نه برای کار دیگری آمده ایم "

شبح آزاد شد و چندین دور با عصبانیت به دور اتاق نشیمن گشت و سپس مقابل من ایستاد و گفت: " ناجی تو هستی؟ چرا از قدرتت برای اینکه جلوی آنها را بگیری استفاده نمی کنی؟ "

پرسیدم: " قدرتم ؟ "

که مقلد مادر این گفتگو را تمام کرد و سپس ادامه داد :

" مدتی است که با خبر شدیم رئیس بیمارستان به همراه چند نفر دیگر گنجینه سرداب را که متعلق به تمام مردم شهر است سرقت می کنند!"

به مقلد مادر گفتم: " پس آن کیسه ها و جعبه هائی که از آن ابنیه بدون استفاده خارج می کنند باید همان گنجینه باشد و علت اینکه رئیس بیمارستان هم قصد مخفی نگه داشتن این موضوعات را داشته است هم همین موضوع است"

و آن شبح ادامه داد: " آری، اما این تنها بخشی از ماجراست آنها زمانی که نتوانستند با وجود من چیزی از گنجینه را بدزدند هر چند مدت یکبار با نقشه ی قبلی موجب ورود یکی از نگهبانان به محدوده سرداب می شدند و من هم طبق سوگند سرداب ناچار به ممانعت از ورود آنها به انبار و یا کشتن آنها می شدم در زمانیکه من مشغول دور کردن آنها از سرداب بودم، آن چند نفر به سرداب می رفتند و بخشی از گنجینه را از آن خارج می کردند."

به شبح گفتم: " پس آن نگهبانان طعمه ی آنها بودند تا بتوانند با طعمه قرار دادن آنها گنجینه را بدزدند."

و شبح پاسخ داد: " آری "

مقلد مادر گفت: " پس حالا که حقیقت روشن شد ما باید برویم "

از مقلد مادر پرسیدم: " قصد دارید کجا بروی ؟ "

قبل از اینکه مقلد مادر پاسخ بدهد یکی از مانتیس ها گفت: " ابتدا باید حساب چند نفری را برسیم، یا به عبارت ساده تر آنها را به راحتی بخوریم"

در حالیکه مانتیس می خندید مقلد مادر پاسخ داد: " و علاوه بر این باید گنجینه سرداب را از آنها باز پس بگیریم و سرداب و گنجینه آن و نگهبان سرداب را به مکان دیگری منتقل بکنیم، مکانی که امنیت بیشتری داشته باشد."

از مقلد مادر پرسیدم: " فقط شما چند نفر هستید؟ "

مقلد مادر در حالیکه لبخندی زد رو به من کرد و گفت: " از پنجره به بیرون نگاهی بینداز... "

زمانیکه از پنجره به بیرون نگاه می کردم مقلد های آن غار را دیدم که هر یک به شکل یک مرد در آمده بودند و در طول خیابان قدم می زدند، دوستانم را دیدم به سمت مقلد مادر برگشتم و گفتم: " چگونه؟ چگونه می خواهید این کار را انجام بدهید؟ "

مقلد مادر آرام به سمت من آمد و گفت: " عجله نکن ناجی "

و سپس یکی یکی از خانه رفتند، تقریباً تا صبح منتظر بازگشت آنها شدم ولی خبری از آنها نشد کم کم داشتم نگران می شدم، اما چاره ای هم به جز صبر کردن نداشتم دیگر صبح شده بود و زمان رفتن به دفتر شرکت بود، زمانیکه به آنجا رسیدم تمام کارمندان شرکت در سالن اصلی جمع شده بودند و به اخباری که از تلویزیون پخش می شد نگاه می کردند ظاهراً گودالی بسیار بزرگ در محل انبار قدیمی بیمارستان و آن ابنیه بوجود آمده بود و می شد گفت از نظر ابعاد و حجم تقریباً غیرقابل باور بود. همچنین در جریان همین اخبار گوینده خبر اعلام کرد که مقداری از نگهبانان بیمارستان هم پس از بوجود آمدن آن گودال مفقود شده اند، حدس زدم آن ها باید همان نگهبانانی باشند که با رئیس بیمارستان در سرقت گنجینه سرداب همکاری می کردند و در آن روز هم که من خواستم به ابنیه بدون استفاده ی بیمارستان بروم جلوی من را گرفته بودند، بنابراین تا به اینجای کار مقلد ها و مانتیس ها کار خود را به خوبی انجام داده بودند و در حال تماشای اخبار بودیم که یکی از کارمندان شرکت با دفتر یک تماس تلفنی گرفت و خبر کشته شدن رئیس بیمارستان را در یکی از جنگل های اطراف شهر به ما داد در حالیکه جسدش در یک غار خالی پیدا شده بود، می شد به راحتی حدس زد که آن غار باید محل پنهان کردن گنجینه سرداب توسط رییس بیمارستان و نگهبانان همدست او بوده باشد که رئیس بیمارستان شهر در آنجا به جزای اعمالش رسیده است و

گنجینه سرداب هم از آنجا به مکان امن دیگری توسط مقلدها و مانتیس ها منتقل شده است.

اخبار حوادث جسد رئیس بیمارستان را در حالتی نشان می داد که به جز سر و صورت وی باقی بدنش خورده شده بود و ادامه داد که حدس می زنند که این کار توسط حیوانات جنگل انجام گرفته باشد، در حالیکه فقط من می دانستم که مانتیس ها از خوردن آن چه لذتی برده اند.

عدالت آتش

(کتاب چهارم)

بخش اول: رویای ناتمام

اتفاقات این روزها باعث آن شده بود که امروز صبح ، احساس نیاز شدیدی به بیشتر ماندن در تخت داشته باشم، پس پتو را روی سرم کشیدم، چشمانم را بستم تا دوباره بخوابم... هنوز چند لحظه ای نگذشته بود که دوباره کابوسی از کوردل به سراغم آمد که در آن کوردل می گفت: "هنوز کارم تمام نشده است"

از خواب پریدم حالتی دوگانه به من دست داده بود! از طرفی احساس می کردم که نیاز به استراحت بیشتر دارم و از طرف دیگر هم، با آن کابوسی که دیده بودم دیگر خوابم نمی برد... به ناچار قید خواب را زدم و بر لبه ی تخت نشستم... هنوز هم احساس گیجی داشتم! پس از چند دقیقه ای که گذشت، تصمیم گرفتم تا برای رفع کسالتی که احساس می کردم یک دوش آب گرم بگیرم.

به حمام رفتم اما با بازکردن دوش آبگرم به یاد نگهبان سرداب افتادم...!

این موضوع واقعاً نشان می داد که هر آنچه ما از اتفاقات پیرامون خود می شنویم ممکن است با حقیقت نهفته در آن عمل بسیار متفاوت باشد! بنابراین گمان می کنم که هر عملی ریشه در مه دارد! یعنی آنچه که گمان می کنیم می بینیم و آنچه که پس از نابودی و از بین رفتن جهل ما نسبت به واقعیت آن، خودش را آشکار خواهد کرد! در مورد نگهبان سرداب هم با از بین رفتن جهل مه آلود علت رفتار و اعمال واقعی او مشخص شد...

جهل انسان باعث قضاوت و داوری افراد قبل از شناخت آنها خواهد شد و ریشه ی بسیاری از دلخوری ها را فراهم می کند و این شاید ساده ترین آسیبی باشد که جهل بر مه به رفتارهای انسانی می زند...

با نگاه کردن به بخاری که در جلوی من در حال حرکت به اطراف بود از آن افکار خارج شدم و به خودم آمدم. نگاهی به سقف حمام انداختم و پس از دوش گرفتن از حمام خارج شدم. در حال خشک کردن سرم بودم. با گوشه ی چشم به اخبار حوادث که در حال پخش شدن از تلویزیون بود نگاه می کردم. موضوع اخبار در آن لحظه اختصاص به کشف شدن یک جسد با وضعیتی عجیب و غیر عادی داشت! ناخوداگاه توجهم به آن بخش خبری جلب شد و صدای تلویزیون را زیاد کردم... اتفاق عجیبی بود! تصاویر مربوط به آن جسد مات شده بود و اصلا قابل تشخیص نبود. این موضوع خودش کنجکاوی من را برانگیخته بود تا بیشتر در مورد آن بدانم. بنابراین به سرعت لباس پوشیدم و در حال خروج از اتاقم بودم که مادرم دستم را گرفت... برگشتم به او نگاه کردم در حالتی که لبخند به لب داشت پرسید: "کجا؟"

مانده بودم که در آن لحظه چه جوابی باید به او می دادم!؟ سعی کردم تا جواب مناسبی پیدا بکنم و تا قبل از آن لبخند می زدم، واقعا نمی شد به او گفت که برای دیدن محل یک حادثه ای که در

آن یک نفر کشته شده است می روم! بنابراین ترجیح می دادم که موضوع را عوض کنم تا اینکه بخواهم به او واقعیت را بگویم و پرسیدم: "شما صبحانه خورده اید؟"

مادرم پاسخ داد: "هنوز نه"

بنابراین به او گفتم: " قصد آن را هم ندارید؟"

و مادرم پاسخ داد: " خب، اگر تو هم بیایی، الان زمان مناسبی برای خوردن صبحانه است"

همگی ترجیح دادیم که صبحانه را در ایوان خصوصی طبقه بالا بخوریم... پدر هم بود. همراه با هم مشغول خوردن صبحانه بودیم... پدر و مادرم در حال صحبت با یکدیگر بودند و من ترجیح می دادم که کمتر وارد صحبت های آن ها بشوم تا اینکه مادرم به من گفت: " راستی دیروز اتفاقی که در بیمارستان شهر افتاده بود را در خبر تلویزیون دیدم، واقعاً تعجب آور بود...!"

کمی سکوت کردم و هنوز چیزی نگفته بودم که پدرم ادامه داد: " اگر آن حادثه آنقدر عجیب نبود، به خاطر همین سکوتی که کردی می گفتم که آن حادثه کار تو بوده است!"

و مادرم ادامه داد: " نه فکر نمی کنم که سهراب این قدرها هم بازیگوش باشد، اما عجیب است که از دیروز تا امروز آنرا برای ما تعریف نکرده؟!"

و سپس از من خواست تا آن اتفاق را برای او تعریف کنم من هم بدون اشاره به جزئیات مربوط به نگهبان سرداب باقی ماجرا را برایشان گفتم؛ اینکه در مورد آن اتفاق هرچند خلاصه برایشان تعریف می کردم تا حدودی باعث آن شده بود که خودم هم احساس بهتری داشته باشم...

بعد از صبحانه به جای رفتن به محل آن حادثه به محل کار پدرم رفتیم و در آنجا همراه با یکدیگر کارهائی که مربوط به آن روز را انجام دادیم تا زمان اداری به پایان رسید اما هنوز بخشی از کارها باقی مانده بود نه من و نه پدرم دلمان نمی خواست که کاری انجام نداده باقی بماند و تمایلی نداشتیم که بخشی از آن هر چند کم ناتمام باشد؛ بنابراین تا دیر وقت به انجام دادن آنها مشغول شدیم. خوشبختانه توانستیم آنها را تا پیش از غروب آفتاب به انجام برسانیم. در راه برگشت به خانه بودیم متاسفانه مسیر بازگشت همیشگی ما ترافیک سنگینی داشت. این موضوع باعث آن شد تا تصمیم بگیریم که از مسیر دیگری به خانه برویم، در مسیر جدید از پنجره ی اتومبیل به بیرون نگاه می کردم و منتظر رسیدن به خانه بودم روز پر کاری بود بنابراین ترجیح می دادم زودتر به خانه

برسیم. در همین زمان به صورت اتفاقی از جلوی همان محلی عبور کردیم که امروز صبح در اخبار حوادث دیده بودم و هنوز می شد نوارهای هشدار پلیس را در اطراف آن خانه دید، مردمی که هنوز هم با رسیدن به آن محل با کنجکاوی تمام به اطراف و داخل ساختمان نگاه می کردند و همینطور پلیس هایی که انگار آخرین بخش از کارهای ضروری را انجام می دادند، نور چراغ های اتومبیل های پلیس که بر روی دیوارهای ساختمان های اطراف می افتاد انگار حس کنجکاوی مرا از خواب بیدار کرده بود! دوباره بعد از یک روز کاری طاقت فرسا به وجد آمده بودم و با دور شدن از آن محل از آن چشم بر نمی داشتم و سعی می کردم تا آخرین لحظات که می شد آن را ببینم و جزئیات آن را مشاهده کنم.

با دیدن این رفتار من پدرم پرسید: "اتفاقی افتاده است؟"

به او پاسخ دادم نه، فقط ....

که در همین لحظه دو اتومبیل که در جلوی اتومبیل ما در حال حرکت بودند با یکدیگر برخورد کردند و به طور کلی موضوع صحبت ما عوض شد. حالا دیگر توجهمان به آنها جلب گردید.

به خانه که رسیدیم مادرم منتظر ما بود و از اینکه تا دیر وقت مشغول به کار بودیم مقداری دلخور شده بود اما صحبت هایی که

پدرم با او کرد باعث شده بود تا دل او را بدست آورد و موضوع دیر رسیدن به خانه را فراموش کرد و کمی آرام شد.

به اتاقم رفتم، نمی توانستم کنجکاوی بوجود آمده در خودم را در مورد آن خانه ای که دیده بودم نادیده بگیرم! حتماً در سایت پلیس در مورد آن بیشتر نوشته شده بود. به خانه ی قدیمی رفتم و شروع به خواندن سایت های خبری و سایت پلیس کردم اما همه ی سایت های خبری به دادن اخبار کم و کلی گویی بسنده کرده بودند! به سایت اداره پلیس وارد شدم و شروع به خواندن نامه های آنجا کردم. در گزارش اولیه آمده بود که کلیه ی درب ها و پنجره های آن خانه بصورت کامل بسته بوده است و تمام آنها از داخل قفل بوده است بگونه ای که این موضوع احتمال ورود فرد و یا افراد دیگری را به داخل آن خانه تقریباً از بین می برد در بخش دیگری از آن گزارش آمده بود که فردی که در آن خانه پیدا شده است مالک خانه بوده است و با توجه به شواهد موجود وی به قتل رسیده است اما در ادامه ی آن نوشته بود که با توجه به قفل بودن تمامی ورودی ها و پنجره های خانه و عدم مشاهده ی علائمی مبنی بر ورود با توسل به زور و یا آثار خرابی بر قفل ها احتمال ورود فردی از خارج از خانه برای به قتل رساندن وی وجود ندارد! بنابراین قاتل باید در داخل ساختمان پنهان شده باشد، با این حال هنگام ورود مامورین پلیس هیچ فرد دیگری در آن خانه نبوده است...!

این بخش از آن گزارش جالب بود چرا که اگر درب های خانه از داخل قفل بوده است و فردی از خارج از خانه وارد آن نشده باشد پس باید با ورود نیروهای پلیس به خانه با فرد قاتل مواجه می شدند اما مامورین پلیس شخصی را داخل خانه ندیده بودند!

این موضوع خودش به اندازه کافی برانگیزاننده ی کنجکاوی انسان بود. برای فرو نشاندن کنجکاوی خودم به سراغ گزارش ارائه شده برای این پرونده رفتم. در آن گزارش عکس هائی از مقتول وجود داشت که او را از زوایای گوناگون نشان می داد. جنازه ی او بر روی یکی از صندلی های فلزی آشپزخانه به حالت نشسته قرار داشت و هیچگونه آثاری از طناب یا وسیله ای مشابه با آن در اطراف جنازه اش وجود نداشت که نشان بدهد که دست و پای وی بسته شده باشد از طرفی حالت نشستن او کاملاً آرام بود و این نشان می داد که او هیچگونه تلاشی قبل از مرگ برای رهایی از دام آن نکرده است. گویی مرگ او را در آغوش خود گرفته است، اما این وضعیت برای آن نوع از مرگ غیر قابل باور بود، چرا که هر فردی در هنگامی که آتش می گیرد برای رهائی از آن حرکاتی مانند دویدن و یا غلتیدن انجام می دهد اما هیچ حرکتی مشابهی در او دیده نمی شد تنها یک جسم بی حرکت که برروی صندلی فلزی آشپزخانه سوخته بود!

این موضوع سوالات زیادی را در هر فردی می توانست بوجود بیاورد. به عکس های دیگر نگاه کردم میز نهار خوری روبروی آن هم خالی بود و به جز یک عدد نمک پاش هیچ چیز دیگری روی آن نبود! پس وی در حال خوردن چیزی نبوده است.

ابتدا گمان کردم که شاید او قبلاً به قتل رسیده است و سپس به آن آشپزخانه برده شده است و برروی آن صندلی او را آتش زده اند... با توجه به بخشی از گزارش نوشته شده بود که همسایه ها با دیدن نور و شعله آتش از داخل آشپزخانه او با پلیس و آتش نشانی تماس گرفته اند و از آن لحظه به بعد هیچ فردی از آن خانه خارج نشده است.

پس این گزینه به نظر نزدیک تر به واقعیت می آمد یعنی ابتدا وی به قتل رسیده است به آن آشپزخانه منتقل شده است و سپس در آن آشپزخانه او را آتش زده اند و یا در همان خانه او را بقتل رسانده و بر روی آن صندلی به آتش کشیده اند و بدون اینکه دیده شوند و قبل از آنکه آتش شعله ور شود از آن خانه خارج شده و یا شده اند اما در بخش دیگری از گزارش پلیس نوشته شده بود که در آن خانه هیچ اثری از درگیری وجود نداشته است!

از طرفی هم خروج آن افراد از ورودی هائی که تمام آن قفل بوده اند چطور می توانست اتفاق بیفتد آن شب گزارش های پلیس را بطور کامل خواندم، باید منتظر سایر داده های در حال بررسی

پلیس و نتایج آزمایش های مختلفی که از آن جسد گرفته بودند می ماندم.

به خانه بازگشتم دیر وقت بود و همه خوابیده بودند.... به اتاقم رفتم و بدون آنکه متوجه شوم روی تخت خوابم برد. صبح زود مادرم من را از خواب بیدار کرد و گفت : " تا زمانیکه پروژه شرکت آغاز شود می توانی همراه پدرت به محل کارش بروی؟"

من هم قبول کردم و همراه با پدرم به محل کارش رفتم با توجه به حجم کارهایی که دیروز به اتفاق هم انجام داده بودیم امروز کارکمتری برای انجام دادن داشتیم. این کارها همراه با چند جلسه ی کاری با چند شرکت دیگر، با اتمام زمان اداری همراه پدرم به سمت خانه حرکت کردیم امروز ترافیک مسیر خانه کمتر بود اما با درخواست من از همان مسیر دیروز رفتیم دوباره به آن خانه نگاه کردم، به نظر خانه ای نبود که فردی بتواند بدون اینکه دیده شود به آن وارد یا از آن خارج شود. زمانیکه به خانه رسیدیم پدرم به خانه و نزد مادرم رفت و من هم به خانه قدیمی رفتم و در آنجا دوباره مشغول خواندن بخش های جدید گزارش پلیس در مورد آن قتل شدم در بخش های جدید اتفاقا نتایج چند آزمایش آمده بود اما نتایج برخی از آزمایش هائی که نیاز به زمان بیشتری داشت هنوز آورده نشده بود. اما در میان این بخش های جدید نکته ای جالب مربوط به بررسی تصاویر دوربین های مداربسته همسایه ها

و خود خانه بود که به جز صاحب خانه که در حال حاضر مقتول هم بود هیچ فرد دیگری به آن خانه وارد و یا از آن خارج نشده بود. پس با این شواهد احتمال اینکه مقتول در جای دیگری به قتل رسیده باشد و سپس به آنجا منتقل شده باشد منتفی می شد... دوباره به تصاویر صحنه جنایت نگاه کردم و متوجه موضوع جدیدی شدم! به جز جسد که سوخته بود هیچ بخش دیگری از خانه نه تنها دچار سوختگی و یا آتش گرفتن نشده بود بلکه آثاری هم از آتش بر روی آنها مشاهده نمی شد، عجیب بود! در بخش دیگری از این گزارش آورده شده بود که هیچ ماده ی شیمیایی که سبب بوجود آمدن آتش شده باشد و یا اینکه از آن برای سوزاندن استفاده کرده باشند برروی جنازه وجود نداشته است! و این موضوع بازهم برتعجبم افزود، جسد سوخته بود اما بدون استفاده از ماده ای مشتعل کننده این موضوع واقعاً عجیب بود...!؟

بخش دوم: آغاز تحقیقات

اگر اینطور پیش می رفت باید منتظر رسیدن باقی نتایج آزمایش می ماندم و تنها به همین داده ها قناعت می کردم! اما راه دیگری هم داشتم و آن این بود که تغییر قیافه بدهم و خودم از نزدیک محل قتل را بررسی کنم و یا حداقل در مورد فرد به قتل رسیده اطلاعات بیشتری کسب کنم. اما این بار مانند قبل نبود که تنها و با یک گریم ساده به محله ی دیگری بروم و در مورد آنچه که می خواستم جستجو کنم و سپس به خانه بازگردم! این یک پرونده ی جنائی بود! سرک کشیدن در آن دردسرهای خودش را داشت و می توانست خطرناک هم باشد، دوباره به گزارش پلیس در مورد آن اتفاق نگاهی انداختم در آن پرونده شغل مقتول را تولید مواد شیمیایی و مالک یک مرکز تولید مواد شیمیایی عنوان کرده بود. این موضوع باعث شد تا در آن لحظه از رفتن به آن خانه که محل وقوع جنایت بود منصرف شوم و در عوض تصمیم گرفتم به محل کارش بروم و در آنجا کمی جستجو کنم! شاید سر نخی بدست بیاورم، بعلاوه که برای شروع اینکار خطر کمتری داشت. بنابراین آدرس محل کار او را یادداشت کردم و مشغول تغییر قیافه شدم... مدتی طول کشید... این دفعه از گریم خودم راضی بودم، گوئی کم کم داشتم در این کار مهارت های لازم را بدست می آوردم.

مقداری لوازم و تجهیزاتی که فکر می کردم به آنها نیاز خواهم داشت مانند لوازم باز کردن قفل درب ها و چند قطعه الکترونیک

برای دوربین های مداربسته را برداشتم. به سمت ایستگاه اتوبوس رفتم و خودم را به مرکز فروشی که در یکی از مراکز فروش مرکز شهر بود رساندم، مراکز فروش در همسایگی دفتر کار او کم کم در حال تعطیل شدن بودند و تنها کاری که باید انجام می دادم این بود که کمی منتظر می ماندم! با فرا رسیدن شب و تعطیلی سایر مراکز فروش کار من آغاز شد. از گذشته نحوه گشودن قفل هائی مانند آنچه برای آن دفتر فروش بکار برده بودند را یاد گرفته بودم برای همین هم در ورود به آن دفتر مشکلی پیش نیامد و آسان تر از آن بود که فکرش را می کردم. ظاهراً قبل از من مامورین پلیس آن محل را مورد بررسی قرار داده بودند.. من هم تا نزدیک به طلوع خورشید به بررسی آنجا مشغول شدم. اما متاسفانه چیز غیر عادی پیدا نکردم. هنگامی که قصد داشتم از آنجا خارج شوم چشمم به کامپیوتر دیگری در آنجا افتاد، هنوز نیم ساعتی تا باز شدن مجموعه دفاتر اطراف دفترش وقت داشتم، بنابراین می توانستم به آن هم نگاهی بیاندازم، مدتی برای پیدا کردن رمز عبور آن و وارد کامپیوتر شدن گذشت بنابراین به جای اینکه همانجا به بررسی آنها بپردازم ترجیح دادم فایل ها را کپی کرده و در خانه ی قدیمی به بررسی آنها بپردازم. در مدت زمانی که فایل ها کپی می شدند به سراغ DVR دوربین های مداربسته ی آنجا رفتم و برای این چند ساعت که در آنجا بودم یک کپی از فیلم های گرفته شده از روزهای قبل جایگذاری کردم. مدت زمانیکه صرف باز کردن قفل آن کامپیوتر و

جایگذاری فیلم های دوربین های مدار بسته شده بود بیشتر از آنچه که فکر می کردم طول کشید... و هنوز هم زمان بیشتری نیاز داشتم. تا بتوانم محتویات آن کامپیوتر را کپی بکنم بنابراین از زمان مد نظرم برای خروج از آنجا گذشته بود و مراکز خرید یکی پس از دیگر باز می شدند، باید بگونه ای از آنجا خارج می شدم که جلب توجه نمی کرد. به گوشه ای از آن دفتر رفتم که از بیرون از دفتر چندان قابل دیدن نباشم و با دقت زیاد به اطراف و افرادی که در رفت و آمد بودند نگاه می کردم ناگهان چشمم به افرادی افتاد که در حال تدارک مراسمی کمی آن طرف تر بودند، خوشبختانه یکی از مراکز فروش کمی آن طرف تر از این دفتر امروز افتتاح می شد کمی که گذشت جمعیت زیادی در آنجا جمع شده بودند و ظاهرا برای آغاز مراسم افتتاحیه خودشان را آماده می کردند و صدای موسیقی بلند اما خوشایندی هم شنیده می شد این بهترین فرصت برای من بود تا به صورتیکه جلب توجه نکنم از آن دفتر خارج شوم! در راه بازگشت از آن دفتر بودم که یادم آمد که باید همراه پدرم به محل کارش بروم! بر سرعتم افزودم اما متاسفانه زمانیکه به خانه رسیدم متوجه شدم که پدرم رفته است حتماً بعدازظهر که از محل کارش باز می گشت باید از او عذرخواهی می کردم نیاز به کمی استراحت داشتم اما نباید زمان را از دست می دادم بنابراین به خانه ی قدیمی رفتم و مشغول بررسی محتویات کامپیوتر دفتر آن مرد در مرکز فروش شهر شدم!؟ فرآیند بررسی تا نزدیکی ظهر به طول

انجامید اما همه چیز مرتب بود هیچ چیز غیر عادی در آن داده ها مشاهده نمی شد تمام موضوعات دقیق و منطبق بر قانون بود آیا این موضوع نشان دهنده ی این بود که آن فرد به قتل رسیده در محیط کاری خودش فرد درستکاری بوده است؟ آیا او هیچ فعالیت مشکوک و غیر عادی را بانجام نرسانده بود؟ آیا و آیا و ..... و این سوالات که بصورت پشت سر هم برای من بوجود می آمد.

تقریباً قانع شده بودم که با توجه به محتویات کامپیوتر آنجا همه چیز درست است که تقریبا در فایل های پایانی آن چشمم به تصاویری افتاد که مربوط به ضایعات پوستی بود که در صورت استفاده از محصولات تقلبی بوجود می آمد، خیلی ناراحت کننده بود... وجود این عکس ها شاید بی دلیل در آن جا نبود اما دیگر عصر شده بود باید تحقیق بیشتر را برای بعد می گذاشتم! علاوه بر اینکه خسته بودم باید از پدرم هم بابت موضوع پیش آمده در صبح عذرخواهی می کردم به خانه بازگشتم لباس راحت تری پوشیدم پدرم هم از محل کارش بازگشته بود و در نشیمن خانه در حال گفتگو و صحبت با مادرم بود به پیش آنها رفتم و بعد از سلام و احوال پرسی کنار پدرم نشستم همین که خواستم در مورد موضوع تاخیرم در امروز صبح عذرخواهی بکنم پدرم جلوی حرفم را گرفت به مادرم گفت: "راستی امروز صبح آنقدر برای رفتن عجله داشتم که یادم رفت سهراب را با خودم به سرکار ببرم"

و سپس لبخند زد این کارش معانی زیادی برای من داشت شاید اولین آنها این بود که به من آموخت که بزرگی روح یک پدر بی انتهاست! که حتی برای موضوعات ساده هم حاضر نبود تا ناراحتی فرزندش را ببیند آن شب تصمیم گرفتیم برای صرف شام به محلی خارج از خانه برویم و قرار شد هر کدام نام محلی را که دوست داشتیم برای گذراندن یک شب بدون دغدغه برویم را بگوییم و سپس یکی را بصورت تصادفی انتخاب کنیم، قرار شد تا محل مورد نظر را بروی کاغذ ها پدرم بنویسد و برای انتخاب آن هم مادرم کاندید شد تا کاغذی را که نام محل مورد نظر بر روی آن نوشته شده بود را از درون دست های پدرم بر دارد و پس از آنکه مادرم قرعه را برداشت آرام آن را باز کرد و پس از خواندن آن لبخندی زد و آنرا به هر دوی ما نشان داد محل انتخاب شده محلی بود که پدرم پیشنهاد کرده بود، هر ۳ نفر به آنجا رفتیم یک رستوران بزرگ بود که باید از قبل برای رفتن به آنجا میز رزرو می کردیم زمانیکه به آنجا رسیدیم پدرم از مادرم خواست تا به میزی که در مناسب ترین محل آن رستوران بود برود به محل قرار گرفتن آن میز نگاهی انداختم علاوه بر اینکه ایده آل بود محلی دنج و آرام و تقریبا بدور از جمعیت در رفت و آمد آن رستوران هم محسوب می شد در حالیکه به لیست رزرو میزهای رستوران نگاهی انداختم متوجه شدم که پدرم چند روز قبل از امشب اینکار یعنی رزرو میز را انجام داده است تعجب کرده بودم مادرم حسابی از این غافلگیری پدرم

خوشحال شده بود و حدس می زدم تمام کارهای امشب پدرم هم برای غافلگیری مادرم و به نوعی قدردانی از زحمات او باشد. پدرم که ظاهرا حواسش به من بود متوجه تعجبی که در چهره ام موج می زد شد و آرام به کنارم آمد دستم را گرفت و سپس گفت: "هیچگاه برای همسرت از چیزی کم نگذار و سعی کن برای شگفت زده کردنش همیشه ایده ای برای انجام داشته باشی و این تمام آن چیزی است که باید بدانی"

پس از آن چیزی را درون دستم گذاشت و آرام اما سرشار از شوق و اشتیاق به سمت میزی رفت که مادرم در آنجا نشسته بود و انتظار ما را می کشید.

دستم را مشت کرده بودم تا آنچه پدرم درون دستم قرار داده بود بر روی زمین نریزد، آرام مشتم را گشودم و از دیدن آنچه درون آن بود تعجب زده شده بودم، پدرم کاغذهایی را که اسامی رستوران های مختلف بر روی آن نوشته شده بود را درون دستم گذاشته بود، اما چرا؟

ابتدا می خواستم که آنها را درون جیبم بگذارم و به سر میز و کنار پدر و مادرم بروم اما کنجکاوی من باعث آن شد تا قبل از اینکار تصمیم بگیرم تا حداقل نوشته های روی آن کاغذ ها را بخوانم، نتیجه این کار باعث تعجب من شد! پدرم بر روی تمام آنها تنها نام

یک رستوران را نوشته بود، و آن رستوران هم همین مکانی بود که هم اکنون در آن بودیم.

دور میز نشسته بودیم و منتظر سرو غذا بودیم به این موضوع فکر می کردم که جوان بودن انسان به عدد سال زندگی آنها نیست بلکه به جوانی دل هایشان است. می شد این موضوع را بطور کامل و زنده در نحوه رفتار پدر و مادرم دید. ناز کردن و ناز کشیدن هایشان و قهر و آشتی آنها همه و همه بر آن حکایت داشت.

پس از صرف غذا به خانه بازگشتیم و من برای فردا که تعطیلات آخر هفته بود برنامه ای تازه برای خودم داشتم یعنی رفتن به تولیدی آن فرد به قتل رسیده و بررسی آن مکان، آنهم بصورت پنهانی.

نیمه های شب از تختخوابم بلند شدم و بر لبه آن نشستم خوابم نمی برد و شاید مهمترین علت آن مشغولیت ذهنم به آن فرد سوخته بود تصمیم گرفتم به جای فردا همان زمان به محل تولیدی او بروم زیرا که در شب انجام این گونه کارها راحت تر بود به خانه قدیمی رفتم و مشغول گریم خودم شدم و پس از پایان آن می شد به وضوح دید که گریم امشب من خیلی خوب از کار در نیامده است شاید علت آن خستگی بود اما به هر حال حوصله پاک کردن و گریم دوباره خودم را نداشتم با همان گریم از در پشتی خانه قدیمی خارج شدم چند خیابان را پیاده طی کردم و سپس با یک

تاکسی خودم را به محل آن تولیدی رساندم، در آن بخش تعداد زیادی تولیدی مشابه وجود داشت و بوی مواد شیمیایی گوناگون که در فضای آنجا گسترش یافته بود اولین چیزی بود که جلب توجه می کرد، مقابل تولیدی آن فرد ایستاده بودم! برخلاف سایر تولیدی ها دیوارهای بلندی داشت بالا رفتن از آنجا با توجه به دوربین های خود آن تولیدی و تولیدی های مجاور کار چندان آسانی نبود در سایه یکی از دیوار ها ایستاده بودم و به این موضوع فکر می کردم تا اینکه چند دقیقه ای بعد متوجه شدم که یک کامیون حمل بار قصد ورود به آنجا را دارد راننده ی کامیون و نگهبان تولیدی یکدیگر را می شناختند و به محض دیدن یکدیگر شروع به احوال پرسی از یکدیگر کردند و با چند تا شوخی که بین دوستان صمیمی رواج دارد، سر به سر هم گذاشتند. این بهترین فرصت بود به سرعت خودم را به آن کامیون رساندم و در یک فرصت مناسب از کنار کامیون بالا رفتم و برروی سقف قسمت بار آن دراز کشیدم بنابراین بدون سوال و جواب خاصی کامیون وارد آن تولیدی شد... ظاهراً بار آن مواد شیمیایی اولیه مورد نیاز تولیدی بود اما چرا با وجود اینکه مالک تولیدی به قتل رسیده بود آنجا هنوز مطابق قبل به کار خودش ادامه می داد، از گفته های بین راننده کامیون و انباردار که بارهای کامیون را تحویل می گرفت می شد دانست که او در مالکیت این تولیدی با فرد دیگری شریک بوده است و در حال حاضر شریک او که قبلاً فرد دوم در اداره ی تولیدی

بوده است اداره ی آن را برعهده گرفته است. زمانیکه از کامیون حمل بار پائین آمدم و پشت بخشی از لوازم داخل انبار پنهان شدم تا فرصت مناسبی برای رفتن از آنجا پیدا کنم متوجه شدم که انباردار به راننده کامیون گفت که تخلیه کامیون حدود ۲ساعتی طول می کشد و آنها می توانند در این مدت به محل دفتر انبارداری بروند با رفتن آنها من هم کارم را شروع کردم از مواد اولیه ی موجود در انبار آن تولیدی نمونه برداری کردم و عنوان و محل آن نمونه را هم بروی آن یادداشت کردم.

به بخش های داخلی تولیدی رفتم و از آنجائیکه باید بررسی آنها را برای بعد می گذاشتم می توانستم سریع تر بخش های مختلف را ببینم.

در بخش تولید، در جدول هائی که به دیوارهای تولیدی نصب شده بود مقدار اولیه ای که باید به هر بخش تحویل داده می شد تا آنها را به مخازن در محل های مخصوص آن می ریختند نوشته شده بود بنابراین از آنها عکس گرفتم در بخشی از آن تولیدی اتاقی بود که مربوط به مسئول کنترل کیفیت محصول و میزان ترکیب مواد اولیه بود به آنجا رفتم و قبل از اینکه کسی برسد تمام داده هایی را که گمان می کردم مفید است را از کامپیوتر آنجا کپی کردم. کم کم زمانی که در اختیار داشتم در حال اتمام بود و باید برای خروج از آنجا خودم را به آن کامیون حمل بار که در انبار بود می رساندم

تا الان حتما باید بار آن خالی کرده باشند بنابراین بر سرعتم افزودم اما این راهروهایی که در حال رفتن از یکی از آنها به دیگری بودم برایم آشنا نبود احتمالاً در زمان برگشتن باید یکی از راهروها را اشتباهی پیچیده باشم زیرا که وارد مسیری شده بودم که جدید بود...

با طی این مسیر جدید به اتاق انبارداری رسیدم. فردی داخل آن نبود باید عجله می کردم احتمالاً آن راننده و انباردار در حال رفتن به انبار بودند و یا اینکه در آن زمان به انبار رسیده بودند و در حال انجام کارهای پایانی تخلیه کامیون بودند.

با عجله زیاد راهروهای آنجا را یکی پس از دیگری می پیمودم تا اینکه به انبار تولیدی رسیدم، انبار بزرگی بود و بدتر از آن هم این بود که خبری از آن کامیون نبود در گوشه ای که دیده نشوم پنهان شدم، در حالیکه به فکر خروج از آنجا بودم از بین لوازم انبار شده به انبار و افرادی که در آنجا کار می کردند نگاه می کردم هنوز مدتی نگذشته بود که کامیون دیگری به انبار تولیدی وارد شد شاید این بهترین فرصت را برای من بوجود می آورد تا از آنجا خارج شوم اما تخلیه این کامیون می توانست ۲ ساعت زمان ببرد برای همین در آنجا که بودم نشستم و در حالیکه با انگشت نخی آویزان از بسته ای را می کشیدم چشمم به یک نوشته برروی آن بسته افتاد!
"جائی برای انسان های پاک وجود ندارد"

در پائین آن نام و مشخصات یک کارگر اخراجی نوشته شده بود، احتمالا پس از اخراج از آن تولیدی از شدت ناراحتی به این مکان پناه آورده بوده است و پس از آن این نوشته را از خودش به جای گذاشته است. مطمئن بودم که او می تواند پاسخ بسیاری از سوالاتم را بدهد، دوباره از بین بسته های انبار شده ی اطرافم به آن کامیون نگاه کردم اما آن کامیون داشت به جای تخلیه، بارگیری می شد و این موضوع بسیار عجیب بود چرا باید کامیونی که تقریبا تا نیمه پر بود دوباره بارگیری می شد!؟ سرانجام کار آنها به اتمام رسید و زمانیکه راننده ی آن برای تحویل گرفتن بارنامه و سایر مدارک مربوطه رفت به سرعت خودم را به کامیون رساندم و برروی سقف آن دراز کشیدم و منتظر حرکت آن ماندم چند دقیقه ای گذشت سرم را برگرداندم و به سمت دیگر کامیون نگاه کردم که متوجه شدم که یکی از کارگران انبار از لبه ی کناری کامیون بالا آمده است و در حال نگاه کردن به من است منتظر واکنش او شدم این اولین مرتبه بود که این شرایط در طول این مدت برای من پیش می آمد، او لبخندی زد و در حالیکه سکوت بین ما حاکم بودند کناره ی کامیون پائین رفت و از آن دور شد منتظر بودم که با تعدادی از کارگران و افراد شاغل در آن تولیدی بازگردد اما خبری نشد در عین حال به علت تعداد افراد زیادی که در آنجا مشغول به کار شده بودند در آن زمان امکان پائین آمدن از روی کامیون بدون دیده شدن هم وجود نداشت پس باید مدت زمانی صبر می کردم

همان کارگر دوباره بازگشت و بدون اینکه اتفاقی بیفتد درب انبار را گشود تا کامیون از آن خارج شود و من هم به همراه کامیون از آن انبار خارج شدم در حالیکه کامیون از انبار دور می شد به سمت او نگاه کردم و دیدم که آن کارگر دستش را به نشانه ی خداحافظی تکان داد و درب انبار را بست این کارش تعجب مرا برانگیخته بود به هر حال او مرا نشناخته بود در اولین توقف کامیون از بالای کامیون پائین پریدم و پس از مدتی قدم زدن با استفاده از اتوبوس و چند خط تاکسی به خانه قدیمی بازگشتم تصمیم گرفتم بررسی آنچه که بدست آورده بودم را برای فردا بگذارم و پس از اینکه گریمم را پاک کردم به خانه بازگشتم صبح شده بود. همراه پدرم به محل کارش رفتم و یک روز عادی را سپری کردیم در راه برگشت به خانه هنوز به خانه نرسیده بودیم که از اتومبیل پیاده شدم و پیشنهاد دادم که باقی مانده ی راه را قدم زنان به خانه بروم پدرم هم پذیرفت، در حال قدم زدن در خیابان نزدیک خانه بودم و به آن کارگر دیشب فکر می کردم که مرا بر روی سقف کامیون در آن انبار دیده بود، اگر که مرا دیده بود پس چرا چیزی به کسی نگفت؟ و یا چرا در هنگامیکه از آن تولیدی خارج شدم برای من دست تکان داد؟ غرق در این افکار بودم و متوجه نشدم که چطور و کی به آن خانه قدیمی رسیدم! وارد خانه شدم و مستقیم به سراغ آنچه دیشب از آن انبار آورده بودم رفتم. اول به بررسی مواد خروجی و ورودی آن تولیدی پرداختم ظاهراً هیچ اشکالی در آنها وجود

نداشت و مطابق با واقعیت موجود بود دستورهای ترکیبی ارسال شده با بخش تولید هم بدون اشکال بود و مقدار مواد مصرفی یا مواد شیمیائی وارد شده به انبار و محصولات تولیدی خارج شده از بخش تولید هماهنگی داشت دیگر تقریباً به درست بودن همه چیز در آن تولیدی مطمئن شده بودم که چشمم به پوشه ای در کامپیوترم افتاد که در آن عکس های مربوط به عوارض پوستی بود که قبلاَ آنها را از آن دفتر فروش آورده بودم دیدن دوباره ی آنها باعث شد تا تصمیم بگیرم دوباره همه چیز را کنترل بکنم! این مرتبه با دیدن فرمول های شیمیائی محصولات تصمیم گرفتم مقدار اولیه مصرفی و مواد تولیدی از آن واکنش را از فرمول های آن بدست بیاورم و آن را با دستورهای ترکیبی ارسالی به بخش تولید مقایسه بکنم نتیجه بررسی ها جالب توجه بود! این دو عدد با یکدیگر هم خوانی نداشت! در مقادیر ماده ی اولیه ی در آن واکنش در دستورهای ترکیبی تغییری داده شده بود و این تغییر بگونه ای بود که مواد اولیه گران قیمت کمتر مصرف می شد و در مقابل مواد اولیه ارزان قیمت تر بیشتر وارد چرخه ی واکنش می شد دوباره به فرمول شیمیائی محصولات آن برگشتم و آن را بیشتر بررسی کردم این تغییرات در مواد وارد شده به عنوان مواد اولیه باعث شده بود تا در محصولات تولیدی تغییراتی ناخواسته ایجاد شود و در بعضی بخش ها حتی ماده ای متفاوت تولید گردد که شاید در محصول نهائی سبب بوجود آمدن آثار زیان بار و مخرب

هم می شد. این اولین نکته ای بود که بررسی های آن روز برای من در پی داشت به نظرم این تغییر بصورت عمومی و برای کسب سود بیشتر صورت گرفته بود.

به خانه برگشتم مدتی بعد در اتاق نشیمن با پدرم مشغول صحبت بودیم! به یاد برچسب های قدیمی افتادم که روی مواد اولیه در آن انبار دیده بودم که با برچسب های جدید پوشانده شده بود ابتدا موضوع صحبت را در مورد برچسب های مختلف با پدرم باز کردم و سپس از انواع مختلف آنها صحبت کردیم و پس از آن ویژگی های این بر چسب ها را برای پدرم توضیح دادم و در نهایت از پدرم پرسیدم: "پدر چگونه می توان به اصل و یا تقلبی بودن برچسب هایی از این نوع پی برد؟"

او نحوه ی تشخیص انواع تقلبی از این بر چسب ها را از انواع اصلی آنها را توضیح داد و حتی با توضیحات بیشتر خودش برایم از انواع قدیمی تر و همینطور انواع جدید آن که امروزه مورد استفاده قرار می گیرد، گفت... با توجه به توضیحات او مشتاق شدم که آن شب قبل از خواب دوباره به سراغ عکس هایی که از آن بر چسب ها گرفته بودم بروم و نگاه دوباره ای به آنها بیندازم، آن برچسب های قدیمی نشان دهنده ی مواد اولیه ای بود که در آن زمان تاریخ مصرف آنها گذشته بود و برچسب های جدید نشان دهنده ی هیچ

مشکلی نبود و تنها ظاهری شبیه به برچسب های اصلی داشت و این یعنی برچسب های تقلبی!

از آنجا که محصولات آن تولیدی در بخش لوازم آرایشی و بهداشتی مصرف می شد همین دو مورد یعنی تغییر در فرمول شیمیایی مواد شیمیایی تولیدی و همینطور استفاده از مواد اولیه تاریخ مصرف گذشته می توانست اثرات بسیار زیانباری را بروی مصرف کنندگان بوجود بیاورد و این بسیار بد بود. به خانه بازگشتم و در حالیکه برای خوابیدن آماده می شدم چشمم به تلویزیون اتاق افتاد که هنگام ورود به اتاق روشن کرده بودم متوجه شدم که شخص دیگری نیز با همان شرایط فرد قبلی در خانه اش سوخته بود و این موضوع، خبر از یک قتل دیگر می داد از تصاویر و حالت شطرنجی تلویزیون نمی شد به موضوع خاصی پی برد بنابراین دوباره به خانه قدیمی بازگشتم و مستقیماً به سراغ پرونده های پلیس رفتم آنهائی که مربوط به این مورد بود را با دقت شروع به خواندن کردم در بخش عکس های مربوط به جسد با عکس هائی مشابه روبرو شدم تقریباً بدون اینکه هیچ یک از لوازم اتاق خواب دچار حریق شود و یا اثری از آتش بروی تختخوابش دیده شود آن شخص در آنجا سوخته بود و از بدنش چیزی به جز حجمی از ذغال باقی نمانده بود! گویی آتشی از جهنم بر او نازل شده بود همینطور به عکس هایش نگاه می کردم با دقت به جزئیات هرکدام از عکس ها چندین

مرتبه نگاه کردم، تا شاید موضوع جدیدی را ببینم اما انگار بی فایده بود اگر او آتش گرفته بود پس چرا هیچ اثری از رفتاری که نشان دهنده ی آن باشد وجود نداشت، بالاخره باید او کاری برای رهائی از آتش انجام داده باشد پس چرا در این مورد هیچ اثری از تلاش کردن وجود نداشت؟ انگار او مسخ شده بود و بعد از آن به آتش کشیده شده بود در همین زمان بود که احساس بالا رفتن رطوبت در محیط باعث شد که به پشت سرم نگاه بکنم خودش بود! روح سرداب، جا خورده بودم و از دیدن او در آنجا تعجب کرده بودم، در حالیکه به او نگاه می کردم احساس کردم برای گفتن چیزی به اینجا آمده است کم کم صدای زمزمه هایش را شنیدم که می شد از بین آنها تنها یک کلمه را تشخیص داد "ناجی"! به هنگامیکه این کلمه را شنیدم قبل از اینکه چیزی بگویم بر زمین زانو زد و سپس در زمین فرو رفت و سپس محو و ناپدید شد. این رفتار او بسیار تعجب برانگیز بود اما از آنجائیکه رفتار دوستانه ای داشت نگران آن نبودم به خصوص که او از کلمه ناجی استفاده کرده بود و این به من اطمینان خاطر می داد.

دوباره به بررسی عکس ها پرداختم همه چیز مانند قبل بود، درب و پنجره ها کاملاً از داخل قفل شده بودند و احتمال ورود شخص دیگری از خارج از آنجا وجود نداشت آن طور که دوربین های مداربسته خانه نشان می داد این حادثه حدود نیم ساعت پس از

ورودش به خانه اتفاق افتاده بود و مشابه به قتل قبلی بود. اما او که بود؟

عجب! بررسی مشخصات و همینطور اطلاعات ثبت شده از وی نشان می داد که این فرد شریک همان نفر قبلی و مالک بخشی از آن تولیدی بود، شاید دانستن این موضوع خودش به دلیل نامعلوم، قتل یکسان آنها اشاره می کرد و می شد حدس هایی درباره مرگ دردناک و فجیع اما مشابه به هم آنها زد. دوباره مشغول به بررسی عکس های جسد او شدم و آنها را نگاه کردم! ناگهان نقطه ای بروی پیشانی او که تیره تر از سایر بخش های صورتش بود، توجهم را به خودش جلب کرد! به عکس های قبل از قتل او نگاهی کردم در آن قسمت هیچ خالی و یا نشانه ای از آسیب دیدگی و یا جای زخمی در گذشته وجود نداشت عکس جسد را نزدیک تر بردم خال نبود بیشتر شبیه به جای یک زخم یا چیزی مثل آن بود تا جائیکه امکان داشت تصویر را نزدیک کردم اما همچنان واضح نبود سرانجام تصمیم گرفتم برای بزرگنمائی بیشتر آن قسمت از عکس از نرم افزارهای کامپیوتری مخصوص این کار استفاده کنم اما این کار مدتی زمان می برد برای همین هم تصمیم گرفتم تا کامل شدن فرآیند بزرگنمایی و وضوح آن به خانه برگردم و کمی استراحت کنم. به خانه بازگشتم و از شدت خستگی در حالی که نمی توانستم

به وقایعی که در آن روز افتاده بود فکر نکنم بروی تختم به خواب رفتم.

صبح زود از خواب پریدم و بلافاصله به خانه قدیمی رفتم و اولین چیزی که بر صفحه ی مانیتور کامپیوتر نمایش داده می شد تنها یک کلمه بود و آن "عدالت" بود، حاصل بزرگنمائی آن تیرگی بر پیشانی آن شخص تنها کلمه عدالت بود که به شکل خاصی از ترکیب چند بخش بوجود آمده بود. اما چطور امکان داشت! اول آتشی جهنمی که سوزانده بود و هیچ نشانی از خودش باقی نگذاشته بود و گویی از درون جان او سرچشمه گرفته بود و اکنون داغی از عدالت بر پیشانیش نقش بسته بود.

تعجبم چند برابر شده بود تا چند دقیقه به آن خیره شده بودم و سعی می کردم تا با عقب و جلو کردن تصویر از درستی موضوع مطمئن بشوم این موضوع به خودی خودش تعجب آور بود چه برسد به اینکه اکنون با این لکه ای که بر پیشانیش نقش بسته بود نیز مواجه شده بودم. بسرعت به پوشه ی عکس های شخص قبلی که به قتل رسیده بود رفتم و دنبال تصویری از صورت وی گشتم و پس از یافتن آن با دقت به آن نگاه کردم آن هم لکه ای مشابه با این جنازه بر روی پیشانی خودش داشت با کمک نرم افزار شروع به بزرگنمائی آن تیرگی کردم اما این کار مدتی طول می کشید تصمیم گرفتم تا با یک تغییر قیافه و کمی گریم به سراغ همان

کارگر اخراجی بروم که آن نوشته را از او در انبار تولیدی خوانده بودم اما چگونه می توانستم آدرس وی را پیدا کنم؟

بخش سوم: جایی برای مردمان پاک نیست

برای اینکار به محل تولیدی رفتم و از او پرس و جو کردم تا سرانجام یکی از همکاران قدیمی او آدرسش را به من داد زمانی که به در خانه اش رسیدم تقریباً ظهر شده بود چندین مرتبه زنگ خانه را زدم اما جوابی داده نشد شاید هیچ کسی خانه نبود و یا اینکه کسی بود اما قصد گشودن در خانه را نداشت برای اینکه مطمئن شوم که هیچ کسی خانه نیست دو مرتبه دکمه زنگ خانه را محکم فشار دادم خانم همسایه ی آنها از لای درب خانه اش تمام وقایع را نگاه می کرد کمی جلوتر رفتم و از او پرسیدم "آقای بی گناه نیستند" شما از او خبری ندارید؟ و یا می توانید شماره تلفن همراهش را در اختیارم قرار بدهید؟

بدون اینکه حرف دیگری بزند گفت: " چهار راه بعدی یک مغازه کوچک دارد روزنامه و این جور چیزها می فروشد"

و پس از آن به همان سرعت که آمده بود برگشت و سپس در را بست و رفت. به چهار راه بعدی رفتم خانم همسایه درست گفته بود از دور او را دیدم در حال مرتب کردن روزنامه ها و سایر لوازمش بود و سپس به داخل مغازه اش رفت البته نمی شد اسم آنجا را مغازه گذاشت در حقیقت یک زیر پله ی معمولی بود که بخشی به آن الحاق شده بود و او در آنجا کار می کرد، زمان مناسبی بود افراد کمی در آن ساعت روز از آنجا می گذشتند، بنابراین به بهانه خرید روزنامه خودم را مشغول به نگاه کردن روزنامه ها کردم و او را دیدم

که در حال نهار خوردن است از او اجازه خواستم تا برروی جعبه ای که در مغازه اش بود بنشینم؟ با دست اشاره ای کرد که نشان می داد با این موضوع موافق است، لقمه را که فرو برد تعارفی هم به من کرد از او تشکرکردم و این بهانه خوبی بود که سر صحبت را با او باز بکنم در حال گفتگو از این طرف و آن طرف و این چیز و آن چیز بودیم و من هم به فکر اینکه چطور موضوع تولیدی مواد شیمیایی را که او قبلا در آن مشغول بکار بوده است را به میان بکشم برای همین به او گفتم: " فکر می کنم شما را قبلا در جایی دیده باشم! "

بصورت کامل به سمت او چرخیدم و همینکه می خواستم ادامه بدهم...

ناگهان از ادامه گفتگو امتناع کرد از جای خودش بلند شد و چوب دستی اش را که به دیوار مغازه اش تکیه داده بود برداشت و مقابل من ایستاد و با خشم از من پرسید "چه کسی تو را به اینجا فرستاده است؟"

در پاسخ به او گفتم: "چطور؟"

با عصبانیت کاغذی را که آدرس و شماره اش را نوشته بودم از بین لوازم در دستم بیرون کشید و گفت: "بخاطر این!"

ای وای... گمان نمی کردم که بتواند از آن فاصله آن تکه کاغذ را ببیند چه برسد به اینکه نوشته روی آن را هم بخواند؟!

آرام و بدون اینکه باعث تحریک بیشتر وی بشوم کاغذ را از دستش بیرون کشیدم و گفتم: "لطفاً بنشین"

انگار نمی خواست چیزی را قبول کند و پشت سرهم می پرسید:" چه کسی من را فرستاده است". و کم کم صدایش حالت فریاد به خودش گرفته بود، برای اینکه توجه سایر افراد به این موضوع جلب نشود دستش را گرفتم تا کمی او را آرام کنم، اما با عصبانیت دستش را از دستم بیرون کشید و دست من را پس زد و دوباره شروع به پرسیدن سوال خودش کرد. اگر به همین شکل ادامه می داد ممکن بود مردم به دور ما جمع بشوند، البته در آن ساعت روز به جز اتومبیل های عبوری افراد زیادی از آنجا نمی گذشتند و این از اقبال من بود با سرعت به داخل مغازه اش رفت شاید می خواست وسیله ای به جز آن چوبدستی بردارد دنبالش به داخل مغازه رفتم ولی همین که می خواستم با او حرف بزنم با چوب دستی ضربه ای به شانه ام زد روی زمین افتادم و زمانیکه می خواست ضربه ی دوم را بزند احساس خروج نیروی زیادی را از دستم کردم این نیروی عجیب و قدرتمند او را به سقف آنجا کوبید. و او بیهوش بر روی زمین افتاد بعلت سقوط از ارتفاع سقف مطمئن بودم که دچار آسیب دیدگی شده است، از شدت برخورد بینی اش با زمین می

شد حدس زد که در ناحیه بینی دچار شکستگی شده است، با احتیاط نزدیک او رفتم و برای اینکه بتوانم صورتش را بهتر ببینم او را در همانجائیکه بود غلتاندم به صورتش نگاهی انداختم و هنوز از اتفاقی که افتاده بود گیج بودم و نمی دانستم که چه بلایی به سرش آورده ام هنوز هم احساسی عجیب داشتم پس برای اینکه اتفاق نامطلوب دیگری رخ ندهد بلند شدم و از آنجا خارج شدم در بین راه به این فکر می کردم که اگر بینی اش شکسته باشد مطمئنا نیاز به عمل خواهد داشت و تامین هزینه این عمل هم با توجه به وضعیت مالی او مسلما برایش ممکن نبود بنابراین تصمیم گرفتم که به آنجا بازگردم و مقداری پول در صندوقی که دیده بودم پول ها و چند چیز دیگر را در آن نگهداری می کند برایش گذاشتم و در ضمن جعبه ای که قبل از آن بروی آن دم درب مغازه نشسته بودم را به کنارش بردم و بصورت وارونه روی زمین گذاشتم و بعد از آن لامپ سقفی آنجا را باز کردم و در کنار دستش به زمین انداختم تا بشکند و به این ترتیب هر فردی او را می دید گمان می کرد که او در حال دستکاری لامپ سقفی بوده است که بروی زمین افتاده است. دوباره به او و آنجا نگاهی انداختم همه چیز بگونه ای بود که در یک سقوط از روی جعبه رخ می داد، پس از آن از آنجا خارج شدم اما کمی دورتر و از پشت درختی به آنجا نگاه می کردم تا از سرانجام آن اتفاقات آگاه بشوم و سرنوشت وی برای من معلوم شود.

خانمی که ظاهرا همسرش بود به داخل آن مغازه رفت و هنوز چند ثانیه نگذشته بود که صدای داد و فریادش آمد به سرعت به بیرون از آنجا آمد و به فروشگاه کناری رفت و چند نفری برای کمک به او همراهش خارج شدند و مغازه روزنامه فروشی رفتند. چند دقیقه بعد هم آمبولانسی از راه رسید و دو نفر از آن پیاده شدند و به داخل مغازه رفتند و پس از آن وی را به آمبولانس بردند تا به بیمارستان شهر منتقل بکنند همسرش هم سراسیمه درب آنجا را بست و سوار آمبولانس شد و همراه آنها به آن بیمارستان رفت. او را به بیمارستان شهر بردند و این را می شد از روی نوشته های کنار آن آمبولانس فهمید و این بدان معنی بود که من می توانستم به راحتی به آنجا بروم و از حال او آگاه بشوم. خیالم تا حدودی راحت شده بود بنابراین تصمیم گرفتم تا به خانه قدیمی باز گردم بخشی از مسیر را قدم زدم و به اتفاقی که افتاده بود فکر کردم و بخش دیگر را با اتوبوس رفتم مدتی را در پارک کنار خانه گذراندم و پس از آن قدم زنان به خانه قدیمی رفتم چندان تمایلی به انجام کار نداشتم و در عین حال کنجکاو بودم تا از نتیجه بزرگنمایی آن لکه بر روی پیشانی آن فرد آگاه بشوم از دیدن آنچه بر مانیتور نقش بسته بود تعجب زیادی نکردم دوباره همان کلمه یعنی عدالت نوشته شده بود این عبارت به شکل یک طرحی از یک کلمه آن هم بر روی پیشانی یک جسد سوخته...!؟

به سایت بیمارستان رفتم و از آنجا به پرونده ی آن کارگر تولیدی رفته و شروع به خواندن آن کردم، درست حدس زده بودم بینی او شکسته بود و درحال حاضر پزشکان مشغول مداوای وی بودند.

باید منتظر می ماندم تا بتوانم با او صحبت بکنم دو روز گذشته بود و امروز گریم جدیدی روی خودم انجام دادم و بدون اینکه فردی من را ببیند از خانه خارج شدم و به بیمارستان رفتم. البته از محتویات پرونده ی آن کارگر تولیدی، محل بستری شدنش را قبلا پیدا کرده بودم و به اتاق او رفتم خوشبختانه کسی به جز خودش در آنجا نبود به کنار تختش رفتم با دیدن من ترسیده بود، قبل از آنکه دست به اقدام غیر منتظره ای بزند داستان خواندن آن نوشته ی داخل انبار را برای او تعریف کردم، البته داستان را بگونه ای تغییر دادم که گمان بکند اتفاقی آن نوشته را دیده ام و از نحوه ی ورودم به انبار هم هیچ چیزی نگفتم، و او پرسید "چرا این همه راه را برای دیدن من آمده ای؟"

و من هم در جوابش گفتم: " می خواهم علت اخراج شدنش را بدانم"

و او هم که گویی به دنبال فردی بود که بتواند کمی با او درد دل بکند همه چیز را به طور کامل برای من تعریف کرد...

قبل از اینکه از آنجا خارج شوم از علت شکستگی بینی اش پرسیدم و او گفت که از آن ماجرا چیزی به خاطر ندارد ولی ظاهراً علت آن افتادن از روی جعبه ای بوده است که برای تعویض لامپ بروی آن ایستاده بوده است. خوشبختانه از ماجرای آن روز چیزی در خاطرش نمانده بود و این خیلی خوب بود! به خانه قدیمی که رفتم به حرف های او فکر کردم او یک کارگر ساده در یک تولیدی مواد شیمیائی بود که پس از اینکه تاریخ آن مواد اولیه شیمیایی را دیده بود و به تاریخ مصرف گذشته بودن مواد اولیه پی برده بود این موضوع را به سر کارگر آنجا گفته بوده است پس از آن علاوه بر کتکی که خورده بود مورد تهدید بیشتر هم قرار گرفته بود و علاوه بر این از کارش هم اخراج شده بود و ضمن اینکه چند مورد آزار و اذیت دیگر هم شامل حالش شده بود! شاید علت رفتار آنروز هم در مغازه اش همین موضوع بود. به هر حال امیدوارم که بعد از این بتواند زندگی آرام تری را تجربه کند...

نفر بعدی که باید به دیدنش می رفتم مسئول انبار آن تولیدی بود مطمئناً او از مواد اولیه تاریخ مصرف گذشته باخبر بود مدت زمانی طول کشید تا به خیابان خانه ی او رسیدم از دور می شد ساختمانی را که او در آن ساکن بود دید! با توجه به شغلش و درآمد حاصل از آن در خانه گران قیمتی ساکن بود هنوز به ساختمان آپارتمانش نرسیده بودم که ابتدا یک نور و سپس شعله های زیادی

از پنجره های آپارتمانش به بیرون زبانه کشید فوراً با آتش نشانی تماس گرفتم و برای کمک به او به داخل ساختمان رفتم زمانیکه او را پیدا کردم نیمه جان افتاده بود اما متاسفانه هنگامی که به خارج از ساختمان منتقلش کردم مرده بود! این فرد هم نتوانست به من کمک زیادی بکند. به خانه بازگشتم از تلویزیون در حال دیدن اخبار حوادث بودم که حادثه مربوط به آپارتمان مسئول انبار "انباردار"، آن تولیدی را نشان می داد در میان فیلم های گرفته شده خودم را دیدم که با تغییر قیافه ای که داده بودم به هیچ عنوان قابل شناسائی نبودم و در گوشه ای به آن ساختمان و آپارتمان آتش گرفته نگاه می کردم چند روزی به همین منوال گذشت و هیچ کاری در این مورد انجام ندادم تا اینکه دوباره تصمیم گرفتم به خانه ی قدیمی بروم در آنجا ابتدا به سایت آتش نشانی وارد شدم و به خواندن گزارش های موجود در مورد آتش سوزی آپارتمان مسئول انبار تولیدی مشغول شدم تمام آنها این حادثه را مربوط به نشت گاز می دانستند و این حادثه ی اتفاقی به شمار می رفت بنابراین اگر این گزارش ها درست باشد این اتفاق ارتباطی به دو قتل قبلی نداشت اما باز هم برای برطرف کردن شک و تردید خودم با تغییر قیافه ای جدید به آپارتمان وی رفتم و توانستم به فیلم های گرفته شده توسط دوربین های آن مجموعه ساختمان نگاهی بیندازم هیچکدام از آنها ورود و یا خروج فرد غریبه ای را به آن آپارتمان نشان نمی داد به آپارتمان نیمه سوخته او رفتم و تمام

مسیرهای گاز و لوازم گاز سوز را هم بررسی کردم تا شاید به نتیجه ای غیر از آن چه که اعلام شده بود برسم در تمام موارد اتفاقی بودن این حادثه را می شد مشاهده کرد در گزارش آتش نشانی نشت گاز از اجاق خوراک پزی علت آن ذکر شده بود و این در حالی بود که بررسی اجاق گاز با توجه به شدت آسیب آن امکان پذیر نبود. و مهمترین تفاوت این اتفاق با دو مورد قبلی این بود که همه چیز تقریبا به طور کامل سوخته بود و اگر آتشی از جهنم آن دو نفر قبلی را سوخته بود این آتشی از همین دنیای خودمان بود و من در این مورد هیچ شکی نداشتم. به خانه قدیمی بازگشتم و دوباره به سایت پلیس واردشدم و پرونده ی دو قتل قبلی را خواندم به جز چند نتیجه آزمایش چیز دیگری به آنها اضافه نشده بود. در نتیجه آزمایش های جدید احتمال اینکه آنها قبل از آتش گرفتن بیهوش بوده باشند به طور کلی منتفی شده بود بنابراین آنها در تمام طول مدت سوختن در آتش از هوشیاری کامل برخوردار بوده اند به ویژه اینکه نتایج کالبد شکافی هم بیان می کرد که هیچگونه ضربه ای به سر آنها وارد نشده بوده است. تا اینجا این موضوع کمی گیج کننده شده بود باقی روز را به پارک کنار خانه رفتم و مدتی در آنجا برروی یکی از نیمکت ها که منظره ای مناسب داشت نشستم و به این موضوع فکر کردم.

بخش چهارم: زایش ماده جدید از ترکیب مواد

ناگهان کودکی که دو بطری نوشابه داشت توجهم را جلب کرد یکی سیاه بود و دیگری زرد، او در ظرفی از هرکدام از آنها می ریخت و آنها را با یکدیگر ترکیب می کرد و در بازی خودش نوشابه ای جدید بوجود می آورد و به عنوان محصول جدید خودش به دوستانش ارائه می داد این کار او باعث شد تا به یاد مسئول آزمایشگاه آن تولیدی بیفتم اگر درصد های ترکیبی مواد اولیه تغییر کرده بود مطمئناً او باید از آن باخبر باشد اما در آن لحظه احساس می کردم که برای رفتن به خانه اش کمی دیر باشد و ترجیح دادم مدت بیشتری در آن پارک وروی آن نیمکت بنشینم متوجه شدم که چند روزی است دچار تغییراتی شده ام که مرا متفاوت از گذشته کرده است و اتفاقی که در آن مغازه افتاد را هم هنوز نتوانسته بودم علتی برای آن بیابم دیگر شب شده بود باید به خانه باز می گشتم در راه بازگشت به خانه قدم زنان در حال رفتن بودم ناگهان احساس نیازی در من بوجود آمد بگونه ای که احساس می کردم باید پیاده روی بیشتری بکنم، ترجیح دادم در جهت مخالف مسیر رسیدن به خانه به پیش بروم هدفم از این کار این بود که بدانم در نهایت این احساس نیاز به کجا ختم می شود همچنان می رفتم تا اینکه به ایستگاه اتوبوس رسیدم و در آن لحظه آخرین اتوبوس شیفت شب سوار شدم تصمیم گرفته بودم تا در ایستگاه آخر پیاده شوم و مسیر طی شده توسط اتوبوس را پیاده به خانه برگردم، برای مدتی کوتاه بر روی صندلی اتوبوس خوابم برد تا در ایستگاه آخر با صدای راننده

اتوبوس از خواب بیدار شدم احساس قدرت و انرژی زیاد داشتم از اتوبوس پیاده شدم و به آسمان نگاهی انداختم دقیقاً نمی دانستم که آنجا کجای شهر بود؟! تا به حال به آن محل نرفته بودم اما چه اهمیتی داشت من می خواستم طول مدت پیاده روی بیشتری داشته باشم، شروع به پیاده روی کردم در مسیری که می رفتم فرد دست فروشی شروع به راه رفتن در کنارم کرد و از من می خواست تا یکی از کلاه های او را بخرم نگاهی به کلاههای او انداختم هم برای اینکه او را شاد کرده باشم و هم برای اینکه زودتر تنهائی خودم را بدست بیاورم یک کلاه از او خریدم فکر بدی به نظر نمی رسید کلاه او را پوشیدم اینطوری قدری متفاوت تر شده بودم دستهایم را به جیبم فرو بردم متوجه شدم که چیزی شبیه به مو در آن است برای اینکه بدانم چیست آنرا بیرون آوردم یک ریش مصنوعی بود و جعبه ای کوچک و باریک که مقداری لوازم گریم در آن گذاشته بودم و همیشه برای درست کردن خرابی احتمالی گریمم همراهم بود، آن را از جیبم برداشتم. برایم عجیب بود که چطور تا به آن لحظه متوجه آن ریش نشده بودم اما این موضوع اهمیتی نداشت ریش را در آینه خودروئی که کنار خیابان پارک بود چسباندم و به پیاده روی خودم ادامه دادم.

در این لحظه بود که متوجه شدم، علاوه بر اطراف خودم توانائی این را پیدا کردم که محیط های دیگر را هم ببینم یعنی در یک

زمان چندین محل را می دیدم خانه خودمان، محل کارم، خانه قدیمی، خیابانی که در آن پیاده روی می کردم و بطور کلی همه جا را می توانستم ببینم ناگهان در بخشی از آنچه می دیدم متوجه خانمی شدم که سارقی قصد ربودن کیف دستی او را دارد و در کوچه ای خلوت در حال تعقیب او بود احساسم به من می گفت که او نزدیک اینجاست برای همین هم به آن سمتی که حس می کردم رفتم زمانیکه به داخل آن کوچه رسیدم آن سارق با آن زن درگیر شده بود و سعی داشت تا به اعمال زور و ضرباتی که به آن خانم می زد کیفش را از او بگیرد ضربه مشتی به صورت آن خانم زد آنها تقریباً در انتهای آن کوچه خلوت بودند و فاصله ی من از آنها زیاد بود و به سرعتم افزودم تا خودم را سریع تر به آنها برسانم و به آن خانم کمک بکنم اما داشت دیر می شد آن سارق چاقو کوچکی را از جیبش بیرون آورد و با آن بر روی بازوی آن خانم کشید با دیدن این کارش حس عصبانیت حس غالب بر من بود ناگهان تمام وجود آن سارق را در اختیار خودم احساس کردم و دیگر او هیچ اراده ای نداشت برای اینکه بداند که چاقوی او چه آسیبی به آن خانم زده است وادرارش کردم که شروع به کشیدن چاقو بر روی بدن خودش بکند از درد فریاد می زد اما اراده ای نداشت که بتواند جلوی خودش را بگیرد او حتی نمی دانست که چه اتفاقی افتاده است با دیدن این وضعیت خودم را به پشت یک اتومبیبل پارک شده رساندم تا از دید آنها پنهان باشم. سارق کیف

آن خانم را رها کرد و زن می توانست برود اما با دیدن این اتفاقات جائی نرفت و به دیدن درد کشیدن آن سارق مشغول شد آن خانم با صورت خون آلودش لبخند می زد و می شد شادی او را از دیدن این اتفاق در چهره اش مشاهده کرد. اراده ی آن سارق را بازگرداندم ولی او از شدت درد به زمین افتاد و به خودش می پیچید آن خانم هم همچنان به او نگاه می کرد به طرف دیگر آن کوچه نگاهی انداختم آن زن همچنان به آن سارق نگاه می کرد و پس از چند ثانیه بر روی زمین به دنبال چیزی می گشت حدس می زدم که شاید به دنبال لوازم داخل کیفش می گردد تا آنها را جمع کرده و از آنجا برود اما انگار این طور نبود او به سرعت به سمت زباله های آنطرف کوچه رفت و از کنار آن ها چوب یا لوله ای را برداشت به کنار آن سارق رفت و آنچنان با شدت با آن به سرش کوبید که حدس می زنم جمجمه اش له شد با دیدن این اتفاق بدون آنکه دیده شوم از آنجا دور شدم اما احساس رضایتی از جانب آن خانم به من منتقل می شد که لذت بخش بود همچنان پیاده به سمت خانه می رفتم با طلوع خورشید تصمیم گرفتم تا ادامه مسیر را با تاکسی به خانه بروم در چند کوچه قبل از خانه از تاکسی پیاده شدم کمی پیاده کوچه ها را طی کردم تا به خانه رسیدم و در آنجا تنها به اتفاقاتی که شب گذشته افتاده بود فکر می کردم برای آنکه ذهنم کمی راحت شود تلویزیون را روشن کردم باز هم انبار حوادث بود انگار این حوادث را پایانی نبود اما نه انگار این دفعه چندان هم

روشن کردن تلویزیون بد نبود برای اینکه اخبار داشت همان سارق شب گذشته را نشان می داد که از شدت جراحات و شکستگی جمجمه در بیمارستان بستری شده بود، نیروهای پلیس هنوز از علت حادثه اطلاعی در دست نداشتند و سارق هم بیهوش در بیمارستان بر روی تخت بود و هنوز از هویت و ماهیت او اطلاعی نداشتند.

مدتی که از به خانه رسیدن من گذشت با توجه به اینکه تقریبا تمام شب گذشته را نخوابیده بودم روی تخت خودم دراز کشیدم و سعی کردم خوابم ببرد اما گویی از خواب خبری نبود و یا شاید بهتر است بگویم که هیچ احساس خستگی نداشتم کمی فکرم مشغول این موضوع شده بود بسیار اتفاق افتاده بود که برای مدت طولانی نخوابیده بودم اما در تمام این موارد احساس خستگی را هم در کنار آن احساس می کردم و یا حداقل کمی خواب آلوده بودم اما چطور امکان داشت که این مرتبه از هیچکدام از اینها خبری نبود، از تخت خواب بلند شدم و کمی در اتاق قدم زدم اما فضای اتاق به نظرم کوچک می آمد برای همین هم به اتاق نشیمن بالا رفتم و در آن قدم زدم اما باز هم همان احساس به سراغم آمد به باغ خانه رفتم گویی هوای تازه آنجا باعث شده بود تا کمی احساس بهتری داشته باشم دیگر صبح شده بود. دوباره احساس رضایتی که شب گذشته برای اولین مرتبه از جانب آن خانم

احساس کرده بودم به سراغم آمد! شاید که آن خانم در آن لحظه از نجات معجزه آسای خودش از دست آن سارق احساس رضایت داشت.

کمی که گذشت تصمیم گرفتم تا آدرس مسئول آزمایشگاه آن شرکت تولیدی را پیدا بکنم و برای بدست آوردن اطلاعات بیشتر در این مورد کمی هم از درباره او تحقیق کنم، بنابراین با یک تغییر قیافه که این مرتبه به نظر خودم خیلی خوب شده یک تاکسی گرفتم و به آن تولیدی مواد شیمیائی رفتم... هنوز از تاکسی پیاده نشده بودم که مسئول آزمایشگاه آن تولیدی را دیدم چند شب قبل که به انبار آزمایشگاه رفته بودم عکس او را بر کارت نصب شده روی روپوش آزمایشگاهش دیده بودم اگر می رفت ممکن بود مدتی طول بکشد تا دوباره او را ببینم برای همین هم از راننده تاکسی خواستم تا او را تعقیب بکند راننده تاکسی هم بدون اینکه علت را بپرسد از این کار استقبال کرد ظاهراً هیجان مربوط به کارهای ماجراجویانه را دوست داشت، تعقیب مسئول آزمایشگاه مدتی طول کشید تا زمانیکه به خانه اش رسید و من از تاکسی پیاده شدم راننده ی تاکسی آنقدر از این تعقیب خوشش آمده بود که حتی راضی به کرایه گرفتن هم نشد در مقابل یک کارت به من داد که روی آن شماره اش نوشته شده بود و از من خواست تا مرتبه های بعد هم برای تعقیبب این فرد به او زنگ بزنم ایده ی بدی به نظر

نمی رسید کارت را از راننده تاکسی گرفتم. راننده تاکسی دور زد و بر عکس مسیری که آمده بودیم رفت. خانه آن مسئول آزمایشگاه خانه ای ویلائی و بزرگ بود برای یک مسئول آزمایشگاه یک تولیدی مواد شیمیایی خانه ای گران قیمت به حساب می آمد باید سری به داخل آن می زدم شاید چیزی بدست می آوردم که کمکم می کرد اما در آن وقت روز که نمی شد به داخل آن خانه بدون دیده شدن رفت. بنابراین باید تا شب منتظر می ماندم هنوز چند ساعتی تا شب وقت باقی مانده بود در گوشه ای از آن خیابان چند نیمکت بود برروی یکی از آنها نشستم و مشغول خواندن روزنامه شدم در عین حال زیر چشمی آن خانه را زیر نظر گرفته بودم از دور نگاهش می کردم تا اینکه سرانجام شب شد اما با غروب خورشید و فرا رسیدن شب با منظره ای عجیب مواجه شدم تعداد لامپ هائی که در آن خانه روشن بود بیش از دو برابر یک خانه عادی بود در حقیقت مثل خانه ای بود که فردی در آن زندگی می کند که ترس زیادی از تاریکی دارد آن خانه یک خانه دوبلکس ویلائی بود! با وجود اینکه می شد مسئول آزمایشگاه آن تولیدی و همسرش را در طبقه ی بالا دید تمام چراغ های حیاط و طبقه پائین و چند لامپ در پشت بام هم زمان روشن بود با آن شرایط نمی شد به داخل آن خانه رفت و باید فکری می کردم نمی شد که بی گدار به آب زد بنابراین به خانه بازگشتم تا در زمانی مناسب بازگردم.

این اولین مرتبه بود که با چنین حالتی مواجه شده بودم چرا تمام چراغ های آن خانه می بایست روشن می بود؟! روی تختم دراز کشیده بودم و تمام این اتفاقات اخیر را در ذهنم مرور می کردم به یاد عکس هایی افتادم که چند مدت قبل از این دیده بودم تمام آن عکس ها مربوط به عارضه های پوستی شدیدی بود که برروی چهره و بدن افراد پدیدار شده بود و در توضیحات آن آمده بود که علت بوجود آمدن آنها مشخص نمی باشد باید فردا در اولین زمانیکه امکان آن وجود داشت برای دانستن علت آن شروع به تحقیق می کردم اما قبل از آن باید راهی برای ورود به آن خانه پیدا می کردم برای یافتن بهترین راه ورود به آن خانه ابتدا مقداری داده های مختلف از آن خانه نیاز داشتم و برای دانستن علت رفتار عجیب مسئول آزمایشگاه در روشن کردن بیشتر چراغ های برق خانه نیاز به داده هائی در مورد شخصیت و همینطور ویژگی های اخلاقی وی داشتم برای همین موضوع تصمیم گرفتم ابتدا سری به پروفایل مربوط به او بزنم که قبل از این کپی کرده بودم بنابراین نیاز داشتم که به خانه ی قدیمی بروم پس به راه افتادم برای اینکه باعث بیدار شدن پدر و مادرم نشوم لامپ هایی بیشتر از آنچه که روشن بود را در باغ روشن نکردم که باعث کاهش دیدم شده بود از طرفی هم عجله داشتم تا سریع تر به خانه قدیمی برسم در هنگام عبور ناخواسته پایم به لبه ی باغچه گرفت و زمین خوردم کمی در همانجا نشستم چشمم به ماه افتاد قرص کامل ماه در آن لحظات

زیبائی دو چندان داشت و ستاره هائی که در اطراف آن بودند هر کدام داستان خود را روایت می کردند... با دیدن این همه زیبائی خودم را به لبه ی باغچه رساندم و روی آن نشستم در آن لحظه انگار دلم نمی خواست که بدنبال هیچ چیز دیگری بروم حسابی هوائی شده بودم! هوای زندگی کردن درحال در یک لحظه و زمان همان حس خواستنی بود که مدت ها فراموشش کرده بودم مدت ها بود که همواره در پی یافتن پاسخ پرسش ها و حوادثی بودم که در پیرامون من اتفاق افتاده بود اما آن لحظه چقدر زندگی در لحظه زیبا بود نه افسوس گذشته ای بود و نه دغدغه ی آینده ای، بی گمان زیبا بود چشم از آسمان بر نمی داشتم و غرق در آن رویای عظیم شده بودم مدتی گذشت به درختان باغ نگاه کردم و مرا یاد اولین روزی انداخت که به آن خانه آمده بودم هنوز هم خاطرات آن در ذهنم مثل همان روز واضح بود. نگاهم به شاخه های گل رزی افتاد که در باغچه کاشته شده بود چند عدد گل زیبا که تابش نور مهتاب بر آن خیره کننده شده بود و چند عدد غنچه در اطراف آن ها اما در میان غنچه های آن گل یک غنچه بود که می شد تمایل آن به باز شدن را دید انگار به انتظار خورشید نشسته بود تا زندگی جدید خودش را آغاز کند ناخودآگاه دستی به آن کشیدم با دست کشیدنم انگار آن غنچه هم شکفته شده و نوری را برای چند ثانیه به اطراف تاباند با دیدن این اتفاق تعجب زده بلند شدم و به عقب رفتم با تعجب به اطرافم نگاهی انداختم چشمم به خانه

قدیمی افتاد و دوباره همان افکار همیشگی به سراغم آمد اما این اتفاق عجیب و نادر بود برای همین هم نمی شد به آن فکر نکرد اما این اتفاق و چند اتفاق قبل از آن مربوط به خودم بود و در آن لحظه حسی مبهم در من مانع از آن می شد که خیلی به آن ها فکر کنم حسی مبهم که به من می گفت برای شناختن آن باید مدتی صبر کنم...! اتفاقاً خودم هم از شناخت آن کمی هراس داشتم، پس به راهم به سمت خانه قدیمی ادامه دادم.

به خانه قدیمی رسیده بودم. به کتابخانه رفتم در آنجا متوجه خراش هائی برروی زانویم شدم. نسبت به خراش ها بی توجه بودم اما کمی بعد تصمیم گرفتم تا حداقل با چسب زخم روی آن را بپوشانم! از جعبه کمک های اولیه چند عدد چسب زخم برداشتم و به اتاق نشیمن پائین رفتم و چسب زخم ها را روی خراش چسباندم و همین که می خواستم از جایم بلند شوم دستی بر روی شانه ام گذاشته شد در آن لحظه به هیچ عنوان انتظار این موضوع را نداشتم خیلی جا خورده بودم و در یک لحظه افکار زیادی از ذهنم عبور کرد، چه می توانست باشد؟ با این همه اتفاق هایی که در این روزها با آن مواجه شده بودم آن دست می توانست مربوط به هر موجودی باشد با هراس سرم را بالا کردم تا جائی که می توانستم به عقب برگشتم و این چند ثانیه برایم چند ساعت گذشت و مادرم را دیدم که ظاهرا با دیدن من در باغ نگران شده بود و به دنبال من آمده

بود و من را در آن اتاق نشیمن غافل گیر کرده بود... مطمئن بودم که زمین خوردن مرا دیده بود بنابراین با دیدن چسب زخم بروی زانویم چندان واکنش غیر منتظره ای نشان نداد برای همین هم کنارم نشست... از من خواست تا نگاهی به پایم بیندازد ابتدا مانع او شدم اما سرانجام مانند پسر بچه ای بازیگوش راضی شدم تا پایم را ببیند از آنجائیکه مقداری از چسب برروی هم چسبیده بود و نامنظم بود مادرم چسب زخم دیگری را برداشت و شروع به تعویض چسب زخم قبلی کرد همینکه چسب زخم را از روی پایم جدا کرد، با نگاهی سرشار از تعجب رو به سمت من کرد و چسب زخم جدید را به من پس داد و بلند شد و گفت: "وقتی که کارت تمام شد به خانه برگرد"

او رفت تعجبم چند برابر شد با نگاهم مادرم را که از درب اتاق نشیمن خارج می شد بدرقه کردم و سپس به پایم نگاهی انداختم، اثری از آن خراش به چشم نمی خورد ظاهراً اتفاقات عجیب در آن شب تمامی نداشت، ابتدا فکر کردم که شاید تاریکی شب باعث شده است تا گمان کنم که پایم خراش برداشته است اما برروی شلوارم چند قطره خون را می شد دید سعی کردم این موضوع را در همانجا تمام شده فرض کنم زیرا که در آن لحظه کارهای مهمتری برای انجام داشتم به آزمایشگاه رفتم مدتی به آن خانه و مسئول آزمایشگاه و رفتارهای عجیب او فکر کردم و نقشه ای برای

ورود به خانه اش کشیدم و سپس مشغول آماده سازی لوازم مورد نیازم شدم. چند عدد میکروفن بی سیم کوچک را برداشتم و آنها را در لوازم مختلف جاسازی کردم و چند عدد از آنها را هم تغییراتی جزئی دادم تا امکان پرتاب و شلیک آنها با اسلحه بادی وجود داشته باشد! پس از آماده شدن آنها تصمیم گرفتم تا به اتاق خودم بازگردم اما انگار برای دانستن آنچه در خانه مسئول آن آزمایشگاه بود آرام و قرار نداشتم پس در همان تاریکی شب گریمی جزئی روی خودم انجام دادم و به سمت خانه ی آن مسئول آزمایشگاه رفتم... درست روبروی خانه ی او ایستادم به آن خانه نگاهی کردم خوشبختانه چند عدد از پنجره های خانه باز بود هر چند که جلوی آنها نرده فلزی کشیده شده بود این فرصتی مناسب بود تا با استفاده از تفنگ بادی چند میکروفن را به داخل خانه ی او شلیک می کردم اما در آن خیابان شلیک با اسلحه بادی به هیچ عنوان چیزی نبود که بشود پنهانش کرد برای انجام این کار فکری به ذهنم رسید باید به بالای درختی می رفتم که روبروی آن پنجره بود هر چندکه بالا رفتن از آن درخت بدون دیده شدن آسان به نظر نمی رسید، اما چاره ای نداشتم و باید به هر شکلی که شده از درخت بالا می رفتم. زیر درخت یک نیمکت بود روی آن نشستم و به شاخه های درخت در بالای سرم نگاه می کردم شاخه ای شکسته را آنجا دیدم که می توانست وزن کیف و تفنگ بادی درون آن را تحمل کند برای همین هم منتظر فرصت مناسب بودم تا کیف را به سمت آن

پرتاب بکنم تا بعداً خودم دور از چشم دیگران از درخت بالا بروم هرچند که آن وقت شب آن خیابان خلوت بود اما چند نفر که در چهار راهی آن طرف تر ایستاده بودند دائماً در حال نگاه کردن به اطراف بودند و کمی آنطرف تر هم یک فروشگاه بود که ظاهراً دارای شیفت شب هم بود.

کمی نگران بودم و منتظر فرصت مناسب شدم تا سرانجام بدست آمد... کیف را با هرچه درون آن بود به سمت بالا پرتاب کردم خوشبختانه به همان شاخه گیر کرد و از آن آویزان شد اما این پایان ماجرا نبود یکی از آن افراد در سر چهار راه من را دید اما قبل از اینکه کاری انجام دهد دوباره همان حال قبلی به من دست داد یعنی می توانستم اراده ی او را بدست بگیرم و با مشت او محکم به نفر کناری او بزنم این عمل باعث شد تا نزاع تقریباً شدیدی بین آنها ایجاد شود و توجه سایر افراد و حتی فروشنده های آن فروشگاه نیز به آنها جلب شود به این ترتیب فرصتی که منتظر آن بودم بدست آوردم، به سرعت از درخت بالا رفتم از آن بالا می شد به راحتی داخل خانه را در طبقه ی اول دید اولین میکروفن را درون تفنگ بادی قرار دادم و با دوربین آن به داخل خانه نگاه کردم از پنجره می شد تخت خواب او را دید در کنار آن یک چراغ خواب بود و کمی آنطرف تر هم یک مبل چوبی قرار داشت و یک تابلوی زیبا که روی دیوار نصب شده بود یک میز کوچک آنطرف تر قرار

گرفته بود پس باید تصمیم می گرفتم که کدام یک برای نصب میکروفن مناسب تر است؟ تا هم در دید نباشد و هم اینکه بتوان با استفاده از آن صداها را به بهترین شکل ممکن شنید... در بین همه ی آنها یک مجسمه توجهم را جلب کرده بود که تقریباً در وسط اتاق کنار ایوان قرار داشت بنظر می رسید جنس آن از چوب باشد و موهای آن مجسمه به شکلی بود که به راحتی یک میکروفن را در آنها بدون اینکه دیده شود جاسازی کرد، شلیک کردم اتفاقاً درست هم در بین موهای آن مجسمه جای گرفت موهائی که از جنس چوب تراشیده بودند. کارم در این اتاق تقریبا تمام شده بود و نوبت به اتاق بعدی بود اما مطمئن بودم که یکی از مکان هایی که در هر خانه ای افراد خانه مدت زیادی را صرف نشستن در آن می کنند اتاق نشیمن است. از آنجائیکه حدس می زدم که بیشتر در طبقه اول بنشیند برای اینکار اتاق نشیمن طبقه اول مناسب بود. از آنجائیکه نمی دانستم در کدام اتاق نشیمن بیشتر می نشیند یکی را به اتاق نشیمن پائین شلیک کردم و یکی را به اتاق نشیمن بالا! پس از آن چند جای دیگر خانه از جمله حیاط و پشت بام هم میکروفن گذاری کردم در همان قسمت از درخت که نشسته بودم گیرنده ی میکروفن ها را که می توانست پیام های فرستاده شده از میکروفن ها را از میکروفن های داخل آن خانه دریافت و به گیرنده ی من در خانه قدیمی بفرستد را هم در بین شاخ و برگ درخت پنهان کردم بگونه ای که نه دیده می شود و نه امکان افتادن

آن بود هر چند که طراحی آن بگونه ای بود که در صورت ردیابی شدن و یا تغییر در جایش در طول استفاده از آن تمامی بخش های الکترونیک آن به خودی خود می سوخت و از بین می رفت تا ضریب ایمنی رعایت شود و محل ارسال داده ها قابل ردیابی نباشد.
خیلی آرام از درخت پائین آمدم خبری از هیچکس نبود به خانه برگشتم و گیرنده ای را که صداها را می شد از آن شنیده با خودم به اتاقم بردم از آنجائیکه او در آن زمان خواب بود صدای میکروفن داخل اتاق خواب را باز کردم تا کامل آن را بشنوم، انگار در خواب ناله می کرد شاید در حال کابوس دیدن بود که ناگهان با صدای فریاد بلندی از خواب پرید همسرش نیز با صدای فریاد او از خواب پریده بود و به او یک لیوان آب داد و گفت: "باز هم همان کابوس را دیدی؟ درست است؟ این کابوس برای تو تمامی ندارد؟ "

با خودم گفتم: " این چه کابوسی است که او هر شب آن را می بیند؟ "

و همسرش ادامه داد: "از زمانی که تمام چراغ های خانه را در شب روشن می گذاریم این کابوس را ندیده بودی، اما گویی دوباره آغاز شده است"

و مسئول آزمایشگاه پاسخ داد: "آری، اما امشب دوباره تکرار شد...!"

با شنیدن این حرف ها پاسخ یکی از سوالاتم را گرفتم علت اینکه در آن خانه تمام چراغ ها و لامپ ها روشن بود نیز همین کابوس ها بود چرا که مسئول آزمایشگاه با دیدن آن کابوس ها دچار ترس مفرط شده بود...اما سوال دیگری بوجود آمده بود، چه کابوسی؟

همسرش ادامه داد: " هنوز هم همان آدم هائی را می بینی که با پوست کنده شده به دنبال تو می آیند ؟ "

و مسئول آزمایشگاه پاسخ داد: " آری، همان ها را می بینم"

ظاهرا کمی آب خورد و پس از خوردن کمی آب ادامه داد: " از زمانیکه در آن تولیدی مواد اولیه ی تاریخ گذشته را به محصولات اضافه کردیم و در ترکیب واکنش های شیمیائی دست بردیم یک روز هم راحت نتوانستم بخوابم"

پس تغییر ترکیب های مواد اولیه هم کار همین افراد بود، و او هم از وجود مواد تاریخ مصرف گذشته در تولیدی آگاه بوده است، اما چگونه می توانست؟ به این کار رضایت بدهد!؟

مسئول آزمایشگاه ادامه داد: "اگر ترس از اخراج شدن نبود این کار را نمی کردم اما آنها در ازای سکوت من پول خوبی هم پیشنهاد دادند، و من هم نتوانستم در مقابل این سکوت از دریافت آن پول چشم بپوشم"

پس علت سکوت او هم همین موضوع بود و او ادامه داد: " تا اینکه متوجه شدیم این کار باعث بروز بیماریهای پوستی در بین مصرف کنندگان محصولات تولیدی شده است بگونه ای که پزشکان از تشخیص علت بروز این بیماری عاجز شده بودند، و تنها ما چند نفر از علت آن آگاه بودیم"

شنیدن این حرف های او تاثیر ناراحت کننده ای روی من گذاشت، شاید فردا اول صبح سری به آن بیماران می زدم و از علت آن عارضه پوستی بر روی آنها مطمئن می شدم پس باید در این مورد هنوز هم بیشتر جستجو می کردم.

بخش پنجم: بیماران نا امید

اول صبح از خانه بیرون رفتم و به خانه قدیمی رسیدم در حالیکه از فایل های کپی شده به دنبال آدرس آن افراد می گشتم تغییر قیافه هم دادم و از خانه خارج شدم و در حالیکه به آدرس های در دستم نگاه می کردم راهی، ماجراجویی جدیدی شدم! به منزل اولین نفر از آنها رسیدم پس از زنگ زدن به خانه او وارد شدم و در اتاق نشیمن کنار او نشستم و با توجه به اینکه می توانستم علت بیماری شدید پوستی او همان مواد شیمیائی تاریخ مصرف گذشته می باشد، تقریبا مطمئن بودم که بیماری او واگیری ندارد برای همین هم دلم می خواست واقعیت را به او بگویم اما اینبار مردد بودم کمی که با او صحبت کردم متوجه شدم که او حتی اسم و مشخصات من را هم نپرسیده است و قبل از اینکه من چیزی بگویم گفت: "می دانی مدتهاست تنهایم و این عارضه و بیماری پوستی تا اندازه ای سبب کناره گیری افراد از من شده است که افراد را بدون آنکه بدانم کیستند قبول می کنم"

این حرف ها خیلی دردناک بود برای همین هم لبخندی زدم و با چند لطیفه خواستم تا محیط را کمی شادتر بکنم اما او از من تشکر کرد و گفت: "خنده می تواند به بافت های صورت او آسیب جدی وارد بکند بنابراین تلاش تو برای شاد کردن من باعث درد زیادی برای من خواهد شد اما از عمق وجودم شادی را احساس می کنم"

از او خواستم تا در صورتیکه ناراحت نمی شود نگاهی به صورت او بیندازم و او هم پذیرفت و باند های روی صورتش را باز کرد، چهره اش وحشتناک شده بود پوست صورتش از بین رقته بود و بافت های صورتش در اثر تماس با هوا در معرض از بین رفتن قرار گرفته بود وحشتناک بود حتی می شد مشاهده کرد که بخشی از روی لپ او تقریباً به دندان هایش رسیده است از توی جیبش مقداری کرم یا پماد که درون ظرفی بود بیرون آورد و مشغول چرب کردن صورتش شد ظاهراً بسیار دردناک بود و اگر برای تسکین دردش از یک داروی بی حس کننده ی قوی استفاده نکرده بود نمی دانم چه طور می خواست آن درد را تحمل بکند. صدایش واضح نبود و برای اینکه قادر به حرف زدن باشد حفره های روی لپش را با استفاده از خمیر نان می بست و صدائی نامفهوم که از تحمل درد می لرزید را پدید می آورد، آرام نبود از درد خودش را مچاله می کرد، بلند شد و به اتاق خوابش رفت به عکس روی دیوار نگاه کردم عکس پدر و مادرش بود هر دوی آنها زیبا بودند در همین حال او به اتاق نشیمن وارد شد و آلبوم عکس را روی میز جلوی من قرار داد و با اشاره به من فهماند که به آنها نگاه بکنم آلبوم از روز ازدواج او شروع می شد، هم خودش و هم همسرش زیبا بودند اما همسرش چه سرنوشتی پیدا کرده بود، زمانیکه به عکس آنها رسیم او به سختی گفت: "ترکم کرد، این بیماری زندگی من را به هم ریخت"

برای اینکه تسکینی برای او باشد ماجرای تولیدی مواد شیمیائی را برای او گفتم و او هم با خشم زیادی آن را گوش می کرد بگونه ای که هر عملی در آن شرایط ممکن بود از او سر بزند و این موضوع باعث نگرانی من می شد، زمانیکه از مرگ بدون دلیل صاحبان آن شرکت گفتم باز هم از خشم او چیزی کم نشد تا اینکه با فریادی بلند این خشم را بیرون ریخت دیگر خیلی از بخش های صورتش متلاشی شده بود و نمی توانست حرفی بزند از من خواست تا آنجا را ترک بکنم زمانیکه از آنجا بیرون می رفتم به او نگاه کردم با دستش اشاره کرد تا بمانم همینکه خواستم برگردم کاغذی را به من نشان داد که بروی آن نوشته بود "تشکر" و آن را به من نشان داد و بلافاصله روی کاغذ بعدی نوشت "از اینکه مسبب این بیماری را به من شناساندی بی نهایت از تو متشکرم، از اینکه به من متلاشی کننده زندگیم را شناساندی بی نهایت متشکرم "

و در زیر آن نوشته بود "خداحافظ"

با خواندن جمله آخر فهمیدم که باید از آنجا بروم خداحافظی کردم درب خانه که رسیدم با نگاهی به آدرس ها، نفر بعدی را انتخاب کردم تا برای تحقیق بیشتر در این مورد به او هم سری بزنم، در همین حال به پنجره خانه نگاه کردم او از پشت پنجره برای من دست تکان داد شاید از نظر او بهترین کار را برای او انجام داده بودم که علت آن اتفاقات را برای او روشن کرده بودم، دوباره همان

احساس رضایت را احساس می کردم گویی مسیری از او به من برای رسیدن آن احساس رضایت بوجود آمده بود. پیاده به سمت ایستگاه متروی نزدیک آنجا رفتم تا به آدرس بعدی بروم، در طول مسیر همواره به زندگی از دست رفته او فکر می کردم تا به ایستگاه مورد نظر رسیدم پیاده شدم و از آنجا باید چند دقیقه ای پیاده می رفتم تا به منزل نفر بعدی می رسیدم.

مقابل منزل او که رسیدم ایستادم و به اطراف نگاه کردم، یک محله ی آرام و ساکت بود و هر چند دقیقه تنها خودروئی عبوری از آنجا می گذشت شاید بهتر بود که زنگ خانه را می زدم اما اول از روی درب خانه نگاهی به داخل آن انداختم حیاطی تقریباً بزرگ بود که چند باغچه پر از گل و درخت داشت اما از روی پژمردگی گیاهان و درختان و همینطور خشکی زمین و باغچه ها می شد فهمید که چند روزی است کسی به آنها آب نداده است و همینطور از یک درخت قفس پرنده ای آویزان بود که پرنده ی داخل آن از بی آبی و بی دانه ای تلف شده بود. این موضوع کمی به نظرم عجیب می آمد می خواستم از روی در خانه به داخل آن بروم اما چیزی مانع شد بنابراین مقابل در ایستادم و چند بار زنگ خانه را به صدا در آوردم اما باز هم خبری از داخل خانه نشد و هیچکس پاسخگو نبود برای همین هم نتوانستم جلوی حس کنجکاوی خودم را بگیرم از روی در خانه به داخل حیاط پریدم هیچ خبری از هیچ کسی نبود

به راحتی می شد این موضوع را فهمید با توجه به آنچه که از صاحب این خانه در آن فایل های کپی شده خوانده بودم صاحب این خانه یک آرایشگر بود که در کار و حرفه ی خودش هم موفق و مشهور بود این فرد در سطح شهر دارای چند سالن آرایشی و زیبائی و از وضعیت مالی خوبی برخوردار بود، خیلی با احتیاط در حیاط خانه راه می رفتم و به این طرف و آنطرف نگاه می انداختم به در ورودی ساختمان رسیدم و دستگیره ی آن را با کمک پارچه ای گرفتم... در باز بود! برای همین هم بر تعجبم افزوده شد، تمام شواهد نشان می داد که هیچ کسی نباید در آن خانه باشد اما درب آنجا قفل نبود و این می توانست گویای موضوع دیگری باشد!

برای رفتن به داخل خانه کمی مردد بودم اما سرانجام بر این تردید غلبه کردم و تصمیم گرفتم به داخل آن بروم. در را به آرامی گشودم و سرکی به داخل خانه با احتیاط تمام کشیدم تقریباً به غیر از بوی نامطبوعی که کمی به مشامم می رسید سایر چیزها مرتب و کامل بود و چیز عجیبی به نظر نمی رسید برای همین هم وارد خانه شدم از راهروی ورودی وارد نشیمن خانه که شدم با صحنه ای عجیب مواجه شدم بر دیوار خانه تعداد زیادی قاب های عکس آویخته شده بود و در کنار آنها هم یک تابلوی نقاشی بود که همان عکس در آن نقاشی شده بود با این تفاوت که آن صورت زشت مثل همین نفر قبلی که بعد از دیدنش به اینجا آمده بودم برای آن تصویر کشیده

شده بود ترسناک بود با دیدن این قاب ها به راستی می شد دو تصویر را مقایسه کرد تصویری زیبا و طبیعی و تصویری زشت و ترسناک اما هر دوی آنها دارای یک ماهیت بودند و متعلق به یک نفر است اما علت اینکه صاحب خانه این کار را کرده بود چه می توانست باشد؟ مدتی را صرف نگاه کردن به آن عکس ها کردم و متوجه شدم به نوعی می خواسته است تا افراد با نگاه کردن به آنچه از دست داده است بیشتر به او فکر کنند! اما این موضوع خیلی دردناک است... همینطور که به اطراف نگاه می کردم به اتاقی رسیدم که به احتمال قوی منشا آن بوی بد بود سعی کردم تا با احتیاط در آن اتاق را باز بکنم که ای کاش اینکار را نمی کردم زمانیکه به داخل اتاق نگاه کردم با فردی مواجه شدم که خودش را بوسیله ی یک طناب از سقف اتاق به دار آویخته بود و ظاهراً چند روزی از این کار می گذشت با دیدن این اتفاق به سرعت به داخل حیاط خانه رفتم، احساس حالت تهوع شدیدی داشتم کمی در گوشه ای از حیاط نشستم و به این فکر می کردم که چه کار باید بکنم آیا تماس گرفتن با پلیس در آن زمان درست بود یا نه ؟

تقریباً از یک چیز مطمئن بودم و آن این بود که این شخص آن خانمی که در عکس ها دیده بودم نمی توانست باشد زیرا که بسیار لاغر تر از وی بود دوباره به خودم این جرأت را دادم که وارد خانه بشوم شاید بتوانم سر نخ بیشتری پیدا بکنم که کمکم کند. با

احتیاط بیشتری وارد آنجا شدم وقتی که به آن اتاق خواب رسیدم با دستمالی جلوی دهان و بینی خودم را گرفتم اما هنوز هم قابل تحمل نبود سعی می کردم سریع تر اطراف را بررسی بکنم هیچ آثاری از بهم ریختگی و درگیری در آن اتاق مشاهده نمی شد و این احتمال اینکه آن فرد خودکشی کرده باشد افزایش می داد بعلاوه به راحتی می شد تشخیص داد که آن فرد هم در صورتش آثار آن عارضه پوستی را داشته است. اما در صورتیکه او صاحب آن خانه نبود چه کسی می توانست باشد دوباره به لیست افرادی که دارای آن عارضه بودند نگاهی انداختم و متوجه شدم که یکی از شاگردهای فروشگاه صاحب خانه هم دارای عوارضی مشابه با آن عارضه پوستی بوده است پس به احتمال زیاد این فرد باید خود او باشد وی برای رساندن خودش به طناب از یک چهار پایه استفاده کرده بود و این چهار پایه در حال حاضر در پائین جسدش افتاده بود. و این احتمال خودکشی را افزایش می داد اما چرا باید به اینجا می آمد و خودکشی می کرد؟!

همچنان در حال بررسی آن اتاق بودم که صدای افتادن چیزی بگوشم رسید! جا خورده بودم، این نشان می داد که در آن خانه تنها نبودم، خیلی با احتیاط از اتاق بیرون آمدم و در اتاق نشیمن به اطراف نگاه می کردم صدای عجیبی از زیرزمین خانه بگوش می رسید سریع اما با دقت خودم را به آنجا رساندم خیلی تاریک بود

نمی شد اشیاء را به وضوح دید برای همین هم به دنبال کلید چراغ های آنجا بروی دیوارهای اطراف ورودی می گشتم چیزی مبهم و آویزان را در وسط زیرزمین می شد تشخیص داد اما چه می توانست باشد تجربیات گذشته ام آنچنان بود که هر احتمالی را می توانستم بدهم، صدای خر خر عجیبی همراه با تقلا کردنش را هم می شد شنید و هم دید، بیشتر از این به خودم اجازه ندادم که بدون عکس العمل باقی بمانم برای همین هم دوان دوان به سمت او رفتم درست حدس زده بودم او فردی در حال خودکشی بود با تلاش زیاد او را بالا نگه داشتم تا بتواند نفس بکشد باید راهی پیدا می کردم تا او را نجات بدهم برای همین هم در آن تاریکی سعی می کردم تا وسیله ای بیابم یا حداقل مسیر طناب را پیدا بکنم تا شاید بتوانم آن را بریده و یا اینکه گره اش را باز کنم تا آن فرد به زمین بیفتد کم کم وزن او بروی شانه ام سنگینی می کرد اما در آن شرایط تنها راه حل برای زنده نگه داشتن او همین بود، در طول این وقایع پایم چند باری به همان چهار پایه ای خورده بود که او از آن برای رساندنش به طناب استفاده کرده بود به هر زحمتی که بود آن چهار پایه را بروی پایه هایش قرار دادم از او خواستم تا برای مدتی روی چهار پایه خودش را نگه دارد که بتوانم برای او کاری انجام بدهم اما او حاضر نبود این کار را انجام بدهد و حتی حاضر نبود من کمکش بکنم این موضوع باعث شده بود تا آرام نگه داشتن او کمی دشوار تر گردد. دستم را بین بخش هایی از لباسش

درگیر کرده بودم تا راحتر بتوانم وزن او را تحمل بکنم و بالا بکشم ناگهان فکری به ذهنم رسید کمربندم را از کمرم در آوردم و از بین آن بخش های لباسش که ظاهراً بخشی از طرح لباسش بود عبور دادم و سگک آن را بستم به شکل یک دایره در آمده بود چهار پایه را کمی عقب تر کشیدم و به زحمت روی آن ایستادم و کمربند را به شکل یک قلاب در آوردم و توسط دست راستم بالا گرفتم تا جایی که برایم امکان داشت و لباس او اجازه می داد چند سانتیمتری تا قلابی که از سقف آویزان بود و او برای بستن طناب دار خودش از آن استفاده کرده بود فاصله داشت و این آخرین امیدم بود تمام توانم را جمع کردم و به سمت بالا پریدم تا کمربند را به آن قلاب آویخته بیاویزم خوشبختانه کمربند در قلاب افتاد و آن فرد به جای اینکه از طناب دار آویزان باشد از کمربند و پیراهن خودش آویزان شده بود برای همین هم اگر برای مدت زمان کوتاهی او را رها می کردم قادر به نفس کشیدن بود، با این امیدواری او را رها کردم و به سرعت به طبقه بالا رفتم و از آشپزخانه یک عدد چاقو برداشتم و به زیرزمین بازگشتم به سرعت برروی چهار پایه ایستادم اما دستم به طناب نمی رسید باید از وسیله ای دیگر استفاده می کردم اما زیر زمین تاریک بود و نمی شد به وضوح اشیاء آن جا را دید به زحمت یک میز کوچک را پیدا کردم و آنرا به سمت آن فرد کشیدم و چهار پایه ای را روی آن قرار دادم. به سرعت در حالیکه چاقوئی در دست داشتم از آن بالا رفتم همینکه

می خواستم طناب را ببرم در تاریکی آنجا تا حدودی بصورت غیر واضح می توانستم چهره ی او را از نزدیک ببینم او هم دارای همان عارضه ی پوستی بود و شاید علت خودکشی وی هم همین بود، دیدن او باعث شد تا مدتی بدون انجام کاری به او نگاه بکنم اما فرصت زیادی نداشتم به خاطر تقلای زیاد او لباسش در حال پاره شدن بود مشغول بریدن طناب شدم و پس از اینکه طناب را بریدم او را بر روی شانه ام انداختم و با یک پرش کوتاه کمربند را از درون قلاب آزاد کردم و بعد از پائین آمدن از چهار پایه و میز او را در حالیکه روی شانه ام بود و دست و پا می زد به طبقه بالا بردم و بروی تخت خوابش انداختم و با فریادی بر سرش گفتم: "چرا؟"

ظاهراً صدایم آنقدر بلند بود که مات و مبهوت به من نگاه می کرد، و پس از چند ثانیه شروع به گریستن کرد اما گریستن با آن وضعی که صورتش داشت برای او خیلی مضر بود شوری اشکش دردی عجیب به او می داد اما ظاهرا این درد در مقابل دردی که در آن زمان در وجودش ریشه دوانده بود هیچ بود، آرام کنار تخت و برروی زمین نشستم دستمالی را به او دادم و آرام با او صحبت کردم تا آرام شد و سرانجام گریستن وی بند آمد زمانیکه توانست روحیه خودش را دوباره بدست آورد شروع به نوشتن وقایعی کرد که برای او اتفاق افتاده بود برایم نوشت که چگونه عارضه پوستی با مصرف نوع خاصی از محصولات آرایشی آغاز شده است و پس از آن

همچنان به رشد خودش ادامه داده است و همینطور برای من نوشت که با وجود آن عارضه ی پوستی چقدر صحبت کردن برای او سخت شده است و زمانیکه از او در مورد دوستش پرسیدم به من گفت که بر اثر شدت افسردگی چند روز پیش اقدام به خودکشی کرده است همین کاری که او امروز چند ساعت قبل انجام داده بود و با رسیدن من از آن نجات پیدا کرده بود و در مقابل من هم در مورد آن تولیدی مواد شیمیائی به او گفتم و به او گفتم که تا حدود زیادی علت این عارضه ی پوستی می تواند تحت تاثیر همان مواد شیمیائی اولیه ی تاریخ گذشته باشد، پس از این حرف ها باید به پلیس زنگ می زدم تا برای کارمند فروشگاهش چاره ای اندیشیده می شد و پلیس اقدام های لازم را انجام می داد و همینطور به او گفتم که به دلایل خاصی که خودش هم می دانست نمی توانستم در آنجا بمانم، او که روحیه اش چندان مساعد نبود به هر زحمتی که بود خودش را در این مورد راضی کرد اما چطور می خواست نجات از خود کشی خودش را برای پلیس توضیح بدهد. برای کمک به او به زیرزمین رفتم و قلاب آویخته شد از سقف را بررسی کردم خوشبختانه توسط چند پیچ به سقف بسته شده بود پیچ ها را شل کردم و پس از آن با استفاده از طناب آنرا با کشیدن زیاد بگونه ای که گمان شود پیچ ها هرز شده اند از سقف کندم و طناب را دوباره گره زدم و به طبقه بالا رفتم و از صاحب خانه خواستم تا آن را دوباره به گردنش بیاویزد و او تعجب کرده بود ولی به او توضیح

دادم که این کار باعث خواهد شد تا آثاری از پوست و موی و لخته هائی از خون گردنش برروی طناب باقی بماند به این ترتیب این اتفاقات برای پلیس توجیح پذیر خواهد بود پس از آن طناب بریده شده را از آنجا برداشتم طناب جدید را برروی زمین و کنار قلاب گذاشتم میز را دوباره سرجای اولش گذاشتم و چهار پایه را هم در زیر محل نصب قلاب در سقف قرار دادم و یکی از پایه های آن را با لگد شکستم تا فرض شود که افتادن وی روی آن باعث شکستن آن شده است و چاقو و سایر لوازم را برداشتم خوشبختانه از آنجائیکه موقع ورود به خانه دستکش داشتم هیچ اثر انگشتی از من باقی نمانده بود دوباره نزد خانم صاحب خانه رفتم و تمام وقایع را آنگونه ایی که باید برای پلیس تعریف می کرد به او گفتم و از خانه خارج شدم و او را تنها گذاشتم جلوی در خانه کمی منتظر ماندم تا ببینم او واقعاً با پلیس تماس می گیرد و یا اینکه دوباره اقدام به خودکشی خواهد کرد خوشبختانه کمی بعد تر چند خودروی پلیس به آنجا رفتند و من پس از اطمینان از این موضوع به خانه بازگشتم در خانه ی قدیمی ابتدا لباس هایم را عوض کردم و سپس آن گریم را پاک کردم، امروز حسابی به هم ریخته بودم برای اینکه کمی آرام تر بشوم حوله ای را از کمد لباس برداشتم و به حمام رفتم آثار کبودی های زیادی روی بدنم دیده می شد زمانیکه به خانه برگشتم تقریباً شب شده بود مادرم را دیدم می

شد نگرانی را از چشمانش خواند انگار حس ششم مادرها حد و مرزی نمی شناسد بلافاصله از من پرسید: "حالت خوب است؟"

با خنده ای ساختگی پاسخ دادم: "آره، چطور مگه؟"

مادرم گفت: " مطمئن هستم که مثل همیشه نیستی، آیا اتفاقی افتاده است که از من پنهان می کنی ؟ "

به مادرم پاسخ دادم: "نه فقط کمی احساس خستگی می کنم "

مادرم بدون آنکه بگذارد حرفم تمام شود گفت: " نباید در آن خانه قدیمی زیاد به خودت فشار کاری بیاوری"

و چند قدمی آنطرف تر رفت و گفت: "شب با پدرت صحبت خواهم کرد"

از این رفتار مادرم تعجب زده شده بودم برای همین هم همانجا کنار او کمی نشستم و با یک دیگر در مورد موضوعات مختلف گفتگو کردیم تا سرانجام توانستم او را متقاعد بکنم و بعد از آن به اتاق خودم رفتم و مستقیم به سراغ گوشی رفتم تا صداهای مربوط به خانه ی آن مسئول آزمایشگاه را بشنوم، اما صداهائی که شنیده می شد صداهای عادی نبود انگار شخصی ناله می کرد فردی هم با دهان بسته چیزهائی می گفت و از همه ی آنها آشنا تر در آن میان کسی بود که صحبت هائی مبهم می کرد آری این صدای

همان بیمار امروز بود همان فردی که امروز برای اولین مرتبه به دیدنش رفته بودم اما او در آنجا چکار می کرد؟ نکند کاری احمقانه از او سر بزند ؟!

به سرعت لباس پوشیدم تا خودم را به خانه ی آن مسئول آزمایشگاه برسانم اما همینکه از اتاقم بیرون آمدم مادرم را در پشت درب اتاق دیدم که ایستاده است مانده بودم چه بگویم، ظاهرا او هم داشت به اتاق من می آمد

مادرم گفت: " کجا با این عجله؟"

به او گفتم "می خواهم .... می خواهم ......"

نمی دانستم چه بگویم و چند بار من و من کردم مادرم هم لبخندی در جوابم زده و قبل از اینکه چیزی بگویم گفت: "حتماً باز می خواهی به آن خانه قدیمی بروی ؟"

و ادامه داد: اما برای امشب حق نداری این کار را انجام بدهی و باید همراه من و پدرت به سالن پذیرائی بیائی قرار است که یکی از دوستان خانوادگی ما همراه با خانواده اش به خانه ی ما بیایند و دوست داریم تو هم همراه ما باشی "

در دلم آشوبی به پا شد. از طرفی نمی خواستم باعث دلخوری مادرم بشوم و از طرف دیگر نمی دانستم واقعاً در آن خانه چه

اتفاقی در حال وقوع بود و معنی آن صداهای نامشخص و نامفهوم چه می توانست باشد برای همین هم شروع به فکر کردن کردم که مادرم دستم را گرفت و با من به اتاقم برگشت و شروع به انتخاب لباس مناسبی از بین لباس های داخل کمد کرد و بعد از آنکه آنرا پوشیدم همراه با هم به تالار پذیرائی رفتیم با ورود ما با میهمان ها مواجه شدم که تازه از راه رسیده بودند و دیگر راه برگشتی نبود و باید تا پایان مهمانی برای رفتن به خانه ی مسئول آزمایشگاه صبر می کردم بعد از سلام و احوال پرسی در جائی نزدیک به پدرم نشستم و مادرم هم در جائی نزدیک به میهمان ها در کنار مادر خانواده نشست... خانواده ای که از دوستان خانوادگی به شمار می رفتند و خانواده ای پنج نفره بودن اما در حال حاضر پدر و مادر و دختر بزرگشان به منزل ما آمده بودند، زیر چشمی به پدر خانواده نگاه می کردم آدمی هم سن و سال پدرم بود خیلی آرام و شمرده صحبت می کرد و رفتاری متین داشت مادر خانواده هم از دوستان قدیمی مادرم بود و آنچنان سرگرم حرف زدن با یکدیگر بودند که از اتفاقات اطراف خودشان غافل شده بودند من هم سعی می کردم با گوش دادن به حرف های پدرم و میهمانان سرگرم باشم و گاهگاهی هم نگاهم با نگاه دخترشان تلاقی می کرد که او هم مثل من سرگرم گوش کردن به حرف های مادرم و مادرش بود و گاهگاهی هم در صحبت های آنها شریک می شد پس از آنکه آنها از خانه ی ما را ترک کردند مادرم به من گفت: " چطور بود؟"

به او گفتم: "مهمانی خوبی بود و اگر اجاز بدهید به اتاقم بروم"

در واقع می خواستم به هر شکل که شده است خودم را به خانه ی مسئول آزمایشگاه برسانم.

مادرم گفت: "میهمانی را نمی گویم"

به او گفتم: "پس منظورتان چیست؟"

پدرم با لبخندی از آنطرف تالار گفت: "فعلاً به اتاقت برو اما مطمئنم فردا مادرت کلی حرف برای با تو گفتن خواهد داشت"

هنوز از حرف های آنها چیزی نفهمیده بودم و منظورشان را بطور کامل درک نمی کردم و در حالیکه به اتاقم می رفتم دیدم که پدر و مادرم در حالیکه گوشه چشمی به من نگاه می کردند آرام آرام با یکدیگر صحبت می کردند و از روی خوشحالی می خندیدند، تاکنون خیلی کم پیش آمده بود که رفتاری مانند این را از آنها ببینم، تا حدودی حس کنجکاوی من تحریک شده بود اما در این لحظه موضوع خانه ی آن مسئول آزمایشگاه ذهنم را بیشتر به خودش مشغول کرده بود به اتاقم که رسیدم فوراً گوشی را برداشتم و به صداهائی که ممکن بود شنیده شود گوش می کردم، اما دیگر هیچ صدائی نمی آمد به سرعت به خانه ی قدیمی رفتم و تغییر قیافه دادم حدود یک ساعتی زمان برد و به سرعت به خانه ی آن مسئول آزمایشگاه رفتم، چراغ های خانه مثل همیشه روشن نبود

بعضی از آنها انگار خاموش شده بودند این موضوع تقریباً شک مرا به یقین تبدیل کرد که اتفاقاتی رخ داده است برای همین هم می خواستم از روی در خانه به آن وارد بشوم اما درآن خیابان امکان آن وجود نداشت باز هم همان جوان ها در چهار راه بعدی ایستاده بودند و فروشگاه شیفت شب هم به مشکلات اضافه پریدن از روی درب آن خانه افزوده می شد و این در صورتی بود که عابرین پیاده را در نظر نمی گرفتیم، با هزار ترفند و دقت از درخت بالا رفتم و سخت ترین بخش آن این بود که نباید هیچ کسی من را می دید آنچه که از پنجره ی اتاق خواب دیده می شد باور نکردی بود وای خدای من چطور می توانست این اتفاق افتاده باشد دوربین کوچکی که داشتم را از جیبم بیرون آوردم تا با دقت بیشتری به درون اتاق خواب نگاهی بیندازم آنچه می دیدم قابل باور نبود شخصی انگار پوست صورت مسئول آزمایشگاه را بصورت کامل و بی نقص کنده بود و بر روی صورت مجسمه ای که درون اتاق بود چسبانده بود و از پنجره دیگر اتاق خواب هم منظره ای مشابه دیده می شد پوست صورت همسر مسئول آزمایشگاه بود که بروی صورت مجسمه ای دیگر با وضعیتی مشابه چسبانده شده بود منظره ای ناراحت کننده و تهوع آور بود اما اگر این دو پوست صورت آنها باشد خودشان کجا هستند؟ آیا هنوز هم زنده هستند و یا اینکه به قتل رسیده اند؟ با دوربین همراهم به پنجره های دیگر خانه نگاه کردم از پنجره ی آشپزخانه چیزی دیده نمی شد و همینطور پنجره ی مربوط به راه

پله، اما در پنجره ی اتاق نشیمن طبقه پائین سه جسد از نرده های پله ها به دار آویخته شده بودند که دو عدد از آنها به صندلی بسته شده بودند و با توجه به اینکه هیچ آثار خونی برروی نرده های پله نبود می شد فهمید که قاتل آنها را در حالیکه به صندلی بسته شده بودند با استفاده از طنابی که به گردن آنها بسته است به بالا کشیده است و سپس از نرده های پله ها آویزان شان کرده است و این مطمئنا برای هر دوی آنها بسیار درد آور بوده است اما در مقابل دردی که در زمان کنده شدن پوست صورتشان کشیده بودند خیلی هم زیاد به شمار نمی آمد خودش بود همان بیمار با عارضه ی پوستی که امروز به عنوان اولین نفر با او دیدار و گفتگو داشتم، انگار خودش دست بکار شده بود انتقام گرفته بود اما چرا خودش را به دار آویخته بود و خودکشی کرده بود؟

شاید با وضعیتی که برای او به وجود آمده بود دیگر زندگی برایش ارزشی نداشت، اما من در آن موقعیت کاری از دستم بر نمی آمد قبل از رفتن باید میکروفن ها را که در آن خانه کار گذاشته بودم از کار می انداختم و برای اینکار از گیرنده ای که روی درخت داشتم استفاده کردم به این ترتیب میکروفن ها از کار افتادند و در صورتی که توسط پلیس کشف می شدند هیچ اتفاقی نمی افتاد و سپس گیرنده را برداشتم و منتظر فرصت مناسبی شدم که از درخت پائین بیایم و به خانه بازگردم. در زمانیکه منتظر فرصت مناسب بودم که

چشمم به تلویزیون خانه مسئول آزمایشگاه افتاد روشن بود با دوربین نگاهی به آن انداختم آنچه پخش می کرد تصاویر ضبط شده ای بود که آن بیمار دارای عارضه پوستی از اتفاقات آن شب ضبط کرده بود و انگار تمام ماجرا را برای نیروهای پلیس شرح داده بود و پس از آن از آخرین مقصرین آن حادثه انتقام سختی گرفته بود، یک پایان غمگین و دردناک. بالاخره از درخت به پائین آمدم و شروع به پیاده رفتن به سمت خانه کردم و در راه به حوادث این چند وقت اخیر فکر می کردم پس از یک ساعت پیاده روی با یک تاکسی خودم را به خیابان نزدیک خانه رساندم و از آنجا به خانه رفتم. زمانیکه می خواستم بخوابم با بستن چشم هایم تصویری نقش بسته از آن ۳ جسد جلوی چشمانم می آمد و این موضوع کمی آزار دهنده شده بود تا سرانجام خوابم برد.

بخش ششم: قتل های سریالی

از خواب بیدار شدم و گمان می کردم که با توجه به وقایع چند روز گذشته دیگر آن قتل های پی در پی به پایان رسیده است... در حال صبحانه خوردن بودم که اخبار حوادث خبر از کشته شدن فردی مشابه با آتش گرفتن مثل آن دو نفر قبلی می داد....

شنیدن آن خبر مرا به فکر فرو برد آن همه حوادث قبلی که گمان می کردم با کشته شدن مسئول آزمایشگاه آن تولیدی مواد شیمیایی به پایان رسیده است مسیری مستقل از مسیر به قتل رسیدن آن دو نفر بود. به خانه ی قدیمی رفتم و در آنجا به سراغ کامپیوتر و پس از آن به سراغ سایت اداره پلیس رفتم. عکس های فرد کشته شده جدید را به دقت نگاه کردم. درست بر روی پیشانی او هم لکه ای مانند دو نفر قبلی بود با استفاده از نرم افزار شروع به بزرگ نمائی آن لکه کردم و تا زمانیکه نرم افزار بزرگنمائی را انجام می داد، مشغول به مطالعه ی پرونده ی سومین فرد شدم. ظاهراً این فرد هیچ ارتباطی با تولیدی مواد شیمیائی نداشت اما مواد اولیه ی آن تولیدی توسط او به تولیدی های مواد شیمیائی فروخته شده بود. و این شاید نقطه ی اتصال آنها به یکدیگر محسوب می شد.

پرونده اش را مطالعه کردم چهره ام را تغییر دادم و برای رفتن به بیرون آماده شده بودم که صدای مادرم از نشیمن طبقه ی پائین آمد خودم نمی دانم که با چه سرعتی گریم ها را از روی صورتم

جدا و پاک می کردم و در بین آن فقط می توانستم یک جمله بگویم و آن هم این بود: "الان الان آمدم، شما همانجا بمانید"

پاک کردن آن گریم خیلی دردناک شده بود آنهم با آن سرعت چند دقیقه ای زمان برد و زمانیکه از پله ها پائین می آمدم مادرم که حوصله اش سر رفته بود به وسط راه پله رسیده بود... زمانیکه به او رسیدم خدا را شکر کردم و نفس راحتی کشیدم چرا که اگر فقط چند ثانیه دیرتر به آنجا رسیده بودم مادرم به داخل اتاق می آمد و آنگاه نمی دانستم باید برای آنهمه تجهیزات پیشرفته چه پاسخی به او می دادم با هم به طبقه پائین رفتیم و در آنجا روی مبل نشستیم: " دنبالت آمده ام که با هم به جائی برویم ".

ناگهان توجهش به صورتم جلب شد که بر اثر پاک کردن آن گریم سرخ و برافروخته شده بود و گفت: " البته با این صورت سرخ و برافروخته نمی توانیم برویم باشد برای بعداز ظهر"

و ادامه داد: " اما چه بلائی سر صورتت آوردی؟"

به مادرم گفتم: "فکر می کنم حساسیت باشد"

و مادرم هم گفت: "حساسیت! گمان نمی کنم، تاکنون سابقه نداشته است که نسبت به چیزی حساسیت نشان بدهی "

و سپس از روی مبل بلند شد و چند قدمی در اتاق زد و گفت: "راستی دیشب چطور بود؟"

در پاسخ به او گفتم: "خوب بود، یک میهمانی خانوادگی و یک جمع صمیمی، مطمئناً چیزی از این بهتر نمی شود"

مادرم لبخندی زیرکانه زد و پرسید: "نه فقط منظورم میهمانی نیست، نظرت راجع به خانواده ی دوستم چیست؟"

هنوز هم دلیل این نوع سوال پرسیدن مادرم را نمی دانستم و برایم کمی عجیب بود، چرا باید از بین همه خانواده هایی که رفت و آمد با آنها داشتیم اینقدر نظر من نسبت به این خانواده برای مادرم مهم بود گفتم: "ما الان چند ماهی است که این خانواده را می شناسیم، و همه ی ما می دانیم که خانواده ی خوبی هستند..."

در این لحظه تلفن همراه مادرم به صدا در آمد مادرم مشغول به گفت و گو با تلفن همراه خودش شد فکر می کنم همان دوست صمیمی او بود که شب گذشته هم به خانه ی ما آمده بودند، پس از اتمام آن تماس تلفنی مادرم رو به سوی من کرد گفت: "من باید جائی بروم بعداً باهم صحبت خواهیم کرد"

و سپس رفت، من دوباره مشغول به گریم خودم شدم به نزدیک دفتر شرکت آخرین نفری که به قتل رسیده بود رفتم یک دفتر معمولی بود ظاهراً شرکت آنها یک شرکت بازرگانی بود وارد دفتر

شرکت شدم و در اتاق انتظار بر روی یکی از صندلی ها نشستم در آنجا تابلوئی بود که افراد را برای رسیدن به محلی از شرکت که قصد رفتن به آنجا را داشتند راهنمائی می کرد به عنوان مثال طبقه ی سوم رئیس – نائب رئیس ، معاونان و .....

اسم آن فرد هم بود. ظاهراً او مسئول فروش آن شرکت بوده است در حال وارانداز آن اطراف بودم که چند نفر همراه با یک دسته گل وارد شرکت شدند ظاهراً این افراد با هماهنگی قبلی برای شرکت در مراسم یادبود مسئول فروش شرکت آمده بودند چند دقیقه ای بعد همه ی کارمندان شرکت در سالن انتظار و راهروهای منتهی به آن جمع شده بودند و رئیس شرکت برای او سخنرانی کوچکی انجام داد و مراسم آنها به همین ترتیب در حال سپری شدن بود... در میان جمعیت یکی از کارمندان شرکت بسیار بیشتر از سایر افراد گریه و بی تابی می کرد خودم را به او رساندم و به اتیکت روی سینه اش نگاهی انداختم، او مسئول بازاریابی و نزدیک ترین همکار او در شرکت بود شاید می شد از او چیزهای بیشتری دانست اما تا مراسم در حال انجام بود بهترین فرصت بود تا به اتاق او بروم شاید چیزی برای پیدا کردن باشد، به اتاقش رفتم اما متاسفانه هیچ چیزی نبود با تعیین جانشین او در شرکت تمام وسائل او به انبار منتقل شده بود و کارمند جدید آن بخش در حال چیدن لوازم خودش بود در حال رفتن به انبار بودم که متوجه شدم

با اتمام مراسم یادبود شرکت، کارمندان در حال بازگشت به اتاق ها و محل کارشان هستند بی درنگ خودم را به سالن انتظار رساندم همان کارمند برروی یکی از صندلی های آنجا نشسته بود و همچنان می گریست منشی رئیس به سمت او رفت مقابل او ایستاد و برگه ی مرخصی چند روزه ای را به او داد، و پس از ابراز همدردی با او از خواست تا چند روزی را به استراحت بپردازد در حالیکه منشی رئیس در حال رفتن به سمت آسانسور بود خودم را به او رساندم و در زمانیکه منتظر رسیدن آسانسور بودیم از او پرسیدم: "ببخشید آن آقا چرا انقدر گریه می کنند؟"

منشی ابتدا مرا یکورانداز کلی کرد و سپس پاسخ داد: "دوست صمیمی چند ساله اش بر اثر حادثه فوت شده است..."

و سپس با یکدیگر سوار آسانسور شدیم او به طبقه سوم رفت و من هم در طبقه ی دوم پیاده شدم و سپس از پله ها پائین آمدم و به بیرون از آن شرکت رفتم پس هر چه که بود مسئول بازاریابی شرکت می توانست در دانستن حقیقت کمکم کند. در شرکت منتظر خروج او شدم، چند دقیقه ای بعدتر بیرون آمد و در حالیکه حال چندان مساعدی نداشت سوار اتومبیل خودش شد و من هم یک تاکسی گرفتم و به راننده تاکسی گفتم که نام مسیرها را به خوبی بلد نیستم اما از آنجائیکه چند مرتبه آن مسیر را رفته بودم. مسیر را در هر چهارراه به او خواهم گفت که به کدام سمت برود و

او هم پذیرفت البته با این شرط که هزینه تاکسی را متناسب با مسیر پرداخت بکنم! در حال رفتن به مکانی بودیم که مسئول بازاریابی شرکت می رفت متوجه شدم که رانندگی او دارای حالت طبیعی نیست و سرانجام هم در کنار یک پارک توقف کرد کمی جلوتر من هم از تاکسی پیاه شدم و آرام آرام به دنبال او به راه افتادم او در پارک به راه افتاد کمی جلوتر ایستاد انگار قدم هایش را می شمرد و من هم از دور او را زیر نظر داشتم حالش کاملاً خوب شده بود و گاه و بی گاه می خندید هرچه که تا آن موقع انجام داده بود یک نمایش برای گمراه کردن سایرین بود، شکم به او بیشتر شده بود چرا که هیچ دلیلی برای بازی کردن این نقش بوسیله ی او وجود نداشت، در پارک سرانجام جستجوی او پایان پذیرفت او برروی صندلی آنجا نشست تا هوا تاریک شد و سپس به سراغ یکی از مجسمه های آن پارک رفت بسته ای را از درون آن مجسمه در آورد و به سمت اتومبیلش راه افتاد سوار اتومبیل شد راه افتاد من هم با همان شیوه ی قبلی راننده ی تاکسی دیگری را مجاب کردم تا مرا به مقصدی که می خواهم برساند در حالیکه در حقیقت در حال تعقیب او بودم، به محلی در حومه شهر رفت! راننده تاکسی برای ادامه ی این کار دچار شک شده بود و این موضوع به راحتی در نوع نگاهش و همینطور نحوه حرف زدنش قابل مشاهده بود، دائماً در آینه خودرو مرا نگاه می کرد اما هنوز شک او برای پایان دادن این تعقیب به یقین تبدیل نشده بود که مسئول بازرگانی آن

شرکت متوقف شد و سپس به یکی از خانه های آن محل رفت و من هم از تاکسی پیاده شدم راننده ی تاکسی با تعجبی زیاد مرا نگاه می کرد و سپس با او خداحافظی کردم تا زودتر برود اما او تا زمانیکه از دید من خارج شد در آینه اش من را زیر نظر داشت. باید عجله می کردم برای همین هم به محض رفتن تاکسی به سرعت از دیوار آن خانه بالا رفتم و از آنجا به داخل حیاط آنجا نگاهی انداختم! هیچ کسی در آنجا نبود! به داخل حیاط پریدم و به سمت ساختمان آنجا رفتم از پنجره ی اتاق نشیمن به داخل آن نگاه کردم! آنچه که می دیدم بسیار تعجب آور بود مسئول بازاریابی و مسئول فروش آن شرکت در حال خندیدن و صحبت کردن با یکدیگر بودند. اگر که او زنده بود پس آن فردی که به عنوان جسد وی نشان داده بودند چه کسی بود؟ بسته ای که مجسمه ی داخل پارک در آورده بود را برروی میز گذاشت و سپس مشغول باز کردن آن شد درون آن ۳ عدد کلید بود کلیدها مربوط به گاو صندوق بود اما برای من مشخص نبود که کدام گاو صندوق ها اما انگار آن دو نفر به راحتی می دانستند مربوط به کدام گاو صندوق هاست آنها به اتاق خواب رفتند و داخل کمد آنجا ۲ عدد گاو صندوق بود درب آنها را باز کردند و هر چه پول و طلا و جواهر داخل آنها بود را به داخل آن کیف ها ریختند بروی تخت آنجا یک جسد دیگر بود کمی گیج شده بودم اما نمی دانستم بدون فکر و نقشه ی قبلی وارد آنجا بشوم آن دو نفر کمی بعد به یکی از اتاق های دیگر آن

ساختمان رفتند تا محتویات گاو صندوق دیگر را خالی کنند از پنجره اتاق خواب وارد آنجا شدم و اول از همه به سراغ جسد روی تخت رفتم آنچه که می دیدم باور نکردنی بود او مسئول بازاریابی شرکت بود اما اگر او مسئول بازاریابی شرکت بود پس آن فردی که در طول امروز دیده بودم که بود؟!

آرام از آن اتاق خارج شدم و تمام سعیم را می کردم تا مبادا صدائی بوجود بیاید! و باعث جلب توجه آنها شود... آنها در اتاق کناری مشغول خالی کردن گاو صندوق سوم بودند و هر چند لحظه یکبار خنده های بلند دو نفره می زدند به آنها نگاه می کردم آنچه می دیدم باور کردنی نبود آن دو نفر مسئول بازاریابی و مسئول فروش شرکت بودند بیشتر گیج شده بودم، اینهمه شباهت غیرقابل باور بود، به اتاق خوابی که از آن آمده بودم برگشتم و دوباره به آن جسد نگاه کردم خود مسئول بازاریابی شرکت بود در کنارش یک لیوان آب تعداد زیادی جعبه قرص خالی وجود داشت و آثاری از بریدگی و یا چیزی مشابه هم دیده نمی شد نام قرص های مصرفی را نوشتم و از پنجره به حیاط رفتم و از آنجا کاری را که آنها انجام می دادند از دور با نگاهم تا جائیکه امکان داشت دنبال کردم آن دو نفر دوباره به اتاق بازگشتند و شروع به حمل آن گاو صندوق ها به وانتی که در حیاط بود کردند گاو صندوق ها سنگین بودند و آنها برای حملشان زحمت زیادی می کشیدند گاو صندوق اول را به وانت

بردند ظاهراً خیلی خسته شده بودند و پس از آن مشغول حمل گاو صندوق دوم شدند در میانه ی راه یکی از آنها ظاهراً خیلی خسته شده بود شروع کرد به صورت عصبی سرش را تکان می داد و سپس به کارش ادامه داد آنها گاو صندوق دوم را به داخل وانت منتقل کردند و پس از آن نوبت به گاو صندوق سوم شد کارهائی را که در اتاق کناری انجام دادند را ندیدم اما از پنجره اتاق نشیمن دیدم که یکی از آنها می خواهد ماسکی را که برروی صورتش بود جدا کند که دیگری مانع وی می شد و گفت بگذار که از این خانه خارج بشویم زیرا که ممکن است یکی از همسایه ها ما را ببینند. پس از آن هر کاری که خواستی انجام بده، او هم پذیرفت .

آنها هم از گریم برای تغییر چهره استفاده کرده بودند! پس به همین دلیل بود که دو نفر شبیه به هم دیده بودم گاو صندوق سوم را به وانت منتقل کردند از پشت بوته ای که در باغچه آن خانه بود و من پشت آن پنهان شده بودم می توانستم آنها را ببینم که ایستاده اند و مشغول گفتگو هستند و از اینکه نقشه های آنها به طور کامل اجرا شده است بسیار خوشحال و شادمان هستند و پس از آن به پیشنهاد یکی از آنها که تغییر قیافه ای شبیه به مسئول فروش آن شرکت داشت به داخل خانه بازگشتند تا آنچه که در این مدت بدست آورده بودند بین خودشان تقسیم بکنند. پشت پنجره ی اتاق نشیمن برروی زمین نشستم و کمی با خودم فکر کردم اگر

آنها با آن وضعیت تغییر چهره از آن خانه می رفتند دیگر هیچ وقت نمی توانستم به هویت اصلی آنها پی ببرم بنابراین باید تا آنها مشغول به تقسیم پول ها بودند چاره ای می اندیشیدم و زمان کمی برای انجام اینکار داشتم! یکی از آنها گفته بود که پس از خروج از آن خانه می توانند از شر ماسک ها خلاص شوند برای همین هم تنها چاره ای که وجود داشت این بود که به نوعی آنها را تعقیب بکنم از طرفی سوال دیگری ذهنم را به خودش مشغول کرده بود آن هم این بود که باید پای فرد سومی هم در این ماجرا در میان باشد زیرا که این دو نفر کلید های گاوصندوق ها را نداشتند و آنها را از مجسمه ای که درون پارک بود برداشتند پس باید فرد سومی وجود داشته باشد که کلید های گاو صندوق ها را برای آنها در آن مجسمه داخل پارک جاسازی کرده است و اگر آنها می رفتند او هم قابل شناسایی نبود. باید قبل از اتمام کار آنها فکری برای تعقیب آنها می کردم یا باید با استفاده از وانت آنها می رفتم که بدون دیده شدن امکان پذیر نبود! زیرا که عقب آن باز بود و تنها با چند کیسه پارچه روی گاو صندوق ها و چند چیز دیگر را پوشانده بودند که اگر می خواستم زیر آنها پنهان شوم به راحتی آنها می توانستند مرا تشخیص بدهند در جلوی وانت هم خودشان می نشستند و در زیر آن هم به علت ارتفاع کم آن امکان پنهان شدن وجود نداشت پس باید راه دیگری می یافتم... به اطرافم نگاه کردم امکان اینکه بتوانم مانند دفعه قبل، از یک اتومبیل کرایه ای و یا تاکسی هم

استفاده کنم وجود نداشت! زیرا که آن وقت شب، آن هم در آن محله اتومبیل شخصی به ندرت عبور می کرد چه برسد به تاکسی باید راهی می یافتم، اما چه راهی؟ از پنجره به داخل خانه نگاهی انداختم می شد خنده های از روی خوشحالی آنها را دید و همینطور می شد حدس زد که دیگر زمان زیادی تا پایان تقسیم پول ها نمانده است. شروع به وارنداز اطرافم کردم در گوشه ی از حیاط آن خانه یک دوچرخه پارک شده بود شاید آن تنها راه پیش روی من بود دوباره از پنجره به داخل خانه نگاهی انداختم آن دو نفر در حال بستن درب کیف ها بودند پس کارشان تمام شده بود و آنها بزودی به حیاط می آمدند زمانی برای من باقی نمانده بود سرانجام تصمیمم را گرفتم و به سمت آن دوچرخه رفتم باید این راه را هم امتحان می کردم، با احتیاط کامل و بدون ایجاد هیچ سروصدایی دوچرخه را از روی زمین بلند کردم و از در حیاط آن خانه به کوچه رفتم در آنجا دیدم که چرخ عقب دوچرخه قفل شده است اما باز کردن آن کاری نداشت بنابراین مشغول بازکردن قفل آن شدم و هر چند ثانیه به سمت در ساختمان نگاهی می انداختم تا مبادا آن دو نفر سر برسند، پس از بازکردن قفل آن دوچرخه را سوار شدم کمی رکاب زدم و کمی آنطرف تر در تاریکی دیوار یکی از خانه ها منتظر خروج آن دو نفر از آن خانه شدم بالاخره بعد از چند دقیقه در آن خانه باز شد و آن دو نفر در حالیکه لبخند می زدند از آن خانه خارج شدند ظاهراً از آنچه که به آنها رسیده بود

بسیار خوشحال تر از آنچه فکر می کردم بودند، پس از خروج از خانه یکی از آنها در را بست و سوار اتومبیل شد و به آرامی شروع به حرکت کردند نمی خواستند که صدای اتومبیل باعث جلب توجه ساکنین محل بشود و من هم چند ثانیه منتظر ماندم تا آنها کمی دورتر شوند و سپس رکاب زنان به تعقیب آنها پرداختم و دائماً سعی می کردم تا فاصله ی خودم را با آنها حفظ بکنم تا مبادا آنها مرا ببینند که این موضوع می توانست باعث بروز رفتارهای غیرقابل پیش بینی از جانب آنها گردد، شاید حدود ۲یا ۳ کیلومتر آنطرف تر آنها در کنار آن خیابان توقف کردند ظاهراً می خواستند از اینکه کسی تعقیبشان نکرده است مطمئن شوند اما آنها نمی توانستند مرا با آن دوچرخه آنهم در آن تاریکی ببینند و از این بابت خیالم راحت بود و در گوشه ای در تاریکی منتظر اقدام بعدی آنها شدم سرانجام پس از چند دقیقه دوباره شروع به حرکت کردند کمی جلوتر اتومبیل آنها به یک کوچه ی خاکی پیچید و این موضوع را کمی برای من مشکل تر می کرد.

به تعقیب آنها پرداختم تا اینکه به انباری قدیمی رسیدند یکی از آنها پیاده شد و در انبار را باز کرد و با هم وارد انبار شدند و در را پشت سرشان بستند، دوچرخه را همان نزدیکی در زیر شاخه و برگ درختان پنهان کردم و تقریباً مطمئن بودم که دوباره به آن نیاز پیدا خواهم کرد و به سمت آن انبار قدیمی رفتم به زحمت از

دیوار آن خودم را بالا کشیدم و به داخل آن نگاهی انداختم و با دیدن آن صحنه تعجب زده شدم. هزاران جعبه و بشکه ذخیره شده از همان نوع مواد شیمیائی تاریخ مصرف گذشته در آنجا وجود داشت و به جز چند نفری که مشغول به کار بودند فرد دیگری در آنجا نبود آرام از دیوار بلند آن انبار خودم را به پائین انداختم متوجه شدم که چند نفر که بنظر نگهبان آن انبار بودند هم با اسحله مشغول به نگهبانی دادن از آن انبار هستند شروع به بررسی آن انبار کردم باورنکردنی بود این انبار محلی برای مواد شیمیائی غیر قابل استفاده بود، کمی دورتر آن دو نفر را دیدم که از وانت پیاده شدند و کیف های حاوی پول را خیلی پنهانی بدون اینکه جلب توجه بکنند داخل یک اتومبیل سواری قرار دادند و از داخل وانت کیف سومی را برداشتند همراه با خودشان به ساختمانی در داخل محوطه آن انبار بردند آن کیف به نظر خیلی سنگین می آمد... بطوریکه آن دو نفر برای حمل آن ناچار بودند دو نفری دسته هایش را بگیرند! به داخل ساختمان وارد شدند و من هم باید راهی پیدا می کردم که بدون آنکه دیده شوم به آن ساختمان وارد بشوم اما آن ساختمان فقط یک ورودی داشت که آن هم در مقابل دید افرادی بود که داخل محوطه مشغول به کار بودند و همینطور نگهبانانی که مدام در حال قدم زدن در آن محوطه بودند. می شد از روی جعبه های انبار شده در محوطه انبار قدیمی خودم را به پشت بام آن ساختمان برسانم اما قبل از آن باید یک کار نیمه تمام

را به اتمام می رساندم به سراغ آن خودروی سواری که کیف حاوی پول داخل آن بود رفتم کیسه ای خالی را از محوطه انبار قدیمی برداشتم و تمام پول های داخل کیف ها را داخل آن ریختم خوشبختانه اتومبیل در محلی از انبار قدیمی بود که زیاد در معرض رفت و آمد افراد قرار نداشت، و دوباره درون آن کیف ها را با استفاده از هر وسیله ای که می شد پر کردم و کیسه پول ها را در محلی در یک بشکه داخل انبار پنهان کردم و سپس برای رفتن به پشت بام آن ساختمان از جعبه های انبار شده در انبار بالا رفتم بخشی از مسیر را بروی آنها برای اینکه دیده نشوم خزیدم اما در انتهای آن جعبه ها ناچار بودم که از روی این بخش از جعبه ها به بخش دیگر بپرم باید خیلی مراقب می بودم و منتظر می شدم که موقعیت مناسب ایجاد شود تا توسط افراد داخل آن انبار دیده نشوم و بالاخره از روی آنها هم پریدم از آنچه فکر می کردم هم آسانتر بود. سرانجام موفق شدم تا به بالای آن ساختمان برسم... بر روی سقف آن ساختمان بدنبال راهی برای ورود به داخل آن ساختمان بودم که سرانجام چشمم به یک نورگیر کوچک افتاد در آن شرایط آن هم بد نبود. به سرعت به سمت آن رفتم و از آن به داخل ساختمان را نگاه می کردم در آنجا نگاهم به آن ساک سنگینی که آن دو نفر حمل می کردند افتاد داخل آن ساک سوم پر از شمش های طلا بود مقادیری هم جواهرآلات و مقداری هم پول نقد پس علت سنگینی آن ساک هم همین موضوع بود! ظاهراً این دو نفر

پول های حاصل از فروش مواد شیمیائی غیر قابل مصرف را برای آن شخص سوم تبدیل به شمش های طلا کرده بودند از اینجا که من ایستاده بودم نمی توانستم آن فرد سوم را که ظاهراً نفر اصل هم بود ببینم اما آن دو نفر و چند نفر دیگر که تا کنون آنها را ندیده بودم به راحتی دیده می شدند کمی جایم را در پشت آن نورگیر تغییر دادم تا شاید بتوانم او را بهتر ببینم اما بی فایده بود گاهی دستش از پشت صندلی بلندی که روی آن نشسته بود دیده می شد یک علامت و یا شکلی خاص که روی دستش طرح زده شده بود آن دو نفر هم در جلوی او روی صندلی نشسته بودند و در حال شرح دادن واقعه و کارهائی بودند که انجام شده بود صدای آنها به گوش می رسید از بین حرف های آنها مشخص شد که آنچه تاکنون از مواد شیمیائی غیرقابل مصرف توسط این دو نفر فروخته شده بود ۲/۳ از کل آنها بوده است و ۱/۳ باقی مانده هم در همین انبار بود پس اگر این حجم از مواد شیمیائی ۱/۳ از کل آنها بوده است پس اثری که ۲/۳ باقی مانده می توانست باقی گذارد غیرقابل جبران و پیش بینی بود و شاید تاثیری بسیار بد از خودش باقی می گذاشت کمی خودم را به داخل خم کردم تا بهتر بتوانم حرف های آنها را بشنوم در همین زمان آنها ماسک های خودشان را از صورتشان در آوردند و مقداری هم از گریم صورتشان را پاک کردند که چهره ای شبیه به آن مسئول بازاریابی و مسئول فروش آن شرکت به آنها داده بود. اما با آنچه تا آن زمان در مورد گریم آموخته

بودم که گریمی که برروی صورت آنها انجام شده بود فوق العاده حرفه ای بود.

پس برای همین بود که شناخته نشده بودند و هیچ فردی هم به آنها شک نکرده بود. اما این همه تغییر قیافه این همه طرح و نقشه برای چه چیزی می توانست باشد و چه هدفی را دنبال می کرد دوباره به داخل آن ساختمان نگاهی انداختم. به راحتی می شد مشاهده کرد که آن دو نفر در حال آماده شدن برای خروج از آن ساختمان هستند فکری به سرم زد برای اینکه بیشتر می توانستم از آنها در مورد کارهایشان بفهمم باید پول های آنها را دوباره در جای خودشان می گذاشتم تا دچار شک نشوند به سرعت از پشت بام آنجا پائین آمدم و در یک فرصت مناسب از آن فاصله بین اجناس انبار شده پریدم و خودم را به آن بشکه رساندم پول ها را برداشتم و به سمت خودروی سواری رفتم اما دیگر دیر شده بود آنها قبل از من به آن جا رسیده بودند چاره ای نبود باید آنها را تعقیب می کردم اما برای اینکار ابتدا باید از آنجا خارج می شدم و سپس خودم را به دوچرخه می رساندم البته اگر می توانستم با آن همه پول به تعقیب خودروی آنها بپردازم در حالیکه کیسه ی پول ها را بر روی شانه ام قرار داده بودم در حال راه رفتن در کنار دیوار بلند آنجا بودم که بتوانم محل مناسبی را برای بالا رفتن از آن پیدا بکنم که فردی از پشت سر صدایم کرد و گفت: "کجا می روی؟"

هنوز جوابی نداده بودم که خودش ادامه داد بیا زودتر برو که امشب کمی زودتر باید درهای انبار را ببندیم، بدون اینکه سرم را بلند کنم صدائی شبیه به کلمه باشه در آوردم و به سمت درب حرکت کردم خوشحال بودم از اینکه تاریکی شب مانع از دیدن دقیق من توسط آن نگهبان شده است و او به احتمال زیاد مرا با فرد دیگری اشتباه گرفته بود وقتی نزدیک او رسیدم دیدم که در حال پاک کردن عینک خودش است ظاهراً این موضوع نیز همراه با تاریکی شب به کمک من شتافته بود از انبار خارج شدم و با شنیدن صدای بسته شدن در و به دنبال آن صدای قفل شدن آن با تمام سرعتی که می توانستم به سمت دوچرخه شروع به دویدن کردم راه ناهموار بود و در میانه ی راه متوجه شدم که چند قدمی را بدون آنکه بر روی زمین بگذارم دویده ام و این موضوع برای من عجیب بود اما آنرا به کمی دید در آن تاریکی نسبت دادم و در آن لحظه به آن توجهی نکردم، به دوچرخه که رسیدم آن کیسه پول را به هر زحمتی که بود به آن بستم و بر دوچرخه سوار شدم و شروع به رکاب زدن کردم باید قبل از رسیدن آن دو نفر حداقل این جاده ی خاکی را می رفتم و خودم را به خیابان اصلی می رساندم. به خیابان اصلی که رسیدم خودم را در گوشه ای پنهان کردم و منتظرآمدن آنها شدم شاید پنج دقیقه ای نگذشته بود که از دور نور چراغ اتومبیلی را در آن جاده ی خاکی دیدم منتظر شدم زمانیکه پیچ جاده رسیدند توانستم از روبرو کمی دقیق تر آنها را ببینم خودشان بودند

گذاشتم که پیچ را طی کنند وارد جاده اصلی بشوند و سپس به دنبال آنها شروع به رکاب زدن کردم خوشبختانه آنها چندان تمایلی به تند رفتن نداشتند و در حالیکه شعله های آتش سیگارشان که در دستشان در بیرون از پنجره خودرو بود دیده می شد می توانستم صدای خنده های از سر خوشحالیشان را بشنوم، نزدیک به یک ساعت این ماجرا ادامه داشت تا به خیابان های مرکزی شهر رسیدم در آنجا یک نفر از آنها از خودرو در یکی از خیابان ها جلوی یک منزل پیاده شد و کیفش را از جعبه خودرو برداشت و با لبخندی از آن خودرو دور شد وارد خانه ای در آن نزدیکی شد محل آن خانه را به خاطر سپردم احتمالاً باید در چند روز آینده به آنجا سری می زدم و دوباره اتومبیل شروع به حرکت کرد و مسیر خودش را طی نمود حدود بیست دقیقه بعد جلوی ورودی پارکینگ خانه ای ایستاد و اتومبیل را به داخل آن برد پس این محل هم باید منزل نفر دوم آنها باشد چاره ای نداشتم با آن کیسه پر از پول که نمی توانستم در آنجا بمانم با همان دوچرخه به خانه قدیمی بازگشتم آن کیسه را در راهروی خانه انداختم گریمم را پاک کردم به سرعت به خانه بازگشتم و بدون اینکه لباسم را عوض بکنم بروی تخت دراز کشیدم و از شدت خستگی و کوفتگی خوابم نمی برد کلی در تختخواب از این پهلو به آن پهلو کردم تا اینکه سرانجام خوابم برد.

بخش هفتم: عدالت

زمانیکه از خواب بیدار شدم عصر بود اما از آنجائیکه روز تعطیل بود مشکلی پیش نیامد مادر و پدرم هم در یادداشتی نوشته بودند که سفر کوتاه مدت و چند روزه ای رفته اند. ناگهان به یاد آن دو نفر افتادم مطمئن بودم که تا آن لحظه متوجه آن کیف های پول که با سایر وسائل پر شده بود شده اند برای همین هم باید سریع تر به آنجا می رفتم اما احساس گرسنگی می کردم از دیروز تا آن زمان وقتی برای خوردن غذا نداشتم پس تصمیم گرفتم قبل از رفتن به آنجا حداقل یک وعده غذا بخورم، پس از خوردن غذا به خانه قدیمی رفتم و در مسیر رفتن به آنجا چشمم به آن شاخه گل افتاد انگار درزمان نگاه کردن به آن گویی با انسان سخن می گفت و حسی متفاوتی را القا می کرد این روزها از این وقایع کم ندیده بودم اما احساسی متفاوت را در آن لحظه تجربه می کردم که ناخودآگاه مرا به سوی خودش جلب می کرد.

انگار حس مشترک داشتیم، بنابراین مدتی را کنار آن گل نشستم و پس از آن به سمت خانه قدیمی رفتم در آنجا گریم تازه ای روی خودم انجام دادم که انگار بهترین گریمم تا آن لحظه بود از کارم راضی بودم زیرا تصمیم داشتم که به خانه ی یکی از آن دو نفر بروم و می دانستم که آنها در کار گریم کردن خودشان مهارت کافی دارند بنابراین در این مرحله گریم می توانست سرنوشت ساز باشد چرا که کوچکترین اشتباهی در گریم می توانست آن دو نفر را

نسبت به من مشکوک بکند قبل از آنکه از خانه بیرون بروم به سراغ کامپیوتر رفتم و به تصویر بزرگنمائی شده نگاهی انداختم و متوجه شدم که آنچه مانند لکه ای بر پیشانی این فرد به قتل رسیده آخر بود یک خال یا چیزی مشابه با آن بود در این یکی نمی شد کلمه ی عدالت را مشاهده کرد پس از آن از خانه بیرون آمدم و مشغول قدم زدن شدم و به سمت خانه ی یکی از آن دو نفر دیشب رفتم همان یک نفری که دیشب اول پیاده شده بود برای اینکار بهترین انتخاب استفاده از اتوبوس بود، در ایستگاه اتوبوس نشسته بودم که یک آقای مسن هم در کنارم نشست مدتی سکوت تنها چیزی بود که بین ما رد و بدل می شد تا اینکه نسخه ای در دستش دیدم زمانیکه از او درباره ی آن نسخه پرسیدم او گفت: "خدا باعث و بانی آن را لعنت بکند"

او نفرین می کرد افرادی را که باعث آن اتفاق شده بودند، از او در مورد آن اتفاق پرسیدم او پاسخ داد: "چند مدتی قبل تر دخترم بر اثر استفاده از مواد آرایشی جدیدی که در بازار بوده است دچار نوعی عارضه پوستی گردیده است، عارضه ای که زندگی او را تباه کرده است"

با این توضیح پیرمرد تا آخر آن اتفاق را فهمیدم اتوبوسی که من باید سوار آن می شدم رسید و آن پیرمرد را در همان ایستگاه ترک کردم در حالیکه از شیشه اتوبوس می دیدم که چگونه اشک هایش

را با دستمالی سفید پاک می کرد، نوعی از بغض در گلویم مانده بود، مدتی بعد به محل خانه ی آن مرد رسیدم از اتوبوس پیاده شدم و جلوی خانه ی او ایستادم ابتدا با دقت زیاد آن خانه را نگاه کردم و مورد بررسی قرار دادم باید راهی برای ورود به خانه اش پیدا می کردم، کوچه ای خلوت بود و پریدن از روی دیوار کاری نداشت پس باید شانس خود را امتحان می کردم از دیوار خانه اش بالا رفتم و به حیاط خانه اش وارد شدم، پس از ورود به حیاط خانه اش کمی بررسی کردم و متوجه شدم که او در آن زمان در خانه اش نیست این فرصت مناسبی بود که می شد تا قبل از بازگشت او به داخل خانه اش می رفتم و کمی بدنبال آنچه به آن قتل ها مربوط می شد می گشتم اما همینکه به در ورودی ساختمان رسیدم با قفل درب جدیدی روبه رو شدم که برای باز کردن آن علاوه بر کلید و کارت الکترونیکی نیاز به اثر انگشت هم بود و برای بازکردن آن هیچ ابزاری به همراه نداشتم! بنابراین چاره ای نبود باید ادامه کارم را برای روز دیگری می گذاشتم و یا اینکه در زمان دیگری آن را به انجام برسانم در همین زمان چشمم به پنجره ای در طبقه ی بالا افتاد که نیمه باز بود و نزدیک به آن هم درختی بزرگ وجود داشت که می شد از آن به راحتی بالا رفت! نیمه باز بودن آن پنجره در آن زمان و رفتن به داخل ساختمان از طریق آن چندان مناسب نبود اما ایده ی بدی هم به نظر نمی آمد حداقل امتحان آن ضرری نداشت از درخت بالا رفتم روی شانه ی درخت

با احتیاط به سمت آن پنجره رفتم و با نوک کفشم پنجره را کاملاً باز کردم اما زمانیکه می خواستم به داخل ساختمان بروم صدای در حیاط آمد که شخصی از خیابان در حال بازکردن قفل آن با کلید بود! به سرعت به سمت تنه ی درخت بازگشتم و لا به لای شاخه های درخت پنهان شدم و از بالای درخت به در حیاط خانه چشم دوختم. آن شخص وارد شد... خودش بود یکی از آن دو نفر در حال صحبت کردن با تلفن همراه خودش بود که وارد حیاط خانه شد کلید را درون جیبش گذاشت در حیاط را بست و در حالیکه در حیاط در حال قدم زدن بود با گوشی تلفن همراه خودش صحبت می کرد! عصبانی بود و گاهگاهی فریاد می زد ظاهراً در حال صحبت کردن با نفر دوم بود این دو نفر تا آن زمان به خوبی نقش مسئول بازاریابی و مسئول فروش را بازی کرده بودند اما دیگر زمان نقش بازی کردن نبود و آنها با واقعیتی روبرو شده بودند که باور آن برای آنها هم مشکل بود درست حدس زده بودم آنها متوجه نبودن پول ها درون کیف هایشان شده بودند برای همین هم خشم و عصبانیت آنها درهم آمیخته بود و آنها نمی دانستند که چکار باید بکنند چرا که از لحظه ای که کیف را درون خودروی سواری گذاشته بودند و به درون آن ساختمان داخل انبار رفته بودند تا لحظه ای که بازگشته بودند هر یک از افراد داخل آن انبار می توانست که پول های داخل کیف ها را جا به جا کرده باشد و آنها از طرفی هیچ سرنخی از فردی که این کار را انجام داده بود

نداشتند! از طرف دیگر نمی توانستند در مورد این موضوع با هیچ شخصی صحبت بکنند زیرا در صورتیکه رئیس آنها متوجه گم شدن آن پول ها می شد باید با مرگ خودشان بهای آنرا می پرداختند و این موضوع حسابی آن دو نفر را کلافه کرده بود، بدون شک آنها هرگز نمی توانستند واقعیت ماجرا را حدس بزنند، از لحظه ی ورود به حیاط حدود یکساعتی با تلفن همراه خودش صحبت کرد و سرانجام از شدت عصبانیت تلفن همراه خودش را به دیوار حیاط کوبید و با عصبانیت وارد ساختمان شد به پنجره های طبقه پائین نگاه می کردم باوجود اینکه هوا نزدیک به تاریک شدن بود باید داخل خانه نور خیلی کمی باشد و او برای اینکه بتواند بصورت کامل اشیاء داخل آنجا را ببیند نیاز به روشن کردن لامپ های خانه داشت اما او هیچکدام را روشن نکرد این عجیب بود دقتم را بیشتر کردم تا شاید روشن شدن چراغ را ببینم اما نه، او لامپی را داخل خانه روشن نکرد اما از پنجره ی باز اتاق خواب طبقه بالا می توانستم سروصدایی که او در زمان آمدن به طبقه بالا درست کرده بود بشنوم انگار در مسیر راهش به هر چیزی که می رسید به آن مشت و لگد می زد، و گاهگاهی بلند بلند ناسزا می گفت، تا اینکه سرانجام درب اتاق خواب طبقه بالا باز شد او در حالیکه دکمه های یقه اش را باز کرده بود کلافه و عصبانی وارد شد و همان ابتدای ورود دکمه های آستینش را باز کرد. و خسته و درمانده برروی صندلی که وسط اتاق بود نشست و به دیوار خیره شد چند دقیقه

ای به همین منوال گذشت! دیگر فضای داخل اتاق کاملاً تاریک شده بود و به سختی می شد او را دید برای همین هم کمی جلوتر آمدم و در بین برگ های آن شاخه ی درخت مستقیم به او نگاه می کردم می خواستم کاملاً واکنش او را ببینم شاید عذابی که او در این لحظه می کشید حتی ذره ای هم از درد و ناراحتی آن افرادی که دچار آن عارضه پوستی شده بودند نبود اما باز هم اگر آن افراد می دانستند شاید خوشحال تر می شدند برای همین هم از ناراحتی آن لحظه ی او احساس خوبی داشتم از جایش بلند شد و لیوان آبی را که روی میز کنار تختش بود را از پارچ آب کنار آن پر کرد و دوباره روی همان صندلی نشست و به گوشه ای خیره شد انگار که به گذشته سیاه خودش فکر می کرد و به انسانیتی که به پول فروخته بود اما با این وجود می شد عصبانیت او را احساس کرد و شدت همین عصبانیت باعث شده بود که حرکاتی غیر قابل پیش بینی از خودش نشان بدهد کمی که گذشت تاریکی در اتاق به گونه ای گسترده شده بود که دیگر قادر به دیدن او به صورت واضح نبودم در همین زمان او برای روشن کردن چراغ اتاق از لیوان دستش استفاده کرد و آن لیوان را با چنان شدتی به سمت کلید چراغ برق اتاق پرتاب کرد که لیوان در برخورد با دیوار بصورت کامل خرد شد و ذرات آن به اطراف پراکنده شد اما از آن عجیب تر این بود که چراغ لامپ اتاق روشن شده بود اما وضعیت عادی نداشت و نور کمرنگی در آن دیده می شد در عوض بخاری که

شبیه به بخار آب بود اما از جنس نور از آن به بیرون تراوش می کرد برای همین هم دقتم در نگاه کردن به آن دو برابر شده بود نگاهی به آن فرد انداختم و نگاهی هم به آن حادثه ای که در حال رخ دادن بود اما انگار آن فرد به هیچ وجه متوجه آن اتفاق و حادثه ای که در بالای سرش در حال رخ دادن بود نبود ابتدا خواستم که او را صدا بزنم و از آن اتفاق آگاه بکنم اما چه دلیلی می توانستم از حضورم در بالای درخت خانه اش بیاورم علاوه بر این در آن زمان او و حرکات او بعلت عصبانیت زیادی که داشت غیرقابل پیش بینی بود، بنابراین ترجیح دادم که برای جلوگیری از عواقب غیر قابل اجتناب و احتمالی تنها نظاره گر آن وقایع باشم و سپس آن حجم نورانی بزرگ شد و از آنجا که من او را می دیدم شبیه فرشته ای خانم بود که هاله ای از نور آنرا در بر گرفته بود... پس از آن درست مقابل آن فرد ایستاد و آن فرد انگار توانایی انجام هیچ کاری را نداشت و اراده ای برای او باقی نمانده بود تنها می شد در چشمانش ترسی بی نهایت را در نور حاصل از حضور آن فرشته دید که جایگزین عصبانیت او شده بود آن نور، آن فرشته و یا هر موجودی که بود با حرکتی بسیار سریع به بدن او فرو رفت درست از مقابل سینه اش وارد شد و ناگهان شعله هائی سوزان و ویرانگر برای او و بی اثر برای سایر لوازم اتاق او را فرا گرفت به گونه ای که می شد سوختن او را با چشم دید اما اگر آن شعله ی آتش بود پس چرا سایر لوازم اتاق را نمی سوزاند انگار اعمال بد او تنها گریبان گیر

خودش شده بود و بس با دیدن این حوادث خودم را جمع و جور کردم و نگاهی به خودم انداختم می خواستم مطمئن شوم که در آنجائیکه هستم توسط آن فرشته دیده نمی شوم، در عین حال با دیدن بلائی که آن فرشته می توانست بر سر انسان بیاورد قصد پائین رفتن و خروج از آن خانه را هم نداشتم سوختن آن فرد تقریباً تا نزدیکی های طلوع خورشید ادامه داشت و می شد دانست که عذابی که در این ساعت هائی که گذشت کشید بسیار وحشتناک بود، سرانجام با خروج آن فرشته از جسمش از آن فرد تنها یک جسم ذغال شده باقی مانده بود خودم را جمع تر کردم و آماده بودم که پس از رفتن آن فرشته من هم به سرعت از آن خانه خارج شوم اکنون علت چند مرگ قبلی که مشابه این مورد بود را می دانستم احساس عجیبی بر من غلبه کرد و دیدم که آن فرشته از محلی در مقابل آن جسد مستقیماً در حال نگاه کردن به چشمان من است، می دانستم که دقیقاً مرا دیده است! نور وجود او به من می تابید و نمی توانستم در ابتدا به درستی به سمت او نگاه بکنم اما چند ثانیه که گذشت بهتر شد انگار خود او اینطور خواسته بود آرام به او نگاه کردم و تقریباً از لا به لای برگ ها بیرون آمده بودم و روی آن شاخه بی مهابا ایستاده بودم و آن فرشته نورانی به سمت من می آمد از پنجره خارج شد و به نزدیک من برروی آن شاخه آمد و به شکلی که احساس می کردم بر روی شاخه نشسته است قرار گرفت و من هم مانند پسر بچه ای بازیگوش به روی شاخه

نشستم و پاهایم را از آن آویزان کردم انگار نه انگار که چند دقیقه پیش نظاره گر سوختن آن مرد بودم انگار آن عذابی بود که او لایقش بود دستم را به شاخه ی کناری گرفتم و از آن فرشته پرسیدم نام تو چیست؟ صورتش را به سمت من برگرداند سپس گفت : "عدالت"

با تعجب به او نگاه کردم و پرسیدم: "عدالت؟"

تا آن لحظه تنها به معنی لغوی عدالت فکر کرده بودم و نه به ماهیت آن

و ادامه دادم: "این جا چه می کنی؟"

و او پاسخ داد: "از عدالت به غیر از اجرای آن انتظار داری؟"

نگاهی به او انداختم پشتم گرم شد مهربان به نظر می رسید اما آزرده از آنچه نظاره گر آن بوده است مشغول به صحبت با او شدم پاسخ بسیاری از سوالاتم را می داد اما برخی از سوالاتم را از روی عمد پاسخ نمی داد و به جای پاسخ دادن به آنها تنها لبخندی می زد و من هم برای اینکه گفتگوی ما به حاشیه کشیده نشود از پرسیدن برخی از سوالاتم اجتناب می کردم! چیزی که تا آن لحظه برای من اتفاق نیفتاده بود و گمان می کنم تا آن لحظه معمولاً سوالاتم را بی مهابا پرسیدم شاید محیط و شرایط باعث این تغییر رفتار من شده بود. دلم نمی خواست از کنارم برود اما او تقریباً از

جای خودش بلند شده بود و من هم بلافاصله بلند شدم و بر روی آن شاخه ایستاده بودم که او لبخندی زد و گفت: "تا دیدار بعدی خداحافظ ناجی"

و سپس با طلوع اولین پرتوی خورشید به سمت خورشید رفت و از دید من ناپدید شد با رفتن او احساس دلتنگی می کردم به خودم آمدم انگار به جز من هیچکس دیگری قادر به دیدن او نبود وگرنه آن حجم از نور برروی درختی به آن بلندی مسلماً توجه افراد را به خودش جلب می کرد. در حال پائین آمدن از آن درخت کهنسال و بلند بودم که متوجه شدم پرتوهای نوری از دستم در حال خارج شدن است این اتفاق هم در کنار آن همه واقعه و عجیب و باور نکردنی این روزهای. من باید از آن خانه بدون اینکه جلب توجه بکنم خارج می شدم و از لای در حیاط آن خانه به بیرون نگاه می کردم. در زمان مناسبی از خانه خارج شدم هنوز چند قدمی از آنجا دور نشده بودم که آن دو نفر را دیدم که درست مقابل در آن خانه توقف کرد و آن فرد سراسیمه از خودرو پیاده شد و بداخل آن خانه رفت با یک خودروی شاسی بلند جدید آمده بود یادش رفت که در خودرو را قفل بکند به نظرم این فرصت مناسبی بود که بدست آورده بودم برای همین هم خودروی او را سوار شدم و درست پشت صندلی راننده پنهان شدم چند دقیقه ای نگذشته بود که او در حالیکه گریه می کرد بازگشت سوار بر خودرو شد در تمام طول

مدتی که رانندگی می کرد تعادل کافی نداشت انگار تمام دیشب را بر اثر عصبانیت از آن کیف خالی از پول نخوابیده بود و اکنون هم با دیدن جسد سوخته دوست خودش دیگر تعادل خودش را بطور کامل از دست داده بود با سرعت زیادی از خیابانی به خیابان دیگری می رفت انگار بسیار ترسیده بود و سعی داشت که تا می تواند از آن خانه دور شود اما از آنجائیکه تعادل کافی نداشت هر خیابان را شاید چندین مرتبه عبور کرد و سرانجام از طریق یک بزرگراه به خارج از شهر رفت و راه یک جاده جنگلی را در پیش گرفت به یاد همان جاده ی جنگلی افتادم که روزی آن را طی کرده بودم و آغاز ماجرای کوردل در آن زمان بود.

همانطور که آرام آرام و پنهانی به بیرون از اتومبیل نگاه می کردم سعی داشتم بدانم که آن دیوانه می خواهد به کجا برود. او تا بعدازظهر به رانندگی ادامه داد... کم کم نگرانی بر من غلبه می کرد که خوشبختانه بنزین اتومبیل تمام شد اما این پایان ماجرا نبود چرا که او اتومبیل را با سرعتی که در آن باقی مانده بود به خارج از جاده راند و چند متری از جاده دور شد و سرانجام خودروی او متوقف شد از اتومبیل پیاده شد و چند قدم آنطرف تر زانو زده بود و گریه می کرد ظاهراً از آنچه انجام داده بود پشیمان بود به عقب خودرو رفت و درب عقب خودرو را باز کرد برای اینکه دیده نشوم ناچار بودم که در کف خودرو و بین صندلی ها دراز بکشم، انگار

داشت چیزی را با زحمت از پشت خودروی به بیرون می کشید و برای اینکار دچار مشکل هم شده بود سرانجام آن را به بیرون از خودرو انداخت و سپس برروی زمین مشغول به کشیدن آن شد اما چه می توانست باشد؟

از شیشه اتومبیل بصورتی که دیده نشوم و با احتیاط کامل به او نگاه کردم؟ باورم نمی شد یکی از همان افرادی بود که بر اثر آن مواد شیمیائی دچار عارضه پوستی شده بود اما انگار آن مرد او را کشته بود این را می شد از خونی که برروی سینه اش بسته بود حدس زد دوباره آن مرد به سمت خودرو برگشت حتماً به دنبال وسیله ای برای کندن زمین آمده بود به عقب اتومبیل رفت و دوباره با تلاش زیاد مشغول کشیدن چیزی به بیرون از خودرو شد هرچه بود سنگین بود از کف اتومبیل که دراز کشیده بودم صدای افتادن جسمی سنگین برروی زمین را شنیدم و او دوباره مشغول به کشیدن آن جسم برروی زمین بود آرام از گوشه ی پنجره خودرو نگاهی انداختم یک بیمار دیگر بود که توسط این فرد حیوان صفت به قتل رسیده بود آن را هم برروی جسد قبلی انداخت و به سمت اتومبیل آمد احتمالاً جسد سومی هم در کار بود دوباره در کف خودرو دراز کشیدم و منتظر او ماندم اما این مرتبه او یک بیل با دسته ای کوچک را از عقب خودرو برداشت و درب عقب خودرو را بست و به سمت اجساد آن دو بیمار با عارضه ی پوستی رفت از

آنجا که من نشسته بودم می شد به راحتی دید که آن دو بیمار با استفاده از شلیک گلوله به قتل رسیده اند! آن فرد مشغول کندن گودال برای دفن آن دو جسد بود و من هم در حال نظاره آنها و اینکه سرانجام چه خواهد شد!؟ کار او چند ساعتی زمان برد و تقریباً خورشید در حال غروب بود که بیل را در عقب خودرو گذاشت و همینکه از کنار خودرو عبور می کرد چشمش به من افتاد و انگار برق او را گرفته باشد به سرعت در خودرو را باز کرد بدون آنکه به او مجال بدهم با هر دو پایم با تمام نیرو لگدی به سینه اش زدم شدت ضربه به حدی بود که او را به عقب و برروی زمین پرت کرد. قبل از آنکه از جایش بلند شود از خودرو پیاده شدم و با لگد به صورتش ضربه ای زدم دوباره به زمین افتاد و پرسید: "تو کی هستی؟"

در پاسخ به این سوال او لیستی که از افرادی که دچار عارضه پوستی شده بودند از جیبم در آوردم و دانه دانه اسامی آن را خواندم و با هر نام یک لگد به او می زدم با تمام شدن لیست اسامی چند قدم عقب تر رفتم و دیدم که او دستش را به زیر پیراهن خودش برد و دستش را که بیرون آورد درخشش چاقوئی را در دستش دیدم و با لگد محکم به دستش کوبیدم چاقو از دستش پرتاب شد و در بین برگ های درختان افتاد بطوریکه به این راحتی ها پیدا

نمی شد آن فرد ناله می کرد و فریاد می زد: " بازهم بزن اینقدر بزن تا بمیرم!"

اما چرا این درخواست را داشت؟ یقه اش را گرفتم و او را بلند کردم و به تنه درختی تکیه دادمش و گفتم: "چرا این کارها را انجام دادی؟"

در پاسخ به من انگار بغض گلویش را گرفت بدنش شل شد و به زمین افتاد چند قدمی عقب تر رفتم و ایستادم و او هم مدتی ساکت بود اما بعد از آن شروع کرد به تعریف کردن داستان از جائیکه آغاز ماجرا به شمار می رفت او و نفر دیگری که با هم دوست بودند و امروز صبح توسط عدالت به سزای اعمالش رسید هر دو برای رئیس کار می کردند این فرد که خود او هم او را نمی شناخت ظاهرا دارای تعداد زیادی از افراد مختلف بود که برای او کار می کردند و علاوه بر این دارائی زیادی هم از راههای غیر قانونی بدست آورده بود و همواره در محیط هائی که آنها کار می کرد نقابی به صورت داشت. و سپس آن فرد ادامه داد روزی با دیدن نقابی که او بر صورتش داشته است، فکری به سرم زد که می توانست ثروت زیادی برای رئیس به ارمغان بیاورد برای همین هم اول این موضوع را با دوستم مطرح کردم همان فردی که جنازه ی سوخته اش را در خانه اش دیدم و نظر او را جویا شدم ابتدا او از اجرای این نقشه بسیار می ترسید اما پس از گذشت چند روز او هم راضی شد، تا

موضوع آن نقشه ی پلید را با رئیس مطرح بکنیم، تا قبل از این موضوع هیچگاه جرأت چنین درخواستی را نداشتیم که بخواهیم با رئیس بصورت مستقیم صحبت بکنیم اما در آن زمان این ایده باعث شد تا تقاضای دیدن رئیس را بکنیم ابتدا نگهبانان مانع می شدند اما پس از آنکه چند روز به ساختمان داخل انبار رفتیم او هم پذیرفت که تنها برای چند دقیقه در ساختمان داخل انبار ما را ببیند برای روز دیدن رئیس لحظه شماری می کردیم و جزئیات طرح را چند مرتبه مرور کرده بودیم سرانجام در روز موعود به دیدن او رفتیم در حالیکه چند نگهبان هم در اطراف ما ایستاده بودند از رئیس خواستم تا کل گفتگوهای ما را بصورت کاملاً محرمانه صورت بگیرد و او هم با خنده ای که از پشت ماسکش می شد حس کرد، این موضوع را قبول کرد. نگهبانان اطراف ما از آنجا بیرون رفتند و پشت در آنجا منتظر ماندند و پس از خروج آنها من شروع به توضیح آن طرح کردم.

در ابتدا به او توضیح دادم که در حال حاضر واردات مواد شیمیائی بخش قابل توجهی از واردات مصرفی تولیدی ها را تشکیل داده است و این موضوع غیرقابل اجتناب و یا نادیده گرفتن می باشد برای همین هم سود زیادی در این بخش می تواند عاید شما گردد! رئیس که تا اینجای طرح را با بی میلی گوش می کرد گفت: " تا اینجای طرح شما که چندان مناسب به نظر نمی رسید"

اما من ادامه دادم، سود بیشتر در حالتی اتفاق خواهد افتاد که مواد شیمیائی از رده خارج شده را که در نقش زباله می باشند و امکان مصرف ندارند را تحت عنوان امها و نابود کردن به رایگان و حتی در ازای دریافت وجهی برای نابود کردن آنها تحویل بگیریم اما به جای نابود کردن آنها، دوباره به بازار بفروشیم.

رئیس که دیگر عصبانی شده بود گفت: "این را می دانی که این کار به راحتی قابل ردیابی است و باعث ایجاد مشکلات زیادی برای ما خواهد شد؟"

به او پاسخ دادم: "آری اما برای این قسمت هم قبلاً فکر کرده ام"

عکس مسئول بازاریابی و فروش آن شرکت را روی میز گذاشتم و به رئیس توضیح دادم که همانطوریکه او همیشه از نقاب استفاده می کند ما هم می توانیم کاری مشابه را انجام بدهیم با شنیدن این بخش از صحبت هایم رئیس هم که مشتاق شده بود گفت: "بیشتر توضیح بده، ببینم دقیقاً منظورت چیست؟"

به او توضیح دادم که من و دوستم شباهت زیادی به مسئول بازاریابی و فروش آن شرکت داریم و باید ابتدا و در یک زمان آن دو نفر را بدزدیم و در جائی نگهداریم و سپس ما دو نفر با گریم می توانیم خودمان را شبیه آنها بکنیم و تنها برای دانستن بسیاری از اطلاعات مربوط به آنها باید چند وقتی در مورد آنها تحقیق

بکنیم. و سپس با ورود به شرکت آنها به جای مواد شیمیائی اصلی آنها مواد شیمیائی غیر قابل مصرف خودمان را به شرکت های مختلف می فرستیم و به این ترتیب سود زیادی کسب خواهیم کرد و در عین حال مواد شیمیائی اصلی آنها را هم با قیمت بالائی در بازار های سیاه مواد شیمیایی بصورت جداگانه خواهیم فروخت و به این ترتیب بازهم سود بیشتری نصیب ما خواهد شد.

و این یعنی یک تیر و دو نشان، رئیس هم ظاهراً از این نقشه من خوشش آمده بود با خنده ی بلندی آن را پذیرفت و سپس به مشاورش دستور داد تا تمام لوازم مورد نیاز را در اختیار ما قرار بدهد به این ترتیب ما برای مدتی به تحقیق در مورد آنها پرداختیم تا به تمام امور زندگی آنها مسلط شدیم گریم کردن خودمان را در حد نیازمان یاد گرفتیم و سپس به جای آنها وارد زندگی آنها شدیم و از آنجائیکه آنها بیشتر اوقات تنها بودند و به جز همدیگر دوست صمیمی نداشتند هیچ فردی از این موضوع خبر دار نشد و در طی چند سال گذشته ما دو نفر سود زیادی کسب کردیم تا اینکه آن مسئول آزمایشگاه در آن تولیدی به بسیاری از واقعیت های این موضوع پی برد و بعد از آن چند نفر دیگر و از همه بدتر آن عارضه ی پوستی که داشت همه کار را خراب می کرد افراد زیادی که از این موضوع باخبر شده بودند را با پرداخت مبالغ زیادی در یک سال گذشته ساکت نگه داشتیم تا انبار خالی شود.

به او گفتم: "اما انباز هنوز هم از مواد شیمیائی پر است"

و او لبخندی زد و گفت: "آری، اما آنها مواد شیمیائی اصلی بودند که تو در حال حاضر در انبارهای ما دیده ای پس خطری از جانب آنها ما را تهدید نمی کند"

و ادامه داد، بنابراین برای اینکه این موضوع برای همیشه خاموش شود چند نفری را خودمان کشتیم یا بهتر بگویم به قتل برسانیم اما اتفاق دیگری موازی با آن رخ داد و آن این بود که افراد بدون آنکه دخالتی در آن داشته باشیم بر اثر سوختگی از بین رفتند، آتش گرفتن از نوعی که تاکنون به چشم ندیده بودیم و این موضوع باعث آن شد که این برنامه را تمام بکنیم یعنی اینکه سرانجام مسئول فروش و مسئول بازاریابی آن شرکت را به قتل رساندیم اما قبل از آن، آنها را مجبور به نوشتن اعتراف نامه ای دروغین کردیم، به این ترتیب مجرمین اصلی در نظر همه از بین می رفتند و ما هم بدون هیچ اثری ناپدید می شدیم و دوباره این طرح را در جائی دیگر اجرا می کردیم.

به او نگاه می کردم و تازه فهمیده بودم که در آن خانه چرا جسد مسئول بازاریابی شرکت را در تخت آن به قتل رسانده اند و جنازه او را باقی گذاشته بودند.

به او نگاه می کردم که چطور از کارش احساس رضایت می کرد از او پرسیدم: "این دو نفر را چرا به قتل رساندی؟"

به محلی که آنها را دفن کرده بود نگاهی انداخت و گفت: "آن دو نفر خیلی به دانستن حقیقت نزدیک شده بودند و چاره ای باقی نمانده بود"

دوباره او را به باد کتک گرفتم دلم می خواست که حداقل کمی از حق آن افراد بی گناه را از او بگیرم صدائی توجهم را جلب کرد صدای حیوانات وحشی جنگل بود در آن شب به احتمال زیاد بوی خون آنها را به آنجا کشانده بود از بین درختان صدای حرکت موجودی را بر روی برگ ها می شنیدم و گاهگاهی برق چشمان جانوری دیده می شد بلافاصله به بالای نزدیک ترین درخت رفتم و سعی کردم تا باقی ماجرا را از بالای درخت نگاه بکنم حدسم درست بود چند قلاده گرگ بودند که یکی پس از دیگری از لابه لای درختان به بیرون آمدند و او را محاصره کرده بودند منتظر حمله ی آن گرگ ها به آن فرد بودم و می دیدم که چطور در حال تلاش کردن است و خودش را بر روی زمین می کشد تا به درخت نزدیک خودش برسد و از آن بالا برود اما ظاهراً ضربات من باعث شکستگی هائی در بدنش شده بود با تعجب دیدم که گرگ ها به او نزدیک شدند و تنها یکی از گرگ ها که انگار سر دسته ی آنها بود به او نزدیک شد کمی او را بو کشید و سپس به داخل جنگل

رفت و باقی گرگ ها همه به دنبال او وارد درختان جنگل شدند ظاهراً این گرگ ها هم دانسته بودند که این موجود حقیر حتی لیاقت دریده شدن توسط گرگ ها را هم ندارد از درخت پائین آمدم و تصمیم داشتم او را در همانجا رها بکنم تا یا غذای حیوانات وحشی شود و یا اینکه از شدت جراحاتی که داشت بمیرد با هر زحمتی که بود از جایش بلند شد و فریاد زد: "من آسیب ناپذیرم"

بی توجه به این حرکت او به راهم ادامه دادم تا به خودروی پارک شده ی او رسیدم نمی خواستم که او از آن خودرو برای بازگشتن به شهر استفاده بکند هر چند که بنزین آن هم تمام شده بود برای همین هم درب خودرو را باز کردم و سوئیچ آن را برداشتم اما در همین زمان دستم به دکمه ی چراغ های خودرو خورد و آنها روشن شدند و درست بر روی آن فرد نور افتاد. سوئیچ را با تمام قدرت بین درختان پرتاب کردم اما متوجه شدم که حجم نور در پشت سرم در حال افزایش است. ناخودآگاه به سمت نور بازگشتم و دیدم که دوباره نور چراغ ها حالتی کم نور به خود گرفته اند اما در مقابل حجمی بخار مانند از جنس نور در حال شکل گرفتن است مطمئن بودم که عدالت در حال شکل گیری است می خواستم به عقب بازگردم می دیدم که آن فرد در بین آسمان و زمین ملحق شده است و انگار نه زمین و نه آسمان حاضر به پذیرش او نشده بود انگار هیچکدام خواهان موجود بدی مانند او نبودند هنوز اولین قدم

را نگذاشته بودم که صدایی آمد و گفت: "اینجا نمان و شاهد زجر کشیدن او نباش "

بدون اینکه حتی یکبار هم به عقب نگاه بکنم به راهم ادامه دادم و به سمت جاده ی اصلی رفتم، به جاده ی اصلی که رسیدم می شد از دور شعله های عذاب او را ببینم آن وقت شب و آن جاده ی جنگلی تاریک فکر نمی کنم که هیچ فردی خودش از آنجا عبور بکند بنابراین راهم را به سمت شهر پیاده در پیش گرفتم تقریباً نیم ساعتی که پیاده رفتم صدائی از پشت مرا صدا می زد "ناجی".

بازهم به عقب بازگشتم اما هیچ فردی را ندیدم اما زمانیکه به سمت جلو چرخیدم مقلد مادر را دیدم در آن شرایط از دیدن او خوشحال شدم. این دیدار، برایم غیر منتظره بود اما عالی بود پس از احوال پرسی که کردیم همراه با یکدیگر در آن جاده ی تاریک جنگلی پیاده به راه افتادیم و پس از چند دقیقه در قسمتی که تنه ی درختی بود نشستیم از آنجا می شد چراغ های شهر را دید و هواپیمائی که از دور چراغ هایش روشن و خاموش می شد و در حال فرود بود را می شد دید! مقلد مادر به من نگاهی انداخت و گفت: " مطمئنم که سوالات زیادی داری، قصد پرسیدن آنها را نداری؟"

مقلد مادر انگار ذهنم را می خواند، به او نگاهی کردم و هنوز چیزی نگفته بودم که مقلد مادر گفت: " چند وقت است که نخوابیدی؟ خستگی از چشمانت پیداست"

به او پاسخ دادم: "دقیقاً نمی دانم اما می دانم که مدت زمان زیادیست " و قبل از اینکه موضوع گفتگو عوض شود به او گفتم: " می شود پاسخ چند سوالم را بدهی "

و مقلد مادر لبخند زنان پاسخ داد: " آری بپرس "

از او پرسیدم: "عدالت کیست؟"

و مقلد مادر گفت: "او را کجا دیده ای ؟"

پاسخ دادم: " این روزها چند مرتبه او را دیده ام یکبار در خانه ی آدم بد سرشت و یکبار دیگر هم کمی قبل تر در همین جنگل "

مقلد مادر گفت: " او یک فرشته است و مسئول برقراری عدالت است"

از مقلد مادر پرسیدم: "چرا می آید؟"

و او پاسخ داد: " هرگاه مظلومی آهی برآورد او خواهد آمد و هرگاه بی گناهی ظالمی را نفرین کند او خواهد آمد"

از مقلد مادر پرسیدم: " عدالت کجاست؟ "

مقلد مادر پاسخ داد: " هرکجا که نور باشد"

با تعجب به مقلد مادر نگاه می کردم و او ادامه داد مگر ندیدی که چگونه از نور خارج شد و چگونه در نور خورشید محو گردید؟"

پاسخ دادم: "آری، اما چرا فقط آن فرد بد سرشت را می سوزاند و باقی سالم می مانند؟"

مقلد مادر ادامه داد: " زیرا که هر فردی اعمال خودش است پس نباید انتظار داشته باشی که نتیجه عمل یک فرد دیگری را تحت تاثیر خودش قرار بدهد"

از پاسخ های مقلد ماده به وجد آمده بودم و ادامه دادم: "اما آن لکه بر پیشانی افراد مشهور چه معنی می دهد؟"

مقلد ماده گفت: " فکر می کنم دیگر کافی باشد، خورشید در حال طلوع کردن است، قصد نداری از زیبائی نور لذت ببری ؟"

به مقلد مادر گفتم: "چرا، اما ..."

جمله ام تمام نشده بود که مقلد مادر ادامه داد پس بگذار در سکوت از زیبائی سرشار شویم "

سرم را بر شاخه ای از آن تنه ی درخت گذاشتم و به سمت پرتوهای خورشید نگاه کردم، زیبائی در سکوت، محشر بود خورشیدی که از مشرق شهر در حال طلوع کردن بود و نوری از آن که شهر را فرا

می گرفت نمی دانم که چطور خوابم برد اما زمانیکه از خواب بیدار شدم خودم را در تخت و در اتاق خودم یافتم به احتمال زیاد مقلد مادر و سایر مقلدها مرا به اینجا آورده بودند هنوز هم احساس خواب آلودگی داشتم پس بهتر بود اندکی دیگر بخوابم.

بخش هشتم: میهمانی آخر

این بار با صدای مادرم از خواب برخاستم... پشت در اتاق با فاصله ی چند ثانیه از دفعه قبل صدایم می کرد... با بی میلی از تختم بلند شدم و در اتاق را گشودم! مادرم با لبخند ایستاده بود و گفت: "ظهر شده است نمی خواهی از خواب بیدار شوی؟ امشب میهمان داریم و باید برای مهمانی حاضر شوی "

با حالت خواب آلودگی پرسیدم: " میهمان؟ کی هست؟"

با لبخندی گفت: " دوست قدیمی من است! راستی این یکی دو روز تمام وقتت در آن خانه قدیمی بودی، چکار می کردی؟"

از مادرم تاریخ را پرسیدم و او تاریخ را گفت با شنیدن تاریخ تازه فهمیدم که من کل دیروز و دیشب را در اتاقم خواب بوده ام و هیچکس هم متوجه این موضوع نشده است، با حالت خواب آلودگی با خودم می خندیدم و مادرم هم از دیدن این رفتار من کمی یکه خورده بود و به من گفت: " به هر حال هر کاری داری و یا هر کجا می خواهی بروی باید امشب به موقع خانه باشی "

قبول کردم و از مادرم پرسیدم: "چرا این روزها این دوست قدیمی و صمیمی شما این قدر به خانه ما می آید و یا شما با آنها بیرون می روید؟"

مادرم که در حال رفتن به طبقه پائین بود لبخندی مرموز بر لبش نقش بست و سپس به راهش ادامه داد، حوصله فکر کردن به این

موضوع را نداشتم بنابراین ابتدا یک دوش گرفتم در مشتم محل زخم ها و خراشیدگی هائی بود که احتمالاً مربوط به ضربات مشتی بود که به آن فرد بد سرشت زده بودم ؟ بعد از آن که لباسم را پوشیدم نهار سبکی خوردم و هنوز چند ساعتی تا شب مانده بود با آنچه که در آن چند روز شاهد آن بودم به هیچ عنوان حوصله ماندن در خانه را نداشتم بنابراین تصمیم گرفتم به یکی از مراکز خرید شهر بروم و بنابراین لباس پوشیدم و به سمت درب خانه که می رفتم مادرم از دور گفت: "برای شب زود بر می گردی"

به مادرم گفتم: "حتما"

از خانه خارج شدم از پنجره ماشین به بیرون نگاه می کردم و در فکر این موضوع بودم که چگونه می توانم کار ناتمام آن مواد شیمیائی را به اتمام برسانم تا اینکه به آن مرکز خرید رسیدم آن مرکز خرید بزرگ بود و علاوه بر مراکز فروش یک رستوران با غذای عالی و چند کافی شاپ زیبا هم داشت پس از پارک اتومبیل در پارکینگ مرکز خرید در حال ورود به آسانسور بودم که در لحظه آخر مانده به بسته شدن در، دختر دوست صمیمی مادرم را در حال پیاده شدن از اتومبیلش دیدم، نمی دانم چرا این روزها ارتباطات این دو خانواده تا این حد زیاد شده بود! به طبقه ای که می خواستم رسیدم کمی در بین راهروهای آن مرکز خرید قدم زدم و چند وسیله ای که نیاز داشتم خریدم اما احساس گرسنگی می کردم

تصمیم گرفتم قبل از ادامه خریدم به رستوران مرکز خرید بروم و از غذاهائی که تعریف آن را شنیده بودم بخورم... در رستوران اکثر میزهای سالن اصلی رزرو شده بود بنابراین به سالن بالا رفتم که به سالن پائین دید کاملی هم داشت رو یکی از صندلی های اطراف میز نشستم بگونه ای که بتوانم افراد طبقه ی پائین را ببینم و قصدم از این کار این بود که افرادی را ببینم که رفتاری عادی داشتند و نه اینکه مانند چند روز گذشته هر کدام رفتارهای غیرطبیعی از خودشان نشان بدهند برای همین هم تا غذائی که سفارش داده بودم آماده می شد به افراد نگاه می کردم اتفاقاً دختر دوست صمیمی مادرم را دیدم که ظاهراً او هم منتظر آماده شدن غذای سفارش داده شده اش بود کمی بعد تر یکی از کارکنان رستوران آمد و میز را برای دو نفر چید احتمالاً او منتظر دوست یا آشنائی بود که هنوز نیامده بود و دلیل اینکه مدام به ساعتش نگاه می کرد هم همین موضوع بود! بی دلیل نسبت به دیدن دوستش مشتاق شده بودم چند دقیقه بعد تر دوستش آمد یک پسر کمی قد بلندتر از خودش بود موضوع برای من کمی جالب تر شده بود با کمی دقت در رفتارش متوجه شدم که احتمالاً رابطه ی بین آنها کمی بیشتر از یک دوستی ساده است چیزی شبیه به آشنائی های قبل از ازدواج بود در همین زمان غذای من هم که آماده شده بود توسط گارسن رستوران آورده شد و من بعد از خوردن غذا به بخش خرید بازگشتم این قدر سرگرم خرید بودم که زمان بطور کلی از

دستم خارج شده بود! باید کمی لوازم می خریدم تا به وسیله ی آنها بخش دوم نقشه ام را در مورد آن مواد شیمیائی اجرایش می کردم... پس از انجام بعضی از خرید هایم به خانه بازگشتم گمان می کردم اگر تمام خرید هایم را انجام بدهم ممکن است دیر به خانه برسم در خانه همه چیز مرتب و تمیز چیده شده بود و همه مقدمات برای مهمانی آماده بود سرانجام میهمان ها آمدند و سرگرم صحبت بودیم! مادرم و دوست صمیمی اش هر چند ثانیه در گوش یکدیگر زمزمه هائی می کردند و با یکدیگر می خندیدند پدرم و همسر دوست مادرم هم که آنچنان سرگرم بحث های اقتصادی بودند که از کل مهمانی غافل شده بودند و سرانجام پس از چند دقیقه برای ادامه گفتگو خودشان به باغ خانه رفتند من هم می خواستم که از سالن پذیرائی به اتاق خودم بروم که قبل از من مادرم و دوست صمیمی اش هم سالن پذیرائی را ترک کردند و تنها من مانده بودم و دختر خانم آنها! بنابراین بیرون رفتن من نوعی بی ادبی محسوب می شد مانده بودم چکار کنم و با فنجان ور می رفتم اما دختر خانم آنها ظاهراً به دنبال موضوعی برای گفتن بود به او نگاه کردم ظاهراً سرانجام تصمیم خودش را گرفت و گفت: "می دانید علت این میهمانی های اخیر مادم و مادر شما چیست؟"

پاسخ دادم : "دلیل آنرا نمی دانم اما چیزی که هست این است که تعداد آنها این روزها به نظرم خیلی زیاد شده است"

و ادامه داد: " حتی اینکه باعث شوند من و شما در این لحظه تنها شویم هم با نقشه ی قبلی بوده است تا من و شما بتوانیم راحت تر صحبت بکنیم "

با این جمله چیزهائی دستم آمده و از او پرسیدم: "شما هم به همان چیزی فکر می کنید که من فکر می کنم "

و و پاسخ داد: "آری"

آنها می خواهند من و شما بیشتر آشنا شویم و این میهمانی ها هم در واقع بهانه ای برای آشنائی بیشتر خانواده هاست.

ناخودآگاه گفتم: "نه"

و او هم به من نگاهی کرد و گفت: "پس جواب شما هم به این موضوع نه است؟!"

گفتم: "من تا این لحظه اصلا به این موضوع فکر نکرده بودم اما جواب من هم نه است"

بر لب های دختر لبخندی نشست و گفت: "اما چطور می خواهید این موضوع را به خانوادها بگوئیم ؟"

به دختر گفتم: " چرا شما موضوع آن پسر را از خانواده تان مخفی کرده اید که این چنین موضوعی اصلاَ پیش بیاید؟"

.و او پاسخ داد: " نمی دانم شاید منتظر فرصت مناسبی برای معرفی او به خانواده ام بودم "

به دختر گفتم: "پس اجازه بدهید که من موضوع را به شکلی که مناسب آن است مطرح بکنم"

می شد دلهره را در چهره آن دختر مشاهده کرد بنابراین باید راهی برای بیان این موضوع پیدا بکنم، برای همین هم به دنبال بهترین راه حل بودم از دختر خواستم که با آن پسر تماس بگیرد و او را در جریان ماجرا قرار دهد و من را به عنوان یکی از دوستانش معرفی بکند در حال شرح دادن این راه حل بودم که دختر گفت: " می خواستم خودم امشب در خانه این موضوع را مطرح بکنم "

به نظر من هم این بهترین راه حل بود چند دقیقه سکوت میان ما گذشت تا سرانجام پدر و مادرمان بازگشتند بعد از گذشت مدت زمانی با رفتن میهمان ها میهانی به اتمام رسید نمی دانم که آن شب در خانه ی آنها چه گذشت اما از فردا دوباره روابط بین دو خانواده مانند قبل شد و دیگر خبری از بیرون رفتن های زیادی مادرم با دوست صمیمی اش نبود. چند روز را به شدت کار کردم تا سرانجام موفق شدم مقدمات نقشه ام را برای افرادی که آن موادشیمیائی غیرقابل استفاده را تهیه و توضیح می کردند آماده بکنم فردا روز موعود بود و باید برای اجرای نقشه ام کمی استراحت می کردم به اتاقم رفتم و چراغ آن را روشن کردم متوجه شدم که

نور چراغ حالت طبیعی ندارد وضعیف آن غیر عادی است حدس زدم که روح عدالت و یا شاید فرشته عدالت باشد برای همین هم منتظر شدم تا کاملاً ظاهر شود و حجم آن مشخص شود با آمدن او خوشحالی خاصی تمام وجودم را فرا گر فت و سرگرم صحبت با او شدم او برای من از بسیاری از کارهائی که انجام داده بود گفت و من هم چند اتفاق اخیر را برای او تعریف کردم در پایان گفتگو از من پرسید آیا آن جوانی که توانست از نقشه ی کوردل جان سالم بدر ببرد تویی؟

گفتم: "آری، اما چرا این را می پرسی ؟"

او پاسخ داد: "مدتی قبل خبردار شدیم که هرچند جسم کوردل از بین رفته است اما روح او توانسته است از حصار خودش بگریزد و به میان مردمان بیاید"

از او خواستم بیشتر توضیح بدهد و او گفت: "روح او تا زمانیکه در حصار باشد به شکل یک عامل بی اراده در خواهد آمد اما اگر موفق شود از حصار بگریزد می تواند در جسم انسان های پست لانه بکند و در آنجا به تقویت خودش بپردازد"

از او پرسیدم: "حالا روح کوردل کجاست ؟"

و عدالت پاسخ داد: " در جسم فردی که آنها او را رئیس می نامند و چند روز قبل او را دیده ای "

تازه برایم روشن شد که موضوع از چه قرار است و به عدالت گفتم: "حالا باید چکار کنیم؟ چرا مانند باقی افراد او را به نتیجه ی دنیوی کارش نمی رسانی ؟"

کمی فکر کردم و سپس از او خواستم تا کمی بیشتر توضیح بدهد. او هم ادامه داد: "کوردل در دل تاریکی هاست و عذابی که باعث آتش گرفتن افرادی که دیده می شد همان تاریکی است اما کوردل از همان تاریکی است و او دائماً در همان عذاب به سر می برد، عذاب کوردل یک عذاب دائمی است "

از عدالت پرسیدم: " پس الان باید چکار کنیم؟"

عدالت گفت: " باید او را دوباره در حصار تاریکی اش محبوس بکنیم تا نتواند به سایر افراد آسیبی برساند تا برای این کار ابتدا آن فرد "رئیس" را از شر کوردل آزاد می کنیم سپس من آن مرد رئیس را به عدالت مجازات خواهم کرد و تو هم کوردل را در حصار بینداز"

به او گفتم: "من چطور باید این کار را انجام بدهم ؟"

در جوابم لبخندی زد و سپس گفت: "با من بیا، خودت راهش را پیدا خواهی کردا"

به او گفتم: " چه زمانی باید برویم؟ "

و او گفت: "هم اکنون بهترین زمان است "

با خود گفتم: "همراه با او که نمیشود رفت! حرکت او از جنس دیگری است!"

از او پرسیدم: "چگونه با یکدیگر می خواهیم برویم ؟"

عدالت از من خواست که چشم هایم را ببندم و بعد از بستن چشم هایم هنوز چند ثانیه ای نگذشته بود که با گشودن چشم هایم خودم را در حیاط آن خانه و ساختمان آن فرد (رییس) دیدم به عدالت گفتم: " این کار تو بود !؟"

عدالت پاسخ داد: "آری، اما سرعت جا به جائی ناجی بسیار بیشتر از این است"

و دیگر چیزی نگفت و به آن خانه نگاه می کرد! منظورش چه بود او به یک چشم بر هم زدن حرکت می کرد و بین نقاط جا به جا می شد و می گفت که سرعت ناجی بسیار بیشتر از آن است. چند بار دیگر از او این سوال را پرسیدم و خواستم که آن را برای من شرح بدهد اما او پاسخی نداد... او به من گفت که باید وارد ساختمان بشویم از او پرسیدم: "من باید چه کار بکنم؟ "

عدالت پاسخ داد: " خودت خواهی فهمید"

و سپس به سرعت وارد آنجا شد! من هم به دنبال او وارد آنجا شدم اما عجیب بود چرا که با ورود به آنجا با تاریکی مطلق مواجه شدم

و هرگونه نوری در تاریکی آنجا جذب می شد اما دستانم می درخشید و هر لحظه این درخشش بیشتر می شد در نور حاصل از آن حرکت می کردیم تا اینکه ناگهان در تاریکی صدائی به گوش رسید به سمت صدا برگشتم آنچه می دیدم باور نکردنی بود بعضی از نگهبانان آن انبار مواد شیمیایی به شکل موجودات مسخ شده در اطراف سالن پذیرائی آن خانه که بزرگ هم بود در کنار دیوار ها ایستاده بودند به ما خیره شده بودند انگار کوردل از چشمان آنها در حال نگریستن ما بود! می شد صدای تنفسشان را شنید، با نوعی نفس عمیقی که کشیدند به سمت ما حمله کردند، عدالت هم قدرت خودش را نشان داد و به سرعت و یکی بعد از دیگری آنها را از اراده ی کوردل خارج می کرد و بعد از آن با اجرای عدالت به آتش می کشاند یکی از آنها خودش را به من رسانده بود سعی داشت با دستانش به من آسیب برساند و عدالت هم در آن زمان مشغول مجازات سایر آنها بود در آن لحظه نور دستانم شدت گرفته بود و هر ضربه ای که با دستانم به او می زدم باعث از هم پاشیدن آن قسمت از جسم او می شد زمانی که سرانجام توانستم بر آن نگهبان غلبه کنم به سمت عدالت بازگشتم خبری از او نبود، آن نگهبانان هر کدام شعله ور در گوشه ای افتاده بودند و جزای عمل خودشان رسیده بودند اما خبری از عدالت نبود ناگهان دنیا در مقابل چشمانم تغییر کرد به شکلی که می توانستم هر جائی که می خواستم را ببینم، آری عدالت را می دیدم که در دستان رئیس

"کوردل" اسیر شده بود و داشت از بین می رفت به سرعت شروع به دویدن در بخش های مختلف آن خانه کردم به هر جائی که می توانستم سر زدم تا اینکه سرانجام به زیرزمین رسیدم... هر دو آنجا بودند... هم عدالت آنجا بود و هم رئیس مسخ شده توسط کوردل!

رئیس سخن می گفت اما صدای کوردل بود انگار هر چه داشت اراده ی کوردل بود و آن جسم رئیس مسخ شده ای بود که در اراده ی کوردل عمل می کرد رئیس با صدای کوردل گفت: "از بین تمام انسان ها تنها آرزوی دیدن تو را داشتم که آن هم محقق شد، با وجود تمام آسیب هائی که به من رسانده ای، برای وجود پاکت احترامی به اندازه ی کائنات قائل هستم. اما فراموش نکن ذات و سرشت من در اراده ی بدیهاست پس از اینجا برو"

به عدالت نگاهی انداختم که چگونه داشت نفس های آخرش را در زیر دست های او می کشید! نگاهم به دستهایم افتاد درخشان تر شده بود در عین حال قدرتی بی مثال را احساس می کردم با تمام وجودم سعی می کردم تا تمام نیرویم را بر روی او متمرکز کنم... می توانستم پرتوهای نوری که از وجودم ساطع می شد را ببینم که کم کم جسم رئیس را احاطه می کرد هرچه بیشتر می شدند فریادهای کوردل بیشتر می شد، و ترسناک تر می شد، اما از قدرتی که بر عدالت اعمال می کرد کاسته می شد سرانجام عدالت را به گوشه ای پرتاب کرد و به خودش می پیچید انگار دچار حالتی تهوع

آور بود و دهانش را باد کرده بود و حجمی سیاه را بالا آورد آن حجم سیاه برخواست و به سمت من حمله کرد اما قبل از آنکه به من برسد پرتوهای نور او را به بند کشیدند با گوشه ی چشمم می دیدم که عدالت هم در حال مجازات رئیس است که در آن زمان به اراده ی خویش بازگشته بود، پس از به بند کشیدن کوردل حجمی آسمانی شبیه به یک سیاه چاله در فضای زیرزمین گشوده شد آنقدر قوی بود که پرتوهای نور هم به آن جذب می شدند و همراه با کوردل به آن وارد شدند اما بر من بی اثر بود با تمام قدرت سعی در حفظ و نگهداری عدالت داشتم که آن حجم آسمانی و یا هرچیز به او آسیبی نرساند به راحتی می شد تغییر شکل را در زمان حضور آن حجم آسمانی در عدالت دید تا اینکه سرانجام حجم آسمانی و کوردل ناپدید شدند اما هنوز هم صدای کوردل به گوش می رسید که می گفت: "دیر یا زود باز خواهد گشت "

به عدالت کمک کردم تا بایستد و سپس از آن خانه خارج شدیم نزدیک طلوع خورشید بود در حیاط نشسته بودیم که فرشته عدالت گفت: "باید بروم، خودت می دانی شاید در جائی دیگر فریاد مظلومی یا نفرین دادخواهی انتظارم را می کشد"

به او لبخندی زدم و گفتم: " می دانی آنچه اتفاق افتاد غیرقابل باور است"

او هم لبخندی زد و گفت: " تا چه تعریفی از باور در ذهن خودت ساخته باشی"

و سپس مانند پرتویی از نور به آسمان رفت و در میان پرتوهای نور خورشید محو گشت از آن خانه بیرون آمدم و به سمت خانه قدیمی رفتم با ورود به خانه قدیمی در راهروی ورودی پایم به کیسه ی پول ها برخورد کرد، به آن کیسه نگاهی انداختم، آری اکنون نوبت آن رسیده بود که تاجائیکه می توانستم باعث شادی آن افراد آسیب دیده بشوم به اتاق نشیمن رفتم روی مبل نشستم و به فکر فرو رفتم، چگونه می شد این کار را انجام داد؟! برای این کار راههای مختلفی بود اما باید بهترین راه را انتخاب می کردم تلویزیون آنجا را روشن کردم اخبار حوادث در حال پخش بود خانه ی رئیس را نشان می داد و در بخشی از آن گفت که تمام اموال این فرد که جرائم زیادی را مرتکب شده است تا زمان تعیین تکلیف قانونی آن در اختیار دولت قرار خواهد گرفت و تمامی کارمندان او هم به زندان منتقل شده بودند، البته به جز آنهاییکه در آتش عدالت سوخته بودند پس با از بین رفتن این گروه باید فکری می کردم تا حداقل پولی که در کیسه بود بین بیماران که دچار عارضه پوستی شده بودند توزیع می شد به این ترتیب شاید بخشی ار خسارت آنها جبران می شد. و یا مرحمی بر زخمهایشان می بود. لیست اسامی آنها را برداشتم و به آن نگاهی کردم تعداد آنها کم نبود اما در مقابل

پول داخل کیسه هم پول زیادی بود برای همین هم ابتدا باید آن پول ها را می شمردم برای اینکار ابتدا دستکش به دست کردم تا اثر انگشتانم بر روی آنها باقی نماند. پس شمردن پول ها مبلغ کل آنها را بدست آوردم دوباره گریم جدید و تغییر قیافه جدید لازم نبود، این مرتبه از طریق ارسال نامه هائی الکترونیکی از سایت بیمارستان شهر با یک کلینیک درمانی - پژوهشی ارتباط برقرار کردم و عکس ها و مدارکی که از آن بیماران در دست را داشتم برای مسئول آنجا فرستادم در اول او خیلی می خواست که نام و مشخصات من را بداند اما از او خواستم تا این موضوع را بشکل یک راز بین او و یک ناشناس حفظ بکند پس از چند ساعت بررسی عکس ها و اطلاعات بیماران قرار شد که او مبلغ پیشنهادی خودش را که شامل هزینه های پژوهشی و درمان بود را به ازای هر نفر به تفکیک برای من بفرستد دو روز بعد دوباره تماس گرفتم تقریبا ۲/۳ مبلغی بود که در کیسه ی پول قرار داشت پس از آن به یک کیف فروشی رفتم و دو عدد کیف خریداری کردم و به خانه قدیمی برگشتم مبلغ مورد نظر را درون کیف ها گذاشتم و هنوز کلینیک تعطیل نشده بود منتظر تعطیلی آنجا ماندم با تعطیل شدن آنجا بصورت پنهانی وارد آنجا شدم و به اتاق رئیس کلینیک رفتم و دو عدد کیف را برروی میز او قرار دادم و یک یادداشت هم برای او روی کیف ها گذاشتم و از آنجا خارج شدم پس از آن به خانه ی قدیمی بازگشتم هنوز حدود ۱/۳ پول ها دست نخورده باقی مانده

بود تصمیم گرفتم این مبلغ را بصورت مساوی بین آنها تقسیم بکنم بنابراین به یک پیتزا فروشی رفتم آن شب آنجا تعطیل بود قفل در آنجا را باز کردم و به تعداد بیماران جعبه های پیتزا از آنجا برداشتم و قیمت آن جعبه ها را بر روی میز و کنار صندوق پیتزا فروشی همراه با یک یادداشت قرار دادم برای پنهان ماندن این موضوع لازم بود، سپس آن جعبه ها را به خانه قدیمی بردم و سهم هر کدام از آن بیماران را در جعبه ای گذاشتم در دو روز آینده منتظر بودم تا کارت های مخصوصی که برای درمان این بیماران قرار بود تا آن کلینیک تهیه بکند آماده شود با دریافت پیامی که نشان می داد آن کارت ها آماده شده است با گریم جدیدی به درب شرکت تولید کننده ی کارت ها رفتم و به جای نماینده ی آن کلینیک آنها را تحویل گرفتم و به خانه قدیمی آوردم و هر کدام از آن کارت ها را درون جعبه مخصوص خودش قرار دادم در ۳ روز بعد همراه با لباس های مربوط به آن پیتزا فروشی و گریم خاص آن با یک دوچرخه مشغول رساندن جعبه های پیتزای حاوی پول و کارت آن کلینیک به خانه های بیماران دارای عارضه پوستی بودم پس از پایان این کار به خانه بازگشتم مادرم در سالن پذیرائی نشسته بود و اینبار به من گفت: " آماده باش فردا شب به مراسم عروسی دختر دوستم دعوت هستیم"

به کارت عروسی او نگاهی انداختم و به اتاقم رفتم در اتاقم به این موضوع فکر می کردم که او با آن پسر فردا شب ازدواج خواهد کرد و من هم واقعا شرکت کردن در مراسم های عروسی را دوست داشتم به نظرم یکی از زیباترین مراسم ها، مراسم ازدواج است...

Title: **Savior** (Season one: Darkheart)

Author: **Amin Ebrahimi**

Cover Design: **Ali Khiabanian**

Publisher: **Supreme Art**, Reseda, CA, USA

ISBN: 978-1942912286

Library Congress Control Number: 2018949531

Savior

Season one: Darkheart

Amin Ebrahimi